이
선
아 李善娥 Lee Sun A

단국대학교 몽골학과 교수

전 서울대학교·인문학연구원 선임연구원
단국대학교 몽골학과 졸업. 몽골국립대학교 몽골문학, 고려대학교 비교문학 전공으로 석사학위 취득. 고려대학교 비교
문학비교문화협동학과에서 「〈단군신화〉와 몽골의 〈게세르칸〉 영웅서사시의 신화적 성격 비교」로 박사학위를 받았다.
2012년부터 단국대학교 몽골학과 리서치펠로우, 연구전임강사, 초빙교수를 역임하였고, 현재는 서울대학교 인문학연구
원에서 한국연구재단 박사후 지원과제로 「게세르」, 「장가르」 등 북방 영웅신화의 현장자료 발굴과 비교문화적 분석을
통해, 신화의 원형성과 현대문명의 정체성 문제에 대한 연구를 수행하고 있다.

주요저서
• 『세계신화여행 : 아직 끝나지 않은 이야기』(공저), 실천문학사, 2015.
• 『한국 비교문학 서지 연구』(공저), 월인, 2016.

주요논문
• 「韓蒙 英雄神話에서의 天降 理念과 治病 모티프(motif) 比較 考察」, 『중앙아시아연구』, 2014.
• 「한국과 몽골의 두창(痘瘡) 관련 치료전통 고찰 - 역사적 사례와 전통의학적 극복 노력을 중심으로 - 」, 『몽골학』,
  2014.
• 「한·몽 신화에서의 영웅의 형상과 성격 일고찰 - 단군과 게세르칸 신격의 신화적 전개 양상을 중심으로」, 『외국문학연
  구』, 2015.
• 「한몽 민속에서의 두창(痘瘡) 역신(疫神)에 대한 인식 비교」, 『한국민속학』, 2015.
• 「몽골 전통의학 방제(方劑)의 현대적 활용 고찰 - Маш гайхамшигт хуримын сан 방제편(方劑篇) 소재 탕약(湯藥)을
  중심으로 - 」, 『몽골학』, 2016.
• "A research on acceptance of the Mongolian epic 〈Geser khan〉 in Korean Internet Game", *Research on Mongolian
  oral literature*, 2017.
• 「몽골 유목민의 '돌'에 표현된 예술 형상과 신화적 세계관(1) - 바위그림의 '성(性)' 관련 형상과 음양론적 신화 관념을
  중심으로 - 」, 『몽골학』, 2017.
• 「탈경계 시대, 몽골에서의 한류드라마 수용 양상 연구 - 몽골은 왜 한국 드라마에 열광하는가? - 」, 『몽골학』, 2018.
• 「몽골 게세르칸 영웅신화의 구비본 계보와 전승 양상 - 내몽골 바아린, 자로오드 지역 전승 현장을 중심으로 - 」, 『중앙
  아시아연구』, 2018.

민속원 아르케북스 **143** minsokwon archebooks

단군신화와 게세르칸
북방 영웅신화의 원형 탐구

| 이선아 |

민 속 원

책을 펴내며

　이 책은 문헌상 동북아 최초의 건국신화이자 한민족의 대표 시조신화인 〈단군신화〉와 몽골민족을 중심으로 동북아 지역에 광범위하게 전승되고 있는 몽골계 〈게세르칸〉 영웅서사시의 신화소를 비교 분석함으로써, 동북아 문화권의 영웅신화가 지니는 신화적 원형과 그 상징적 의미를 고찰한 것이다.

　한·몽 비교신화학이라는 거대담론을 풀어내기 위한 해법으로 신화 속 미시적 요소라 할 수 있는 신화소들에 대한 분석을 시도한 것이다. 〈단군신화〉와 〈게세르칸 서사시〉의 신화성에 주목하여, 기존 문헌 중심의 비교에서 벗어나 관련 구비자료 및 주변 문화권의 동일 신화소를 포함함으로써 각 신화의 주요 신화소에 대한 검토 및 재해석을 하였다.

　〈단군신화〉와 몽골 〈게세르칸 서사시〉의 신화학적 문제를 다룸에 있어서, 1920년대 최남선의 〈단군론壇君論〉 계열의 글에서 최초로 언급되었던 두 신화의 신화소 비교에서 그 실마리를 찾고자 하였다. 이들 신화의 비교연구는 현대 비교신화학계에서도 동북아지역 문화론의 근간을 제공하는 문화원형으로서 중요한 의의를 갖는다.

　〈단군신화〉와 몽골 〈게세르칸 서사시〉는 기존의 신화를 완전히 배제하지 않고, 대대로 축적된 여러 층위의 신화체계를 신화텍스트 안에 족보처럼 수용하고 있는 점이 특징이다. 이들 신화 속에는 천신天神의 신화, 천자天子의 신화, 산신山神의 신화, 영웅英雄의 신화 등이 차곡차곡 담겨 있다. 각 신화층위들은 서로 다른 층위의 신화들과 유기적으로 연결되어 있는 서사 체계를 갖고 있다. 단군신화의 예를 들면, 환인신화는 환웅신화와, 환웅신화는 웅녀신화와, 웅녀신화는 단군신화와, 그리고 단군신화는 산신신화와, 산신신화는 다시 환웅신화와 유기적으로 연계되면서 단군신화의 전체 서사를 긴밀하게 엮는다.

　이러한 신화층위를 기준으로 여러 신화소들을 분석하였는데 두 신화는 공통적으로 삼단적三段的 우주관을 바탕으로 숫자 '삼'의 원리에 의거하여 전개된다. 이 삼단적 세계는 수직적 구도뿐만 아니라 수평적 삼단구도를 보이며, 수직의 삼단과 수평의 삼단 중간 지점에는 인간을 수호하는 영웅신(바타르)의 원형인 산신(하이르항)이 존재한다. 삼재론三才論의 관점에서 보면, 영웅신화의 세계관은 하늘과 땅이라는 이분법적 세계관

사이에 인간을 대표하는 영웅신을 배치함으로써 인간 중심의 신화로 변모시킨다.

지상에 내려온 천자天子 역시 이러한 삼의 원리에 입각하여 형상화 된다. 삼재론의 관점에서 하늘의 특출한 영웅이자 하늘신tenger의 가운데 아들teeli xuu로 묘사되는 천자의 형상은 인간 혹은 인간의 신을 의미하는 중간 지점에 존재한다. 결국 영웅신화의 맥락에서 천신의 여러 아들 중 인간의 신으로 영웅신의 운명을 장남이나 막내가 아닌 가운데 아들이 가지게 되는 것은 당연한 것이라 할 수 있다. 단군신화의 경우, 여러 이본에서 일관되게 언급되는 '서자庶子 환웅桓雄'의 의미 역시 이와 상통하는 것이라 할 수 있다. 이점은 단군신화가 본래의 서사에서 영웅신화의 면모를 가졌을 가능성을 고려하게 되는 부분이다.

신화의 층위에 있어서도 〈단군신화〉와 〈게세르 신화〉의 서사는 중간계에 해당하는 성산聖山을 배경으로 산신의 신화층위에서 강한 신화적 성격을 보인다. 이 신성공간에서는 천신의 위력이 영향을 끼치고 있음에도 천신의 아들(환웅)이 산신壇樹神의 신격神格을 가진다든지, 영웅(게세르)의 아버지로 산신(오보군지드, 서낭당 주인)이 등장하는 등, 지속적으로 산신의 존재를 드러내고 있다. 여기에는 천신숭배사상으로 발흥한 천신의 신격과 기존의 신화에서 숭배받았던 산신의 신격 간에 복잡 미묘한 역학관계가 나타난다. 단군신화에서는 산신의 원형인 곰과 호랑이가 천신天神계 영웅신인 환웅에 의하여 그 자리를 빼앗기고 축출(호랑이)되거나 포섭(곰)되는 양상을 보인다. 〈게세르칸 서사시〉에서는 하늘 세계에서 조차 산신(세겐세브데)을 서로 차지하기 위하여 동쪽과 서쪽의 천신들이 전쟁을 벌이는 장면이 펼쳐지기도 한다.

이들 신화에서 천신의 신화를 전면前面에 표방하면서도 인간의 수호신인 영웅신의 원형이 되는 산신의 신격에 집착하는 이유는 영웅신화가 본질적으로 지향하는 것이 신을 위한 신화가 아니라 인간을 위한 신화이기 때문이다. 따라서 인간의 신으로 환생한 영웅신의 신화인 〈단군신화〉와 〈게세르칸 신화〉에는 지극히 인간적인 영웅의 형상과 화소로서 여러 신화 상징적 의미들을 내포하고 있다.

〈단군신화〉와 〈게세르 신화〉의 신화소 비교를 통하여, 〈단군신화〉의 잊혀지고 축약된 신화소를 〈게세르 신화〉에서 발견하였고, 〈게세르 신화〉는 〈단군신화〉를 통해서 역사적 맥락과 신화텍스트의 발생시기를 고대까지 소급할 수 있게 되었다. 이처럼 신화의 비교연구를 통하여 추출된 공통의 신화소는 해당 신화소를 공유하는 신화들끼리 상보적인 관계를 맺으며 연대하게 하며 신화원형의 공유라는 절대적 명분으로 하나의 문화권을 구성한다.

　한·몽 신화의 비교연구는 서구 중심의 신화와는 변별되는 동북아 신화의 고유 영역을 새로이 구축하고, 세계 신화의 다양성에 기여할 수 있을 것이다. 21세기 글로컬리즘의 시대는 북방유목민의 신화가 갖는 개방과 통섭의 속성처럼 학제, 장르, 지역, 시대 등과 끊임없이 소통하는 신화학의 시대를 표방하게 될 것이다.

이선아

차례

제1장

들어가는 말

들어가는 말

1. 연구목적

이 책에서는 몽골족을 중심으로 동북아 지역에 광범위하게 전승되고 있는 몽골계 〈게세르칸〉 영웅서사시와 문헌상 동북아 최초의 건국신화이자 한민족의 대표 시조신화인 〈단군신화〉의 신화소를 비교분석함으로써 동북아 문화권의 영웅신화가 지니는 신화적 원형과 그 상징적 의미를 고찰하는 데에 그 목적이 있다. 동북아 지역의 여러 국조신화 중에서 〈단군신화〉는 채록 시기가 비교적 오래되었고[1] 역사문헌에 기록됨으로써 기록물로서의 권위를 확보한 문헌신화이다. 또한 〈게세르칸 서사시〉는 광범위한 지역에서 방대한 서사를 가지고 현재까지 활발하게 전해지는 구비신화라는 의의를 지니고 있다. 우선 비교신화학적 관점으로 동북아 신화로서 대표성을 가지는 두 신화의 신화텍스트 자체에 대한 비교 분석을 시도하고 이를 토대로 21세기 동북아 신화연구에

---

[1] 〈단군신화〉는 BC 2333년 개국한 것으로 알려진 고조선 건국에 대한 신화이다. 이를 기록한 현전 최고의 문헌인 『삼국유사』의 편찬시기는 1281-1283년으로 추정된다.

대한 가능성을 재조명하려는 것이 이 글의 궁극적인 연구목적이다.

고대 씨족의 시조영웅이나 초기 국가의 건국영웅에 대한 신화는 비교적 정형화되고 복합적인 신화체계를 가진 신화로서 해당 민족의 신화원형과 주변 신화소의 토착화 양상을 적층적으로 담고 있어서[2] 개별 신화에 대한 비교연구를 통해 동일 신화권의 정체성을 규정하는 데 유용한 측면이 있다. 한국과 몽골의 신화는 동이문화東夷文化 혹은 알타이 어족의 신화로서 그 동질성이 일찌감치 주목되었고 동아시아 신화비교의 연구 선상에서 현재까지도 꾸준하게 거론되고 있다.[3] 특히, 비교적 전승이 풍부하지 않은 창세신화보다는 문헌 기록에 의해 오랜 역사적 명맥을 유지하고 있는 시조신화, 건국신화에 대한 비교연구가 주요하게 다루어져 왔다. 이러한 연구는 주로 신화 속 주인공 영웅의 성격과 의미에 초점을 맞추어 크게 두 가지 층위에서 이루어진 것으로 파악된다. 우선 중국이나 서구와 구별되는 한국 신화의 특수성을 살펴 영웅의 일대기를 이해하고자 하는 연구가 한동안 활발하였고,[4] 이후 이러한 신화학적 자의식은 그 저변을 확대하여 동아시아 혹은 동북아 신화권 안에서 한국 신화와 주변 신화를 아우르는 이론적 기틀을 수립하고자 하는 방향으로 나아갔다.[5] 이러한 노력으로 서구의 이론에 의존했던 한국의 신화연구가 본격적인 학문의 범주에서 한국과 주변의 신화를 바라보는

---

[2] 그 대표적인 사례로 몽골의 몽골비사를 들 수 있다. 몽골의 역사서이자 문학서인 몽골비사는 칭기스칸의 조상에 대해 서술하고 있는 서두 부분에 다양한 신화적 층위를 담고 있다.

[3] 손진태는 한국의 설화는 가까운 여러 민족과 상호 영향을 주고받았다고 주장하였다. 특히, 14세기 고려시대에 원과의 교류가 활발하면서 결혼에 의한 여성들의 왕래가 빈번하였는데, 이러한 여성들에 의해 설화의 교류가 이루어졌다고 보았다. 손진태, 「한국 민족의 설화」, 『한국민속학보 1호』 1권, 1956; 『조선민족설화의 연구 : 민족 설화의 문화사적 연구』, 을유문화사, 1947.

[4] 라그란에 의해 도출된 '영웅의 일생'의 20여 개 서사단락의 틀은 유럽의 일반적인 영웅담을 포함하는 것으로 우리 쪽의 실상에 정확히 맞아떨어지지 않는 것으로 보인다. 서대석은 우리의 서사구조와 의미 등을 해명할 새로운 틀을 마련해야 한다고 문제제기를 하였으며 이에 조동일은 일곱 단락의 '영웅의 일대기'를 산출하였고, 김열규는 여덟 단락의 '전기적 유형'을 추출한 바 있다. 중국, 서구와 구별되는 우리 신화의 특징을 살피고자 하는 노력은 꾸준히 이어져 오고 있다. 서대석, 「동아시아 영웅신화의 비교연구」, 『한국신화의 연구』, 집문당, 2001; 김열규, 「민담의 전기적 유형」, 『한국민속과 문학연구』, 일조각, 1971.

[5] 이에 해당하는 대표적인 논저로는, 조현설, 「건국신화의 형성과 재편에 관한 연구」, 서울대 박사논문, 1997; 최원오, 「동아시아 무속영웅서사시의 변천과정 연구」, 서울대 박사논문, 2001 등이 있다. 한몽 신화비교의 연구사에 대한 내용은 별도의 장을 마련하여 다시 언급하기로 한다.

독자적인 비교신화학의 기틀을 조성하는 명분을 확보한 것으로 보인다.

하지만 신화학에서의 로고스logos(논리)의 지향은 알레고리allegory로 표상되는 신화, 즉 미토스mythos(허구의 이야기)의 애매모호한 본성을 간과하게 하는 요인이 되기도 한다. 오히려 비유와 상징의 언어로 이루어진 비과학적 신화텍스트 자체 보다는 신화텍스트를 둘러싼 역사적 혹은 제의적 맥락에서 도식적인 틀거리를 명시하는 것에 익숙해지고 있는 경향을 보인다. 즉 신화가 가지는 문학성 외에 신화의 역사성, 정치성, 종교성, 사회성 등 외적 요인에 주목한 연구가 힘을 얻고 있는 상황에서 한국의 비교신화학은 통시적 검토와 역사적 증명이 애매한 구비신화 연구보다는 비교적 역사적 권위를 확보한 문헌신화 연구의 비중이 우세한 편이다. 최근 학제간의 통섭적 연구 분위기 속에서 비교신화의 학문적 범주는 더욱 확장되어 고고학, 천문학의 분야에까지 걸치면서 신화해석의 정확성에 초점이 맞춰지고 있다.

신화[6]라는 장르는 인간 상상력의 산물인 신성의 문학이면서도 미토스의 알레고리를 통하여 인간 역사의 로고스를 설명하고 있다는 본질적 모순을 지니고 있다. 그동안 신화학은 근대적 분과 학문으로서 다양한 방법론을 확보하였으나, 반면 신화 자체와는 거리를 두어야 하는 딜레마에 빠지게 되었다. 신화가 학문의 범주에 들어온 이상 신화 연구에서 미토스와 로고스 어느 것도 포기되어서는 안되겠지만, 적어도 신화에 대한 정치적 경쟁이 치열한 지금의 신화학에서는 본래 미토스로서의 신화연구에 우선순위를 두어야 할 때라고 본다. 물론 로고스로서의 신화의 중요성에 주목하는 후속 작업도 연계되어야 한다. 특히 이 글에서 주요하게 다루고자 하는 〈단군신화〉와 〈게세르칸 서사시〉와 같이 신화성과 정치성을 두루 표방한 시조신화(혹은 건국신화)의 경우는 이 점에 더욱 유념해야 할 것이다.

결국 한국의 비교신화학도 미토스와 로고스라는 변증법적 과정을 거쳐 신화텍스트

---

6   신화를 뜻하는 'myth'는 그리스어의 'mythos'에서 유래하는데, 논리적인 사고 내지 그 결과의 언어적 표현인 '로고스(logos)'의 상대어로서, 사실 그 자체에 관계하면서 그 뒤에 숨은 깊은 뜻을 포함하는 '신성한 서술(敍述)'이라 할 수 있다. [출처] 신화[神話, myth] ㅣ 네이버 백과사전

의 보다 정제된 의미를 해석해내야겠지만, 우선적으로는 신화텍스트 혹은 신화소 자체에 대한 비교연구가 선행되어야 한다.

일례로 한국의 〈단군신화〉에 대한 연구는 그 중요성만큼이나 오래 전부터 다양하게 연구되었지만 〈단군신화〉에 담긴 신화적 의미에 대한 해석이 얼마만큼 명쾌한 논리와 충분한 합의에 도달했는지에 대해서는 의문의 여지가 있다. 설사 그럴 듯한 풀이가 이루어졌다 하더라도 그것이 과연 얼마나 신화적 진실에 가까운 것인지에 대해서는 끊임없이 고민되고 논의되어야 한다.

광범위한 전승분포만큼이나 여러 나라의 대표 석학들에 의해 주요하게 연구되었던 〈게세르칸 서사시〉도 이러한 문제에서 자유로울 수 없는 것으로 보인다. 〈게세르칸 서사시〉의 역사성, 불교와의 관련성, 언어학적 의의, 이본 간의 영향관계 등 주로 신화로서의 본질보다는 신화텍스트를 둘러싼 주변적 요소에 해당하는 분야에서 연구성과가 두드러지지만 〈게세르칸 서사시〉의 신화적 원형, 텍스트 안의 신화소에 대한 깊이 있는 분석은 쉽게 찾아보기 어렵다. 필자가 찾아본 결과, 〈게세르칸 서사시〉의 신화소에 대해 그나마 충실하게 논의된 것은 아이러니하게도 최남선의 〈단군론〉 계열의 글에서라고 할 수 있었다.[7]

여기서 필자는 1920년대 초창기 국학자들에 의하여 소박하게 제기되었던 신화 논의를 먼저 재검토함으로써 한국 신화연구의 초심初心, 그리고 비교신화학의 정체성에 대하여 겸허하게 고민하여 보고자 한다. 사실 초창기 비교신화학은 한국은 물론 전세계적으로 당시의 특수한 시대적 상황 속에서 제국주의와 민족주의라는 정치성 강한 사조 등에 의해 상당히 변질되었으며 이로 인해 지금의 후학들에게 끊임없는 비판을 받고 있는 실정이다. 때문에 학문적인 영역에서 진지하게 논의될 수 있는 부분까지 덩달아 도외시되는 경향도 없지 않았다. 최근에는 한국의 국학國學 연구자들을 중심으로 초기 국학 연구에 대한 재평가가 조심스럽게 시도되고 있는데, 육당 최남선의 연구에 대한 관심이 대표적인 경우라 할 수 있다.

---

7   최남선, 「단군신전의 고의1-10」, 『동아일보』, 1928.1.1-1.12.

신화학의 차원에서 본다면 최남선의 연구는 국학 분야를 넘어서서 학문영역과 대상 지역을 넘나드는 비교문화적 연구방법론이 특징적이다. 이러한 관점은 기본적으로 '탈脫장르'의 시대 또는 '글로컬리즘'의 시대인 21세기의 연구 성향과 상당히 부합되는 측면이 있다. 실제 그의 이러한 탁견은 최근 들어 종종 차용되기도 한다. 이 시점에서 분명한 것은 비교신화학의 영역에서도 최남선 등과 같은 초창기 학자들의 신화연구 일면에 대한 학문적인 재검토가 필요하다는 것이다.

필자가 주목한 것은 앞에서 잠깐 언급하였듯이 초창기 신화학자가 지역 신화권의 대표 신화들을 대상으로 신화텍스트 안의 신화소에 대한 분석을 우선적으로 수행하였다는 점이다. 〈단군신화〉와 같이 역사성이 강한 문헌신화를 다룰 때도 텍스트 안의 신화소 분석을 기본 작업으로 하고, 이후에 문화권 규정과 같은 거시적 문제에 관심을 가졌다. 물론 최남선의 단군론과 같은 신화연구에서는 신화 자체의 본격적 분석에 앞서 불함문화론과 같은 거대 담론이 가설처럼 미리 세워지기도 하였다. 그런데 이러한 가설은 어느 정도 타당성을 인정받을 수 있다면 신화연구의 비교범위나 비교대상의 폭을 효과적으로 제한해 주는 이점이 있으며 신화 분석 이후 거대담론으로 논의를 확대시킬 때에 유용한 견본이 될 수 있다.

지금까지의 연구를 통하여 구상된 한국 비교신화학의 담론들은 다시 신화텍스트 자체에 대한 분석 및 비교를 통하여 보다 진전될 수 있을 것이다. 특히 이런 차원의 비교연구는 비교대상이 되는 신화텍스트나 신화소가 풍부하게 살아있는 신화 환경에서 유리하다. 하지만 한국의 경우는 대부분의 시조신화들이 〈단군신화〉처럼 문헌신화로 단편화 내지 화석화되었고 그나마 구비 형태로 전승되는 서사무가의 경우는 비교적 후대형의 양상[8]을 보인다.

---

8   서사무가의 소재 원천은 전승 과정에서 다른 구비문학이나 기록문학의 자료를 수용한 것이 많다. 제주도의 〈이공본풀이〉와 평안북도 강계의 〈신선세턴님청배〉는 불전설화(佛典說話)인 〈안락국태자경(安樂國太子經)〉에서, 제주도의 〈세민황제본풀이〉는 중국 소설 〈서유기〉 중 당태종 회생담에서, 함경도의 〈문굿〉과 제주도의 〈세경본풀이〉는 중국의 〈축영대(祝英臺) 설화〉에서, 제주도의 〈군웅본풀이〉는 〈작제건(作帝建) 설화〉에서 그 소재를 취하고 있다. (한국민족문화대백과[서사무가])

최남선의 경우를 보면, 비교대상이 되는 신화텍스트의 질과 양의 문제를 주변 신화들과의 비교연구를 통하여 해결하였다. 즉 전승지역이나 전승방식에 구애 받지 않고 미리 상정한 문화권 안에서 비교대상이 되는 신화를 선정하여 신화텍스트 자체에 충실하게 고찰하였던 것이다. 그런 과정을 통하여 부리아트 몽골의 〈게세르칸 서사시〉를 접하게 되었고, 이러한 〈게세르칸 서사시〉와 〈단군신화〉의 신화소를 비교분석함으로써 급기야 만몽문화론과 같은 위력적인 담론을 수립하는 명분을 얻은 것으로 보인다.

한국의 비교신화학에서 〈단군신화〉와 〈게세르칸 서사시〉의 비교연구는 현대의 지역 문화론 연구에 있어 숨어있는 뇌관임에는 틀림없다. 초창기 신화연구에서처럼 강압적인 분위기는 아니지만 신화의 속성상 신화연구, 특히 비교신화학의 연구는 신화를 둘러싼 정치성에서 여전히 자유롭지는 못한 것 같다. 이러한 상황은 비교연구를 떠나서 개별 신화로서 이미 대단한 영향력을 확인시켜 주고 있는 〈단군신화〉나 〈게세르칸 서사시〉의 연구경향을 살펴보면 더욱 확실히 알 수 있다. 단군릉 발견 이후 북한의 〈단군신화〉 연구가 그러하고, 서북공정, 동북공정 등 소수민족의 역사를 포섭하는 핵심명분으로서 대대적으로 추진되고 있는 중국 측의 〈게사르〉[9], 〈게세르칸 서사시〉 연구를 대표적 사례로 들 수 있다. 이러한 사례는 신화본질에 충실하지 않은 신화학이 초래할 수 있는 위험성을 다시 한번 시사하기도 한다.[10]

그럼에도 이미 한국 신화학의 초창기부터 제기되었던 〈단군신화〉와 〈게세르칸 서사시〉의 비교연구는 절실한 문제라고 본다. 〈단군신화〉와 〈게세르칸 서사시〉의 비교연구가 처음 최남선 특유의 탁견으로 착수되기는 하였지만 그 스스로도 지적하였듯이 당시 논의에는 비교대상이 되는 〈게세르칸〉 이본자료가 충분하지 않았다. 그가 이용한 자료는 그나마 간략하게 번역 소개된 후대형[11]으로, 아마도 당시는 원자료에 대한 접근

---

[9]　몽골의 〈게세르신화〉와 구분하여 티베트의 '게세르'를 〈게사르〉로 표기하기로 한다.

[10]　〈단군신화〉와 〈게세르칸 서사시〉가 신화적인 대표성을 가진 만큼 이러한 민감한 문제와 직결되어 있는 이들 신화에 대한 연구는 오해나 악용의 우려를 항상 내재하고 있다. 그래서 연구를 꺼려하는 경향도 없지 않다. 현재 몽골의 경우는 담딩수렝 이후 이렇다 할 연구가 이어지지 않고 있고, 러시아는 도가로브, 니클료도프 등 손으로 꼽힌다. 그나마 담딩수렝은 지금 사람이 아니고 도가로브, 니클료도프 등은 원로이다. 게세르 연구에서 이렇다 할 젊은 후학이 없다는 것도 문제이다.

이 여의치 않은 열악한 상황이었던 것 같다. 그에 비하면 지금은 몽골의 〈게세르칸〉 신화 번역서도 출간되고[12] 무엇보다 해당 외국어를 습득할 수 있는 학과가 설립[13]되는 등 신화텍스트 원자료를 자유롭게 대할 수 있는 여건도 갖추어졌다. 즉 신화텍스트에 주목하기에 좀 더 유리한 조건에서 다시 이 두 신화를 조망할 수 있게 된 셈이다.

〈단군신화〉와 〈게세르칸 서사시〉의 비교연구는 일차적으로 〈게세르칸 서사시〉로 대표되는 구비신화 연구의 추상성과 〈단군신화〉로 대표되는 문헌신화 연구의 경직성을 극복할 수 있는 상보적 대안이 될 것이다. 즉 동북아 지역은 신화의 구비성과 기록성 및 역사성이 공존하는 지역으로, 이는 세계 다른 지역의 신화학의 환경보다 동북아 신화 환경이 가지는 유리한 조건이 아닐 수 없다.

〈게세르칸 신화〉는 주로 토올туульĺ(서사시), 울게르үлгэр(설화) 등의 구비문학 장르와 토오즈тууж(傳), 남타르намтар(전기)라는 기록문학의 양식으로 오늘날까지 다양한 이본異本으로 강한 생명력을 유지하며 전승되고 있다. 그 전승지역은 갠지스 강에서 아무르 강까지, 황하에서 레나 강까지 광범위하며 청해, 서장(티베트), 몽골, 감숙, 운남, 신장, 요녕, 길림, 흑룡강, 부리아트, 토바 등 각지에 그 이본들이 산재되어 있다.[14] 그리스 로마 신화를 압도하는 〈게세르칸 신화〉의 장대한 서사와 다채로운 변이형들은 서사전 승의 생명력과 전승지역의 광포성廣布性, 전문창자(게세르치)의 예술성 및 민속신앙으로 서의 종교성 등과 함께 북방문화를 대표하는 알타이 신화의 정수로서의 입지를 굳히고 있다. 그러나 〈게세르칸 서사시〉를 비롯한 몽골의 시조신화는 〈몽골비사〉[15]에 수록된

---

11 최남선의 관련 언급, 제레미어 커틴이 채록한 간단하고 후대형 이본이라고 한 것으로, 그나마 영어로 번역하여 옮긴 것이다. Jeremiah Curtin, *A Journey in Southern Siberia*, 1909.

12 유원수 譯, 『게세르 칸-몽골 대서사시』, 사계절, 2007; 일리야 N. 마다손, 양민종 譯, 『바이칼의 게세르 신화』, 솔, 2008.

13 1993년 단국대학교에 몽골학과가 국내 최초로 개설되었고 뒤이어 2009년에는 한국외국어대학교에 몽골 어과가 개설되었다.

14 Ц.Дамдинсүрэн, 『Гэсэрийн туужийн гурван шинж』, Өвөр монголын ардын хэвлэлийн хороо, 1957, pp.1-8; 其木道吉, 「縱談 蒙古 格斯尔」, 『格斯尔论集』, 内蒙古人民出版社, 2003.

15 〈몽골비사〉의 편찬연대에 대하여는 여러 이설이 있으나 칭기스칸 가문의 시조신화 부분은 몽골제국 제2대 황제(재위 1229-1241)인 어거데이(窩濶台, 오고타이)칸의 재위 시절 이후에 편찬된 것으로 추정된다.

칭기스칸 가문의 신화 이외의 대부분이 구전의 형태로 전승되고 있고 그나마 기록물로 전해지는 판본들은 청淸 대 이후에 쓰여진 작품[16]으로 소설화 된 후대형의 서사라는 한계가 있다.

〈단군신화〉는 한국의 다른 건국신화(혹은 시조신화)들과 함께 주로 한국의 역사기록물에 단편적으로 소개되어 〈게세르칸 신화〉에 비하여 그 서사가 축약되었고, 전승의 방식에 있어서도 기록물 위주로 전하여져 구전신화로서는 이미 화석화가 되어버린 상황에 처해 있다. 하지만 〈단군신화〉가 문자文字라는 당대의 선진 매체에 수용되어 『삼국유사』[17] 등의 고대 역사문헌에 일찌감치 안착됨으로써 역사적 권위에 기댄 신화의 해석이 가능하게 되었다. 또한 자료의 보존 및 자료의 추이 파악에 약점을 지니는 구비전승 문학의 한계에서 벗어나는 계기가 되기도 하였다.

〈게세르칸 서사시〉에 대해서는 최근 2000년을 전후하여 국내 구비문학계를 중심으로 관심이 급증되고 있다. 이는 알타이 문화권의 대표신화로서 〈게세르칸 서사시〉의 풍부한 문화원형에 대한 호기심과 막연한 향수라는 측면에서 이해될 수 있겠으나, 궁극적으로는 인접 신화, 특히 민족적 친연성親緣性을 공유하는 몽골신화와의 비교를 통하여 화석화된 한국 신화의 원형 재구와 정체성 모색에 중요한 의의를 두는 연구 분위기에서 그 동기를 찾을 수 있겠다. 더욱이 한국 신화를 자연스럽게 알타이 문화권 혹은 동북아 문화권의 범주에서 다루고 있는 상황을 고려한다면 국내에서의 〈게세르칸 서사시〉를 비롯한 몽골권의 여러 신화에 대한 관심은 당연한 현상이라 할 수 있다.

하지만 중국, 일본, 러시아 등 주변국의 연구 상황과 견주어 볼 때 한국은 이제야

---

[16]　현재 전해지는 〈게세르칸 신화〉의 최초 기록물은 북경 목판본 게세르이다. 이는 1716년(淸 康熙 五十五年) 북경에서 간행된 일곱 장으로 구성된 몽골 게세르이다. 이 판본을 1839년에는 남러시아의 학자 쉬미트가 독일어로 번역하여 원문과 함께 페테르부르크 시에서 출판하였으며, 구소련의 학자 코진이 1936년에 러시아어로 번역하여 연구 논문과 함께 출판하였다. 또한 내몽골 허흐호트에서는 전(傳, тууж)의 형태로 소설화 하여 1955년에 다시 간행되기도 하였다.

[17]　편찬 연대는 미상이나, 1281-1283년(충렬왕 7-9) 사이로 보는 것이 통설이다. 현재까지 고려시대의 각본(刻本)은 발견되지 않았고, 완본으로는 1512년(조선 중종 7) 경주부사(慶州府使) 이계복(李繼福)에 의하여 중간(重刊)된 정덕본(正德本)이 최고본(最古本)이며, 그 이전에 판각(板刻)된 듯한 영본(零本)이 전한다.

발 벗고 나서는 상황이고 선행연구의 성과 역시 많지 않은 편이다. 또한 신화가 문학 이상의 역사성 및 정치성을 담지하고 있고 특히 〈게세르칸 서사시〉와 〈단군신화〉의 비교연구는 한국신화와 북방유목민 신화의 동류의식을 내포하고 있다는 측면에서 동북아 문화권의 규정과 확대라는 민감한 문제를 잠재하고 있다. 따라서 한몽 신화의 본격적인 비교연구의 기류가 형성되고 있는 지금, 기존 연구성과에 대한 객관적인 검토와 바람직한 연구방향에 대한 진지한 고민이 요청된다.

2. 연구사 검토

이 책은 몽골족의 〈게세르칸 서사시〉와 한국 〈단군신화〉의 신화적 성격을 비교, 고찰하는 것을 목표로 삼는 바, 이를 위해서는 우선 이 두 신화를 대상으로 비교연구 한 선행 연구에 대한 검토가 이루어져야 할 것이다. 그러나 단군신화의 비교 대상이 되는 몽골족의 게세르 신화 연구에 대한 이해가 국내에서는 아직 충분하지 않아 우선적으로 몽골국(외몽고)과 중국 내몽고, 러시아의 부리아트 몽골 등지에서 수행된 몽골 게세르 서사시에 대한 연구사를 중심으로 세계 각지에서의 연구성과를 개관하고자 한다.

이후, 국내에서의 게세르 서사시 연구와 관련해서는 한몽 비교신화학적 관점에서 기술하고자 한다. 한국에서의 게세르칸 서사시 연구는 시대적 특수한 상황과 함께 처음부터 비교신화학적 관점에서 논의되기 시작하였으며 이러한 측면에 주목하여 해당 연구사를 시기별로 개관하여 볼 것이다.

1) 세계 각지에서의 몽골 〈게세르칸 서사시〉 연구

앞에서도 잠깐 언급하였듯이 몽골 〈게세르칸 서사시〉는 몽골국(외몽골), 러시아의 부리아트자치공화국(부리아트 몽골) 및 칼무크인이 거주하는 지역, 내몽골자치구(내몽골)와 요녕遼寧, 길림吉林, 흑룡강黑龍江, 청해靑海, 감숙甘肅, 신장新疆 등 몽골족의 집거 지역에 널리 전해지고 있다. 게세르칸 서사시는 그 오랜 전통과 넓은 전승 분포와 함께 동북아 및 중앙아시아 등지의 대표적인 신화이자 민속 문학으로서 세계 각지의 연구자들의 주목을 받아왔다. 몽골문으로 소개된 『북경 목판본 게세르Арван зүгийн эзэн Гэсэр хааны тууж оршвой』가 1716년 처음 간행[18]된 이후, 수많은 판본과 필사본, 채록본 등이 소개되었다. 그리고 1776년 러시아의 여행가 팔라스P. S. Palas(1741-1811)에 의해 북경판본 게세르가 몽골의 영웅서사시로 서방에 소개된 이래 현대 몽골어, 러시아어, 독일어, 영어, 중국어, 일본어, 인도어, 불어, 한국어 등 세계 각국의 언어로 꾸준하게 번역, 소개되고 있다.

(1) 몽골에서의 연구

몽골 게세르의 연구사에 대해서는 일찌감치 몽골의 담딩수렝에 의하여 한차례 정리[19]되었고, 체렌소드넘과 카토 등에 의해 추가, 보완의 형태로 인용[20]되다가 최근에는 중국의 바야르트 등에 의해 상세하게 개관[21]되기도 하였다.[22]

몽골 게세르에 대한 초창기 연구는 주로 1716년 간행된 『북경 목판본 게세르』 등 문헌본을 중심으로 하며, 장르상으로는 구비서사시보다는 문헌본으로서의 토오즈傳(중편소설)를 대상으로 한 연구였다고 보는 편이 정확할 것이다. 지금까지 알려진 몽골 게세르에 대한 최초 연구는 18세기로 소급되며 초기 연구자로 청해青海 지역 곽륜사郭侖寺의 숨바 함보(주지승)[23] 이쉬발지르IshBaljir(1704-1788)와 우젬친의 궁 검버자브(?-1747-?), 차하르의 학승學僧(gebsh) 롭상출템Luvsanchultem(1740-1810)을 언급할 수 있다. 이쉬발지르는

18 몽문 북경 목판본 게세르는 몽골 게세르에 영향을 끼친 것으로 회자되는 티베트 게사르 판본까지 통틀어 보아도 가장 이른 시기의 판본으로 판단되고 있다.

19 Дамдинсүрэн Ц., 『Монголын уран зохиолын тойм, Нэгдүгээр дэвтэр』, УБ., 1957.

20 Цэрэнсодном Д., 『Монгол уран зохиолын товч түүх』, УБ., 2002; Катуу Б., 「Монгол тууль судлалын түүхэн тойм」, 『Аман зохиол судлал』, 2003, pp.31-128.

21 巴雅尔图, 《格斯尔》研究, 內蒙古教育出版社, 2006.

22 국내에 소개된 게세르 연구사는 담딩수렝의 연구사를 중심으로 체렌소드넘 등이 인용 보완한 자료를 재인용한 자료들이 대부분이다.

23 바야르트는 이쉬발지르를 곽륜사의 전세활불(轉世活佛)로 소개하기도 하였다.

반첸 발단-이쉬Banchen Baldan-Ish(1737-1780)가 보낸 질문에 대한 답장에서 몽골과 티베트 등지에 널리 전승되던 〈게사르 남타르傳記(열전)〉(티베트어) 혹은 〈게세르 토오즈傳〉(몽골어)에 대하여 중요한 언급을 하였다. 즉, 그는 "게세르 칸은 역사적인 인물이고, 이 이야기는 불교와는 다른 이단적인 교리를 내포한 것"이라고 보았다. 또한 이쉬발지르는 게세르전을 중국의 유명한 신괴소설神怪小說인 『서유기西遊記』에 빗대어 보기도 하였다.[24] 한편, 역사가이자 학승學僧인 롭상출템은 게세르를 역사적으로 실존하였던 인물로 보고 "게세르는 티베트의 랑다르마 이후, 조우 아디샤 이전인 10세기경 인물"이라고 추정하기도 하였다.

또한 게세르 연구사에 있어서 흥미로운 주제 중 하나는 1716년에 간행된 게세르 판본을 간행한 주체와 간행 이유에 대한 문제인데, 이와 관련하여 담딩수렝Ts.Damdinsuren은 이장자 호탁트IJanjaa Hutagt(1642-1714)의 전기문namtar 기록을 바탕으로 북경판본 게세르는 이장자 호탁트 아그완처인던IJanjaa hytagt Agvanchoindon이 17세기 말에 허흐 노르靑海에 갔을 때 어얼드족 이야기꾼에게서 게세르 서사시를 채록하여 나중에 1716년에 출간하였다는 흥미로운 견해를 밝히기도 하였다.[25]

몽골에서 게세르 서사시에 대한 체계적인 연구는 담딩수렝을 중심으로 20세기 중반부터 시작하였다고 말할 수 있다. 담딩수렝은 몽골 게세르 판본을 오랜 동안 훌륭하게 연구해 온 학자이며, 특히 그가 단행본으로 출간한 『Исторические корни Гэсэриады(게세르의 역사적 근원)』[26]이라는 저서는 〈게세르〉에 대한 본격적 연구의 시초가 된다. 그는 여기서 몽골과 티베트의 여러 게세르 판본을 비교 분석하여 다음과 같은 세 가지

---

[24] 巴雅尔图, 『《格斯尔》研究』, 内蒙古教育出版社, 2006, 22쪽; Баярт Д., 『Монгол туужийн төрөл зүйлийн хувьсал, хөгжил』, УБ., 2000, p.4.
      바야르트는 게세르가 서유기의 영향을 받았을 것이라는 가정하에 그 계기를 다음과 같이 제시하였다. "이쉬발지르 이전에 북경의 탕구트 문자학교의 원장이었던 우젬친 궁 검버자브가 『중국에서의 불교 전파사(漢地佛學原流)』라는 티베트어 저서에서 『서유기(西遊記)』의 주인공인 삼장법사 현장(602-664)의 전기를 소개하고 이후 티베트 지역에 삼장법사 설화가 널리 퍼지게 되었다"는 것이다.

[25] 담딩수렝, 게세르, 1984년, 서문에 기록.

[26] Дамдинсурэн Ц., 『Исторические корни Гэсэриады』, М., 1957, - 239 с.; 『Гэсэрийн туужийн гурван шинж』, Өвөр Монголын ардын хэвлэлийн хороо, 1957.

결론을 도출하였다. 첫째, 게세르 서사시는 민중의 진정한 염원을 표현한 민중적인 특성을 가진 문학 작품이고, 둘째, 티베트, 몽골, 부리아트 지역의 게세르 서사시는 각각 나름대로의 독창성을 가지며 해당 지역민의 삶의 모습을 특징적으로 잘 드러낸 작품들이다. 셋째, 게세르 서사시는 11세기 동북아 티베트의 '암도' 지역에 실존하였던 '거슬러 칸'의 실제 역사적 활약을 바탕으로 창작되었다고 보았다.

몽골국(외몽골)에서는 게세르 서사시의 여러 판본들을 『Монгол дурсггал бичгийн чуулган(몽골 문헌자료 집성)』에 집대성하여 시리즈 형태로 출간하기도 하였다. 여기에는 『잠링 센친의 남타르(전기)』 일명 『몽골의 링 게세르』(1959)와 『놈치하탄본 게세르諾木其哈敦本』(1960), 『자야본 게세르』(1960), 『체웬본 게세르전』(1960), 『토뜨 문자 게세르』(1960) 등이 해당된다. 이린칭B. Rinchen과 담딩수렝은 이것들에 서문을 작성하여 각각 출간시켰다. 이후 담딩수렝은 1716년 간행된 7장의 북경판본을 저본으로 하여 누락된 내용은 『놈치하탄본 게세르』를 참조하여 보완함으로써 게세르의 통합본으로 만들었다.[27] 이 책은 일반인들이 쉽게 읽을 수 있도록 현대 몽골 문자인 키릴 문자로 출판되기도 하였다. 또한 이린칭은 몽골 〈게세르〉의 생성 시기와 관련하여 1960년 놈치하탄본을 영인하여 간행하면서 발문 속에 있는 '철호년鐵虎年'이라는 표시에 근거하여 놈치하탄본의 형성 연대가 1614년이라고 판단하였다.[28]

한편, 소미야바타르는 고대 한국 신라왕의 '박혁거세(거서간)'의 칭호가 '게세르'의 명칭과 관련이 있을지 모른다는 의견을 제시하기도 하였다. '세상의 주인'이라 풀이한 '거서간'의 칭호는 '게세르' 명칭의 기원을 밝혀주는 하나의 가능성으로 주목되기도 하였다.[29]

돌람S. Dulam은 게세르가 인간 세상에 태어나기 전의 서사와 관련되는 20여 편 이상의 신화를 '바야링 춘라'라는 사람에게서 채록하여 출간하기도 하였다.[30]

---

[27] Ц.Дамдинсүрэн, 『Гэсэр』, 1986.

[28] 却日勒扎布, 「蒙古 格斯尔研究综述(第一卷)」, 『格萨尔学集成』, 兰州 : 甘肃民族出版社, 1990.

[29] Сумъяабаатар Б., 『Гэсэрийн тухай』, УБ., 1972; Баярт Д., 『Монгол туужийн төрөл зүйлийн хувьсал, хөгжил』, УБ., 2000, p.9.

[30] Цэрэнсодном Д., 『Монгол уран зохиолын товч түүх』, УБ., 2002. p.82(돌람, 바체프, 1983).

이상 살펴본 것과 같이, 정작 몽골에서의 게세르 연구는 그 국제적 관심에 비해 그 양이 많지는 않다. 그나마 최근에는 게세르 전문 학자를 찾아보기가 여의치 않은 실정이다. 1950년대의 대표적인 게세르 학자 담딩수렝과 이린칭의 업적을 이어받아 21세기 몽골학 분야에서 몽골의 게세르학을 담당할 신진 연구자의 양성에 대한 고민이 진지하게 요청되는 대목이다.

(2) 중국에서의 연구

중국에서의 게세르格斯尔 연구사는 세첸멍흐斯欽孟和[31], 수흐蘇和[32], 게렐자브格日勒扎布[33], 바야르트巴雅尔图[34] 등에 의해 상세히 정리되었으며 여기서는 이들 자료를 참조하여 중국에서의 몽골 게세르 연구상황을 간단히 소개하기로 한다. 중국에서의 몽골 게세르에 대한 연구는 1950년대 말, 1960년대 초부터 시작되었는데 주로 중국 내몽골 학자들을 중심으로 중국내 몽골족 민속과 고전 연구의 일환으로 대대적인 게세르 발굴 사업[35] 등 비교적 활발하게 진행되었다.

몽골 게세르의 연구는 1983-1993년 티베트 게사르格薩爾 정리 작업이 국가적인 시책으로 제도화되어 전국에 걸쳐 대대적으로 시행되면서 함께 발전기에 접어들었다.[36] 이

---

31 『Sečen möngke의 게세르총서』, 2002-2007.
32 수혜(巴·蘇和), 「20世纪中国蒙古 格斯尔研究概述(20세기 중국의 몽골 〈게세르〉 연구 개요)」, 『西南民族学院学报·哲学社会科学版』 Vol.23, No.12, 2002.
33 格日勒扎布, 内蒙古教育出版社, 2006; 格日勒扎布, 「三十年來中國格斯尔研究」, 『몽골학 26』, 2009, 88-90쪽.
    최근 중국에서는 게세르 토오즈의 각 지역별 이본을 수집하여 이를 연구하도록 조직적인 운영과 정책을 시행해 온 결과 이 서사시의 티베트 및 몽골 판본을 출판시키고, 별도로 연구 지원과 동시에 중국의 칭두시, 라하스, 시닝 등 각 지역에서 게세르학 학술대회를 개최하기도 하였다.
    荣苏赫等主编, 『蒙古族文学史(第二卷)』, 呼和浩特 : 内蒙古人民出版社, 2000.
34 巴雅尔图, 『《格斯尔》研究』, 内蒙古教育出版社, 2006.
35 1956년 내몽골에서는 1716년 목판 게세르 서사시와 필사본(채록본) 6장으로 구성된 게세르 서사시 두 편으로 서문을 첨부하여 출간하는 것을 시작으로 1959년에는 내몽골의 저명한 이야기꾼 '파아지'라는 마두금 연주자의 음성으로 전한 게세르 서사시 한 편을 채록하여 내몽골 인민출판부에서 출판하였다.
36 格日勒扎布, 앞의 논문, 2009, 88-90쪽.
    최근 중국에서는 게세르 토오즈의 각 지역별 이본을 수집하여 이를 연구하도록 조직적인 운영과 정책을 시행해 온 결과 이 서사시의 티베트 및 몽골 판본을 출판시키고, 별도로 연구 지원과 동시에 중국의

시기 중국에서는 〈게세르〉학이 등장하고 몽골학에 관한 심도 있는 연구가 폭넓게 전개되었으니, 몽골 게세르 연구 역시 이 시기에 큰 성과를 거두었다.[37]

중국에서의 몽골 게세르 연구의 주제는 몽골 〈게세르格斯尔〉의 생성시기와 판본 연구, 기원 연구, 이본異本 연구, 민족의 특색 연구, 게세르의 풍물 및 전설 연구, 문학적 주제와 예술성 연구 그리고 몽골 문학사에서의 몽골 〈게세르〉의 위상에 대한 연구가 특히 두드러진 것으로 파악된다.[38]

먼저, 몽골 게세르의 생성시기와 판본에 관한 연구는 1716년 북경판본 게세르를 최초의 판본이라고 보는 현재까지의 통설에 대한 문제 제기에서부터 출발한다. 게렐자브格日勒扎布는『놈치하탄본諾木其哈敦本』게세르의 발문에서 기록자로 언급된 '관딩구스灌頂固什'를 근거로 이 판본이 북경판본보다는 앞선 '철호년鐵虎年' 즉 1590년에 간행되었다고 보았으며[39] 세첸멍흐斯欽孟和 역시 놈치하탄본이 최초의 판본이며 생성 시기는 1650-1678년 연간이라고 보았다. 북경 목판본은 이 놈치하탄본에서 유래한 것이며 '놈치하탄본의 11장 중에서 7장만을 골라 수정을 거쳐 목판본으로 간행한 것'이라고 보았다. 따라서 북경 목판본의 1716년이라는 표시는 이 작품의 생성 연대가 아니라, 다른 사람이 책으로 편집한 시기라고 주장하였다.[40]

이외에도 오니오란瑪·烏尼烏蘭은 몽골『게세르』의 생성연대를 17세기 후반으로 보았으며[41] 체렌발古·策仁巴拉는『〈장가르江格爾〉와 〈게세르〉의 생성 연대』라는 글에서 게세르는 티베트로부터 몽골 지역으로 전래되었고, 각색과 창작 과정을 거쳐 16-17세기

청두시, 라하스, 시닝 등 각 지역에서 게세르학 학술대회를 개최하기도 하였다.

[37] 荣苏赫等主编, 앞의 책, 2000.
통계에 따르면, 신문·잡지와 중국 및 국제 학술대회에서 발표된 논문은 약 100여 편에 이르며, 몽골 게세르 전문 학술 서적도 다수 출판되기 시작하였다.

[38] 巴·蘇和, 앞의 논문, 2002.

[39] 내몽골민족사범대학學報, 1987, (3). '관딩구스(灌頂固什)'는 바로『몽골원류(蒙古源流)』와『알탄(阿拉坦)칸』등 책에서 거듭 언급한 '와치얼투마이 환진(瓦齊爾圖邁歡津)'으로 보고 이에 근거하여 번역자는 '바오거번에르데니에르흐초르지(寶格本額爾德尼額日綽爾濟)'이며, 제창자 놈치하탄(諾木其哈敦)은 '삼랑자 종금부인(三娘子 鐘金夫人)'이라고 추정하였다.

[40] 却日勒扎布,「蒙古 格斯尔研究的新成果」,『格萨尔学集成(第四卷)』, 兰州 : 甘肃民族出版社, 1994.

[41] 『民族文學研究』, 1987, (4).

에 들어서서야 티베트족의 게사르와 구별되는 독특한 몽골의 〈게세르〉로 변모된 것이라고 주장하였다.[42]

몽골『게세르』의 판본에 대해 치미드도르지齊木道吉가『몽골어 〈게세르칸〉의 판본에 관한 간략 소개蒙文格斯尔可汗传的版本简介』에서 몽골어『게세르』의 여러 판본, 필사본의 내용과 그들 사이의 관계에 대하여 상세히 분석하고 고증하였다.[43] 이것은 지금까지 몽골어『게세르』의 여러 판본과 필사본의 내용 및 상호 관계에 대하여 가장 상세히 분석하고 있는 연구이다. 치미드도르지의 이 분야에서 거둔 주요 성과는 1985년 오르도스 판본을 저본으로 한『게세르칸』을 간행한 것이다.[44] 세첸멍흐斯欽孟和는『몽골어 〈게세르〉의 여러 판본에 대한 비교蒙古文格斯尔的几种版本的比较』에서, 기존의 몽문『게세르』의 9개 판본과 필사본을 비교한 후, 지금까지 발견한 몽골어『게세르』는 총 108장이며, 이 장절들은 "일부 기본 장절의 내용에서 여러 판본, 필사본과 이본으로 변이, 발전한 것이다."라고 보았다.

바야르트巴雅爾圖는『북경판 몽골어 〈게세르칸〉에 대한 초보적 탐구北京版蒙文格斯尔可汗传初探』에서 북경판『게세르칸』의 생성과 발전에 관한 사회역사적 요소 및 그것의 몽골 고전문학 전통에 대한 계승 등의 문제에 관심을 가졌으며,『북경판 〈게세르〉의 문학 장르에 대한 분석北京版格斯尔文学体裁辨析』을 통하여『게세르』는 영웅서사시가 아니라 진정한 장편 신화소설이라고 하였다. 또한 그 문학 형식과 사상내용 면에서 중국의 고전인『서유기西游记』·『삼국연의三国演义』로부터의 적극적인 영향이『게세르』에 새롭게 반영된 것이라 주장하기도 하였다. 그의 이러한 관점은『북경 목판본 〈게세르〉의 편찬자 전설에 대한 의문北京木刻版格斯尔编者传说质疑』에까지 이어졌다. 문학 장르 및 사상 내용 면에서 이미 영웅 서사시의 범주를 뛰어넘어 장편 신화소설의 범주에 속하는『게세르』는 몽골 문학발전사에서 한족漢族의 고전『서유기』와 같은 장편 신화소설의

---

42   巴·蘇和, 앞의 논문, 2002, 재인용;『格薩尔学集成(第二卷)』[M], 兰州 : 甘肃民族出版社, 1990, 1244쪽.
43   齊木道吉,「蒙文格斯尔可汗传的版本简介」.
44   『格薩尔学集成(第二卷)』[M], 兰州 : 甘肃民族出版社, 1990, 1244쪽. 상하 두 권으로 구성되며 약 40만 자로 이루어짐.

사상·예술적 수준에 이른 획기적인 의미를 가지며, 이 점에서 몽골족의 첫 번째 장편 소설은 인지나시尹湛納希의 『청사연의青史演義』나 윤씨의 소설 『일층루一層樓』, 『읍홍사泣紅事』, 『홍운루紅雲淚』가 아니라 북경판 『게세르』라 할 수 있다고 보았다.[45]

몽골 『게세르』의 유래에 대한 연구는 티베트 『게사르格薩爾칸』과 몽골 게세르의 영향관계 및 몽골 게세르의 독자성 문제와 관련하여 중요하게 다루어졌다.

바이갈白歌樂은 『〈게세르〉에 대한 소개格斯尔介绍』에서 몽골과 티베트의 게세르는 뿌리가 같고 이야기 속의 영웅도 모두 같지만, 이 작품 속에 묘사된 구체적인 사건과 창작 방법·풍격은 달라서 각자의 특성을 지니고 있다. 그러므로 몽골 게세르는 티베트 게사르格薩爾칸의 번역본이라고 할 수 없다고 보았다.

한편 중국과학원 내몽골분원 어문연구소 편찬의 『몽골족의 서사시 〈게세르칸〉에 대하여 간략하게 논함蒙古族史诗格斯尔传简论』에서는 『게세르칸』의 플롯·인물 묘사와 장르는 모두 특징을 가지고 있으며, 티베트족 『게사르格薩爾칸』과 비교적 큰 차이가 있는 것으로 파악하였다. 즉 몽골 게세르와 티베트 게사르는 본래는 같은 이야기이면서도 이미 오래 전부터 몽골족과 티베트족에서 각각 전해진 같은 뿌리의 다른 작품이라고 보았다.

이 외에도 서국경徐国琼[46], 치미드도르지齐木道吉[47], 얼지乌力吉[48], 티베트족 학자 장볜자취降邊嘉措[49] 등은 티베트 게사르와 몽골 게세르를 상세히 비교분석하여 두 게세르의 관련성에 대하여 대체적으로 다음과 같은 결론에 의견의 일치를 보이고 있다. 즉, 게세르는 몽골족과 티베트족 두 민족에서 널리 알려지고 발전하였는데 특히 몽골 게세르는 몽골의 신화와 민속, 영웅서사시 등 몽골 민간의 오랜 전통이 토착화되면서 몽골의 독특한 서사시로 정착된 예술장르라는 것이다.[50]

---

45   巴·蘇和, 앞의 논문, 2002.
46   『格萨尔王传(게사르왕전)』.
47   『关于蒙文格斯尔的几个问题(몽골어 〈게세르〉에 관한 여러 문제)』.
48   『蒙藏格萨(斯)尔的关系(몽골과 티베트 〈게세르(格斯爾, 格薩爾)〉의 관계)』.
49   『关于蒙藏格萨尔的关系(몽골과 티베트 〈게세르(格薩爾)〉의 관계에 관하여)』.
50   張文桂, 『蒙古族格斯尔的民族性(몽골족 〈게세르〉의 민족성)』.

한편, 사린고아薩仁高娃[51]는 북경판 몽문 『게세르』 및 그 속편인 내몽골 하권판(융복사본)의 내용을 중심으로 게세르의 민속학적 특색을 밝힌 바 있다. 그에 따르면 『게세르』는 몽골족의 원시종교인 샤머니즘 사상이 전편에 관통되어 있고,[52] 몽골 유목생활의 풍습, 몽골족의 기복신앙, 고대 생활 방식 등이 표현되어 있으며, 몽골 민족의 특징을 뚜렷이 지닌 언어로 구성되어 있다. 특히 만다흐滿者呼[53]는 『게세르』를 『장가르江格爾』, 『마나스瑪納斯』와 비교해 보면 특히 그 신화적 색채가 짙은데, 이것이 바로 『게세르』가 다른 서사시와 구별되는 독특함이라고 강조하기도 하였다.

몽골 게세르가 가지는 장르적 특징 중 하나는 영웅서사시로서 가지는 신화적 성격과 함께 게세르 관련 지형물 및 풍물이 풍부하게 분포되어 있고 이들에 대한 전설이 다양하게 전승되고 있다는 점이다. 수흐巴‧蘇和[54]는 몽골의 『게세르의 풍물 전설』이 몽골 『게세르칸』 서사시로부터 유래한 것으로 보았다. 신바야르新巴雅爾[55]는 티베트족의 게사르格薩爾와 한족漢族의 관운장關雲長이 몽골족에게 가장 숭배를 받는 타민족의 영웅이며, 한족 문화의 영향을 깊게 받은 지역에서는 관운장을 숭배하고 불교를 중심으로 하는 인도‧티베트의 문화적 영향을 받은 지역은 티베트족의 『게사르』가 문자와 구비 형식으로 전승되었다고 보았다. 특히, 게세르는 오랜 세월동안 몽골식으로 변형되어 티베트족 『게사르格薩爾』와는 완전히 다른 몽골의 독특한 게세르로 변모하였고 이 과정에서 몽골인들은 게세르에 대한 깊은 숭배와 신앙, 그리고 게세르가 실존인물이라는 확신과

장원구이(張文桂)는 몽골족 영웅서사시 《게세르》는 내용 면에서나, 예술적 특징‧미학적 가치의 측면에서 뚜렷한 몽골족 특색과 독특한 학술적 가치를 가지고 있으며 몽골 《게세르》의 '티베트 유래설'과 '티베트‧몽골 일체론'의 관점에 대하여 이의를 제기하기도 하였다. 몽골 《게세르》는 독특한 민족성과 학술적 가치가 이미 국제적으로 확인되었다며 두 지역의 게세르는 예술 면에서 서로 경쟁하고 상호 발전을 촉진하는 등 서로 개방된 관계라고 역설하였다.

51 薩仁高娃, 『论格斯尔传的民族特色(〈게세르칸〉의 민족적 특색을 논함)』.

52 에르덴빌릭(額爾敦別力格) 역시 몽골 《게세르》의 곳곳에 천신 숭배, 영혼 숭배, 점치기, 화신(火神) 숭배 등 몽골족의 원시 종교인 샤머니즘의 흔적이 보인다고 주장하였다. 額爾敦別力格, 『蒙古格斯尔与萨满教(몽골 〈게세르〉와 샤머니즘)』.

53 滿者呼, 『格斯尔的神话色彩(〈게세르〉의 신화적 색채)』.

54 巴‧蘇和, 『蒙文格斯尔风物传说探源(몽골어 〈게세르의 풍물 전설〉의 유래에 관한 탐구)』.

55 新巴雅爾, 『蒙古格斯尔传说的产生及其特点(몽골어 게세르 전설의 생성 및 특징)』.

함께 게세르에 대한 전설[56]이 다양하게 창작되었다고 주장하였다.

이처럼 몽골의 게세르 서사시가 구비문학 및 문학의 범주에서 본격적으로 다뤄지면서[57] 몽골문학사에서 게세르 서사시가 가지는 의의에 대한 연구가 중시되었다. 최근 중국에서 잇따라 간행된 일련의 『몽골문학사』에서는 게세르 연구의 의의와 관련하여 다음과 같이 평가하고 있다.

첫째, 몽골 『게세르』는 『장가르江格爾』, 『몽고비사蒙古秘史』와 함께 몽골족 3대 고전 중의 하나이다.

둘째, 몽골족은 몽골 『게세르』를 외래로부터의 번역작품으로 간주하지 않고 민족문학 및 전통 문화 유산의 중요한 구성 부분으로 인식하고 있다.

셋째, 몽골 『게세르』는 잇따라 출판한 『몽골문학발전사蒙古文学发展史』 안에서 모두 중요하게 다뤄지고 있는 몽골 문학사의 대표작이다.

(3) 러시아에서의 연구

서방에서의 게세르의 간행과 연구의 활동은 1776년 러시아의 여행가 팔라스P. S. Palas(1741-1811)가 북경판본 게세르 토오즈를 서방에 알린 것이 최초의 성과라 할 수 있다. 이후, 1849년 보브포브니코브Bobpovnikov A. A.는 『몽골-칼묵 언어학』이라는 저서에서 게세르 서사시의 문체를 자세히 분석하는 논문을 발표하였고 포타닌G. N. Potanin(1890)은 몽골 지역을 수차례 여행하면서 여러 씨족의 구비문학과 민속자료들을 수집하여 1881년, 1883년에 『서북몽골의 운문Очерки Северо-Западной Моголий』이라는 저서를 펴내었

---

56 巴·苏和, 『蒙文格斯尔传说论』; 李·賽音德力格爾, 『论蒙文格斯尔传说』.
57 1) 주제 관련 연구
    唐吉思, 『北京版格斯尔传特征的探讨』; 중국과학원 내몽골분원 어문연구소, 『蒙古族史诗格斯尔传简论中认为, 蒙古格斯尔』; 呼春, 『北京蒙文版本格斯尔可汗传的思想倾向』
    2) 문학기법 관련 연구
    齊木道吉, 『蒙古格斯尔可汗传的艺术成就』; 烏雲巴圖, 『格斯尔传艺术形象的三性』; 卻日勒扎布, 『论格斯尔的地狱题材』; 努恩達古拉, 『谈格斯尔传人物形象的变幻手法』; 特古斯白拉, 『谈格斯尔中Bak食物母题』

다. 그는 게세르의 형상과 서사를 러시아, 그리스의 서사시 서사와 의도적으로 빗대어 보고, 게세르의 형상이 슬라브 민간의 블라디미르 설린쉬코나 그리스 영웅의 형상과 같다고 언급하기도 하였다. 또한 러시아의 서사시는 동양에서, 동양의 서사시는 서양에서 영향을 받아 형성되었다는 관점을 가지고 있었으며 여러 민족의 서사시는 세계보편의 주제를 가지고 있다고 보았다. 포타닌은 특히 몽골 티베트의 울게르치(이야기꾼)에게서 여러 이본의 서사시 자료를 채록하였으며 이를 러시아어로 번역, 소개하였다. 또한 티베트의 암도 지역에서 티베트 게사르의 한 이본을 발견하기도 하였다. 하지만 몽골 게세르가 티베트 게사르를 차용한 것이고 게세르의 이름이 칭기스한의 동생 하사르와 발음상 유사하다는 주장을 펴면서 몽골비사와 게세르를 억지로 연결시킨다는 비판을 받기도 하였다.

잠츠라노[58]는 1903-1907년 부리아트의 몇몇 거대한 서사시를 수집하였고 1906년에는 이메게예프M. Имегееva에게서 녹음한 22,000행의 에히리트본 『게세르 보그드』를 세 권으로 발간하기도 하였으며, 1908년에는 로드네예프Rudnev A. D.와 함께 『몽골 민간문학의 사례와 할하방언』이라는 저서를 간행하기도 하였다. 부르도코브Burdukov A. B.는 어린시절 18년간을 '파르친Parchin M.'이라는 유명한 서사시 노래꾼의 고향인 '항길착' 강에서 자랐기 때문에 그의 서사시를 관심있게 연구할 기회를 가지게 되었다. 페테르부르크 대학교의 교수인 코트비치Kotbich V. L와 서신을 교환하면서 지속적으로 파르친의 서사시를 연구하였다. 블라디미르초프Владимирцов Б.Я.[59]는 몽골문학연구에서 종종 게세르 서사시의 힘을 빌렸는데, 그는 몽골 게세르가 티베트 게사르에서 기원한다는 논의를 펼치기도 하였다.

포페Poppe N. 역시 몽골 서사시 연구에서 주요한 인물로 주로 몽골 게세르칸의 언어적 특징들을 중심으로 하는 논의를 펼쳤다.[60]

---

58 Жамцарано Ц.Ж., Конспект улигеров // Архив востоковедов Санкт-Петербургского отделения Института востоковедения РАН, ф. 62, л. 140.
59 Владимирцов Б.Я., 『Монголо-ойратский героический эпос』, Петербург-Москва, 1923.
60 N.Poppe, 최형원 역, 「몽골본 게세르칸의 언어족 특징들에 관한 연구」, 『몽골학 7』, 한국몽골학회, 1998

게세르 신화가 국제적인 연구 주제로 등장한 시기는 1930년대 러시아 학자들의 연구가 본격화 되면서부터이다. 이 시기 러시아 몽골학자 중에서 '게세르 서사시' 연구에 많은 기여를 한 학자는 코진Kozin C.A.(1935)이다.

코진(1879-1956)은 북경판본 게세르의 러시아 번역서 서문에서 그 내용을 자세히 분석하여 게세르전의 민중적 성격을 밝히고 이야기의 문학성과 희극성의 측면을 주목하여 기술하였다.[61] 코진에 의해 게세르 서사시 7장이 러시아어로 번역되고 상세한 서문과 함께 지시를 출산한 것은 러시아어를 아는 독자들에게 게세르 서사시가 소개(1935)되었다는 의의뿐만 아니라 본격적인 학술적 성과를 가진 문학작품으로서의 위상을 가지게 된 계기가 되었다. 이 책의 서문에서 코진은 게세르를 티베트와 몽골의 고전으로 규정하면서도 몽골 게세르는 티베트 게사르에서 단순히 번역한 작품이 아니라 독특한 몽골 설화문학의 특징을 가진 작품으로 보았다. 나아가 게세르 토오즈는 한 개인이 16, 17세기에 쓴 것으로 오이라트 남부 방언으로 쓰였기 때문에 작자는 지리문화적 차원에서 보았을 때 티베트에 거주하는 몽골인과 직접적인 관련이 있는 것으로 보았다. 한편 코진은 몽골비사와, 게세르, 장가르의 서사를 자세히 비교, 분석하여 그들 사이의 전통과 변개 양상 문제에 특히 주목하였다. 그 결과 그는 한때 이 세 작품의 주인공 영웅들을 같은 인물로 언급하기도 하였다. 산제예브[62]는 『게사르칸』이 티베트에서 최초로 생성된 것이며 나중에 몽골로 전해졌다는 점은 확실하나 다른 민족과 다른 역사 조건하에서 오랫동안 전해졌고 재창작을 거쳤기 때문에 다른 민족 특색을 지닌 각자 독립적인 민간 문학 작품으로 되었다고 언급하였다.

1960년대 대표적인 게세르 연구자는 미하일로프인데 주로 『서사시의 기원 설화』(1962), 『서사시에 담긴 신화적 형상과 법칙』(1963, 1964) 등의 여러 저서를 통하여 게세르 서사시의 기원문제와 신화성에 주목하였다. 그는 8-9세기부터 12-13세기까지의 기간에 형

(「Geserica. Untersuchung der sprachlichen Eigentümlichkeiten der mongolischen Version des Gesserkhan」 Vol.3, 1926).

[61] Неклюдов С.Ю., 『Героический эпос монгольских народов』, М., 1984.

[62] Санжеев Г.Д., 『Эпос северных бурят. Аламжи Мэргэн. Бурятский эпос.1』, М.-Л., 1936.

성된 오이라트 서사시(장가르)가 주로 칭기스한의 시기에 정착하였다면 그보다 이전 시기의 요소를 담고 있는 부리아트 서사시는 훨씬 이전에 형성된 것이라며 몽골의 영웅서사시와 몽골비사를 비교하는 논문을 통하여 주장하기도 하였다.[63]

러시아 몽골학자 니클료도프Neklyudev S. Yu.는 1984년에 『몽골의 구비영웅서사시 Героический эпос монг-ольских народов』이라는 책을 발간하였는데[64] 이 저서의 3부에서 몽골 게세르 서사시 연구에 관하여 기술하였다. 여기에서는 몽골 판본 게세르 서사시의 기원에 대한 의문점과 본 작품의 구조, 필사본, 구전 형태의 특징 및 유형에 대해 언급하였다. 또한 니클료도프와 터머르체렌Tumurtseren J.은 울게르치(이야기꾼) 처인허르 Choinhor에게서 채록한 '게세르의 길방 샤르 망가스(괴물)와의 전투' 부분을 러시아어로 번역, 분석하여 출간하였다.[65] 니클료도프는 게세르 서사시의 문학적 기법에 주목하면서 게세르 서사시는 티베트의 풍자문학의 영향을 반영하고 있다고 보았다.[66]

게세르 서사시를 연구한 일부 학자들의 논의 중에서 게세르의 명칭과 관련하여 게세르가 중국의 삼국지에 나오는 관우장군과 관련되거나(클라프로트Klaprot Yu.), 또는 게세르 명칭이 칭기스칸의 동생 '하사르' 이름과 비슷한 발음이라는 것을 근거로 게세르 토오즈와 몽골비사를 억지로 연계시키려는 포타닌의 잘못된 견해가 최근의 연구자들에 의하여 수정되기도 하였다.[67]

한편, 부리아트 판본의 게세르 서사시에 대한 연구 역시 이 글에서 다루고자 하는 몽골족의 게세르 서사시 연구의 범주에 속한다고 할 수 있다. 특히 신화성과 구비성이 강한 부리아트 게세르에 대한 연구는 부리아트 학자들을 중심으로 꾸준하게 진행되고 있다. 부리아트 게세르 연구의 시초는 항갈로프Hangalov M. N.라 할 수 있으며 수년 동안 부리아트 서사시를 조사 연구하여 그들 가운데 널리 퍼진 『아바이 게세르칸』을

---

[63] Катуу Б., 「Монгол тууль судлалын түүхэн тойм」, 『Аман зохиол судлал』, 2003, pp.61-76.

[64] Неклюдов С.Ю., 『Героический эпос монгольских народов』, М., 1984, pp.144-222.

[65] Неклюдов С.Ю., 『Тумурцырен Ж. Монгольские сказания о Гэсэре : новые записи』, М : Наука, 1982. - 373 с.

[66] Неклюдов С.Ю., 1984.309 с, 앞의 책.

[67] Цэрэнсодном Д., 『Монгол уран зохиолын товч түүх』, УБ., 2002, pp.83-84.

1890-1893년 사이에 여러 권으로 수록하여 간행하였다. 이것들이 오늘날 다시 새롭게 출판되고 있다.

체웬J. Tseveen이 부리아트의 유명한 토일치(서사시 창자) 만쇼트Manshut 노인에게서 〈아바이 게세르 소년〉, 〈하 어쉬르 소년〉, 〈호르 알타이〉라는 제목으로 된 게세르 토오즈의 서두 부분을 채록하여 출간하면서부터 부리아트 게세르의 연구는 본격적으로 이루어져 왔다.(잠자라노 체웬, 1931)

20세기 중반부터 발다예브Baldayev S. P., 올라노브Ulanov A. I., 샤라크시노바Sharakshinova N. O., 마다손Madason M. P., 허머너브Homonov M. P., 착드로브Chagdurov C. Sh. 등 부리아트 학자學者들에 의하여 게세르 연구의 흥미로운 연구성과가 다양하게 나오고 있다. 대표적인 성과로는 발다노Baldano N.가 1959년과 1969년 두 차례에 걸쳐 부리아트 판본의 게세르 서사시 여러 장을 편집하여 서문을 덧붙여 출간한 것을 언급할 수 있다.[68]

올라노브Ulanov A. I.는 부리아트본의 다른 몇 개의 장을 러시아어로 번역하여 주해하여 출간[69]하였으며 샤라크쉬노바Sharakshinova N. O.[70]는 「게세르 영웅서사시」라는 논문에 게세르 서사시 연구사를 정리하여 소개하면서 부리아트 판본의 게세르 서사시 특징에 대한 상세한 기술을 하였다. 호머너프는 『부랴트 영웅서사시 게세르』라는 단행본에서 부리아트 판본 게세르 서사시 속의 신화 이야기 및 고대 관념, 예술적 형상화 기법과 언어적인 특징 위주로 저술하였다. 부리아트 게세르는 고대 몽골족의 보편적인 서사시 문학이며 그 형성 시기는 몽골의 제 씨족의 공통 조상이 몽골어를 형성한 시기와 관련된다고 보았다. 즉 게세르 토오즈의 핵심 화소는 기원전 500-1000년경에 몽골의 여러 씨족 사이에서 전승되었을 것이라고 보았다.[71]

한편, 호머너프는 부리아트 판본의 게세르 서사시가 티베트 판본의 게세르 서사시와

[68] Цэрэнсодном Д., 『Монгол уран зохиолын товч түүх』, УБ., 2002.
[69] Уланов А.И., 『Бурятский героический эпос』, Улан-Удэ : Бурятское кн.изд-во, 1963. - 220 с.
[70] Шаракшинова Н.О., 『Героический эпос о Гэсэре』, Уч. пособие для студентов фил.фак-та. Иркутск, 1969. - 348 с.
[71] Неклюдов С.Ю., 『Героический эпос монгольских народов』, М., 1984.

관련성이 없고 오히려 현재의 티베트 판본의 게세르 서사시는 몽골 판본에서 유래되었을 것이라는 의문점을 제기하기도 하였다.[72] 착드로브Chagdurov S. Sh.는 『게세르 서사시의 기원』이라는 저서에서 게세르 토오즈의 기원에 대한 문제를 알타이어족의 역사와 민속학, 그리고 신화학과 결부지어 접근할 것을 제안하기도 하였다.[73] 또한 그는 게세르 서사시의 시형태와 기법에 관련한 연구를 다수 펴내기도 하였다.[74]

부리아트에서의 게세르 연구는 최근까지도 활발하게 진행되고 있다. 부리아트의 구비문학 특히 게세르 서사시의 정선된 여러 이본들을 채록하여 남긴 선행 연구자들의 성과를 바탕으로 원자료들을 집대성하여 일반에 제공하는 데 공헌하고 있다. 현재 보르치나Burchina D. D.[75], 곤가로프Gungarov V. Sh., 도가로프Dugarov B. S., 톨로흐노브Tulohnov M. I.[76], 곰보인Gomboin D. D.[77] 등이 연구 업적을 이어가고 있다.

특히, 도가로프는 부리아트 게세르의 신화성에 주목하면서 부리아트 신화와 게세르 서사시의 '천상의 세계와 신들의 세계'에 대한 고찰[78]과 게세르 형상의 북방 신화적 의의[79], 게세르 신화의 현대적 의의에 대한 연구[80] 등 다방면에 걸친 연구를 수행하고 있다.

72   Хомонов М.П., 『Бурятский героический эпос "Гэсэр" : Эхирит-булагатский вариант』, Улан-Удэ, 1976. - 186 с.
73   Чагдуров С.Ш., 『Древнейшие истоки Гэсэриады // Гэсэриада : Фольклор в современной культуре』, Улан-Удэ, 1995. - С. 25-45. (1980)
74   Чагдуров С.Ш., 『Поэтика Гэсэриады』, Иркутск, 1993; Чагдуров С.Ш,. 『Стихосложение Гэсэриады. Улан-Удэ』, 1984. - 124 с.
75   Бурчина Д.А., 『Гэсэриада западных бурят. Новосибирск : Наука』, 1990.446 с.
76   Тулохонов М.И., 『Бурятский эпос "Гэсэр" // Абай Гэсэр Могучий』, М., 1995. - С. 446-477.
77   Гомбоин Д.Д., 『Эхирит-булагатские улигеры』, Улан-Удэ, 1990. - 112 с.
78   Дугаров Б.С., 『Бурятская Гэсэриада : небесный пролог и мир эпических божеств』, 2005.
79   Дугаров Б.С., 「Монголчуудын уламжлалт домог-туурвилзүй дэхь Гэсэрийн дүрийн гарвал зүйн тухайд」, 『한몽수교20주년기념 학술대회 발표자료집』, 한국몽골학회, 2010.
80   Дугаров Б.С., 『Бурятская Гэсэриада : традиция и современность』, 『북방문화연구 1-2』, 2010.

(4) 기타 유럽에서의 연구

몽골 게세르 서사시의 연구는 실제 전승지역과는 거리가 있는 유럽의 학자들에 의해서 주목을 받아왔다. 남러시아의 몽골학자 쉬미디트Shmidt I. J.(1779-1847)가 1839년? 1836년? 페테르부르크Petersburg에서 게세르 서사시 몽골 판본(북경판본)을 독일어로 번역, 발간한 것은 본 작품에 대한 연구에 값진 업적의 하나가 되었다. 그 전에 독일 여행가 베르그만Benjamin Bergmann이 이질 머런강 칼묵 지역에서 8징과 10장의 2장의 게세르 전설을 채록하여 독일어로 발표하기도 하였다. 1947-48년 사이에 독일 학자 쉬레데르 Shreder D.(1910-1974)가 '암도' 지역의 몽골민족을 방문하여 12,000행 정도의 운문으로 된 게세르 서사시를 전사하여 기록하였다. 쉬레데르가 이 채록본의 원본과 서사시 첫 부분 등 2,400줄 이상 독일어로 번역한 것에 하이시히Haissig B.가 서문을 써서 출간하였다(1980). 하이시히는 게세르 서사시 서문에서 원본을 대조하여 『게세르 연구』라는 대규모의 저서를 발간하였는데 여기에는 게세르 토오즈의 구조, 양식, 고대적 관념에 관한 것이 기술되었다.

헝가리의 학자 로렌츠Lorincz L.는 1968년 게세르가 몽골의 가장 큰 규모의 서사시이며 그 기원은 몽골족의 거주지인 청해青海(허흐노르) 지역이라는 결론을 도출하였다. 한편 리게티는 몽골 게세르 토오즈는 티베트 게사르의 번역본이 아니라 몽골 구비문학의 토대 위에서 형성된 진정한 몽골 문학이라고 평가하기도 하였다.

이 외에도 영국의 바우덴Bawden L. R.은 몽골의 영웅서사시 안에는 몽골 민족의 실질적인 삶의 모습, 지역, 자연 기후 등이 담겨있다고 보았으며, 프랑스의 아마이옹 Hamayon R.은 서사시를 의미하는 '토올'이라는 단어는 세상과 인간의 기원 등을 함축적으로 담고 있는 용어라고 언급하였다.

(5) 일본에서의 연구

일본에서의 〈게세르〉를 비롯한 영웅 서사시, 영웅 신화에 대한 연구는 거의 100여 년에 이르는 일본의 몽골 문화 연구와 그 역사를 같이 한다고 할 수 있다. 그러나 1960년대 이전의 〈게세르〉 연구는 자료 채록과 그 소개 수준의 것이었다고 할 수 있다.

일본에서의 〈게세르〉 연구의 선두주자는 1960년대의 다나카가쓰히코田中克彦을 들 수 있다. 그는 몽골 〈게세르〉의 어휘와 여러 판본들의 상호관계에 주목하기도 하고 구비 전승되는 부리아트 〈게세르〉에 나타난 두 개의 문화층에 대해 분석하는 논문을 발표하였다.[81]

1990년대 이르러서는 와카마츠히로시若松寬, 키미시마히사코君島久子에 의해 〈게세르 서사시〉가 각각 번역, 소개[82]되었는데 이 중, 와카마츠히로시若松寬은 게세르 연구에도 관심을 가져 1980년대 (10여 년 동안의) 중국에서의 〈게세르〉 연구사를 개관하기도 하고, 초원의 신화로서 〈게세르〉를 소개하는 데에 주력하였다.

한편, 토족土族의 설화에 관심을 가져왔던 카도오마사카角道正佳는 토족土族의 〈게세르〉를 소개[83]하기도 하고 〈게세르〉의 구혼담과 일본 민담에서의 개구리의 구혼담을 비교하는 논문을 발표하기도 하였다.

2) 한몽 비교신화학의 관점에서 본 〈게세르칸 서사시〉의 연구 경향

한국과 몽골의 설화 비교에 대해서는 장장식[84]의 논의를 통하여 그 상세한 연구사를 살펴볼 수 있다. 여기서는 몽골 〈게세르칸 서사시〉의 연구사를 중심으로 한몽 신화 비교의 선행 연구 성과를 살피되 그 연구 경향에 따라 형성기, 잠복기, 부흥기, 발전기라는 네 단계로 시기 구분하여 고찰하기로 한다.

(1) 형성기 : 국학으로서의 화두

한국에서의 〈게세르칸 서사시〉에 대한 학문적 관심은 19세기 전후에 구소련과 유럽

---

81 田中克彦, 「ゲセル物語のモンゴル語書写版諸版の相互関係について」, 『一橋論叢』 50(1), 1963, 109-129頁; 「ブリヤートロ承ゲセル物語にあらわれた二つの文化層」, 『民族学研究』 29(3), 1964, 272-282頁.
82 若松寬 訳, 『ゲセル・ハーン物語－モンゴル英雄叙事詩』, 東洋文庫 566, 平凡社, 1993; 君島久子 訳, 『ケサル大王物語』, 筑摩書房, 1994.
83 角道正佳, 「土族のゲセル」, 『大阪外國語大學論集 18』, 大阪外國語大學, 1997.
84 장장식, 「한국과 몽골 설화의 비교연구」, 『비교민속학 33』, 2007.

의 학자들에 의해 동방 지역의 대표적인 신화로 채록되어 소개된 이후, 일제 강점기하 우리 민족 문화의 연원을 밝히고자 노력하였던 초창기 국학 학자들에 의해 처음으로 언급되기 시작하였다.

특히, 육당 최남선은 식민사학에 의해 왜곡된 우리 한국사를 바로잡기 위해 〈단군신화〉를 중심으로 하여 인근 지역의 여러 신화에 주목하면서 '불함문화론不咸文化論'[85]을 펼쳤는데, 그는 몽골의 〈게세르칸 서사시〉 역시 〈단군신화〉 계열의 신화로서 '불함不咸 (burkhan)' 즉, '붉Părk'이라는 동방문화의 일대부면一大部面을 공유하고 있다고 보았다.[86] 당시 학자들에게 있어서 〈게세르칸 서사시〉를 비롯한 동북아 설화와 민속 전반에 대한 관심은 '붉Părk', '단군tengry' 등과 같은 어학적 분석을 토대로 하여 이루어졌으며, 이러한 연구의 성과는 우리 민족이 애초 중국 한족문화권과는 별개의 고유문화를 향유하였고 나아가 동방문화의 주역으로서 우리 문화의 위상을 보다 실증적으로 역설할 수 있는 주요 명분이 되기도 하였다. 하지만 '불함문화론'에서의 〈게세르칸 신화〉에 대한 언급은 단편적인 수준에 불과한데 간단한 언급만으로 한몽 신화의 비교연구 범주에 포함시켜 그 연구사의 한 시기로 규정하기에는 무리가 있어 보인다. 지금까지 국내에 소개된 한몽 신화비교에서 육당의 연구는 '불함문화론'에 소개된 몇 가지 용어와 착상 정도만 거론되고 그 이후의 논의의 추이나 학문적 맥락에서의 진지한 평가는 거의 이루어

---

[85] 최남선은 동방문화의 원류로 '붉(Părk)' 사상을 주목하였고 이 사상의 발원지가 단군신화에 등장하는 태백산(太白山)이며, 단군은 그 중심인물임을 제시하였다. 그리고 'Părk'의 가장 오래된 자형(字型)인 '불함'이란 말을 빌려 '붉'을 숭상하던 문화권을 불함문화로 규정하고 그 문화권의 중심이 조선임을 말하였다. 즉, 그가 제시한 불함문화는 조선을 중심으로 하여 그 인근 지역에 존재하고 있던 '붉' 사상을 가진 고대사회의 대문화(大文化)를 뜻한다. 洪一植, 『六堂研究』, 日新社, 1959.

[86] 최남선은 'Părk' 사상의 분포지를 추적하기 위해 한반도 인근지역의 지명분석을 시도하였다. 그리하여 그는 일본의 고대문화도 이 사상을 나타내는 것이며, 중국의 동부 및 북부일대도 불함문화의 계통에 포함되고, 몽골과 중앙아시아일대까지도 불함문화와 관계되는 지역으로 설정하였다. 불함문화는 동양사 내지 인류의 문화사를 이해하는 데 있어서 새로운 시각을 제시해줄 것이라고 주장하였다. 그리고 불함문화의 잔존요소가 오늘날 이 지역에 분포되어 있는 샤머니즘을 통해서 검출될 수 있다고 주장하였다. 그는 이 불함문화론을 제시하면서 일본문화에 포함되어 있는 한국문화의 요소를 지적하였고, 중국문화의 형성에 미친 동이문화(東夷文化)의 요소 즉, '동이소(東夷素)'를 밝히고자 하였다. 그리고 불함문화의 실체를 파악하기 위한 목적에서 단군신화에 주목하고 이의 분석을 시도하였다. 高大亞細亞問題研究所 六堂全集編纂委員會編, 『六堂崔南善全集 2』, 玄岩社, 1973.

지지 않았다.

〈단군신화〉와 〈게세르칸 신화〉의 비교연구는 기존 연구에서 주목한 '불함문화론'보다는 오히려 이후의 '단군론'이나 '만몽문화론' 등에서 본격적으로 전개된 양상을 보인다. 그러나 조선사편수회 활동(1928.10-1936.6)을 전후로 한 육당에 대한 평가가 변절한 친일파 학자로 비난을 받는 분위기 속에서 당시 그의 연구 역시 크게 주목 받지 못하였다.

1926년부터 『동아일보』에 연재된 '단군론' 계열의 논의에서 몽골 〈게세르칸 서사시〉는 비교신화학적 관점에서 본격적으로 논의된다. 특히, 1928년 연재된 〈단군신전壇君神典의 고의古義〉[87]에서는 몽골의 〈게세르칸〉 서사는 단편화된 〈단군신화〉 서사의 공백을 보완해 주면서 '삼계관三界觀', '환국桓國', '홍익인간弘益人間, 재세이화在世理化', '환인桓因, 천자天子', '성산천강聖山天降', '천부인天符印' 등 동북아 건국신화의 공통적인 신화소神話素를 분석하는 데에 있어 주요한 역할을 담당하게 된다고 보았다.

이러한 '단군론' 계열의 논의에서 〈단군신화〉와 〈게세르칸 서사시〉와의 비교연구는 백두산의 문화가 동방문화의 연원이라는 '불함문화론'의 민족주의적 사관을, 동북아 문화의 원향原鄕으로서 몽골과 만주를 상정하는 '만몽문화론'(1941년 6월에 완료)[88]으로 확대시키는 중요한 계기가 되었다고 본다. 결국 육당의 '만몽문화론'은 〈게세르칸〉이라는 몽골신화의 든든한 후원을 받아 만주, 몽골의 언어와 민속 등을 진지하게 고찰하여 동북아 문화의 중심으로서 만몽문화의 독자성을 강조하기에 이른다.

이처럼 〈게세르칸 서사시〉와 〈단군신화〉의 비교연구의 형성기는 1925년 육당의 '불함문화론(1925)'을 비롯하여 '단군론(1928)', '만몽문화론(1939)'을 중심으로 한 시기를 전후한 1920-40년대로 소급할 수 있다. 이 시기는 한반도에 근대 학문이 서구 혹은 일본

---

[87] 여기서는 몽골의 〈게세르칸 신화〉로 비교적 근대화된 슈레타리요프의 설화본을 부분적으로 소개하였다. 여기서 소개한 〈게세르칸 신화〉는 바이칼호 주변의 부리아트 몽골 버전으로 〈께실 뽁또(복도)〉로 표기하고 있다. 이외에도 최남선은 1939년 〈만선일보(滿鮮日報)〉에 〈몽고천자〉라는 제목으로 〈게세르칸 신화〉를 처음 한글로 소개하기도 한다.

[88] '만몽문화론'은 최남선이 만주(滿洲, 新京) 건국대(建國大, 지금의 장춘대(長春大))에서 '만몽문화사(滿蒙文化史)' 강좌를 맡게 되면서 집필되었다.

을 통하여 대량으로 유입되어 이를 토대로 국학을 비롯한 근대 학문이 형성되는 시기이기도 하다. 특히 초창기 석학들에 의하여 민족주의 사관의 국학이 대거 등장하던 시기에 언어학, 역사학, 민속학 등과 함께 비교신화학의 관점에서 몽골의 신화에 대한 관심이 지대하였던 것은 시대적 요청에 의한 자연스러운 현상으로 보인다.

이 시기 한몽 비교신화학은 근대 국학의 주요 화두로서 연구사의 어느 시기보다도 진지하게 신화연구가 착수된 것으로 보인다. 물론 일제강점기라는 특수한 시대 상황으로 해당 연구성과가 일제의 정치적 논리에 의하여 이용되고 지금껏 변절의 학문으로 외면당할 수밖에 없었던 상황도 있었다. 최근 들어 국학을 중심으로 육당의 연구에 대한 재평가가 시도되고 있다. 그런 과정에서 그동안 발견하지 못했던 해박하고 혁신적인 선학先學의 학문적 탁견에 놀라기도 한다. 적어도 한몽 비교신화학의 관점에서 보았을 때 이 시기 동안 이루어진 한국과 몽골의 신화에 대한 연구성과에 대한 학문적 재검토는 상당한 의의를 가진다.

(2) 잠복기 : 변방의 우리 신화

일제 강점기 초창기 논의 이후에 〈단군신화〉와 〈게세르칸 신화〉에 대한 연구성과는 광복 이후 한동안 찾아보기 힘들다. 광복 이후, 국문학계 내부에서는 우리 문학(신화) 자체에 대한 학문적 정립이 우선시 되는 상황이었던 것 같다. 이 시기 신화 연구는 우리 신화를 북방신화와 남방신화로 구분하고[89] 몽골의 신화는 우리 신화에 북방문화의 영향을 끼친 아득한 변방의 신화 정도로 다루어 진 것 같다. 비록 한몽 신화에 대한 본격적인 비교연구는 표면적으로 드러나지 않았지만 한국 신화의 원형으로서 북방 신화에 대한 원향原鄕의식은 꾸준하게 잠재되어 있던 시기라 할 수 있다.

---

[89] 총 5편으로 구성되어 있으며 그 중 II편 신화론에서는 단군신화와 박혁거세신화를 다루었다. 여기서 단군신화를 우리 민족의 형성적인 태고의 의식 사실일 뿐 아니라 하나의 필연을 보이는 민족의 운명에 대한 이야기로서 재평가하고 있다. 또한 그는 박혁거세 신화에서 한국 남부 사로지방(斯盧地方 : 신라에 해당함)을 배경으로 하고 북방적인 모티프를 정서로 하여 유목적 북방신화가 농경적 남방신화의 요소와 동화(同化)하여 이룬 우리 신화 일반에 대한 하나의 전망을 시도하였다. 황패강, 『한국서사문학연구』, 단대출판부, 1972; 金東旭, 「書評 韓國敍事文學研究」, 『국어국문학 86』, 1981.

(3) 부흥기 : 비교신화학의 수립

1990년대 이후, 국문학계의 비교문학적 관심과 함께 주로 구비문학자들에 의해 서서히 〈게세르칸 신화〉가 소개되기 시작하였다. 하지만 한몽 신화연구의 잠복기를 거치면서 한국과는 무관한 작품인 듯 잊혀졌던 〈게세르칸 서사시〉 등 몽골의 신화는 우리 구비문학의 세계적 지위를 규정하고, 그 연구 분야를 비교문학적 차원으로 확장시키는 과정에서 주목되는 주변국의 작품으로서 인식되었다.

이 시기는 한몽 신화연구의 제3기인 부흥기로 규정할 수 있겠다. 이 시기의 대표적인 연구자로는 조동일, 서대석, 최원오, 조현설, 박종성 등 한국의 대표적인 구비문학자들이 포함된다. 이들은 우리 신화의 의미를 동아시아 혹은 세계문학의 넓은 범주 안에서 탐구하고자 하였으며 본격적인 비교신화학의 관점보다는 한국 구비문학연구의 차원에서 한국과 동아시아 설화문학을 중심으로 비교연구 하였다.[90]

조동일은 오호십육국이라는 유목민족의 국가가 중국 하북 지방을 중심으로 들어섰을 때, 〈게세르칸〉 등의 서사시가 불교와 더불어 이 지역의 대중을 포섭하기 위한 수단으로 이용되었다고 언급하였다. 이러한 구비서사시는 이미 이 지역의 공동문어가 된 한자 사용에 불리했던 이들 유목민족에게 문자적 번역이 요구되는 경문의 보급보다 훨씬 유리한 포섭 수단이었다는 것이다. 더불어, 그는 〈장가르〉, 〈마나스〉와 함께 〈게세르칸 서사시〉가 다른 지역의 서사시와 구별되는 중앙아시아 서사시로서의 독특한 특징을 나타내며, 이러한 면모는 고대 그리스 서사시에서 세계문학이 시작되었다는 기존의 견해가 시정되어야 하는 결정적인 증거가 된다고 보았다.[91]

---

[90] 조동일, 『한국문학과 세계문학』, 지식산업사, 1991; 조동일, 『동아시아 구비서사시의 양상과 변천』, 문학과 지성사, 1997; 서대석, 「구비문학의 비교문학적 연구과제」, 『구비문학연구 제1집』, 한국구비문학회, 1994; 서대석, 「동북아시아 무가의 비교연구」, 『제3회 동아시아 국제 학술 심포지움 : 제1분과 무가 연구의 새로운 방향과 과제』, 경기대, 1996; 서대석, 「동북아시아 무가의 대비연구」, 『한반도와 중국 동북 삼성의 역사 문화』, 서울대학교 출판부, 1999; 최원오, 「신화. 서사시 연구의 반성과 전망」, 『구비문학연구 제15집』, 한국구비문학회, 2002; 최원오, 『동아시아 비교서사시학』, 도서출판 월인, 2001; 조현설, 『동아시아 건국 신화의 역사와 논리』, 문학과 지성사, 2003.

[91] 조동일, 앞의 책, 1997, 327-343쪽.

서대석은 세계적으로 널리 알려진 〈일리아드〉, 〈오디세이〉 등과 같은 서구의 영웅서사시와는 달리 우리와 이웃한 민족, 특히 유목 민족의 풍부한 영웅서사시 자료가 잘 알려지지 않았음을 인식하고 일차적으로 이들을 소개하고 나아가 이들과의 대비연구의 필요성을 강조하였다.[92] 특히, 〈게세르칸 서사시〉는 무속서사시와 영웅서사시의 전형을 보여준다고 보았다. 그러나 이 시기의 게세르 서사시에 대한 자료는 주로 간단한 번역과 개관 수준이었고 그나마 몽골 〈게세르 시사시〉와는 구별되는 티베트본 〈게사르칸전〉을 대상으로 한 것이었다.

하지만 노로브냠[93]에 의해 한국의 신화와 몽골의 신화를 신화소 비교라는 본격적인 신화 비교의 관점에서 연구되기 시작하였고 신종한[94]은 몽골 서사시 문학의 한 범주에 해당하는 벤스설화를 한국의 판소리 장르와 비교, 고찰하였다.

또한 이 시기에는 동아시아 비교 신화의 범주에서 몽골의 서사시(신화)를 주요하게 인식하기 시작하였다. 최원오는 동아시아 비교서사시학이라는 새로운 개념 설정으로 동아시아 변방 지역에 활발히 전승되는 무속 영웅서사시의 존재를 드러내어 그 변천과정을 밝히고자 하였고, 조현설은 동아시아 건국신화 일반의 형성과 재편의 보편적 원리를 추출하고자 티베트, 몽골, 만주, 한국 등 동아시아 지역 여러 건국신화를 두루 살펴 동아시아 건국신화의 '삼기능 체계론'이라는 이론적 틀거리를 제안하였다.

---

92   "영웅서사시는 무속서사시 다음에 이어지는 서사문학으로서 세계적으로 널리 알려진 자료가 매우 많다. 호머의 〈일리아드〉 〈오디세이〉, 영국의 〈베올프〉, 게르만민족의 〈니벨룽겐의 노래〉, 프랑스의 〈롤랑의 노래〉, 바빌로니아의 〈길가메쉬〉 등은 이미 고전으로서 널리 소개된 자료들이다. 그러나 우리와 이웃한 민족의 영웅서사시에 대해서는 오히려 알려진 자료가 적었다. 만주족, 몽고족, 터키족, 서장족 등 아시아의 초원지대에서 유목생활을 했던 민족이 풍부한 영웅서사시를 전하고 있다. 만주족의 〈女眞定水〉, 몽고족의 〈江格爾〉, 서장족의 〈格薩爾〉, 터키족의 〈쾨루글루〉 등이 그 대표적인 예다. …… 작품세계의 대비와 아울러 서사시의 시원과 형성 전개 등 문학사적 문제에 대한 대비연구도 필요하리라고 본다. 어떤 삶의 조건에서 영웅서사시가 만들어졌고 어떤 기능을 했는가를 각기 비교 검토해야 한다. 서사시 작품 속에 영웅은 실제했던 역사적 인물인가? 그렇지 않으면 창작한 작중인물인가? 사람들이 영웅 서사시를 통해 드러내고자 한 의식은 무엇인가? 챠드윅이 주장한 영웅시대란 과연 존재했는가? 이런 문제들이 각 민족의 서사시를 대상으로 검토되어야 할 것이다. 그래서 우리의 구비서사시가 어떻게 형성되어 전개되었고 어떤 특징을 가졌는가를 밝혀야 한다고 본다." 서대석, 앞의 논문, 1994, 20-21쪽.
93   노로브냠, 「한국과 몽골의 창세신화 비교연구」, 서울대 석사학위논문, 1999.
94   신종한, 「구술적 전통에 관한 비교 : 판소리와 벤스설화를 중심으로」, 『몽골학 5』, 1997.

이처럼 90년대 후반의 한몽신화의 비교연구는 동아시아 비교신화학이라는 거대담론의 형성과정에서 이전의 타자의 신화로서의 거리감을 유지한 채 논의되는 경향이 있었다. 국문학 내에서의 우리 신화에 대한 자의식이 강한 상태에서 인접 신화와의 변별성을 확보하고자 하는 욕구가 남아있었던 것 같다. 하지만 이 시기는 현대 글로컬리즘의 사조 안에서 세계 신화학 이론과의 접촉이 증가하고 동아시아 신화학이라는 담론이 요청되는 상황에서 한몽 신화비교의 이론적 기틀이 자연스럽게 형성되는 효과를 가져왔다는 의의를 지닌다.

(4) 발전기 : 게세르 연구와 문화론으로의 확대

2000년대 이후, 국내 여러 분야의 연구에서 〈게세르칸 서사시〉에 대한 관심이 높아지면서 〈게세르칸〉의 주요 판본들이 한국어로 번역되기 시작하였다. 유원수는 북경판본 〈게세르칸〉을[95], 양민종은 러시아어로 번역된 부리아트 〈게세르 신화〉를 번역, 소개하였다.[96] 또한 몽골 게세르칸 서사시 연구에 대한 소개 자료도 제공되었다.[97] 이들 북경판본과 부리아트판본의 몽골 게세르 번역서를 중심으로 한국에서의 본격적인 게세르 연구가 시작되었다고 해도 과언이 아닐 것이다.

양민종은 주은성과의 공동 논의를 통해 기존의 전파설, 영향설 위주의 〈게세르칸〉 신화연구를 반성하면서 텍스트 중심의 연구를 지향하였는데 종교적인 관점에서 무속적 세계관의 투영 정도에 따라 〈게세르칸〉 판본들을 분류하는 작업을 시도하였다.[98] 한편 최근에는 신화성이 풍부한 부리아트 〈게세르칸 서사시〉와 〈단군신화〉의 상관관

---

[95]   유원수 역, 『게세르 칸—몽골 대서사시』, 사계절, 2007.

[96]   일리야 N. 마다손(양민종 역), 『바이칼의 게세르 신화』, 솔, 2008.

[97]   이안나, 「몽골 게세르 서사시의 일반적 고찰」, 『문화예술콘텐츠, 창간호』, 문화예술콘텐츠학회, 2008, 41-76쪽.
       몽골 〈게세르〉와 더불어 티베트 〈게사르〉에 대한 소개 역시 본격화되었다.
       박장배, 「중국학계의 티베트 역사시 게싸르 이해」, 『사천문화 1』, 2005; 전보옥, 「티베트 서사시 게사르에 대한 중국의 연구」, 『중국어문학논집 51』, 2008.

[98]   양민종 · 주은성, 「부리아트 〈게세르〉 서사시판본 비교연구」, 『바이칼의 게세르 신화』, 솔, 2008, 381-414쪽.

계에 주목하면서[99] 초창기 최남선의 논의를 바탕으로 〈게세르칸 신화〉를 〈단군신화〉 계열로 보고 공통의 기본 얼개를 제시하기도 하였다. 이 시기는 한몽신화 연구의 발전기로서 한동안 잊혀졌던 몽골 〈게세르칸 신화〉에 대한 기억을 회복함으로써 초창기의 문화론과 유사한 패턴으로 〈단군신화〉와 〈게세르칸 신화〉 연구를 동북아 문화권의 주요 명분으로 삼고자 하는 경향을 띤다. 즉 동아시아 문화론, 북방 문화론, 알타이 문화론 등과 같은 동북아 지역주의 사조와 신화연구의 결합 현상이 드러나고 있는 것이다.

이는 20세기 초와 비교하여 보면 이 시기의 한몽 비교신화학은 이전의 세계 문예사조와 신화학의 이론적 배경을 바탕으로 보다 과학적인 비교연구를 시도하고 있다고 할 수 있다. 게세르 서사시뿐만 아니라 몽골의 영웅서사시 '토올' 장르 일반에 주목하면서 특히 그 음악적 특성에 대한 논의를 펼친 박소현의 논의도 주목되었다.[100] 학제 간의 자유로운 소통이 허용된 신화연구를 통하여 지역문화론을 규정하는 거대담론으로 그 논의를 확대시키는 양상은 초창기 연구에서도 보여지는 것이지만 이 시기의 신화비교는 신화연구의 정치적 이권 문제와 함께 문화콘텐츠로서의 신화 자체에 대한 경제적 이권 문제가 새롭게 대두되었다고 볼 수 있다. 이와 관련하여 인터넷 게임이나 신화적 캐릭터 등 문화콘텐츠의 소스로서의 신화 원형 자료의 확보와 개발에 관심을 둔 논의가 상당수 발견된다.[101]

---

99 양민종, 「단군신화와 게세르신화」, 『고조선단군학 Vol.18』, 2008.
100 박소현, 「몽골 서사가의 음악적 연구」, 한양대, 2004; 『신을 부르는 노래, 몽골의 토올』, 민속원, 2005.
101 김용범, 「영웅서사시 〈게세르 칸〉의 내러티브 연구−글로벌 문화콘텐츠 창작소재로서의 활용성을 중심으로」, 『한국언어문화 40』, 2009; 이선아, 「몽골의 영웅서사시의 전개와 변모 : 신화에서 인터넷게임까지」, 고려대, 2004; 이선아, 「〈게세르칸〉 영웅서사시의 한국적 수용 양상」, 『북방문화 1권 2호』, 2010; 이선아, 「〈단군신화〉와 몽골 〈게세르칸〉 서사시의 신화적 성격 비교」, 고려대, 2012; 이선아, 「한·몽 신화에서의 영웅의 형상과 성격 일고찰」, 『외국문학연구 59』, 2015; 이선아, 「한몽 민속에서의 두창(痘瘡) 역신(疫神)에 대한 인식 비교」, 『한국민속학 61』, 2015; 이선아, 「韓蒙 英雄神話에서의 天降 理念과 治病 모티프 比較 考察」, 『중앙아시아연구 19-2』, 2014; 이선아, 「몽골 신화에서의 눈의 신격화 양상과 의미−산신의 원형 '체게엥 체브덱' 형상을 중심으로−」, 『강원민속학 28』, 강원민속학회, 2014; 이선아·이성규, 「몽골 영웅서사시에 나타나는 괴물의 형상과 의미 연구」, 『몽골학 31』, 2011; 이안나, 「몽골 고대 서사문학에 나타난 기형 모티프와 신성에 대한 알레고리 1」, 『비교민속학 56』, 2015; 이안나, 「몽골 고대 서사문학에 나타난 기형 모티프와 신성에 대한 알레고리 2−외눈박이의 대장장이 화소를 중심으로」, 『몽골학 41』, 2015; 이안나, 「몽골 영웅서사시에 나타나는 여성 캐릭터의 유형과 특성 : 부랴트 「아바이 게세르」를 중심으

3. 연구방법

이 책에서 〈단군신화〉와 〈게세르칸 서사시〉라는 동북아시아의 양대 신화를 다룸에 있어서 가장 큰 문제는 넓은 전승 지역과 다양한 전승 양식을 어떻게 효과적으로 아우르며 논의를 전개할 수 있는가 하는 것이다. 더구나 본 논의가 이 거대 신화들을 대상으로 비교신화학적 관점에서 두루 비교 고찰하는 것인만큼 논의의 대상이 되는 자료와 관련되는 방대한 자료들의 지역적, 장르적 범주를 미리 규정하여 적절한 자료들을 선정할 필요가 있다.

장르적 범주는 〈단군신화〉와 〈게세르칸 서사시〉의 신화적 서사를 포함하고 있는 구비본과 기록본을 두루 다루기로 한다. 이 안에는 구비서사시(토올), 문헌신화(도목), 설화(울게르), 소설傳(토오즈), 전기傳記(남타르) 등이 포함된다.[102]

지역적 범주는 각 신화가 민족신화로서 공유되고 전승되는 민족 단위의 지역을 대상으로 한다. 〈단군신화〉의 경우는 한국과 북한, 고대 한민족의 거주 지역까지 확대하여 살펴보기로 한다. 〈게세르 신화〉의 경우 역시 동북아 각지의 몽골족 사이에서 전해지는 것을 논의 대상으로 보았다. 〈게세르칸 서사시〉의 분포지역으로 알려진 갠지스 강에서 아무르 강까지, 황하에서 레나 강까지를 광범위하게 전승되는 게세르 신화권으로 본다. 게세르 신화는 청해, 서장(티베트), 몽골, 감숙, 운남, 신장, 요녕, 길림, 흑룡강, 부리아트 등 각지에 이본들이 산재되어 있는데 이중 특히 구비서사시의 형태로 신화의 원형이 풍부하게 남아 있는 부리아트 몽골의 〈게세르칸 서사시〉 이본들과 비교적 채록

로」, 『몽골학 36』, 2014; 이안나, 『몽골 영웅서사시의 통섭적 연구』, 민속원, 2016; 이일섭, 「문화콘텐츠 글로벌 창작 소재 개발 방안 연구 : 몽골 서사시 〈게세르 칸〉 사례를 중심으로」, 한양대, 2009; 장두식, 『한·몽 서사문학의 비교와 해부』, 민속원, 2017; 직지마, 「몽·한 괴물퇴치설화의 대비 연구」, 숭실대, 2011; 최원오, 「동북아신화에서의 '惡, 또는 부정적 존재들'에 대한 비교신화학적 이해」, 『韓國文學論叢 54』, 2010.

[102] 게세르칸 서사시를 비롯한 몽골 영웅신화의 신화성을 논의하는 데 있어서 장르적 범주에 대해서는 필자의 석사논문에서 밝힌 바 있다. 해당 장르에 대한 자세한 내용은 이 논문을 참조 바람. 이선아, 「몽골의 영웅서사시의 전개와 변모 : 신화에서 인터넷게임까지」, 고려대 석사논문, 2004.

시기가 앞선 북경판본 게세르 신화에 주목하였다.

이 외에도 신화는 그 속성상 문학, 언어, 역사, 민속, 종교, 고고학 등 다양한 학문 분야에 걸쳐 있다. 여기서는 기본적으로 이러한 신화 연구의 특수성을 수렴하는 통섭적 관점을 전제로 한다. 다만, 이 글에서는 〈단군신화〉와 〈게세르칸 서사시〉의 신화소 분석을 중심으로 신화 내적 의미에 주목하고자 한다.

서대석은 구비서사시와 같은 구비문학을 비교연구하는 데 있어서 효과적인 방법론을 제시한 바 있다. 특히 이들 서사시와의 비교 연구에서 착안할 사항에 대하여 다음과 같이 강조하였다. [103]

① 구연형태의 비교 : 구연자의 자세, 반주자의 기능, 반주악기, 말과 창의 교체양상, 추임새, 발림, 청중의 참여 등

② 작품의 구조와 주제 : 서술방식, 인물의 성격, 주제, 세계관 등

③ 기원 형성과정 및 역사적 전개(전승과정) : 소재원천, 전승자의 신분 및 계보, 학습과정 등

④ 현재의 향유양상 : 구연시기, 구연장소, 구연계기, 구연분위기 등

이 책은 몽골의 게세르칸 서사시와 단군신화의 텍스트를 중심으로 그 신화적 성격을 파악하는 것으로 신화의 서술방식이나 인물의 성격, 신화의 주제, 세계관 등에 주목하는 두 번째 항목에 해당하는 연구라고 할 수 있다. 두 신화를 둘러싸고 있는 동북아지역 문화론의 근간을 제공하는 문화원형으로서의 중요성에 충분히 주목하면서도 두 신화의 서사 자체에 대한 분석을 중심으로 하는 문학 연구의 방법과 비교신화학의 관점을 견지하면서 논의를 전개하고자 한다.

한편, 단군신화와 게세르 신화의 신화성에 주목하면서 거시적으로는 동북아 신화를 바라보는 방법론에 대한 모색을 하고자 한다. 최근 동북아 지역을 중심으로 하는 비교신화학의 방법론의 추이를 살펴보면 오리엔탈리즘과 중화주의에 대한 경계, 서구 중심

---

103 서대석, 「구비문학의 비교문학적 연구과제」, 『구비문학연구』 1, 한국구비문학회, 1994.

의 신화학 비판 등을 통하여 동아시아 신화를 이상적으로 아우르는 독자적 신화학의 이론적 기틀 마련에 주력하여 왔다고 할 수 있다. 이러한 노력은 아직도 활발하게 진행 중이다.

이러한 비교신화학적 방법에서 항상 함께 유념해야 하는 자세는 우선 신화를 신화 자체로 보는 미시적인 관점이라고 할 수 있다. 특히, 신화 비교의 근간에는 신화 속에 담긴 다양한 신화 원형의 요소에 대한 호기심이 깔려 있어야 할 것이다. 따라서 이 글에서는 한몽 비교신화학이라는 거대담론을 풀어내기 위한 해법으로 신화 속 미시적 요소라 할 수 있는 신화소들에 대한 분석을 조심스럽게 시도해 보고자 한다.

〈단군신화〉와 몽골의 〈게세르칸 서사시〉의 신화성을 비교하는 이 글에서는 다음의 과정을 통하여 기술하고자 한다.

본격적 논의에 앞서 2장의 예비적 고찰을 통하여 한국에 자세히 소개되지 않은 몽골 게세르칸 서사시를 중심으로 이 연구에서 비교대상이 되는 〈게세르칸 서사시〉와 〈단군신화〉의 서지사항과 전승양상에 대한 개관을 함으로써 논의에 대한 이해를 돕고자 한다.

3장과 4장 본격적인 논의에서는 〈게세르칸 서사시〉와 〈단군신화〉 주요 이본 자료의 서사단락을 소개하고 개별 신화텍스트의 신화소를 추출하여 분석하는 것을 목표로 한다. 우선 동북아 대표적 영웅서사시인 몽골의 〈게세르칸 서사시〉의 신화소를 분석하고 그 비교대상이 되는 〈단군신화〉의 신화소에 대한 비교문학적 해석을 시도하여 보고자 한다. 이로써 두 신화에 대한 1920년대 최남선의 비교 이후, 최근 보다 진지한 검토가 요청되는 몽골 〈게세르칸 서사시〉와 〈단군신화〉라는 동북아 양대 신화의 신화소 비교 연구를 통하여 문헌 위주의 기존의 해석과는 차별되는 신화적 해석을 지향한다. 더불어 두 신화의 주요 접점을 통하여 그동안 학계에서 주목하지 않았던 〈단군신화〉의 영웅신화로서의 가능성에 대하여 조심스럽게 접근하여 보고자 한다. 한편 비교연구를 통하여 〈단군신화〉뿐만 아니라 〈게세르칸 서사시〉의 기존 신화와 변별되는 영웅신화로서의 특수한 신화 체계와 의미에 대한 고찰을 하고자 한다.

5장에서는 앞장에서 분석한 주요 신화소를 중심으로 단군신화와 게세르 서사시의 신화성을 비교하고 각 신화 속에 담긴 상징적 의미에 대한 다차원적인 해석을 하고자 한다.

예비적 고찰:
자료의 개관과 전승 양상

—

예비적 고찰 : 자료의 개관과 전승 양상

1. 몽골 〈게세르칸 서사시〉의 자료 검토와 전승 양상

1) 몽골 〈게세르칸 서사시〉의 자료 개관

(1) 문헌본 몽골 〈게세르칸전〉

　몽골의 〈게세르칸 서사시〉는 그 전승지역과 전승양식의 범주만큼이나 방대한 신화 자료가 전해지고 있다. 지금까지 전해지고 있는 기록본의 몽골 게세르는 몽골어로 '토 오즈(傳)'의 장르에 해당하며 몽골의 구비서사시인 '토올'의 장르와 긴밀한 관련을 맺으 며 끊임없이 장르적 발전을 거듭하고 있다.

　그동안 게세르칸 서사시 이본연구가 게세르 연구의 비중있는 분야였던 만큼 몽골의 담딩수렝, 중국의 치미드도르지, 한국의 이성규 등 국내외 권위 있는 게세르 학자들에 의하여 몽골 게세르의 여러 판본에 대한 소개가 있어왔다.[1] 이들의 논의를 참고로 하여

1　〈게세르칸 서사시〉 판본에 대해 개괄적으로 소개한 주요 논문들은 아래와 같다.

표로 몽골 게세르의 주요 문헌본을 제시하면 다음과 같다.

게세르칸 서사시의 주요 문헌자료

번호	기록본	기록시기	발견사항	비고
1	북경 木版本	1716년(淸, 康熙 55년)	?	7장
2	북경 隆福寺 竹板 抄本	18세기말–19세기 초	1954년 북경 융복사 고서전가에서 발굴	8장–13장, 총 6장 북경 목판본의 속편
3	오이라트 토뜨문자本	1889년 9월 25일 (光緖 15년 虎月 28日) 강희 55년?	서할하 오이라트 민간연구소에서 발견	7장 복경목판본과 북경 융복사본의 혼합
4	오스트 조 竹板 抄本		1958년 내몽골 허흐호트 시 외곽의 오스트 조에서 발견	8장 마지막장 훼손
5	놈치 하탄本	1716년(康熙 55년)이라 부기 1590(?), 1650(?)	1930년 몽골국 아르항가이 아이막에서 발견, 필사본	12 장이 많음
6	자야本 자야 게세르		자야 후레, 지금의 체체를렉 시, 1930년경 발굴, 필사본	19장 18장
7	잠스라노 새인本		1918년, 후레에서 구함, 내몽골인	6장 북경판본 속편
8	오르도스 竹板 抄本		1959년에 내몽골 오르도스 지구(자사크, 기)에서 발견	13장
9	몽골문, 링 게세르		몽골 헙스걸(20세기초)	1장 24부, 29장
10	북경도서관본		북경도서관	2장
11	승덕본		하북성 승덕지구 평천현	8장

위의 표에서 제시한 이들 문헌본 게세르를 중심으로 주요 서지 내용을 정리하여 보도록 하겠다.

Ц.Дамдинсүрэн, 『Гэсэрийн туужийн гурван шинж』, Өвөр Монголын ардын хэвлэлийн хороо, 1957; 其木道吉, 「總談蒙古 〈格斯尔〉」, 『〈格斯尔〉論集』, 中國社科院民族文化研究所, 2003, 475-497頁; 이성규, 「몽골 게세르(Geser) 이야기의 판본과 간행」, 『몽골학 30』, 한국몽골학회, 2011.

게세르 전서 12권본[2]

게세르 판본 자료 영인본[3]

〈북경 목판본木版本 게세르〉는 1716년(淸康熙 55) 북경에서 간행된 일곱 장으로 구성된 몽골 게세르이다. 이 이본을 구소련의 학자 코진이 1936년에 러시아어로 번역하여 연구 논문과 함께 출판하였으며, 1839년에는 남러시아의 학자 쉬미드트가 독일어로 번역하여 원문과 함께 페테르부르크 시에서 출판하였다. 또한 토오즈tuuj(傳)의 형태로 소설화한 것을 1955년 내몽골 허흐호트에서 다시 간행하였다.

북경판본 게세르 표지 그림

이 〈게세르칸전〉의 줄거리를 요약하면, 다음과 같다.

---

2   斯欽孟和, 『格斯爾全书 12卷本』, 內蒙古人民出版社, 2002-2018.
3   『《格斯爾》影印本全套九函』, 內蒙古文化出版社, 2017(《格斯爾》8종 주요 판본 : 北京木刻版 《格斯爾》, 喀喇沁 《格斯爾》, 烏苏图召本 《格斯爾》, 诺姆其哈顿 《格斯爾》, 隆福寺本 《格斯爾》, 扎雅 《格斯爾》, 鄂尔多斯 《格斯爾》).

① 제 1장 호르마스트帝釋 텡게르가 아들 게세르를 인간세계로 내려 보낸다. 그 당시 세상은 매우 혼란스러웠다. 힘이 센 자가 약한 자를 잡아먹고 위에 있는 자는 아래에 있는 자를 괴롭혔다. 인간세계의 이러한 고통스런 혼란을 조정하기 위해 게세르가 태어난 것이다. 나라의 권력을 쥐고 있었던 초통 노욘은 게세르를 부모와 함께 북방의 모래사막으로 쫓아내버렸다. 그들은 그곳에서 매우 비참하고 가난하게 살고 있었다. 그런데 게세르가 도술을 써서 모래사막을 풍요로운 물이 흐르는 곳으로, 풀이 자라지 않던 곳을 풀이 무성히 자라는 초원으로 만들어 그 풀로 가축을 쳤고 그들은 매우 부유해졌다. 이를 초통 노욘이 알고 세금을 받기 위해 찾아왔는데 게세르는 초통 노욘에게 한 마리의 준마를 태워 주었다. 그 말은 매우 재빠른 말로, 초통 노욘을 며칠 가야할 거리까지 데리고 달려갔다. 초통 노욘은 그 말을 잘 다룰 수 없었기 때문에 한참 혼쭐이 났다가 겨우 돌아왔다. 게세르는 어렸을 때는 코흘리개 조로라는 이름을 가진 가난한 소년이었다. 그러나, 높은 승려 귀족들을 수차례 이기고 나서 아름답기로 소문난 록모 고아를 왕비로 맞아들였다.

② 제 2장 만물을 공격하고 괴롭히던 산 만한 검은 줄무늬 호랑이를 게세르 왕이 죽이고 그 가죽으로 화살통을 만들었다. 이 장에서는 사나이의 용기와 용사의 능력을 칭송하였다. 그리고 여기에서 사냥꾼의 평범한 삶을 곁들여 보여 주기도 하였다.

③ 제 3장 중국의 곤마 구메 왕은 왕비의 죽음으로 매우 깊은 슬픔에 빠져 있었다. ('구메'라는 단어는 중국의 왕을 존대해 표현한 티베트어로 추정됨.) 왕은 죽은 부인을 안고 누워 있기만 했고 한편, 나라 안 백성들에게 슬퍼하며 울라는 명령을 내렸다.

앉아 있던 사람은 앉은 채로, 누워 있던 사람은 누운 채로, 걷고 있던 사람은 걸어가면서 울며 슬퍼해야 했다. 이에, 백성들은 왕의 마음을 진정시키기 위해 게세르를 초청하였다. 게세르는 찾아가 다양한 방법으로 왕의 마음을 진정시켰고, 온 나라 안 슬픔을 그치게 하였다. 그리하여, 중국 왕의 공주를 아내로 맞아 고향으로 돌아왔다. (중국에서 사람이 죽은 후 여러 날 슬퍼하는 풍속을 풍자해 표현.)

④ 제 4장 12개 머리를 가진 망가스를 누르고 아롤로 고아(투멘자르갈랑) 왕비를 망가스의 손아귀에서 구출해낸 대목이다.

⑤ 제 5장 게세르 토오즈의 중심 화제인 샤라이골 전투가 나온다. 게세르 왕이 북방에서

침략해 온 망가스와 싸우느라 몇 년 동안 나라를 비운 사이, 샤라이골의 세 왕이 게세르의 록모 고아 왕비를 데려가고 그 나라와 영토를 강탈하기 위해 공격해 왔다. 이때 게세르의 숙부인 초통 노욘은 적의 편에 서서 자신의 영토를 샤라이골에 바친다. 샤라이골의 왕들은 록모 고아를 잡아가 버린다. 하지만 게세르 왕은 고향에 돌아와 배신한 초통 노욘을 멀리 유배를 떠나보내고 샤라이골의 세 왕과 전쟁을 하여 이겨서 록모 왕비를 되찾아 온다.

⑥ 제 6장 외국에서 한 망가스가 라마승려의 모습으로 찾아와서 게세르에게 세례를 내려 준다는 거짓말로 게세르를 당나귀로 만들어 버린다. 당나귀가 된 게세르를 자기 나라로 데려 가서 온갖 힘든 일을 시킨다. 게세르의 아조 메르겡 왕비가 그 망가스를 물리치고 당나귀를 빼앗아 영원의 성수(아라샹)를 뿌려 게세르로 다시 되돌렸다. 이 대목은 민중을 속이는 봉건 라마승려 귀족층을 풍자한 장이다.

⑦ 제 7장 게세르가 어머니를 지옥에서 구출하여 하늘의 태양국에 태어나게 하는 과정이 서술된다.

북경 목판본이 간행되던 당시에는 불교 경전을 많이 번역하고 간행시키기 위하여 몽골의 여러 학자들이 북경에 초청되었고 그들이 몽골 민간에서 사랑받던 게세르 서사시를 종교적 성향의 서적 안에 첨부하여 간행하게 된 것으로 추정되고 있다.

〈놈치하탄本〉

이것은 1930년에 몽골국 아르항가이 아이막에서 발견한 12장의 필사본이다. 오르도스 만호萬戶(투멘)인 지농의 부인인 '놈치하탄'의 소장품으로, 1960년 몽골국에서 영인, 간행할 때에 '놈치하탄본'이라 통칭하였다. 이는 사실상 오르도스 지역 전승 이본 중 하나이다. 오르도스 본과 비슷하고 그 이야기의 플롯도 비교적 풍부하며 장 수도 비교적 많은 특징이 있다. 여기에는 〈북경 목판본〉의 제1장부터 제7장의 내용과 〈오르도스 본〉 제6장의 내용, 〈북경 융복사본〉의 제8, 9, 10장의 내용을 포함하고 있다. 본문이 끝나는 부분에는 "康熙 五十五年"(1716년)이라는 부기를 〈북경 목판본〉 제7장 말미에서 처럼 여전히 기록하였다. 이 책에도 역시 맨 마지막 부분에 "달라이라마와 게세르 왕의 회담"이라는 한 편의 "발문跋"이 부기되어 있다. 이것은 게세르 왕전의 내용과 관련이 없는 기술을 종교에 대한 포교 목적으로 전사자나 편찬자가 부기한 것으로 보인다.

그러나 발문에 적혀있는 정보를 통하여 놈치하탄본이 이린칭, 게렐자브, 세첸멍흐 등에 의해 북경판 보다 앞서는 최고의 판본으로 평가되기도 하였다. 발문에 적혀있는 '철호년'이란 표기에 근거하여 이 책의 생성연대를 이린칭은 1614년, 게렐자브는 1590년, 세첸멍흐는 1650-1678년이라고 보았다.

이 책은 1988년 내몽골의 게렐자브에 의해 주석되어 간행되었다.

〈북경 隆福寺 竹板 抄本〉

〈북경 융복사 죽판 초본〉은 총 6장본으로 북경 목판본의 속본이다. 1954년 북경 융복사 대아당 고서점가에서 우연히 발굴된 희귀본 중 하나이다. 이 책은 1956년 내몽골 인민출판사에서 새롭게 간행되었는데 이때, 북경 목판본은 상권, 이 융복사본은 하권으로 엮여 북경 목판본의 속편처럼 간행되었다. 즉, 북경 목판본의 7개 장과 융복사본의 6개 장을 상, 하권으로 하여 전후 내용이 일관되게 구성된 총 13개 장의 〈게세르 왕전〉이 1950년대에 처음 소개된 것이다. 현재 내몽고 사회과학원 도서관에 보관되어 있다. 북경 융복사본의 가장 큰 특징은 의도적으로 북경 목판본의 속편으로 새롭게 창작된 것이라는 점이다. 이 이본은 제8장부터 시작된다.

⑧ 제8장 이 장은 상권(북경 목판본)과 하권(융복사본)을 연결하는 대목으로 샤라이골 세 왕들과의 전투에서 목숨을 잃은 게세르의 30용사 이야기, 그들을 하늘에서 구해온 아라샹(성수, 생명수, 약수)으로 살려내는 이야기로 구성된다.

⑨ 제9장은 게세르와 앙두락마 앙돌모ang dolmu 마왕과의 싸움 대목이다. 이 이야기는 티베트 역사상 가장 잔인하고 악랄했다고 알려진 랑다마 왕을 모티프로 하여 그린 것이다. 랑다마 왕은 강압적으로 불교를 없애기 위해 승려들을 도살하였으며 라마승려들을 핍박하면서 개종, 파계, 환속을 강요하였고 여러 사찰을 없애버렸다. 한편으로는 적극적으로 본교Bon敎를 추진하던 사람이었다. 이처럼 불교도인에게 마왕의 화신으로 여겨진 랑다마 왕은 불교의 원흉으

로 극단적으로 추악하게 형상화 되었다. 즉, 머리에 긴 뿔이 있고, 매일 여인으로 하여금 그 머리를 빗게 하고 그것이 끝나자마자 바로 죽여버리는 존재로 그려지기도 한다. 9장에서 형상화된 앙두락마 앙돌모ang dolmu 마왕은 바로 이 랑다마를 형상화 한 것이다.

⑩ 제10장은 북경 목판본 제6장의 형식을 모방하였고 게세르의 적수로 롭사하 망가스를 등장시켜 북경 목판본 제4장 속 마왕 롭산을 모델로 하여 창작하였다. 괴물의 화신인 롭사하 lubsaqa가 대 라마로 변신하고 와서 게세르를 박해하여 당나귀로 만들자 아조 메르겡aju mergen 이 지혜를 발휘하여 게세르를 구하여 사람의 모습으로 복원시킨 후에 게세르가 괴물의 변신인 롭사하를 잡아서 큰 산 아래에 눌러 버린 이야기.

⑪ 제11장은 게세르가 황금 단추와 은 단추라는 두 강의 랑삭rangsag 왕을 공격하여 그 왕의 딸인 사이훌라이 고아sayiqulai g'uwa를 왕비로 삼은 이야기.

⑫ 제12장은 사이훌라이 고아 왕비가 게세르에게 미혼迷魂 약을 먹여 고향을 잊어버리게 하고 같이 살았으나 게세르가 여러 수호신들의 도움으로 망각에서 벗어나 나중에는 마귀인 굼보gümbu 왕을 제압한 이야기.

⑬ 제13장은 게세르의 여러 왕비를 빼앗으려고 시도하던 북방의 나친način 왕을 게세르가 제압한 이야기.

이중 제11, 12, 13장은 샤라이골 세 왕들과의 전투 대목을 모방한 것이지만 제재와 플롯, 구조 등 양식적 측면에서는 새로이 재창작한 변이형으로 평가된다. 이 장들은 플롯이 굴곡적이고 수사 문구와 시구가 미려하다. 그리고 게세르 왕과 몇몇 왕비와 관련된 대목과 함께 여러 전기적 용사와 미녀들의 이야기가 그려진다.

〈오이라트 토뜨문자本〉

몽골의 서 할하 지역 오이라트 민간연구소에서 발견한 필사본이다. 1960년에 올란바타르시에서 영인, 간행되었다. 이 책은 모두 7장으로 구성되어 있다. 앞부분 네 장(제1장 -제4장)의 내용은 북경 목판본의 제1, 2, 3, 4장과 완전히 동일하고, 제5장과 제6장의 내용은 북경 융복사본의 제8, 9장과 서로 같다. 마지막 제7장의 내용은 북경 목판본의

제7장과 동일하다. 그리고 그 말미에 "康熙 五十五年"이라는 년월일이 기술되어 있다. 이는 사실상 북경 목판본과 북경 융복사본의 일부 장들을 옮겨 편찬한 판본이며 전통 몽골 문어를 오이라트 토뜨문자로 전사할 때 일부 정리하여 편찬하였던 것으로 보인다. 그러나 그 서술이 상세한 편이다.

제1장 말미에 "光緒 十五年 虎月 28日"(1889년 9월 25일)이라는 부기가 있어 이를 통해 그 형성 연대를 18, 19세기로 추정할 수 있다. 이 단행본은 신장新疆 오이라트 민간에 광범위하게 전승되고 있다.

담딩수렝은 이 오이라트 토뜨문자로 쓰여진 게세르 토오즈 몇 편을 레닌그라드 동방연구소 도서관에서 읽게 되었는데 그는 "내용이 북경 목각본 게세르와 크게 다르지 않고 오이라트 게세르의 가치는 정확한 토뜨문자로 기록되어 있어서 정확한 인명 발음을 재구하는 데에 큰 도움이 된다"고 보았다. 오이라트 토뜨문자본 게세르는 대부분 북경 목판본 게세르 토오즈를 그대로 옮겨 쓴 것이다.

담딩수렝은 이 외에도 레닌그라드 도서관에 있는 30여 개 필사본 게세르 토오즈를 검토해 보았는데 이들을 살펴본 결과 북경 목판본 게세르를 간행하기 이전, 몽골 필사본 게세르가 이미 존재했었다는 증거를 확보하기도 하였다. 한 필사본 게세르 토오즈는 북경 목판본 게세르와 비교적 부합되는 내용으로 구성되었지만 북경 목판본 보다 오자와 탈자가 적은 선본善本이었다. 이를 통해 볼 때, 〈북경 목판본 게세르〉 토오즈는 1716년에 간행되기 전에 이미 몽골 필사본 게세르 토오즈가 상당히 있었다는 것을 알 수 있다.

〈오스트 조 竹板 抄本〉

이것은 1958년 내몽골 허흐호트 시 외곽의 오스트 조에서 발견된 두루마리식 죽판 초본이다. 마지막 장인 제8장은 훼손되었고 완전하지 않다.

제1장에서 제7장의 내용은 북경 목판본의 내용과 완전히 일치한다. 다만, 문구상에서 약간의 차이를 보이며 제1장의 말미와 제8장의 앞부분에서 다른 모습을 보인다. 이 책의 주요 특징은 "분권다장본"이라는 점이다.

제1권에는 4개의 장으로 구성된다. (제1장-제4장)

제2권에는 3개의 장으로 구성된다. (제5장-제7장)

제3권에는 현재 결손된 제8장만 전해지고 있다.

이러한 '분권다장'의 형식과 제3권 제8장 이후의 누락은 이 필사본이 북경 목판본의 전체 내용과 융복사본의 부분 내용을 포함하여 합본한 이본일 가능성을 강하게 보인다.

〈자야本〉

〈자야 게세르〉란 옛 자야 후레, 지금의 체체를렉 시에서 1930년경에 발굴된 것에서 담딩수렝이 명명한 것이다. 현재 몽골국립도서관에 소장되어 있고 몽골문 필사본 19장본 게세르이다. 이 게세르 안에는 북경 목판본 7장의 내용이 모두 포함되어 있다. 〈북경 목판본 게세르〉와 〈자야 게세르〉는 전체적으로 의미는 부합되지만 단어 상으로 차이를 보인다. 이 둘은 두 사람의 다른 번역자가 유사한 원본을 가지고 각각 번역한 것으로 보인다. 아니면 하나의 원본을 어떤 사람이 잘 암기했다가 나중에 다른 사람에게 전해주어 이종의 토오즈를 만들어낸 것으로 여겨진다.

그러나 〈자야 게세르〉는 〈북경 목판본 게세르〉에서 계승한 것이 아니라고 할 수 있는데 그 이유 중 하나는 〈자야 게세르〉에는 티베트 이름들이 원래 티베트어 그대로 나타난다는 점 때문이다. 〈북경 목판본 게세르〉에는 티베트 명칭들이 거의 다 몽골어화 되었다.

〈자야 게세르〉는 북경 목판본의 일부 장을 몇 개의 장으로 나누어 구성하였기 때문에 그 장수가 19장에 이르게 되었다. 실제로 북경 목판본의 게세르에 없는 새로운 장은 오직 6개 장뿐이다. 예를 들어, 게세르가 샤라이골 전투에서 사망한 용사들을 살려내는 대목이 제8장에 들어가 있다. 더히오르 세상의 아브라가스(신화 속에 나오는 강력하고 비범한 거인 괴물) 왕을 물리치는 대목은 제10장에, 산 만한 검은 줄무늬 호랑이를 죽이는 대목은 제11장에 구성되었다. 이는 북경 목판본 게세르의 제2장과 유사하지만, 여기서는 보다 자세한 묘사와 함께 화려한 어휘로 쓰여졌다.

락쉬스 왕을 누르고 사이홀라이 고아 왕비를 얻은 대목을 제12장에 배치하였고 북방의 오르홍 머렁과 항가이 하롱에서 살고 있는 나친 왕과 싸워 물리치는 대목이 마지막 장에 놓인다. 또한 이 전투에는 게세르의 왕비들과 손자들도 함께 참여하기도 한다.

담딩수렝은 이 자야본 게세르가 북경판과 놈치하탄본의 원본일 가능성이 크다고 보기도 하였다.

〈오르도스 竹板 抄本〉

이것은 1959년에 내몽골 오르도스 지구(자사크, 기)에서 발견된 두루마리식 죽판 필사본 중 하나이다. 이 이본의 특징은 이야기의 플롯이 풍부하고 장수도 가장 많은 편이라는 점이며, 이는 북경 목판본과 그 속편 북경 융복사본과 밀접한 영향관계를 갖는 것으로 보인다.

① ② 제1장과 2장은 북경 목판본의 제1, 2장과 같다.

③ 제3장은 독특하고 새로운 부분인데, 게세르가 많은 용사들을 이끌고 사냥하는 도중에 백룡왕의 미녀를 지혜로써 아내로 맞아들이는 대목이다.

④ ⑤ 제4장과 5장은 북경 목판본의 제3, 4장과 같다.

⑥ 제6장 역시 독창적인 부분인데 그 내용은 샤라이골의 차강게르트 왕이 부인을 학대하고, 아들을 위해 게세르의 아름다운 왕비 록모 고아를 며느리로 삼고자 수차례 군대를 보낸다. 게세르의 호위 용사들이 필사적으로 무수한 말들을 빼앗는 과정이 그려진다. 이 부분은 북경 목각본의 제5장 모티프를 인용하여 재창작한 변이형이다.

⑦ ⑧ 제7장, 8장은 북경 목판본의 제5장과 같다.

⑨ ⑩ 제9장, 10장은 북경 목판본의 제6, 7장과 같다.

⑪ ⑫ ⑬ 제11장, 12장, 13장은 북경 융복사본의 제8장, 9장, 10장과 같다. 그러나 제13장은 훼손되어 그 전부가 전해지지는 않는다. 아마도 이 편찬자의 의도는 북경 융복사본 제11, 12, 13장도 포함시키려 한 것 같다.

그 외, 오르도스본 서문에서는 게세르의 기도문인 한편의 제문이 실려 있다. 제2장의 끝부분에는 짤막한 기술을 부기하였다. 모두 후대인, 특히 라마승려들이 민간에서의 게세르의 명성을 이용하여 종교적 색채를 띤 제문을 썼고 어떤 이는 몽골 지역에서 크게 융성했던 황교黃敎의 영향 하에서 〈게세르 왕전〉의 실제 내용과는 전혀 관련이 없는 달라이라마를 찬하며 '모든 것을 앎至大至高' 등의 문구를 부기함으로써 결국 〈게세르 칸〉을 포교의 수단으로 이용하고자 하였다.

이 판본은 1985년에 내몽골의 치미드도르지가 〈게세르 왕전〉이라는 제목으로 북경본, 오스트 사원본, 놈치하탄본, 융복사본 등과 대조·주석하여 상·하 두 권으로 간행하기도 하였다. 또한 이 오르도스 게세르는 2000년에 중국 서북민족학원에서 중국어와 몽골어로 번역과 함께 간행되었다고 한다.[4]

〈몽골문, 링 게세르〉

구소련 동방 연구소 문서부에 소장된 〈잠링센칭의 남타르〉 혹은 〈링 게세르〉라는 이름을 가진 2권의 필사본 게세르이다. 20세기 초에 몽골 헙스걸 도의 아랴샹트 군에서 발견한 것으로 이 필사본은 메르겡 궁mergen güng이라는 사람이 그의 스승 자야 게겡 jay_a-yin gegen의 도서관에 보관중인 판본에서 옮겨 적어서 보관하고 있었다고 한다.[5] 실제로 이 필사본은 매우 흥미로운 토오즈이다. 다른 토오즈에는 없는 중요한 정보가 이 링 게세르에는 아주 정확하게 언급되어 있다. 예를 들어, 링 게세르 안에는 이 토오즈를 쓴 사람의 이름이 명기되어 있으며 또한, 이 토오즈의 제2권 347쪽에 "'링'의 반디 노르보 닥췰의 라마승려인 '노르보 초이뱁'이 '링'의 아이막(지방행정단위)들 대부분이 '링'의 초입인 '차강 쉴링 숨베르산'의 궁전에서 모여 활동하던 '센친' 왕대의 역사를

---

4 이성규, 「몽골 게세르 이야기의 판본과 간행」, 『몽골학 30』, 2011, 179쪽.
5 이성규, 위의 논문.
   이에 대하여 담딩수렝은 이 게세르본은 구소련의 학자 블라디미르초프의 요청으로 몽골국립도서관에 소장된 원본을 베껴 쓴 사본이라고 언급하였다. 블라디미르초프는 〈시베리아의 몽골〉이라는 전집에서 "이 토오즈를 자세히 연구하면 중앙아시아, 동아시아 여러 나라에 퍼진 게세르 토오즈의 역사를 연구하는 데에 한줄기 빛이 될 것이다"라고 언급하였다. 담딩수렝, 앞의 책, 12쪽.

하나도 빠짐없이 '링'의 아이막 대중에게 기록하여 알리던 시대의 이야기이다. 역시 '링'의 아이막 사람들은 이 역사 기록의 마지막 부분에 '을지호탁'을 위한 장례에 쓰일 조사弔詞가 필요하였고 이에 '노르보 초이벱'이 '을지트 무용吉祥舞'이라는 수행 의례를 잘 아는 사람으로서 이에 대하여 노래한 것이다"라는 기록이 있다.

이를 통해 보면, 게세르 토오즈는 원래부터 구비문학이 아니라 초이벱이라는 특정한 한 시인이 창작한 작품이라는 것이다. 이 초이벱이라는 인물에 대해서는 링 게세르에도 언급되어 있는데, 이 토오즈의 제2권 315쪽에 게세르 왕이 사망하기 전에 국사권은 형인 '자사 쉬히르'의 아들 '어트카르 잔찬'에게, 군사권은 '던던'에게, 종교권은 '초이 웹'에게 담당시켰다고 언급되어 있다.

하지만 동 티베트 국을 오랫동안 유람한 래리흐Rerih G.가 게세르 토오즈의 기원에 대하여 논하기를, 게세르 토오즈는 티베트의 민간 전설을 채록해 전한 것이며 "이를 다라니친(독경가)이자 대시인인 한 유명한 라마승려가 처음 쓴 것이다. 이 시인은 어느 날 잔뜩 취한 상태에서 게세르 토오즈를 창작해 부르기 시작하였으며 끝까지 이 노래를 불렀다. 이 다라니친의 고향은 캄의 서북 지역이며 이 노래도 그곳에서 창작한 것이라고 하였다"고 전하고 있다. 이러한 논의를 정리해 보면, 게세르 토오즈 즉 티베트의 링 게세르를 처음 창작한 사람은 동티베트인 캄국의 축술가 초이벱이라는 것이다.

그리고 몽골의 링 게세르는 비슷한 시기에 살았던 몽골의 한 시인이 아주 오래 전 티베트어로 창작된 원본을 몽골어로 번역한 것이라는 것이다. 정확히 어떤 사람이 이를 번역한 것인지는 명확하지는 않지만 몽골의 올리아스태 시에서 살았던 시인이며 민간 이야기꾼이 아니라 만주어와 티베트어 교육을 받은 정식 작가였을 것이라는 주장도 있다.

담딩수렝에 의해 몽골 링 게세르에는 티베트어와 만주어를 당대의 몽골어로 번역한 새로운 어휘가 상당수 발견되었는데 예를 들어, 66쪽의 '보로 뎀베렐'이라는 단어에서 '뎀베렐'이라는 어휘는 몽골어로 새롭게 유입된 티베트어 단어이다. 또한 제1권 104쪽의 '야마르 달지(어떠한 관련도 없이, 아무 상관없이)'라는 단어는 만주어로 '달지아코'라는 '상관 없다'는 의미와 관련된다고 한다. 그리고 '특출 난 용사(바아타르)'라는 단어가 나오는데 만주어로 '철거럼비(특출나다)'라는 단어와 관련되는 단어이며 담딩수렝은 그가 활동하던 당대(1950년대)의 할하 지방 구어에 해당하는 단어가 이 게세르 이본에 상당수 존재함을 발견하였다.

몽골 링 게세르 토오즈의 한 가지 흥미로운 점은 링嶺국과 샤라이골의 백성이 오래전부터 평화롭게 지냈고 두 나라의 공통된 적으로 링국에 있는 초통 노욘과 호링국에 있는 차강게르트 왕이 등장한다는 점이다. 호링과 링 양국의 중요한 목표는 게세르의 지휘 하에서 초통과 차강게르트 왕을 진압하는 것으로 설정되었고 그 과정이 주요 서사이다. 두 권짜리의 두꺼운 책으로 구성된 몽골의 링 게세르전은 사실 완전한 상태의 게세르전이 아니라 게세르 왕이 샤라이골 왕들과 싸우는 대목(초이벱의 창작)만을 자세히 서술한 작품이라 할 수 있다. 24개의 부분으로 나누었지만 한 가지 대목만을 다루었기 때문에 하나의 장으로 보아도 무방하며 사실 이 장은 게세르의 여러 이본들 서사의 중심 장이라 할 수 있다.

이 게세르에서는 샤라이골 국을 호리 국으로 불렀으며 이 호리 국에 대해서 담딩수렝은 몽골국이 아닌 지금의 하탄강 서쪽에 있는 동 티베트의 호르 국으로 추정하기도 하였다.

(2) 구비 채록본 몽골 〈게세르칸 서사시〉

몽골의 게세르칸 서사시는 소설의 형태인 문헌본 자료도 방대하지만 구비전승의 구전 자료가 더욱 풍부하게 전승되는 신화라고 할 수 있다. 게세르칸 서사시의 신화적 성격에 주목하는 이 글에서도 주로 구비본 게세르 텍스트를 중심으로 분석하고자 한다. 게세르칸 서사시의 주요 구비본 목록을 정리하면 아래와 같다.

게세르칸 서사시의 주요 구비본

번호	제목	구연	채록(편찬)	비고
1	아바이 게세르 복도한 Абай Гэсэр Богдо хаан -Буряадай морин ульгэр	Балдаев С.П. (편찬자)	1995(편찬)	부리아트
2	게시르 복도1.2.3	슈레타리요프 등	1909 제레미어 커틴 채록	부리아트
3	아바이 게세르 Абай Гэсэр	구전	1959 1986(편찬) Namjil baldano	부리아트
4	Buriyad geser-ün tu'uji	구전	1964(편찬)	부리아트
5	부리아트 웅긴본 게세르	Dmitriyev P.D.	1953(편찬)	부리아트
6	파찌의 게세르 창본1 Geser ba'ataur1	파찌	1959(편찬) 치믿도르찌	내몽골 (북경판본 4장)
7	파찌의 게세르 창본2 Geser ba'ataur2	파찌	1984(편찬) 치믿도르찌	내몽골 (북경판본 4, 5장)
8	파찌의 게세르 창본3 Pajai geser-ün tu'uji	파찌	1989(간행) Dorung'a	내몽골, 북경 (북경본, 융복사본)
9	청해 오르도스 게세르 köke na'ur geser-ün tu'uji	노르찐	1986(간행) 내몽고 게세르연구실	내몽골
10	신장 오이라트 게세르	구전	瑪.烏尼烏蘭이 채록, 2004년에 중국어로 번역, 출판	신장 오이라트
11	호르 게세르 qor geser-ün tu'uji	1988-1989 롭산	2007(간행) 내몽고출판사(龍梅)	내몽골
12	올란찹 게세르 ula'ančab geser-ün tu'uji	롭산	1986(간행) 내몽고 게세르연구실	내몽골
13	성주(聖主) 게세르칸 bu'da ejen geser qa'an	2001-2003 짐바잠츠	2003 (게세르전서 2권) Sečenmöngke	내몽골
14	세상의 주인 게세르칸 qorb_a-yin ejen geser qa'an	2003-2007 짐바잠츠	2007 (게세르전서 3권)	내몽골

 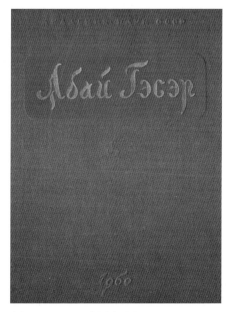

호모노브(M. Хомонов), 『아바이 게세르 후붠(Абай Гэсэр хубуун)』, 1961.
에히리트 이본(만쇼트(Маншууд), 1906년 채록)

마다손(И. Мадасон), 『아바이 게세르(Абай Гэсэр)』, 1960.
페트로브(Пёохон Петров) 서사시 창자(1940-1941 채록)

부리아트 게세르 주요 자료

이 외에도 몽골 게세르칸 서사시의 구비본에 해당하는 이본들은 다양한 형태로 전승되고 있다. 주로 부리아트 몽골과 내몽골 지역의 서사시 창자들에 의해 전승된 이본들이 풍부하다 할 수 있다.

〈부리아트 게세르 구비본〉

서부 부리아트의 이야기꾼들의 입에서 채록한 여러 이본들이 부리아트어로 전해진다. 풍부한 부리아트 언어로 아름다운 시와 부리아트 설화 형식으로 표현되었다. 여러 이본에 표현된 게세르의 형상은 크게 두 부류로 나눌 수 있다.

첫 번째 부류는 몽골 본토의 게세르와 유사한 것, 다른 부류는 몽골 본토 게세르와 현저하게 다른 것이다. 몽골 본토와 티베트 본에는 게세르의 자녀들에 대한 언급과 서술이 없다. 그러나 〈부리아트 게세르〉에는 몇몇 자녀들에 대하여 언급하고 있으며 그들에 해당하는 몇 장의 토오즈가 존재한다. 부리아트 게세르 토오즈 안에는 '알타이 허흐' 부근 지역의 명칭을 많이 언급하고 있다. 몇 백 년 이야기꾼들의 입에서 입으로 구전되어 왔기 때문에 〈부리아트 게세르〉는 훌륭한 설화체를 지니게 되었지만 지명이나 인명은 몽골 본토나 티베트의 게세르와 비교해 볼 때 그 수가 매우 적다. 또한 담딩 수렝은 부리아드족이 러시아와 인접해 살고 있기 때문에 부리아트 게세르에는 러시아어 단어가 많이 들어가 있다고 언급하였다.[6]

〈아바이 게세르 복도 한〉

부리아트 지역에서 전승되는 10개의 게세르칸 서사시 채록 자료[7]를 바탕으로 1995년 부리아트 올란우데에서 발다예브가 편찬, 간행한 것이다. 총 3부의 구성으로 되어 있으며 1부의 부리아트 게세르칸 서사시의 전체적 이야기에 이어 2부에서는 게세르의 용사들의 업적을 각각 이야기하고 마지막 3부에서는 아바이 게세르칸의 주요 괴물들에 대한 퇴치전이 펼쳐진다.

특히, '에흐 이흐 보르항'과 같은 여성 창세신이 99천신의 시조모로 등장하는 등 몽골 민속에서의 독특한 신화 관념이 두드러지는 이본이기도 하다. 본문에서는 이 판본

---

6   예를 들어, 'стол', 'бочка', 'барабан', 'книга', 'рубашка', 'солдат' 등 많은 러시아어 단어가 발견된다고 한다.
7   〈아바이 게세르 복도 한〉에 인용된 부리아트 게세르 자료는 다음과 같다. 아래 표는 서사시의 제목과 구술자, 채록연도 등을 제시한 것이다.

Абай Гэсэр хаан	Тархаев Д.	1941	부리아트
Абай Гэсэр хаан	Иванов Н.Т.	1941	부리아트
Абай Гэсэр хүбүүн	Степанов П.У.	1940	부리아트
Абай Гэсэр хаан	Булашов Р.Н.	1943	부리아트
Абай Гэсэр хүбүүн	Жетухаев Б.	1941	부리아트
Талын саган хээрэй Тажаа Ехэ Шубуун	Маналов Т.И.	1943	부리아트
Ганга Бүрэд хаан	Маланов М.	1940	부리아트
Нюһата зура	Жетухаев Б.	1941	부리아트
Абай Гэсэр		1943	부리아트 Прозоор бэшэһэн
Абай Гэсэр	Хабтаринов А. Маланов Т.	1940 1943	부리아트

을 몽골의 게세르칸의 신화적 성격을 살피는 주요 자료로 인용하기로 한다.

〈게시르 복도1,2,3〉

미국의 제레미아 커틴이 남시베리아 즉 부리아트 몽골 지역을 기행하면서 슈레타리요프 등의 이야기꾼을 통하여 간략하게 채록한 세 편의 게세르 신화를 1909년 단행본 뒷부분에 소개한 것이다. 특히, 이 이야기는 1928년 초창기 한국의 신화연구에서 단군신화의 비교대상으로 게세르 신화를 언급할 때 최남선이 인용자료로 삼은 텍스트라는 의의가 있다.

〈세상의 주인 게세르칸qorb_a-yin ejen geser qa'an〉

내몽골의 호르치(서사시 창자) 짐바잠츠金巴札木蘇가 〈성주聖主 게세르칸bu'da ejen geser qa'an〉 이어 2003년에서 2006년 사이에 구술한 게세르 이야기를 세첸멍흐Sečen möngke가 정리하여 『게세르 전서格斯爾全書』의 3번째 권으로 내몽고 인민출판사에서 2007년에 간행한 판본이다. 총 1,706쪽 분량의 이 책에는 짐바잠츠의 게세르 이야기를 3편으로 나누어 수록하였는데 제1편에는 29장, 제2편에는 10장, 제3편에는 6장을 수록하였다. 또 제4편에는 게세르와 관련된 풍물과 전설을 수록하고 있다.[8]

필자는 2008년 4월 내몽골의 바린 우기 지역을 답사하면서 짐바잠츠에게서 이들 게세르 서사시를 채록하기도 하였다.

서사시를 구연하는 짐바잠츠
(바린우기, 2008)

---

8   이성규, 앞의 논문, 2011.

〈호르 게세르qor geser-ün tu'uji〉

롭상lubsang이 구연한 〈호르 게세르qor geser〉의
처음 부분을 '올랑찹⁹ 게세르전ula'ančab geser-ün
tu'uji'이라 하는데 이 부분은 1986년에 내몽골
게세르연구실에서 간행하였고 〈호르 게세르전
qor geser-ün tu'uji〉 이본은 1988-1989년에 호르치
롭상이 구술한 것을 용매龍梅와 토야tuya'a가 정
리하여 2007년 내몽고 교육출판사에서 간행하
였다.

서사시 창자 롭상(허흐호트, 2008)

호르 게세르의 '호르qor, hor'는 고전 몽골어와 티베트어에서 몽골을 의미하는 단어이
다. 특히, 허흐노르靑海 지역을 중심으로 하는 '상몽골deed mongol'을 의미하며 게세르 서
사시에서 반드시 등장하는 지역인 '샤라이골黃河川' 지역의 '샤라이드sharaid' 몽골족을
일컫는다.[10]

필자는 2008년 4월, 내몽골 답사 당시 허흐호트에 살고 있는 롭상을 찾아가 호르
게세르의 앞부분을 채록하기도 하였다.

(3) 게세르 총서

지금까지 발간된 게세르 총서 중에서 대표적인 자료로 중국 내몽골의 세첸멍흐Sečen
möngke가 편찬한 『게세르 전서格斯爾全書』[11]를 꼽을 수 있다. 이 총서는 1960년대 이후
몽골 울란바타르에서 간행한 총서가 단순히 기존의 경전식 위구르찡 몽골문을 현대 몽
골문으로 옮긴 것에 비해 내몽골에서 간행한 총서들은 현대 몽골문과 함께 주석을 함
께 달았다. 세첸멍흐가 북경에서 간행한 총서들[12]은 경전 형태의 원본에 대한 영인과

---

9   '올란찹(ula'an čab)'은 내몽골의 지명으로서 '붉은 언덕'이라는 의미를 가진다.
10 Сүхбаатар О., 『Монгол хэлний харь үгийн толь』, УБ., 1997, p.199, ХОРⅡ.
11 斯钦孟和, 『格斯尔全书 12卷本』, 内蒙古人民出版社, 2002-2018.
12 이성규, 앞의 논문, 2011.

현대 몽골어로의 전사, 상세한 주석과 원문에 대한 라틴문자 전사 등을 병행하여 특히 언어학적 연구에 도움이 되고 있다.

(4) 현대 간행물 및 번역서

이외에도 현대에 이르러 선행 연구자들의 채록 자료와 기존 문헌본을 편찬하여 간행한 자료들과 번역 자료들에 주목할 수 있다. 이 글에서는 다음의 저서들을 참조로 하여 몽골 게세르칸 서사시의 서사들을 살폈다.

〈게세르 신화〉의 현대 간행물 및 번역서

번호	제목	편자(역자)	간행년도	비고
1	게세르 Гэсэр	담딩수렝	1986년	키릴몽골어 북경판본, 놈치하탄본, 자야본
2	아르다이바타르 Ардай баатар Гэсэр	Manjeev T.	1989년	부리아트 몽골어 부리아트본
3	몽고천자	최남선	1939년	한국어 부리아트본
4	게세르칸	유원수 역	2007년	한국어 북경판본
5	바이칼의 게세르신화	양민종 역	2008년	한국어 부리아트본
6	부리아트 영문 번역시			영어 부리아트본

이 총서는 2018년 현재 총 12권이 간행되었다. ① arban jüg-ün ejen geser qa'an-u tu'uji orusiba, lüng fo se kyid-üngeser-ün tu'uji(2002), ② bu'da ejen geser qa'an(바아린 게세르 이야기)(2003), ③ ordos geser-ün tu'uji, usutu-yin joo-yin geser-ün tu'uji(2005), ④ qorb_a-yin ejen geser qa'an(바아린 게세르 이야기) (2007) 등.
斯欽孟和, 『格斯尓全书 12卷本』, 内蒙古人民出版社, 2002-2018.
『《格斯尓》影印本全套九函』, 内蒙古文化出版, 2017. (《格斯尓》 8종 주요 판본 : 北京木刻版《格斯尓》、喀喇沁《格斯尓》、乌苏图召本《格斯尓》、诺姆其哈顿《格斯尓》、隆福寺本《格斯尓》、扎雅《格斯尓》、鄂尔多斯《格斯尓》)

1986년에 간행된 담딩수렝의 〈게세르〉는 〈북경본〉, 〈놈치하탄본〉을 기본 텍스트로 하고 〈자야 게세르〉를 참조하여 누락된 부분을 보완하여 9장으로 구성한 것이다. 현대 몽골인이 이해할 수 있도록 키릴 몽골어 문자로 발간하였다. 다른 이본이 보완되거나 추가된 부분을 '[ ]' 표시로 구분함으로써 인용 자료로서의 가치를 충분히 살린 측면이 있다. 비록 소설화된 문헌본 게세르의 서사를 가지고 있지만 현재 몽골 게세르 서사의 대표성을 가지며 가장 대중적으로 알려진 몽골 게세르 서사라고 할 수 있다. 그 서사 내용을 정리하면, 아래와 같다.[13]

① 게세르의 탄생 및 어린 시절

세상이 혼란스러워지자 이를 조정하기 위해 석가모니의 명령으로 천신들의 회의에서 호르마스트 천신의 가운데(둘째) 아들인 '우일부텍치(업을 이루는 자)'를 인간에 환생시킨다. 그는 티베트의 링국의 셴롱이라는 왕족의 아들로 태어나 게세르라는 이름을 갖게 된다. 게세르는 링국의 황제이자 숙부인 초통으로부터 태어나기 전부터 그 부모가 핍박을 받았고 나중에 게세르는 숙부와 싸워 링국의 왕이 된다. 게세르는 미모가 출중한 록모 고아(알탄다긴)를 왕비로 맞이한다. 이후, 무사 아조 메르겡과 아를랑고아(투멘자르갈랑)를 아내로 삼는다. 일곱 명의 알빙(괴물)을 물리치고 나라를 안정시킨다.

② 집채(산)만한 검은 줄무늬 호랑이 괴물을 물리침

게세르는 30명의 용사와 함께 검은 줄무늬의 식인 호랑이 괴물을 물리치고 그 가죽으로 갑옷과 투구 보관함을 만든다.

③ (중국) 곤마황제의 나라를 안정시킴

중국의 곤마황제의 왕비가 사망했다. 황제는 심히 슬퍼하며 "서있는 사람은 선 채로 울고 앉아있는 사람은 앉은 채로 울어라" 하며 어명을 내렸다. 그 백성들은 매우 괴로워하였다.

---

13 Дамдинсүрэн Ц., 앞의 책, 1986, pp.4-7.

게세르 황제는 중국에 초청되어 가서 왕비를 매장하여 주고 곤마황제를 달래어서 나라를 안정시켰다. 곤마황제의 딸, 구네고아를 왕비로 삼고 고향으로 돌아온다.

④ 북방의 12개 머리를 가진 망가스를 물리침

게세르 황제가 앓기 시작한다. 초통과 록모 고아는 이때를 이용하여 아를랑고아 왕비를 난관에 빠트려 북방으로 쫓아버린다. 아를랑고아는 슬퍼하며 가다가 12개 머리를 가진 망가스의 부인이 된다. 아를랑고아 왕비는 투멘자르갈랑이라는 이름을 갖게 된다. 게세르 황제가 병석에서 일어나서 아를랑고아(투멘자르갈랑) 왕비를 찾아 망가스의 나라에 찾아간다. 게세르는 망가스를 물리치고 투멘자르갈랑 왕비와 함께 망가스의 나라에서 산다. 투멘자르갈랑 왕비는 게세르에게 박-이데(마법의 음식)을 먹여 고향에 관한 모든 것을 잊게 하여 9년 동안 행복하게 산다.

⑤ 샤라이골 전투

링국과 인접해 있는 샤라이골 나라에 차강게르트, 샤르게르트, 하르게르트라는 세 대왕이 살고 있었다. 차강게르트 대왕의 아들, 알탄게렐트 태자에게 어울리는 아름다운 왕비를 구하기 위해 제비와 앵무새, 공작새, 까마귀 등 새들을 여러 나라에 보내 아가씨를 조사해 오도록 한다. 티베트에 간 까마귀가 알려오기를, "티베트의 링국의 게세르 황제가 북쪽 망가스와 싸우기 위해 떠나서 그 나라에는 주인이 없습니다. 그의 왕비 중에 록모 고아라는 매우 아름다운 여자가 있습니다."라고 하였다. 샤라이골의 세 왕들은 록모 고아를 빼앗기 위해 전쟁을 했지만 성공하지 못하였다. 그런데 초통이 샤라이골의 세 왕과 싸우다가 잡혔다. 초통은 샤라이골의 세 왕에게 복속하고 그들과 계책을 꾸며 고향에 돌아왔다. 초통이 샤라이골의 군대를 무찌르고 왔다고 거짓말을 하자 게세르의 용사들은 해산하였다. 샤라이골의 세 대왕과 초통이 약속한대로 갑자기 공격하여 링국을 점령하고 록모 고아를 빼앗고 초통을 링국의 군주로 세웠다. 록모 고아는 이런 고난에 대해 하나하나 적어서 마법의 화살에 매달아 게세르에게 보냈다. 게세르는 기억을 되찾고는 아를랑고아 왕비를 데리고 고향에 돌아와서 초통을 벌주고 나라를 정비한다. 그리고는 게세르는 샤라이골의 차강게르트 왕에게 찾아가 올쯔워이라는 이름의 소년으로 변신해서 초임승고아 소녀와 사귀어서 그로부터 차강게르트 왕의 마법적 능력을 알아낸다. 그렇게 무찌른 뒤에 록모 고아 왕비를 데리고 고향에 돌아온다.

⑥ 승려로 변신해 침략해 온 망가스를 물리침

한 망가스(롭스가)가 승려로 변신하여 두 제자를 데리고 게세르의 나라에 온다. 록모 고아는 승려로부터 세례를 받으라고 게세르에게 말한다. 승려는 게세르에게 비술로 세례를 내려 주어 당나귀로 만들어버린다. 그리고는 그 망가스는 록모 고아와 당나귀를 데리고 자기 나라로 돌아간다. 세 달 동안 건초 한 포기, 물 한 방울도 당나귀에게 주지 않고 하루에 수천 자루의 곡물을 방아 찧게 하여 괴롭힌다. 게세르의 아조 메르겡 왕비가 망가스의 누나로 변신하여 당나귀를 빌린다. 호르마스트 천신에게 그 당나귀를 데리고 가서 아라샹오스(생명수, 약수)의 힘으로 게세르로 다시 되돌리게 한다. 게세르는 망가스를 물리치고 록모 고아 왕비를 데리고 고향으로 돌아온다.

⑦ 샤라이골 전투에서 사망한 용사들을 살려냄

게세르가 고향에 돌아와서 붕괴된 나라를 되살린다. 게세르 왕은 샤라이골 전투에서 전사한 용사들의 시체를 보고 슬피 운다. 게세르의 세 누나가 호르마스트 천신에게 찾아가 생명수를 구해 온다. 게세르는 그 생명수를 용사들의 뼈 위로 떨어뜨려 살아나게 한다. 모두 다시 만나 행복하게 즐긴다. 다만 차스치헤르는 천국에 환생했으므로 그 곳에 남게 한다.

⑧ 난돌람 대왕과 전투

게세르가 다스리는 다섯 속국의 사신이 그 곳을 난돌람 왕이 점령했다고 알려온다. 게세르가 난돌람 왕을 무찌른다. 이 때 게세르의 형 차스치헤르 용사가 하늘에서 내려와 도와준다.

⑨ 아브락상 대왕과 전투

먼 나라의 아브락상 대왕이 게세르의 나라를 침략하려 한다는 소식을 듣고 게세르 왕이 미리 손을 쓰기 위해 찾아간다. 게세르 왕은 허흐데이라는 소년으로 변신하여 아브락상 대왕의 궁전에 머문다. 허흐데이는 아브락상의 수양딸, 사이홀라이 고아와 친해져서 아브락상의 비술을 알아내고는 그 힘을 이용해 무찌른다. 마지막에 자신의 모습으로 되돌아와 아브락상 대왕을 물리치고 사이홀라이 고아를 왕비로 맞이한다. 새 왕비는 게세르에게 망각의 음식을 먹여 모든 것을 잊게 하여 오래도록 함께 행복하게 지낸다.

⑩ 처트거르(귀신) 굼보대왕과 전투

처트거르(귀신)의 왕 굼보왕이 게세르가 나라를 비웠다는 소식을 듣고 링국을 침략하려한다. 게세르의 용사들은 이에 대해 편지를 써서 마법의 불화살을 쏘아 보낸다. 게세르는 사이홀라이 왕비를 데리고 고향으로 와서 처트거르 왕, 굼보왕을 물리치고 그 나라를 점령한다.

⑪ 44개 몽골국 나친 황제와 전투

게세르 왕은 몽골의 나친 대왕을 다섯 차례 공격한다. 첫 공격에서는 알타이세쳉, 칭비쉬 렐트, 보이당, 게렐테이세쳉, 보디바아타르, 쉬드바아타르가 참전한다. 그들은 북방의 모래사 막에 침입하여 수만 마리의 말을 빼앗는다. 두 번째 공격에서는 바르스바아타르, 수부데이, 알타이바아타르, 알탄바아타르가 참전한다. 그들은 나친 대왕의 거대한 혼령의 거대 호랑이 괴물을 퇴치한다. 세 번째 공격에서는 아난드 바아타르, 반조르, 게렐테이, 달다이, 차강하르 착이 참전한다. 그들은 나친 대왕의 수위 부대를 물리치고 수많은 수마(악트 모리)를 약탈한다. 이렇게 세 차례에 걸친 전쟁에 참가한 용사들은 게세르의 왕비들이 제비뽑기를 하여 임명 하였다. 네 번째 공격에는 게세르의 두 왕비(아조 메르겡, 초임승고아)와 네 명의 며느리가 참전한다. 그들은 나친 대왕의 숙모와 신목神木 등을 없애고 나친 대왕의 양녀, 나이홀라이고 아를 약탈하여 온다. 나이홀라이고아는 게세르의 왕비가 되어서 나친 대왕을 죽일 비법에 대해 게세르에게 알려준다. 다섯 번째 공격에는 게세르가 직접 참전하여 나친 대왕을 죽이고 그 곳을 차지한다.

⑫ 지옥에 간 어머니 구출

게세르의 어머니, 아마르질이 죽어서 그 혼이 지옥에 태어난다. 게세르는 지옥에 가서 염라대왕(에를렉)을 쳐서 징벌하고 어머니의 혼을 천국으로 모셔 그곳에서 환생케 한다.

1989년 올란우데에서 산제예브에 의해 부리아트어로 간행된『아르다이 바타르 게세르』는 부리아트 게세르 신화를 축약적으로 소개한 게세르 서사이다. 하지만 부리아트 게세르의 전체적인 윤곽을 파악하는 데에 도움이 된다.

한편, 몽골 게세르의 번역자료로는 1939년『만선일보』에서 최남선이 소개한 최초의 한국어 번역본『몽고천자』[14]를 주요하게 꼽을 수 있겠다. 당대의 학자들에 의하여 이 이본이 후대형의 게세르 신화 자료로 평가되고 있기는 하지만 몽골의 게세르칸 신화가 한몽 신화 비교의 주요한 작품으로 인식되는 결정적인 계기가 되었다.

최근 국내에 한국어로 번역 소개된 북경판본 게세르(유원수 역, 2007)와 부리아트본 게세르(양민종 역, 2008)라는 두 가지 유형의 게세르칸 신화 번역서는 문헌본과 구비본으로 대별되는 몽골 게세르 서사의 전체적 윤곽을 파악하는 데에 매우 유용한 자료가 되어 주었다.

(5) 몽골 〈게세르〉와 티베트 〈게사르〉의 구분

이상에서 이 글의 비교연구 대상인 몽골 〈게세르칸 서사시〉의 여러 자료를 살펴보았다.

사실 게세르 신화는 그 전승 지역에 따라 크게 티베트(계) 게사르와 몽골(계) 게세르로 구분된다. 몽골 게세르와 티베트 게세르는 각각 그 전승 양식에 따라 다시 기록본 게세르와 구비본 게세르로 나뉜다. 담딩수렝의 논의를 중심으로 두 계열의 〈게세르칸

---

[14] 〈몽고천자(蒙古天子)〉, 관련자료로는,『육당최남선전집 10권』, 동방문화사, 2008, 315쪽.
  〈만선일보〉에 실린 〈몽고천자〉의 원자료는 1939년 12월부터의 신문을 대상으로 한 〈만선일보 영인본〉, 연세대 도서관 소장 〈만선일보 마이크로필름〉 등만 국내에 존재하며 그 이전 자료는 확인할 수는 없다.

서사시〉의 분류표를 제시하면 아래와 같다.[15]

몽골 〈게세르〉와 티베트 〈게사르〉의 분류

> **몽골계 게세르**
> [기록본] − 북경 木版本, 북경 隆福寺 竹板 抄本, 오르도스 竹板 抄本, 놈치 하탄本,
> 　　　　　오이라트 토뜨문자本, 몽골문 링 게세르, 자야本, 오스트 조 竹板 抄本, 잠차라노本, 기타
> 　　　　　단행본
> [구비본] − 부리아트 게세르 구비본, 파찌의 게세르 창본, 청해 오르도스 게세르,
> 　　　　　신장 오이라트 게세르, 바린 게세르, 기타 구비본
>
> **티베트계 게세르**
> [기록본] − 티베트어 필사본 А 게세르, 티베트어 필사본 Б 게세르, 티베트어 필사본 В 게세르,
> 　　　　　티베트어 필사본 ПБ 게세르
> [구비본] − 동티베트 게세르, 서티베트 게세르

　티베트 게사르와 몽골 게세르의 영향관계에 대해서는 여러 학자들에 의하여 논의가 되었다. 지금까지는 티베트 게사르가 몽골 게세르에 선행하며 몽골 게세르는 그 형성 과정에서 티베트 게사르의 영향을 받았다는 티베트 기원설이 우세한 편이다.[16]

　그러나 최근 대부분의 게세르 학자들은 몽골 게세르의 독자성에 주목하고 있으며 특히 구비본의 신화성, 몽골 민속과의 긴밀한 관련, 몽골 영웅서사시의 오랜 전통 등을 내세워 몽골족의 대표 문학으로서의 가치를 인정하고 있다.[17]

15　Дамдинсүрэн Ц., 『Гэсэрийн туужийн гурван шинж』, Өвөр монголын ардын хэвлэлийн хороо, 1957.
16　巴・蘇和, 앞의 논문, 2002.
　"몽골족이 집거하는 지역에 널리 전해진 《게세르칸》과 티베트족이 집거하는 지역에 널리 전해진 《게사르(格薩爾)칸》은 유명한 장편 영웅서사시이다. 이 서사시들은 몽골과 티베트 두 민족에 걸쳐 있으며 민족을 초월하는 특성을 가지고 있다. 현재 몽골과 티베트의 《게세르》의 상관관계에 대하여 국제 학계에서는 몽골 《게세르》는 티베트 《게세르(格薩爾)칸》에서 유래된 것이라는 인식이 일반적이다."
17　白歌樂, 徐國瓊, 巴・蘇和 등의 연구가 대표적이다.

몽골 게세르칸 서사와의 비교를 위하여 먼저 티베트 게사르의 서사를 요약하여 소개하면 다음과 같다.[18]

① 〈天嶺卜筮〉 천상의 衆神會議에서 천신의 아들을 인간에 파견하여 포학을 제거하고 백성을 구제하도록 결정하고 신의 아들을 출산할 생모를 찾는다. 蓮花大師가 龍의 병을 치료하고 세 째 용녀를 취해 가부 수령에게 주어 처를 삼게 했는데 이 용녀가 바로 영웅 格薩爾의 생모가 된다.

② 〈영웅탄생〉 가부가 영국 총관 王紱擦義根의 아들을 죽이자 嶺國에서는 원수를 갚기 위해 군사를 일으킨다. 가부 수령은 도주하고 용녀는 포로가 되어 嶺國 僧倫에게 개가하여 格薩爾를 낳는다.

③ 〈十三逸事〉 승륜의 아우 超同이 권력을 탈취하고 格薩爾의 모자에게 온갖 박해를 가한다. 格薩爾은 숙부의 박해에 대한 대책을 강구하려고 모친과 함께 黃河川으로 피해서 산다.

④ 〈賽馬稱王〉 格薩爾은 고통과 박해 속에서 장성하여 전부락 경마대회에서 일등을 하고 부락 규정에 따라 嶺國 국왕이 주선하여 부락의 제일 미녀인 珠牡를 아내로 삼는다.

⑤ 〈降服魔國〉 북방의 마왕이 쳐들어와 格薩爾의 차비 梅薩과 백성을 살해하고 남녀 아동을 먹어버린다. 格薩爾는 魔國으로 가서 마왕 魯贊을 소멸한다.

⑥ 〈곽岑大戰〉

    – 〈곽爾入侵〉: 곽이국왕 진이 格薩爾가 북방 魔國 정벌에서 돌아오기 전에 嶺國을 침략하므로 嶺國 영웅이 분기하여 저항했으나 超同의 배반으로 실패한다. 왕비 珠牡와 백성, 그리고 국가의 재물과 보배를 곽이가 약탈해 간다.

    – 〈降服곽爾〉: 格薩爾는 魔國에서 이 소식을 듣고 嶺國으로 돌아와 반적 超同을 정벌하고 곽이로 가서 그 국왕을 잡아 죽이고 처자 珠牡를 구출하여 돌아온다.

---

18 서대석, 앞의 논문, 1994, 24-25쪽 재인용. 中央民族學院 少數民族 文藝研究所編, 「英雄史詩〈格薩爾王傳〉」, 『中國民族民間文學 下』, 北京: 中央民族學院出版社, 1987, 778-784頁.
서대석은 전승지역과 전승자에 따라서 게세르의 내용에 차이가 많으나 대체로 60부로 짜인 장편 서사시로서 이 중에 주요하다고 생각되는 15부 정도의 내용을 약술한 것이라고 소개하였다.

⑦ 〈嶺國與姜國〉 강국이 쳐들어와 嶺國의 鹽海를 빼앗는다. 格薩爾는 군사를 일으켜 반격하여 강국태자에게 항복받는다. 뒤에 格薩爾는 한 마리 물고기로 변해서 진살단왕이 바다에서 목욕하고 물 마실 때 그의 뱃속으로 들어가 千輻의 바퀴로 변해 항복을 받는다.

⑧ 〈嶺與門城〉 종전에 문국에서 嶺國의 재물을 약탈하고 嶺國 영웅을 죽인 일이 있었다. 格薩爾는 옛날의 원수를 갚기 위해 군사를 거느리고 門國을 정복한다.

⑨ 〈大食牛國〉 超同이 大食國의 소를 훔쳤다. 그래서 두 나라가 군사를 일으켜 싸웠는데 대식국의 諾爾王이 패전하여 도주하다가 格薩爾의 추격을 받고 항복하였다. 이를 〈大食財國〉으로 번역하기도 한다.

⑩ 〈카게왕국〉 카게의 赤丹王이 尼泊爾를 정복했다. 곽이카등 적은 나라 제후가 오만해져서 군사를 거느리고 嶺國을 공격한다. 格薩爾는 침략군을 반격하여 카게국으로 쳐들어가 적단왕을 죽이고 옥고를 열어 보옥과 재물을 백성에게 나누어 준다.

⑪ 〈響雄珍珠國〉 超同이 響雄상인의 화물과 재보를 겁탈하자 響雄王이 사람을 보내어 超同의 우양과 재보를 탈취해갔다. 그래서 두 나라는 군사를 이끌고 전쟁을 하게 되었는데 최후에 格薩爾가 진주성을 공격하여 깨치고 神箭으로 響雄王을 쏘아 죽인다.

⑫ 〈朱古兵器國〉 朱古 托郭王이 군사를 일으켜 서장을 침입하여 아리를 쳐서 함락시키고 달극과 후장을 납치한다. 格薩爾은 속국인 곽이, 강국, 문국, 響雄 및 嶺國 본부 등 각 부락 군병과 장수를 조발하여 주고를 맞아 싸워 대전을 몇 차례 치른 뒤 최후로 각로의 대군을 거느리고 주고를 항복시키고 武器 寶庫를 열고 佛敎를 세운다.

⑬ 〈松嶺大戰〉 格薩爾은 군사를 거느리고 松巴國王 甲瑪堅參과 싸워 승리하고 송파국의 소를 탈취한다.

⑭ 〈蒙古瑪國〉

　－〈상몽고마국〉 상몽고마국 왕자와 대신이 국왕의 충고를 듣지 않고 무리하게 嶺國을 향해 전단을 일으킨다. 格薩爾이 군사를 거느려 토벌하자 왕자는 전사하고 국왕은 투항한다.

　－〈하몽고기玉國〉 格薩爾이 상몽고를 정복한 이후 세력을 떨쳐 하몽고 기옥국을 쳐 떨어뜨리고 영웅이 즐기는 기甲城과 여자가 좋아하는 碧玉城을 공격하여 함락시킨다.

⑤ 〈珊瑚聚國〉 종전에 超同이 산호국 촌장을 습격하였다. 그 이후 산호국이 嶺國을 쳐서 초존, 승륨 등을 잡아갔다. 이 때문에 嶺國이 발병하여 산호국으로 진공하였는데 도중 아자부락에서 막히어 삼년간 교전하다가 經藏王과 화해하고 전진하여 산호왕을 죽이고 寶庫를 열어 백성에게 나누어 주었다.

일반적으로 〈게세르〉 이야기는 동북아 지역의 대표적인 영웅서사시로서 중국에서는 '사시史詩'로 일컬어지고 있다. '사시'란 각 민족들의 형성기에 민족 형성 과정과 관련된 이야기가 장편의 운문형태로 구전에 의해 창작되어진 것을 의미하며, 그 안에는 민족의 영웅이 등장하고, 고대 신화전설 및 민족 형성 과정의 수많은 고난 극복 과정이 장엄하게 전개되는 특징을 가지는 장르로 파악되고 있다.[19] 그러나 위의 서사에서 짐작할 수 있듯이 〈링嶺게세르〉를 비롯하여 우리에게 알려진 티베트 게사르는 신화라기보다는 '남타르傳記'라는 장르로 취급되며 불교 문화의 영향이 더욱 뚜렷하고 심지어 불경의 일부 문체도 수용한 변모된 형태의, 기본적으로 서사시와는 다른 장르의 게세르로 평가되고 있다.[20]

또한 판본의 시기에 있어서도 가장 이른 시기의 판본으로 세상에 알려진 게세르는 티베트 게사르가 아니라 1716년 북경본 몽골 게세르이다. 그 내용에 있어서도 부리아트 몽골의 게세르칸 서사시와 같이 구비본 몽골 게세르칸 서사시에는 이미 몽골의 신화적 전통이 풍부하게 투영되어 몽골 민간에 토착화되었다. 따라서 지금까지 발견된 게세르 판본의 선후 문제나 그 장르와 내용 상의 특징을 따져 보았을 때, 티베트 게사

---

19 田寶玉, 「티베트 서사시 〈게사르〉에 대한 중국의 연구 동향」, 『중국어문학논집 51』, 재인용; 吳蓉章, 『民間文學理論基礎』, 사천대학출판사, 1988, 140-158쪽.
    전보옥은 '사시(史詩)'란 신화시대를 살았던 인류의 산물이며, 그 안에 유년기 인류의 시각으로 해석한 세상을 담고 있다. 지구상의 많은 민족들이 자기 민족 형성기에 창작된 장엄한 사시를 가지고 있으며, 그러한 사시 가운데 고대 희랍의 오디세이나 일리아드, 고대 인도의 라마야나, 마하바라타 등은 그 방대한 이야기 구조와 긴 편폭으로 널리 알려져 있으며, 인류 모두의 소중한 문화유산으로 그 가치를 인정받고 있다고 보았다.
20 巴·布林貝赫, 부리아트(布里亞特) 〈게세르〉의 심미적 특징을 논함.

르가 몽골 게세르보다 앞서는 것이라고 섣불리 단정할 수 있는 문제는 아닌 것 같다.

2) 〈게세르칸 서사시〉의 전승 양상

(1) 연행 양상

몽골 〈게세르칸 서사시〉의 구연은 구연 행위 자체가 제의성祭儀性을 가지며 매우 신성하게 시작된다. 게세르치라는 전문 창자에 의해 주로 마두금, 사호 등 호금胡琴이라는 악기 연주와 함께 운문의 형태로 '하일라흐'라는 낭송조로 경건하게 노래된다. 흡사 한국의 굿거리의 구성처럼 본격적인 본풀이가 이야기되기 전에 여러 과정의 제의적인 사설들이 선행된다.

> 천공에 계신 신들 전이라네
> 여러 개의 불등佛燈에 불을 붙여
> 아바이 게세르 복드님의
> 십삼세계를 말한다네
> 아-오-두웅-성주聖主님!
> 아-오-두웅-성주聖主님!
> …
> 궤짝을 뒤지게 되었다네
> 열세 개 화살촉을 꺼내어
> 시방의 게세르 복드님의
> 십삼세계를 말하게 되었다네
> 아-오-두웅-성주聖主님!
> 아-오-두웅-성주聖主님!
> …21

여기에는 천신들에 대한 언급이 간단히 거론되고 있지만 중심내용은 시방세계를 다스리는 게세르칸을 성주신聖主神으로 모시는 제문祭文이라고 할 수 있다. 인간세계의 주신主神으로서 게세르와 그 이야기를 신봉하는 제문의 흔적은 실제 구연되는 상황이 아닌 기록본으로 전해지는 상황에서도 발견할 수 있다. 대표적인 예로 북경판본 게세르의 경우는 "시방세계의 지배자 게세르 카간의 이야기가 들어 있다(Арван зүгийн Гэсэр хааны тууж оршив 十方圣主格斯尔传)"라는 제목을 통하여 제문을 대신하고 있다. 이 제문에는 게세르가 지상세계의 신임을 명시하고 있다. 시방세계 혹은 13세계, 23세계 등 인간세계를 관장하는 신격으로 모시면서 가죽부대나 궤짝 안에 있는 화살촉을 꺼내듯이 영험한 능력이 있는 게세르 이야기들을 구연하여도 되는지 신의 허락을 조심스럽게 구하는 대목이다. 이처럼 게세르칸 서사시의 신화적 서사 하나하나 풀어나가는 과정을 비밀의 상자, 보물의 상자 안에서 여러 개의 화살을 꺼낸다는 비유적 표현은 게세르 서사시의 관용적인 표현으로 보인다.

화살과 화살촉으로 비유된 게세르 서사는 인간세상에서 가장 용맹한 영웅의 이야기를 상징하며 활로써 호금胡琴을 연주하며 영웅 게세르를 노래하는 행위 자체가 인간세계의 적을 퇴치하는 행위를 의미한다고 믿고 있다. 이는 게세르 서사시가 가지는 신령함, 영험성을 시사하고 있으며 신화 그 자체만으로도 신이한 힘을 가지고 있다는 신념을 나타내는 것이다.

이는 지역마다 그 길이나 비중의 차이는 보이지만 본격적인 서사시 구연에서 반드시 행해지는 절차이며 이는 〈게세르 서사시〉 뿐만 아니라 다른 몽골의 영웅서사시를 노래할 때에도 먼저 치러야 하는 엄격한 제의에 해당된다. 실제 내몽골의 바린우기巴林右旗 답사를 통하여 게세르치 짐바잠츠가 게세르칸 서사시를 낭송하기 전에 '게세르 에젱-

21 Огторгойн бурхадай урдан аалами/Олон зула шатаалгаатай аалами,/Абай Гэсэр Богдойн аалами/Арбан гурбан дайен хэлэхэ аалами./А-у-дуун-зээн!/А-у-дуун-зээн!//...//Абдараа уудалха болобо аалами/ Арбан зэбээ гаргаха болобо аалами,/Арбан Гэсэр Богдо хаанай аалами/ Арбан гурбан дайен хэлэхэ болобо аалами/А-у-дуун-зээн!/А-у-дуун-зээн!
    С.П.Балдаев, 『Абай Гэсэр Богдо хаан－Буряадай морин ульгэр』, 1995, p.17.

보그드鄂主'에 대한 찬가(막타알)를 '홀버'의 형식으로 경건하게 낭송하는 것을 확인할 수 있었다.[22] '홀버'는 벤승울게르(설창)에서 본격적인 설창을 하기 전에 한국의 판소리 단가처럼 목청을 가다듬는 기능을 담당하기도 한다. 하지만 게세르칸 서사시에서의 홀버(압운시)는 두운, 요운, 각운에 맞춰 신화 속 게세르칸의 업적에 대한 찬가를 통하여 서사시 연창을 엄숙하게 준비하는 환기적 역할을 한다.

(2) 게세르 신화의 신격화 양상

게세르 신화의 마지막 부분에서 하늘의 신이었던 게세르는 놀롬 평원, 하탄강, 시방세계, 섬부주, 지상세계, 인간세계의 왕이 되기 위하여 하늘에서 내려와 인간 세상의 모든 악을 근절시키고 인간 세상에서 인간의 신으로 좌정하게 된다.

> 아바이 게세르는 하탄땅에 모여 있는 백성들에게 큰 소리로 외쳤다. "나는 하늘나라로 돌아가지 않고 지상세계에서 영원히 살 생각입니다. 평화와 행복이 복원된 조화로운 이 땅을 지키며 여러분과 운명을 같이하겠습니다."[23]

> 시방세계의 열 가지 해악을 근절시킨 자비롭고 거룩하며 어지신 게세르 카칸이 모든 적을 평정하고 모든 중생을 행복하게 한.(일곱 번째 권)[24]

게세르 신화를 통해본 게세르칸은 인간을 위해 인간으로 태어나 인간의 행복을 위해 악의 세력과 싸워 이긴 인간의 영웅이라는 것이다. 시대적 전승상황에 따라 신격에는 다소 변화가 있어 왔지만 게세르 신화는 철저하게 민중과 함께 숨 쉬는 인본주의 신화이며 인간중심의 면모는 영웅신화가 가지는 주요 특징이라 할 수 있다.

---

[22] 2008년 4월 12일, 짐바잠츠 녹음1.
[23] С.П.Балдаев, 앞의 책, 1995, p.415.
[24] Ц.Дамдинсүрэн, 앞의 책, 1986, p.443.

몽골 영웅신화의 인간 중심주의는 기존 신격의 노여움을 사기도 한다. 게세르 뿐만 아니라 몽골 알타이 지역에서 성행하는 영웅서사시의 경우에서도 이런 모습을 쉽게 확인할 수 있다. 서몽골의 〈항하랑호이〉 영웅서사시의 사례를 보면 서사시 구연과 금기가 동반되는 엄숙한 절차가 선행된다. 이는 영웅 항하랑호이가 세상에 태어날 때 하늘과 땅 사이를 가르고 태어난 존재이기 때문에 그 서사시를 함부로 연창하면 하늘이 노하게 된다고 한다. 특히 한여름에 부르다가 하늘의 무기인 천둥과 번개에 갑자기 당할 수 있다고 한다. 몽골 영웅신화에 등장하는 영웅신은 기본적으로 지상의 신격들과 대적하고 때로는 천상의 신격과 경쟁(혼사경쟁 등)하기도 하기 때문에 신들의 시기를 받는다.

이처럼 몽골의 영웅신화는 기존의 신화와는 다르게 기존의 신격은 잠시 제쳐두고 인간을 위하여 신을 대신하여 지상에 온 영웅신을 노래하는 신화로서 신에 대한 추앙보다는 인간 자신의 행복을 염원하는 것이니만큼 기존 신격들에 대한 의례가 선행되는 절차가 필요하게 된다.

서몽골 오리앙하이의 서사시 첫 부분이나 서사시를 구연하기 전에 반드시 알타이 산에 대한 장문의 막타알(찬가)을 불러야 한다. 이는 일종의 산신제 성격의 제의이자 제사 祝辭라고 할 수 있다. 따라서 알타이 산에 대한 막타알이 노래되는 동안에는 창자나 관중은 정해진 엄격한 금기를 지켜야한다. 창자의 경우에는 노래 도중에 자기 모자를 벗으면 안된다거나 좌석을 움직거리면 안된다. 노래 중간 중간에 막힘이 있어서도 안된다. 관중도 이때는 잡음을 내어서는 안된다. 알타이에 대한 막타알이 불리는 시간은 자신들에게 풍요를 가져다 줄 알타이의 산신, '알리아홍고르'가 초청되는 과정이기도 하다. 그래서 산신, 알리아홍고르를 맞이하기 위해 집 안팎으로 상을 차려 최고의 음식을 준비하고, 차찰[25]을 뿌려 주변을 신성한 공간으로 정화시키는 의식을 행한다.[26]

게세르 서사시 역시 아무 때나 함부로 불려서는 안된다는 인식을 내몽골의 게세르치 (게세르 서사시 전문 연창자)들을 통해서 확인할 수 있었다. 바롱바린(바린우기)의 유명한

---

25   아홉 홈의 나무주걱 : 여기에 우유를 담아 뿌린다.
26   이선아, 앞의 논문, 2004, 21쪽.

게세르치 짐바잠츠는 게세르 구연을 위해 미리 이른 새벽에 일어나 향불을 피우고 부엌 아궁이까지 깨끗이 정화하는 의식을 치르고 나서 게세르칸 서사시를 듣고자 찾아온 우리를 정중하게 맞이하였다.

내몽골 자치구 허흐호트시의 게세르치 롭산은 게세르 서사시를 함부로 불러 부정을 타서 큰 병을 두 번이나 앓았다며 우리 앞에서의 서사시 구연을 매우 조심스러워 하였다.[27]

이러한 사례들은 아직까지도 몽골 영웅신화에 살아있는 신화성을 단적으로 보여주는 것들이다. 영웅신화가 화석화 되고 단순한 이야깃거리로 전락해버린 옛날이야기가 아니라 신과 인간의 소통 장면을 확인할 수 있는 대목이다. 특히 부리아트 게세르 채록본에는 앞부분에 반드시 신에 대한 제문과 함께 신으로부터 게세르 서사시를 부르겠다는 허락을 구하는 내용이 엄숙하게 불리고 있음을 알 수 있다. 오늘날의 게세르치 역시 게세르 신화가 실질적으로 신과 인간이 만나는 이야기임을 분명히 인식하고 있는 것으로 보인다.[28]

게세르칸 서사시는 크게 세 가지 층위에서 신봉되고 있다. 첫째는 게세르칸 신격에 대한 신앙이고 둘째는 게세르 서사시 연행에 대한 신앙, 셋째는 게세르칸 서사가 기록된 글(기록물)에 대한 신앙이다.

우선 게세르칸에 대한 신앙은 게세르칸 형상에 대한 신앙에서 그 논의를 출발할 수 있다. 게세르에 대한 형상 묘사는 거의 비슷하다. 몸에서는 흰빛을 발하고 머리에는 거대한 보석투구를 쓰고 투구에는 날짐승의 대왕 가루다가 붙어 있으며 머리는 해와 달로 장식되어 있다. 몸엔 채색된 쇠 갑옷을 걸치고 거대한 보석으로 장식된 허리띠를 찬다. 오른손으로 붉은 깃발이 달린 창을 휘두르고 왼손으로 황금 고삐를 붙잡고 갑옷을 입힌 말에 오른쪽엔 호랑이 가죽으로 만든 화살통과 왼쪽엔 표범 가죽으로 만든 활집을 메고 있다. 전형적인 군웅신의 모습으로 하이시히는 라마교 신격인 쿠베라毘沙門天

---

27 2008년 4월, 내몽고 답사 허흐호트 롭산 인터뷰1 중.
28 청중 역시 그러하다. 이는 현지조사과정에서 연구자들이 가장 유의해야 하는 부분이다.

게세르 사원의 옛 모습(몽골 이흐후레)

현재의 게세르 사원(몽골 올란바타르)

내몽골 지역의 게세르 사당(중국 내몽골 바린우기, 2018)

나 페하르와 유사하고 로카팔라(사천왕), 잘라(다이승텡게르), 술데 텡게르의 모습과 흡사하다고 보기도 하였다.[29]

게세르와 여타의 군웅신과의 관련성에 대한 논의는 게세르와 관제와의 동일시에서 그 정점을 찍는다. 이러한 현상은 18세기 라마교와 중국의 신앙 및 여러 사상을 융합시키고자 한 청의 종교 정책과 함께 부각되었는데 관제 숭배는 이미 명나라 신종(1572-1620) 때부터 확산[30]되기 시작하여 중원을 지배한 만주족 역시 관제를 전쟁의 신으로 받아들이게 되었다. 1647년『삼국지연의』가 만주어로 활자화되어 보급된 것이 계기가 되어 만주, 몽골, 티베트 지역에 이르기까지 관제 신앙이 보급되기 시작하였다.[31] 18세기 말에서 19세기말까지 가경(1796-1820)에서 도광(1820-1850) 시기 만주 지역 각지에 정책적으로 다수의 관제 사당이 건립되어 나라의 수호신, 전쟁의 신으로 청나라의 병사나 관리들에 의해 신봉되었다.[32] 관제는 감숙, 몽골, 신장, 티베트 등지 라마교의 만신전에 수용되기도 하고 참링(쿠베라, 바이스라바나)과 같이 취급되기도 하였으며 이는 다시 게세르칸과 동일시되기도 하였다. 관제와 게세르 융합 양상은 라마불교 사원을 중심으로 정책적으로 건립된 게세르 사당과 관제 사당의 혼재 양상을 통해서 더욱 뚜렷하게 나타난다. 가경 12년(1807)의 한 점복 편람에 도처에 건립된 관제(혹은 다이슨텡게르) 사당과 옹화궁에 건립된 신당에 하늘의 전조를 기원하는 관습이 광범위하게 유포되었음을 소개하고 있는데

---

29 발터 하이시히, 이평래 譯,『몽골의 종교』, 소나무, 2003, 187-188쪽.
    하이시히는 게세르칸 숭배의 기원은 16세기 말에서 17세기 사이에 티베트판 게세르칸 서사시가 몽골 사람들에게 전해지면서 라고 추정하기도 하고 불 기도문, 기름 바르기 축문 등 몽골 무가에 등장하는 여러 텡게르 만신전에 게세르가 후대에 편입된 것으로 보기도 하였다. 1716년 게세르칸 북경판본 간행 역시 이미 몽골 민중에 보급된 게세르 서사시를 청의 강희제가 몽골에 대한 우호정책의 표시로 몽골어 게세르칸전을 출간하도록 했다는 것이다. 하지만 이는 게세르 신화가 소설화된 문헌본에 한정한 언급으로 게세르 서사시에 담긴 신화성에 대한 연원 문제에 대해서 다른 관점으로 고찰할 필요가 있다.
30 한국에서는 〈적벽가〉와 같은 판소리 문학을 통해 '관우'는 이름 없는 군사들의 아픔까지 달래주는 민중의 영웅으로 모셔지게 된다. 김기형, 「적벽가의 역사적 전개와 작품세계」, 고려대 박사논문, 1993.
31 『삼국지연의』의 만주어 활자화를 계기로 북경 황궁의 최고위 라마승 '창캬 쿠툭투 롤패 도르제'는 관노애(관우)를 위한 제문을 지었고 이 기도문은 티베트어, 만주어, 몽골어 등 여러 가지 판본으로 널리 보급되기도 하였다. 발터 하이시히, 이평래 譯,『몽골의 종교』, 소나무, 2003, 188-193쪽.
32 당시 관제 사당은 감숙, 몽골, 신강, 티베트 등지에 국가 보조로 65개가 설립되었다고 한다. 발터 하이시히, 이평래 譯, 위의 책.

내몽골 후레 지역 사원의 관제 사당

당시 옹화궁과 같은 라마불교 사원에는 별도로 게세르 사당과 같이 대중 포섭의 수단으로 토착 군웅신을 모시는 사당의 건립이 일반화되었음을 알 수 있다. 북경과 내몽골 등 중국 영토 내의 게세르 사당은 거의 관제 사당으로 변모되었지만 몽골국의 대표적인 불교 사원인 간단사 근처에는 게세르 사원이 아직도 남아 있다.[33]

---

[33] 1918-1920년, 몽골 올란바타르 칭겔테이 두렉에 세워진 사원으로 관제묘와 게세르 사당이 일체화된 형태의 사원이다. 1966년 미술가였던 단잔 스님이 관제의 형상을 게세르의 형상으로 바꾸었다. 게세르 토오즈의 내용에 따라 말을 탄 용사들과 차스치헤르, 록모 고아 상을 조형하여 모셔두었다. 올란바타르 최대 사원인 간단사의 옆에 있는 이 게세르 숨(사원)을 찾았을 당시에도 신도들의 발이 끊이지 않고 문전성시를 이루고 있었다. 여러 라마승려들이 각각 몇 그룹의 신도들과 가까이 앉아 금강저 같은 것을 흔들며 염불을 외기도 하고 점복을 하여 주고 있었다. 하지만 그곳의 신도들은 게세르 사원의 명칭과 영웅신 게세르칸의 관련성에 대해서는 잘 인지하지 못하는 것 같았다.

게세르칸 서사시에 나오는 게세르칸에 대한 신봉은 역사 기록상 청대를 전후로 확인이 가능하지만 그 신화적 맥락을 통해 보았을 때 몽골인들의 원형적 신화 인식 저변에는 아주 오래전부터 게세르칸과 같은 영웅신에 대한 추앙과 애정이 늘 함께 하고 있다고 할 수 있다. 청대의 몽골인들은 청나라의 국신과 군웅신을 모신 사당에 있는 관제상을 그들이 애호하는 영웅 게세르칸의 상징적인 형상으로 간주하기도 하였고 동몽골 지역 무가를 통하여 관제와 게세르가 융합된 '게세르 라오에老爺 보르항'을 노래하기도 하였다.[34]

천상의 신에서 영웅의 신, 후대 종교의 신격으로 끊임없이 변화를 가져왔던 게세르는 몽골 민간의 영웅서사시의 신화적 본질에 있어서는 청대 제국주의적 융합정책에 깊은 영향을 받지는 않았던 것 같다. 게세르칸 신화에서의 게세르의 신격은 실제 신앙의 현장에서는 당대 문화의 유력한 영웅신격과 교류하면서 유연하게 변모해 가는 양상을 보이면서도 초기의 군웅신에서 역병을 물리치는 치병의 신, 가축을 건강하게 번식시키는 재물의 신 등으로 민중들이 갈구하는 신격으로서의 기능을 담당하여 왔다.

게세르칸 서사시의 신화성은 게세르라는 영웅신격에 대한 숭배뿐만 아니라 서사시 연행 행위 자체로도 그 신통력을 인정받았다. 게세르 서사시를 연창하는 게세르치가 지금까지도 단순한 예능인이 아니라 종교적 사제로서의 위엄을 가지된 배경에는 이러한 서사시 자체에 대한 민간의 신앙이 강하게 깔려 있다.

하이시히의 기록에 의하면 실제 몽골의 민간에서는 질병이 들고 절박한 위험이 닥치거나 혹은 가축이 병에 걸리면 라마승들을 초청하여 서사시 일부를 암송하게 했다고 한다.[35] 게세르 신화의 치병 기능 등은 주로 전문 승려들의 역할과 긴밀한 관련을 맺으며 이는 초창기 게세르치의 사제적 면모를 가늠하게 하는 중요한 사례가 된다. 근대 게세르치의 등장 배경에도 주술, 점복의 성향이 강한 라마승려와 연관되어 있다. 게세르치

---

[34] 이러한 현상은 특히 동몽골, 내몽골 쿠리에 호쇼 등지를 중심으로 두드러졌으며 1930년대까지도 그 숭배 풍속이 소개되고 있다. 1945년까지 일부 부유한 몽골인들의 농장에는 말을 탄 영웅의 목상이 안치된 게세르 칸을 위한 별도의 사당이 존재하기도 하였다고 한다. 발터 하이시히, 앞의 책, 2003, 195쪽.
[35] 발터 하이시히, 위의 책, 195쪽.

자신의 출신이 과거에 라마승이었다거나 게세르 서사시를 전수해준 스승이 라마승이었다는 식이다. 이는 유독 토속 신앙과 습합력이 강한 라마불교의 특징 때문에 가능한 것으로 보여지며 토착성이 강한 라마불교의 만신전의 신앙은 다시 민간의 토속신앙으로 회귀되어 지속적으로 신봉되는 생명력을 보인다.

게세르 신화는 서사시 연행뿐만 아니라 서사시가 기록된 문헌 역시 매우 귀중하게 모셔진다. 하이시히가 1943년 쿠리에 호쇼에서 몽골 유목민에게서 몇 가지 게세르 필사본을 빌린 적이 있었는데 얼마 지나지 않아 그 주인이 찾아와 자료를 빌려준 탓에 가축들이 병이 들었다며 병든 가축을 치료하기 위하여 그 필사본을 돌려달라고 하였다고 한다.[36]

이처럼 신앙물으로서의 종교적 의미가 강하던 게세르칸 신화는 현대에 이르러 두 가지 층위에서 중요하게 인식되고 있다. 우선 이 신화는 여전히 민간에서 종교적으로 신앙되고 있다는 것이고 다른 한편으로는 이 신화가 여러 지역의 몽골족을 아우르는 전통문화유산으로서 의의가 있다는 관점이다. 게세르칸 신화는 몽골족의 입장에서는 범민족의 의식을 고취시키는 정신적 소산이면서 소수민족 정책에 민감한 중국과 러시아의 입장에서는 소수민족에 대한 포용력을 과시하는 수단으로 활용되기도 한다.[37]

이처럼 몽골의 게세르 신화는 인간을 위하여 기존의 신격과는 대치되는 영웅신의 서사시이며 오랜 시기동안 적대적인 종교와도 외면적으로 타협하는 특유의 유연성으로 민중의 신격으로 끊임없이 그 생명력을 유지하고 있다. 오늘날의 게세르 신화는 범 몽골족의 민족의식과 중국, 러시아 등의 강대국의 포용논리 사이에서 그 생존전략을 모색하고 있다.

---

36 발터 하이시히, 위의 책, 195-196쪽.
37 러시아연방의 부리야트 몽골에서는 최근 게세르 1000주년 행사를 개최하는 등 대대적인 문화행사를 거행함으로써 게세르 신화를 몽골민족의 대표적 문화유산임을 표방하며 그 중요성을 강조하였다.
Б.С. Дугаров, 『Бурятская Гэсэриада : традиция и современность』.

2. 〈단군신화〉의 자료 검토와 전승 양상

1) 〈단군신화〉의 자료 개관

(1) 〈단군신화〉 문헌 자료

〈단군신화〉를 중심으로 한 한국 지료는 주로 문헌 자료 위주로 소개가 되어 왔다. 그것도 주로 『삼국유사』를 중심으로 『제왕운기』 등 몇몇 주요 문헌본에 주목하여 연구되는 경향이었다. 단군신화의 연구에 대한 관심과 중요성에 비하여 단군신화의 자료를 종합적으로 살펴볼 수 있는 여건이 아직은 충분하지 않은 것 같다. 다행히, 서영대[38], 이지영[39] 등에 의해 문헌 자료를 중심으로 단군 신화의 주요 자료가 소개되고 있다. 추후 단군신화 자료 일반에 대하여 현대인 혹은 외국인이 쉽게 접근할 수 있도록 한글 해석과 충실한 주해가 덧붙여진 단군신화 종합 주석본의 간행을 기대해 본다.

하지만 단군신화의 연구에 있어서는 비교문학의 연구가 발전되면서 최근 단군신화에 대한 새로운 접근과 해석을 위하여 훨씬 다양한 자료들을 활용하는 추세이다. 이글에서도 우선 단군신화와 관련하여 문헌자료를 최대한 살펴보고 문헌자료뿐만 아니라 단군신화의 신화적 성격을 재구하는 데에 충분한 의의가 있는 관련 구비설화 자료들까지 적극 활용하고자 한다. 먼저 본 글에서 분석대상으로 삼은 자료 중 단군신화의 주요 문헌자료를 표로 정리하면 아래와 같다.

---

[38] 서영대, 「檀君關係 文獻資料 研究」, 『檀君; 그 理解와 資料』, 서울대학교 출판부, 1994.
[39] 이지영, 『한국 건국신화의 실상과 이해』, 월인, 2000.

단군신화의 주요 문헌자료

	문헌자료	편찬시기	편찬자
1	삼국유사 권1, 고조선 三國遺事_ 권1, 高句麗조 所引_ 壇君記_ 三國遺事_ 권1, 王曆	1281년(충렬왕 7)경	일연
2	제왕운기 권하	1287년(고려 충렬 13)	이승휴
3	세종실록지리지, 평안도, 평양부	1454년(단종 2)	정인지
4	동국여지승람 권42, 문화현 산천	1486년(성종 17)	강희맹, 노사신, 서거정 등
5	동국여지승람 권54, 영변고적 *신증동국여지승람	1486년(성종 17)	강희맹, 노사신, 서거정 등
6	應制詩註, 始古開闢東夷主(단군) *응제시(應製詩), 시고개벽동이주(始古開闢東夷主)	1462년(세조 7)	권람
7	海東繹史, 〈조선세기〉	1800-1814 (조선 정조 24-순조 14)	한치윤
8	雪巖雜著 권1, 妙香山誌	1710년(숙종 36), 1714(숙종 40)	추붕(秋鵬)
9	동국통감 본	1458-1485년	서거정 등
10	동사통유 본	1630년	조정
11	동국역대총목(東國歷代總目) 本	1705년	홍만종

단군신화는 한국의 건국신화로 대부분 문헌에 기록으로 정착되어 전승되는 문헌신화이다. 주로 역사문헌에 기술된 단군신화의 서사는 축약된 기술로 그 전체 서사를 담고 있다. 앞에서 소개한 주요 문헌본을 중심으로 단군신화의 내용을 개관하면 다음과 같다.

〈『삼국유사 권1, 고조선』, 1285-1289년, 승려 일연 지음〉

옛날에 환인桓因(제석帝釋을 이른다)의 서자庶子 환웅桓雄이 계서 천하에 자주 뜻을 두고, 인간 세상을 탐내어 구했다. 아버지는 아들의 뜻을 알고, 삼위태백산三危太伯山을 내려다보니 인간 세계를 널리 이롭게 할만 했다. 이에 천부인天符印 세 개를 주어, 내려가서 세상 사람을 다스리게 했다. 환웅은 그 무리 3천 명을 거느리고 태백산太伯山 꼭대기(지금의 묘향산)의 신단수神壇樹 밑에 내려와서 이곳을 신시神市라 불렀다. 이 분을 환웅 천왕天王이라 한다. 그는 풍백風伯 · 우사雨師 · 운사雲師를 거느리고 곡식 · 수명 · 질병 · 형벌 · 선악 등을 주관하고, 인간의 3백60가지나 되는 일을 주관하여 인간 세계를 다스려 교화시켰다. 이때 곰 한 마리와 범 한 마리가 같은 굴에서 살았는데, 늘 신웅神雄(桓雄)에게 사람 되기를 빌었다. 때마침 신桓雄이 신령한 쑥靈艾 한 심지와 마늘蒜(달래, 파, 부추 등 고대 야생 훈채류 식물) 스무 개를 주면서 말했다. "너희들이 이것을 먹고 백 날 동안 햇빛을 보지 않는다면 곧 사람이 될 것이다." 곰과 범은 이것을 받아서 먹었다. 곰은 기忌한 지 21일 만에 여자의 몸이 되었으나, 범은 능히 기하지 못했으므로, 사람이 되지 못했다. 여자가 된 곰은 그와 혼인할 상대가 없었으므로 항상 단수壇樹 밑에서 아이 배기를 축원했다. 환웅은 이에 임시로 변하여 그와 결혼해주었더니, 그는 임신하여 아들을 낳았다. 이름을 단군왕검이라 일렀다. 왕검은 요임금이 왕위에 오른 지 50년인 경인년(요임금의 즉위 원년은 무진이니 50년은 정사이지 경인은 아니다. 아마 그것은 사실이 아닌 것 같다) 평양성平壤城에(지금의 서경西京) 도읍을 정하고 비로소 조선朝鮮이라 불렀다. 또다시 도읍을 백악산白岳山 아사달阿斯達에 옮겼다. 그곳을 또는 궁弓(혹은 방方자로도 되어 있다) 홀산忽山 또는 금미달今彌達이라 한다. 그는 1천 5백 년 동안 여기서 나라를 다스렸다. 주나라 무왕武王이 왕위에 오른 기묘년에 무왕이 기자箕子를 조선에 봉封하니, 단군은 이에 장당경藏唐京으로 옮아갔다가 후에 돌아와 아사달에 숨어서 산신이 되었는데, 나이가 일천구백여덟 살이었다고 한다.[40]

---

[40]　三國遺事 紀異卷第一 古朝鮮(王儉朝鮮)

「昔有〈桓國〉(謂〈帝釋〉也)庶子〈桓雄〉, 數意天下, 貪求人世, 父知子意, 下視〈三危太伯〉可以弘益人間, 乃授天符印三箇, 遣往理之.〈雄〉率徒三千, 降於〈太伯山〉頂(卽〈太伯〉今〈妙香山〉)神壇樹下, 謂之〈神市〉, 是謂〈桓雄天王〉也. 將風伯 · 雨師 · 雲師, 而主穀 · 主命 · 主病 · 主刑 · 主善惡, 凡主人間三百六十餘事, 在世理化. 時有一熊 · 一虎, 同穴而居, 常祈于神〈雄〉, 願化爲人. 時, 神遺靈艾一炷 · 蒜二十枚曰:「爾輩食之, 不見日光百日 便得人形.」熊 · 虎得而食之忌三七日, 熊得女身, 虎不能忌而不得人身. 熊女者無與爲婚, 故每於壇樹下, 呪願有孕,〈雄〉乃假化而婚之, 孕生子, 號曰〈壇君王儉〉. 以〈唐高〉卽位五十年庚寅(〈唐高〉卽位元年戊辰, 則五十年丁巳, 非庚寅也, 疑其未實), 都〈平壤城〉(今〈西京〉), 始稱〈朝鮮〉. 又移都於〈白岳山〉〈阿斯達〉, 又名〈弓(一作方)忽山〉, 又〈今彌達〉, 御國一千五百年.〈周〉〈虎王〉卽位己卯, 封〈箕子〉於〈朝鮮〉,〈壇君〉乃移於〈藏唐京〉, 後還隱於〈阿斯達〉爲山神, 壽一千九百八歲.

① 환국이 있고 환인과 그의 서자 환웅. 웅이 수차례 천하에 뜻을 품고 인세를 탐함. 아버지가 이를 알고 아래 삼위태백을 바라보니 널리 이롭게 할 만함.

② 환인이 이를 인정, 그 징표로 천부인을 세 개를 준다.

③ 무리 삼천을 데리고 태백산 마루턱 신단수 밑에 신시를 열고 스스로 환웅 천왕이라 칭한다.

④ 풍백, 우사, 운사를 거느리고 곡식, 질병, 수명, 형벌, 선악을 주관. 인간의 360여 가지 일 주관, 세상 교화.

⑤ 곰, 호랑이가 환웅에게 사람 되기를 기원. 곰이 금기를 지켜 여자로 변신-웅녀.

⑥ 웅녀 임신기원(단수 밑에서), 신 환웅이 거짓 변하여 혼인하여 아들 낳음-단군왕검.

⑦ 나라를 세워 조선이라 하고 당나라 요임금 50년에 평양성에 도읍을 정한다. 이후 백악산 아사달로 옮겨 1500년 통치를 하다가 주 무왕이 기자를 조선에 봉하여 단군이 장당경으로 옮김.

⑧ 나이 1908세 후에 다시 아사달 원래 도읍지로 와서 산신이 됨.

〈『제왕운기 권하, 조선기』, 1287년(고려 충렬 13년), 이승휴 지음〉

처음 누가 나라를 열고 풍운을 열었느냐, 제석의 손자니 이름하여 단군이라(본기에 말하기를 상제 환인에게 서자가 있어 웅이라 하였다… 삼위태백으로 내려가 널리 인간을 이롭게 하겠다고 하였다. 웅이 천부인 3개를 받아 귀신 3천을 거느리고 태백산 꼭대기 신단수 아래에 내려오니 이 분이 단웅천왕이다… 손녀에게 약을 먹여 사람 몸이 되게 하여 단수의 신과 결혼하여 아들을 낳았다. 이름을 단군이라 하니 조선 땅에서 왕이 되었다. 따라서 시라, 고례, 남북옥저, 동북부여, 예, 맥 모두가 단군의 후손이다. 1038년을 다스리고 아사달산에 들어가 신이 되니 죽지 않기 때문이다) 제요와 함께 무진년에 홍하여 하왕조를 거치도록 궁궐에 계시다. 은나라 무정 8년 을미에 아사달산에 들어가 신이 되었다.(지금의 구월산이다. 일명 궁홀 또는 삼위라고 한다. 사당이 아직 있다) 1028년간 나라를 향유하셨으나, 어쩔 수 없이 변화함은 환인의 부르심이라. 그 뒤 164년 후에 어진 분이 군신관계를 다시 열었다.(혹은 그 후 164년은 부자는 있었지만 군신은 없었다고 한다)[41]

① 환인에게 서자가 있었는데 웅이다. 환인이 웅에게 삼위태백에 내려가 인간을 이롭게 해달라고 부탁.

② 웅이 천부인 세 개를 받는다.

③ 귀신 3,000을 데리고 태백산 마루턱 신단수 밑에 내려오니 이분이 단웅천왕이다.

④ 손녀로 하여금 약을 먹고 사람이 되게 하여

⑤ (환인의 주관으로) 단수신과 혼인시켜 아들을 낳아 단군이라 함.

⑥ 조선의 땅을 차지하여 왕이 됨. (그러므로 신라, 고구려, 남북옥저, 동북부여, 예, 맥이 모두 단군의 후손)

⑦ 요임금과 같은 해 무진년에 나라 세워 순을 지나 하국까지 왕위에 있었다. 1038년(본기) 또는 1028년(제왕운기)간 통치하다가

⑧ 은나라 무정 8년 을미년에 아사달에 입산 산신이 됨.

〈『세종실록지리지, 평안도, 평양부』, 1454년(단종 2), 정인지 편저〉

단군에 관한 옛 기록에 이르기를 "상제 환인에게 서자가 있어 '웅'이라 이름 하였는데, 아래 세상으로 내려와 인간을 교화할 뜻을 가지고 있다가, 하늘로부터 세 가지 부절을 받은 뒤 태백산의 신단수 아래로 내려왔다" 하였으니, 이 분이 곧 환웅 천왕이다. 손녀에게 명하여 약을 마시고 사람의 몸이 되게 하고, 신단수의 신과 결혼하여 남자 아이를 낳으니 이름을 '단군'이라 하였으며, 이에 나라를 세워 '조선'이라 불렀다. 조선, 시라, 고례, 남옥저와 북옥저, 동부여와 북부여, 그리고 예와 맥 등이 모두 단군이 다스리던 곳이다. 단군은 비서갑 하백의 여식을 맞아들이고 아들을 낳아 부루라 불렀으니, 이 분은 곧 동부여의 왕이다. 단군은 당요와 더불어 같은 날에 나라를 일으켰

---

41 初誰開國啓風雲 釋帝之孫名檀君(本紀曰 上帝桓因有庶子 曰雄云云 謂曰 下至三危太白 弘益人間歟 故 雄受天符印三箇 率鬼三千而降太白山頂神檀水下 是謂桓雄天王也云云 令孫女飮藥 成人身 與檀樹 神婚而生男 名檀君 據朝鮮之域爲王 故 尸羅高禮南北沃沮東北扶餘穢與貊 皆檀君之壽也 理一千三十 八年 入阿斯達山爲神不死故也) 並與帝高興戊辰 經虞歷夏居中宸 於殷虎丁八乙未 入阿斯達山爲神 (今九月山也 一名宮忽 又名三危 祠堂猶存) 亨國一千二十八 無奈變化傳桓因 却後一百六十四 仁人聊 復開君臣(一作 爾後一百六十四 雖有父子無君臣).

으며, 우임금이 도산에 천하의 제후를 모을 때 태자 부루를 보내어 알현하게 하였다. 나라를 거느린 지 1천 38년, 은나라 무정 8년 을미년에 이르러 아사달에 들어가 신이 되었으니, 지금의 문화현 구월산이다.

① (상제) 환인에게 서자 웅이 있었다. 웅이 지상으로 내려가 인간교화의 뜻을 둔다.

② 아버지로부터 천부인 세 개를 받는다.

③ 태백산 신단수 아래로 내려온다. 이분이 단웅천왕이다.

④ 손녀로 하여금 약을 먹고 사람이 되게 한다.

⑤ 단수신과 혼인시켜 아들을 낳고 단군이라 칭함.

⑥ 나라를 세우고 조선이라 함. 그러므로 조선, 신라, 고구려, 남북옥저, 동북부여, 예와 맥 등이 모두 단군의 후손인 것이다.

⑦ 단군이 비서갑 하백의 딸과 결혼, 아들을 낳아 부루라 칭함.

⑧ 요임금과 같은 날에 왕위, 우임금이 도산에서 모임을 가질 때 태자 부루를 보내 조하. 1038년 통치.

⑨ 은나라 무정 8년 을미년에 아사달에 들어가 산신이 됨.(지금의 문화현 구월산)

〈『동국여지승람 권54, 영변고적』, 1486년(성종 17), 노사신 등 서술〉[42]

① 천신 환인과 서자 웅이 있었다. 환인이 웅에 명하여 지상에 내려가도록 하였다.

② 웅이 천부인 세 개를 받는다.

③ 무리 삼천 명을 거느리고 태백산 마루턱 신단수로 내려온다. 신시 개설, 이분이 단웅천 왕이다.

---

42 新增東國輿地勝覽, 卷54 平安道4 寧邊大都護府古跡太伯山 / 李荇·洪彦弼(1530, 중종 25).
太伯山(古記昔有天神桓因命庶子雄持天符三印率徒三千降於太白山頂神檀樹下謂之神市主人間三百六十餘事時有一熊常祝于神願作人身神遺靈藥使食熊食之化爲女神因假化爲昏而生子是爲檀君立國號曰朝鮮檀君娶非西岬河伯之女生子曰夫婁禹會塗山遣夫婁朝焉後夫婁爲北扶餘王//老無子祈嗣至鯤淵得小兒而養之是爲金蛙金蛙傳至子帶素而爲高句麗大神武王所滅).

④ 환인은 웅에게 삼백육십여 가지 일을 맡아보도록 한다.

⑤ (한) 곰이 늘 신에게 사람 몸이 되게 하여 달라고 기원, 축원, 영약을 주어 먹게 하니 곰이 여자로 변한다.

⑥ 신(환인)이 사람으로 거짓 변하여 웅녀와 혼인 아들 낳음. 단군.

⑦ 단군은 나라를 세우고 나라 이름을 조선이라 하였다.

⑧ 우 임금이 도산에서 제후의 모임을 가질 때 부루를 보내 조하. 뒤에 이가 북부여의 왕이 되었다.

〈『應制詩註, 始古開闢東夷主(단군)』, 1462년(세조 7), 권근의 시에 손자 권람(1416-1465)이 주를 담〉[43]

① (제석) 환인과 그의 서자 웅. 삼위태백을 보고 웅이 세상을 탐냄.

② 환인이 이를 인정, 그 징표로 천삼인을 준다.

③ 무리 삼천을 데리고 태백산 마루턱 신단수 밑에 하강, 스스로 환웅 천왕이라 칭한다.(환은 단이라고도 한다.)

④ 풍백, 우사, 운사를 거느리고 곡식, 수명, 질병, 형벌, 선악을 주관. 인간의 360여 가지 일 주관, 세상 교화.

⑤ 곰, 호랑이가 사람되기를 기원. 곰이 금기를 지켜 여자로 변신-웅녀.

⑥ 웅녀 임신기원(단수 밑에서). 웅이 거짓 변하여 혼인하여 아들 낳아 단군이라 칭함.

⑦ 나라를 세워 조선이라 하고 당나라 요임금과 동시에 평양성에 도읍을 정한다. 이후 백악산 아사달로 옮긴다. 비서갑의 하백녀를 취하여 부루를 낳고 이는 동부여의 왕이 된다.

---

43 【增註】古記云上帝桓因有庶子曰雄意欲下化人間受天三印率徒三千降於太白山神檀樹下是謂檀雄天王也桓或云檀山卽今平安道熙川郡妙香山也將風伯・雨師・雲師而主穀・主命・主病・主刑・主善惡凡主人間三百六十餘事在世理化時有一熊一虎同穴而居常祈于雄願化爲人雄遺靈艾一炷・蒜二十枚曰食之不見日光百日便得人形熊虎食之虎不能忌而熊忌三七日得女身無與爲婚故每於檀樹下呪願有孕雄乃假化而爲人孕生子曰檀君與唐堯同日而立國號朝鮮初都平壤後都白岳娶非西岬河伯之女生子曰夫妻是爲東夫餘王至禹會諸侯塗山檀君遣子夫妻朝焉檀君歷虞夏至商武丁八年乙未入阿斯達山化爲神今黃海道文化縣九月山也廟至今存焉享年一千四十八年厥後一百六十四年己卯箕子來封.

1048년 통치를 한 후 164년 기자가 조선에 봉하여진다.

⑧ 무정 8년 을미년에 아사달산에 들어가 산신이 됨.

〈『應制詩』〉[44]

始古開闢東夷主

始古開闢東夷主(昔神人降檀木下國人立以爲主曰號檀君時唐堯元年戊辰也)

① 옛날에 신인이 박달나무 아래 내려왔다.

② 국인이 왕으로 세웠다.

③ 박달나무 아래 내려왔으므로 단군이라 했다.

④ 이때가 당요唐堯 원년 무진이다.

〈『海東繹史, 〈조선세기〉』, 한치윤, 1800-1814(조선 정조 24-순조 14)〉[45]

① 천신 환인과 그의 아들 환웅.

② 환웅이 태백산 단목 밑에 내려온다.

③ (환)인이 거짓 변하여 혼인하여 아들 낳음ー단수 밑에서 낳았기 때문에 단군이라 칭함
(이것은 신의 명).

④ 唐堯 二十五年, 무진년에 단군이 평양에 도읍을 시작하고 국호를 조선이라 하였다.

⑤ 단군이 산에 들어간 후에는 그 임종한 바를 알지 못한다.

⑥ 그의 나이는 1048세였다. 산에 들어가 산신이 됨.

⑦ 나라 사람이 묘사(종묘사당의 줄임)를 세움. 위패명이 "조선시조단군".

---

44 권근(1352-1409)의 양촌집에 실려 있음.
45 桓雄者天神桓因之子也降于太白之山檀木之下因假化合而生子以生檀樹下是爲檀君檀君名儉生而神明
九夷君之迄有殷氏武丁八年乙未檀君入九月山爲神云壽千四十有八歲(朝鮮世紀).

단군신화가 담긴 기타 문헌자료로는 『동사보유東史補遺』[46], 『동국통감東國通鑑·외기外紀』[47], 『동국여지승람東國輿地勝覽』[48] 등을 언급할 수 있다. 이 외에도 〈단군신화〉를 종교

---

[46] 東史補遺, 趙挺, 1646. 상-337

　　東史補遺, 卷1

　　檀君朝鮮方初無君長有神人降于太白山檀木下國人立爲君國號朝鮮時唐堯二十五年戊辰歲也都平壤後徒白岳是爲檀君至商武丁八年入阿斯達山爲神古記云昔有桓因(帝釋也)庶子雄貪求人世父知子意乃授天符印三個往理之雄率徒三千降於太白山頂(卽妙香山)神檀樹下是謂桓雄天王也時有一熊一虎同穴而居願化爲人神遺艾一炷蒜二十枚曰爾輩食之不見日光百日便得人形熊食之虎不能忌熊忌三七日得女身每於檀樹下祝願有孕雄假化而爲婚孕生子號曰檀君(今卽桓雄于九月山春秋致祭)　都王儉城(今平壤府)　始稱朝鮮御國一千五百年周武己卯封箕子於朝鮮檀君還　隱於阿斯達山(九月山也)　爲神壽一千九百八歲.

[47] 東國通鑑·外紀〈徐居正·崔溥 等 共撰〉

　　東國通鑑, 外紀, 檀君朝鮮 서거정 등(1484) 상-255-256

　　東方初無君長有神人降于檀木下國人立爲君是爲檀君國號朝鮮是唐堯戊辰歲也初都平壤後徒都白岳至商武丁八年乙未入阿斯達山爲神臣等按古紀云檀君與堯並立於戊辰歷虞夏至商武丁八年乙未入阿斯達山爲神享壽千四十八年此說可疑今按堯之立在上元甲子甲辰之歲而檀君之立在後二十五年戊辰則曰與堯並立者非也自唐虞至于夏商世漸澆漓人君享國久長者不過五六十年安有檀君獨壽千四十八年以享一國乎知其說之誣也前輩以謂其曰千四十八年者乃檀氏傳世歷年之數非檀君之壽也此說有理近世權近入觀天庭太祖高皇帝命brin賦詩以檀君爲題近詩曰傳世不知幾歷年曾過千帝覽而可之時論亦以近之言爲是姑存之以備後考.

　　동방의 땅에는 처음에 군장이 없었는데, 신인이 있어 단목 아래로 내려오니 나라 사람들이 임금으로 세움에 그가 바로 단군이며, 나라 이름을 조선이라 하니 바로 당요의 무진년 때 일이다. 처음에는 평양에 도읍하였다가 후에 백악으로 도읍을 옮겼으며, 상나라 무정 임금 8년인 을미년에 아사달산에 들어가 신이 되었다.

　　[신 등이 생각키로] 『고기』에 이르기를 "단군은 요임금과 더불어 무진년에 재위에 올랐으며, 우 그리고 하의 시대를 지나 상나라 무정 8년 을미년에 아사달산에 들어가 신이 되었으니 향년 1천 48년이다"라 하였는데, 이 이야기는 의심이 된다. 지금 생각건대, 요임금이 재위에 오른 것은 상원갑자 갑진년 때이며 단군이 재위에 오른 것은 그 25년 뒤인 무진년이니 '요임금과 더불어 재위에 올랐다'라 한 것은 틀린 것이다. 당우로부터 하나라와 상나라에 이르기까지 세상은 점차 각박해져 임금으로서 나라를 다스리며 재위에 오래도록 있다 하더라도 오륙십년을 넘기지 못하였는데, 어찌 유독 단군만이 1천48년의 수를 누리며 한 나라를 다스리는 자리에 있었겠는가. 앞선 사람들이 이를 두고 말하기를, 1천48년이라 말하는 것은 단씨가 세대를 전한 역년의 숫자일 뿐이지 단군의 향년이 아니라고 하였는데, 그 이야기가 이치에 맞다. 근래 권근이 황궁에 들어가 천자를 알현하였는데, 태조 고황제가 권근에게 명하여 시를 짓게 함에 '단군'을 시의 제목으로 하게 하였더니 권근이 시에서 말하기를 "세대를 전한 것이 얼마인지 알수 없으나 역년이 천년은 족히 넘었도다"라 하니 천자가 그것을 살펴보고는 그럴 것이라 하였으며, 그당시의 논평 또한 권근의 말을 옳은 것으로 여겼기에 그것을 기록으로 남겨둠으로써 후에 고찰하여 볼수 있도록 한다.

[48] 新增東國輿地勝覽, 卷42 黃海道2 文化縣山川九月山

　　九月山(在縣西十里卽阿斯達山一名弓忽一名甑山一名三危世傳檀君初都平壤後又移白岳卽此山也至周武王封箕子於朝鮮檀君乃移於唐藏京後還隱此山化爲神又見長連及殷栗縣)

적 관점에서 발전시킨 『규원사화揆園史話』나 『청학집青鶴集』과 같은 선가류仙家類 단군신화 자료[49]를 조심스럽게 살펴보았다.

(2) 〈단군신화〉의 구비설화 자료[50]

국내 단군 관련 설화 자료, 북한의 설화집 자료 등 문헌신화인 단군신화의 축약된 서사를 분석하는 데 주요한 신화 자료가 된다. 다음은 〈단군신화〉의 신화적 화소를 분석하는 데에 흥미로운 서사를 제공해 주는 단군신화 관련 구비설화 자료[51]를 정리하면 다음과 같다.

新增東國輿地勝覽, 卷42 黃海道2 文化縣祠廟三聖祠
三聖祠(名九月山卽桓因・桓雄・檀君之祠春秋降香祝致祭又水旱祈禱輒應)
新增東國輿地勝覽, 卷51 平安道1 平壤府祠廟檀君祠
檀君祠(【新增】唐皐詩開國何茫然朝鮮此鼻祖荊棘非剪除伊誰樂東土○史道詩檀君何所始開說始於堯去今四千載遺廟在山椒)

49　揆園史話
[태시기]
그러나 이때는 개벽한 지 아직 멀지 않은 때인지라, 곳곳에 초목이 무성하고 날짐승이며 들짐승이 어지러이 섞여 있어 사람들의 괴로움이 매우 심하였고, 더욱이 사나운 짐승과 독충들도 때를 가리지 않고 다투어 사람들의 피해 또한 적지 않았다. 신시씨는 곧 치우씨(蚩尤氏)에게 명하여 이를 다스리게 하였다. 치우씨는 진실로 만고에 있어 강인하고 용맹함의 조상이 되니, 천지를 움직여 휘두르는 힘과 바람・번개・구름・안개를 부리는 능력을 지니고 있으며, 또한 칼・창・큰도끼・긴창 등을 만들어 이로서 초목과 금수며 벌레와 물고기의 무리를 다스렸다. 이에 초목이 차츰 걷히고 금수와 벌레며 물고기들이 깊은 산 속이나 큰 못 속으로 피하여 달아나 숨어 버려서 다시는 백성들이 살아가는데 해악이 되지 않았다. 이로서 치우씨는 대대로 병기 만드는 일을 맡았으며, 항시 나라 안을 편안하게 안정시키고 적을 토벌하는 일을 조금도 게을리 하지 않았다.
[단군기]
환웅 천왕이 세상을 거느린 지 무릇 궐천년이니, 그가 바로 신시씨이다. 쑥대 정자와 버드나무 궁궐에 거처하며 정성으로 사람을 교화하고, 앉아서 쉴 틈도 없이 다스리며 행함이 없는 듯이 일을 처리하여 자연스러운 교화를 널리 펴고는 나라를 열어 처음으로 위업을 이루니 그 근본이 만세로 이어졌다. 그 말년에 이르러 공들인 위업이 이미 완성되고 백성과 사물들이 즐거이 사는 것을 보고는 태백산에 올라 하늘의 부절인 세 가지의 인(印)을 못 가의 돌 위 박달나무 아래에 놓고 신선으로 변화하여 구름을 타고 하늘에 올랐다. 때문에 그 못을 이름하여 '조천지(朝天池)'라 하는 것이다. 고시씨와 모든 사람은 하늘의 부절인 세 가지의 인을 받들고 그의 아들인 환검신인(桓儉神人)을 다함게 추대하여 군장으로 삼으니 이로서 임금이 되었다.

50　서영대, 「단군 관련 구전자료의 검토」, 『단군학연구 제21호』, 2009.

51　서영대, 위의 글.

단군신화 관련 주요 구비자료

번호	제목	채록 시기	구술	채록
1	삿갓의 유래(玄笠の由來)1[52]	1923년 8월	함흥의 김호영(金浩榮)	손진태
2	삿갓의 유래(玄冠の由來)2[53]	1987년 2월	장보패(張寶貝, 황해도 평산군 안성면 지암리)	임석재
3	단군 이야기(檀君の話)[54]	일제시대	평양 부근	사사키코로우 (佐佐木五郎)
4	승안리 용추계곡(升安里 龍湫溪谷)에 얽힌 이야기[55]	1991년	가평	가평군지편찬위원회
5	마니산 전설[56]	1981년	이강옥, 강화군 화도면 내리 2리	성기열, 정기호
6	마니산의 유래[57]	1981년	윤태선, 강화군 양도면 삼흥 2리	성기열, 김세훈
7	단군 아들 삼 형제 전설[58]	1981년	김재식, 강화군 내가면 황청리	조동일 등
8	묘향산 천주석(天柱石)[59]	1943년 7월	보현사(普賢寺)의 승려	현진건
9	구월산(九月山)[60]	1984년	김종호, 황해도 은율	최상수
10	당산(堂山)의 유래[61]	1981년	우지원(55세), 경남 밀양읍	류종목 등

　　이외에도 이들 자료와의 대비 검토를 통하여 북한의 단군설화 자료를 살펴볼 수 있다. 이들은 단군신화의 숨겨진 화소들을 짐작하여 보는 방증 자료로서 조심스럽게 언급되어야 할 것이다. 북한의 대표적인 단군설화자료집으로 김정설의 『단군설화집』[62]을 들 수 있으며, 여기에는 모두 43편의 단군설화가 수록되어 있다. 북한의 설화자료에는

52　孫晉泰, 『朝鮮民譚集』, 東京 : 鄕土硏究社, 1930, 38-39頁; 최인학 역, 『조선설화집』, 민속원, 2009, 52쪽.
53　孫晉泰, 위의 책, 1930.
54　佐佐木五郎, 「平壤附近の傳說と昔話」, 『旅と傳說 14-9(通卷 165)』, 東京 : 三元社, 1941.
55　가평군지편찬위원회, 『가평군지』, 가평군, 1991, 1141-1142쪽.
56　성기열, 『한국구비문학대계 1-7 경기도 강화군편』, 한국정신문화연구원, 1982, 411-412쪽.
57　성기열, 위의 책, 707쪽.
58　성기열, 위의 책, 872-873쪽.
59　玄鎭健, 『檀君聖蹟巡禮』, 藝文閣, 1948, 26쪽.(이 책은 『國學硏究 7』, 국학연구소, 2002에 영인 수록)
60　崔常壽, 『한국민간전설집』, 통문관, 1984, 337쪽.
61　정상박 · 류종목, 『한국구비문학대계 8-5 경상남도 밀양군편(1)』, 한국정신문화연구원, 1983, 62쪽.
62　김정설, 『단군설화집』, 과학백과사전종합출판사, 1998.

한국(남한) 신화에서는 드문 환인신화와 환웅설화가 소개되어 있지만 이들 설화 대부분은 위서 논란에 놓여 있는『규원사화』의「조판기肇判記」의 내용과 유사하여 순수한 구비설화 자료로 활용하는 데에 매우 조심스러운 측면이 있다. 이들 자료에 대해서는 후대의 전승 양상의 일면을 살피는 방증 자료로만 언급하기로 한다.

지명 유래담을 중심으로 소개된 그 대략의 내용을 제시하면 아래와 같다.[63]

홍산 지명 유래담 : 단군이 즉위 전 강동군 단군릉 뒤의 구릉에서 무술 연습을 열심히 하는 바람에 그 산이 벌거숭이가 되고 말았다.

청계골의 기린마 : 단군이 지혜로 기린마를 잡고, 단군릉부근의 청계골에서 길렀다.

고비산高飛山 : 단군은 기린마를 타고 고비산을 날아다녔고, 버들족장이 기린마를 빼앗으려다 실패했다.

림경대에 찍힌 발자국 : 단군릉 부근 임경대 아래 소沼는 단군이 목욕하던 곳이며, 버들족장과 마구족장이 이를 염탐하러 왔다가 발각되었다.

하늘의 후손 : 흘골족장 아들이 누가 진정한 하늘의 후손인지를 가리기 위해 단군과 무술 시합을 벌였으나, 단군이 승리했다.

바리산 : 단군과 성 쌓기 시합을 하던 마구족장이 강동군 바리산에 올라 단군의 성이 먼저 완성된 것을 보고 놀라 미끄러지는 바람에 산에 미끄러진 자국이 생겼다.

단군호 : 강동군 단군호는 단군이 배를 타고 사색하던 곳이며, 여기서 마구족을 깨칠 방안을 찾았다.

구빈리와 왕림고개 : 단군이 주변 집단 통합과정에서 마구족의 9귀족을 대접한 곳이 강동군 구빈리九賓里, 마구족장이 단군에게 귀부하기 위해 돌아온 곳은 왕림往臨고개

룡교 : 강동군의 지명으로, 단군을 구한 용이 바위로 굳어진 곳.

생일에 보낸 례물 : 흘골족이 겉으로는 단군의 즉위를 축하한다면서 오히려 트집 잡는 것을 단군이 포용함으로, 마침내 흘골족이 단군에게 흡수되었다.

---

63   김정설, 위의 책.

신지와 연지 : 미인계로서 단군의 박달족을 흡수하려던 했던 신지족장이 오히려 단군에게 감복하여 복속했다. 신지족장의 근거지는 성천군 룡산리의 신지 성터.

군승령軍勝嶺 : 단군이 돼지족장의 침입을 물리친 고개로 성천읍에 있다.

피물촌 : 단군이 성천군에서 룡족족장과 룡마를 죽여 흘린 피가 내를 이룬 곳이다.

기린굴과 조천석 : 단군은 기린굴에서 기린마를 길렀고, 조천석을 통해 하늘을 오르내렸다.

단군 아들들의 전설 : 부루성황당, 부루단지, 부소 부시돌, 부우 불사약, 부여의 분유족 반란 진압.

단군 신하들의 전설 : 신지글자, 팽우의 천부왕인, 치우의 동두철액, 사움터 폐백, 치우기, 고시레, 주인의 중매, 해월의 농기구 발명 등.

단군의 기린마 말묘 : 나라의 위기를 미리 알리는 강동 아달산(단군릉), 평양 숭령전(단군 사당) 등.

이 외에도 〈구월산 단군대〉 등 단군 관련 지역 설화가 소개되어 있다.

2) 〈단군신화〉의 전승 양상

〈단군신화〉는 주로 문헌을 중심으로 전승되는 신화이다. 따라서 문헌자료에 대한 전승 양상을 고찰하는 연구는 비교적 많이 소개되었다.[64]

다른 한편으로, 현재까지 활발하게 전승되는 몽골의 〈게세르칸 서사시〉의 전승 양상을 살피는 노력과 마찬가지로 실제 민간 설화의 현장에서 〈단군신화〉의 전승과 '단군'에 대한 인식을 살피는 것도 중요한 과제라고 본다.

이 분야는 별도의 주제로 다뤄져야 하는 중요하고 민감한 문제이므로 이 글에서는

---

64 서영대, 「檀君關係 文獻資料 研究」, 『檀君; 그 理解와 資料』, 서울대학교 출판부, 1994; 조현설, 「건국 신화의 형성과 재편에 관한 연구」, 서울대 박사논문, 1997; 이지영, 『한국 건국 신화의 실상과 이해』, 월인, 2000.

민간에서의 신앙 양상과 사회적 관심을 중심으로 전승되는 〈단군신화〉에 대한 인식 양상에 대하여 간단히 살펴보기로 한다.

한민족의 대표 신화로서 주요하게 인식되고 있는 〈단군신화〉는 신화의 현장에서는 단군, 환웅, 환인의 삼신三神을 숭배하는 고대 신앙과 함께 전승되고 있다. 특히 단군신앙의 유습과 유적들은 오늘날 한국의 민간신앙과 생활문화 속에 남아 성황당·장승·제석단을 비롯하여 산신·용왕·조왕·칠성 등의 여러 토속신을 둘러싸고 천신인 유일신 한얼님신앙까지 실로 방대한 신앙 범위를 가지고 있으며, 불교나 유교의 여러 제의祭儀 속에도 남아 있다.[65] 근대 대표적인 민족 종교로서 1909년 나철羅喆에 의해 조직된 단군교(대종교大倧教)는 적극적인 독립운동 등을 통하여 식민지 치하의 민족적 비극을 극복하기 위한 노력을 아끼지 않았다.

〈단군신화〉와 관련하여 다음의 설화 자료를 통하여 최근 민간에서의 인식 양상의 한 사례를 제시하여 볼 수 있다.

당산의 유래

이전에 단군할아버지가 우리 백성들한테 가장 잘 했다 이기라. 참 마 잘했는데, 여어 마어 우리 참 박대통령맨치로(처럼) 이만침(만큼) 잘 했는 모냥인데, 그래서 그 백성들이 보답은 뭐 할 기 없고 그 당신(堂山神)을 모시는 기라. 당신, 당신, 돌로 가(돌을 가지고; 필자) 하기나, 그라이머(그렇잖으면) 집을 지 가(지어서; 필자) 모시거나, 그라이머(그렇지 않으면; 필자) 낚(나무)에다가 말이지, 이기 절도 하고 모시거나, 이래 인자 그기(그게) 당신이라. 단군할아버지의 그 신이라. 그기 머슨 뭐 아직 그걸 몰라 딴 사람들은뭐… 단군할아버지의 신인데, 그래서 '아이구 이거, 단군할아버지의 신을 모시믄 단군할아버지도 할매가 있어야 되는데, 그걸 암당을 또 모시야 된다, 암당을. 그 할매당을 모시야 된다.' 그래 암당 수당 카는 기 있어요. 그래서 그기 이 당산 카는 거인데, 당산을 뜯어믄 뭣이 안 되고 되고 하는기 있거등. 인자 과학이 발달이 되만 단군할아버지도 언간이 절도 받아 자셨이이꺼네 뜯어도 아무

---

65 한국민족문화대백과, http://terms.naver.com/entry.nhn?docId=534285&mobile&categoryId=1623

무방합니다. [청중 : 웃음.] 예, 관계없어요. 예, 세태가 달라지거등. [청중 : 우리도 뜯었잖아, 우리도.] 예, 그렇기 때문에 그 단군할아버지의, 저 당신, 당산이라 카는 기 당산이 아이고 단군의 신...[66]

　　단군의 사후, 단군의 은혜에 보답하기 위해 백성들이 마을에 당신堂神으로 모시게 되었고, 이 당산을 훼손시키거나 하면 화를 당하기도 한다고 전하고 있다. 하지만 당시 화자는 과학의 발달된 근대적 인식에서는 더 이상 단군신화를 신앙하시 않는 태도를 보이기도 한다.

　　한편 〈단군신화〉의 주인공인 단군은 종교적 차원에서 신앙의 대상으로 숭배되었지만, 다른 한편으로는 한민족 공동체의 상징적 구심 역할을 담당하기도 한다. 이러한 점 때문에 1990년대에 들어서서 민족공동체의 단일 시조로서 단군에 주목하려는 노력들이 남북한의 연구자들에 의하여 등장하기도 하였다.

　　하지만 〈단군신화〉에 대한 연구와 인식은 그 중요하면서도 민감한 주제라는 특수한 사정으로 인하여 여러 논란이 동반되기도 한다. 일례로 남한에서는 재야 사학과 제도권의 실증사학이 계속 갈등을 보이는가 하면, '단군숭봉사업'이라는 정부 사업을 둘러싸고 각 종교단체나 지역사회와의 마찰이 지속적으로 일어나는 등 사회 문제로 비화되기도 하였다.[67]

　　한편, 북한에서는 본래 고구려 중심사관을 고수하여 오다가 단군릉 발견[68] 이후, 〈단군신화〉를 대대적으로 부각시키는 작업을 벌이고 있다. 이러한 과정에서 아직까지도 위서 논란에서 자유롭지 못한 〈규원사화〉의 내용을 끌어들여 단군의 설화가 다소 인위적으로 재생산되는 양상을 보이기도 한다.[69]

66　이 설화 자료는 1981년에 경남 밀양읍의 우지원(55세)이 구술한 것을 류종목 등이 채록한 것이다. 정상박·류종목, 『한국구비문학대계 8-5 경상남도 밀양군편(1)』, 한국정신문화연구원, 1983, 62쪽.
67　「단군상 훼손, 종교배타주의 또 도마에」, 『한겨레신문』, 1999.7.10.
68　「북한, 단군은 실존…… 유골발굴」, 『경향신문』, 1993.9.29.
69　앞의 김정설의 단군설화 자료를 통해서도 확인할 수 있다.

〈단군신화〉를 둘러싼 문제는 한반도 내에서뿐만 아니라 중국의 '동북공정' 등 주변 국과의 역사 문제에 있어서 논란의 중심에 놓여 있다고 할 수 있다. 특히 최근 단군신화의 발상지로서 주요하게 거론되고 있는 '홍산문화권'[70]의 담론 등 동북아 지역의 문화권 규정문제와 맞물려 단군신화를 둘러싼 국제적 논쟁이 지속될 여지가 잠재되어 있다.

21세기 글로컬리즘의 사회에서 〈단군신화〉에 대한 신앙은 약화되었고 신화적 본질보다는 정치적 담론에서 자유롭지 못한 양상을 보이고 있다. 이러한 상황에서 〈단군신화〉의 본질을 파악하고 신화로서 올바르게 바라보는 시각이 그 어느 때보다 절실하다 할 수 있겠다.

---

[70] 복기대, 「홍산문화와 하가점하층문화의 연관성에 관한 시론」, 『한국문화사학회 문화사학 27』, 2007.

〈게세르칸 서사시〉의 기본 화소와 신화소 분석

〈게세르칸 서사시〉의 기본 화소와 신화소 분석

1. 〈게세르칸 서사시〉의 자료별 기본 신화소

1) 〈게세르칸〉의 주요 자료별 신화적 서사단락

게세르 신화는 기본적으로 몽골민족 사이에 구비서사시 형태로 널리 전승되고 있다. 하지만 단군신화와 마찬가지로 동북아 광활한 지역에서 문헌본으로도 전해지고 있다. 문헌본의 경우는 대부분 토오즈傳의 형태로 소설화 된 경향이 있으며 몽골에 전래된 라마불교와 결탁하여 기존의 신화적 면모가 불교적으로 윤색되기도 하였다. 대표적으로 최초의 게세르 판본인 북경 목판본 게세르의 경우를 보면, 게세르 신화의 초반부터 석가모니불釋迦牟尼佛, 열반, 재세이화在世理化, 선견성善見城, 도리 33천 등 불교적 우주관이 반영된 용어가 부분적으로 등장한다. 이처럼 게세르 신화는 구비본보다는 기록본에서 불교적 영향을 받은 흔적이 쉽게 발견되기도 한다. 그러나 이러한 현상은 게세르 신화를 관통하는 몽골족 신화체계는 건드리지 않은 외피적인 한 현상일 뿐이다. 부리아트 게세르의 구연 과정에 러시아어 단어가 일부 유입된 사례와 같이 단순한 차원에서 이해되는 것이라 할 수 있다.

　기록물로 전승되는 게세르 보다 몽골의 신화적 화소가 풍부하게 담겨있는 구비본 게세르 신화라 하더라도 토착화된 외래문화의 요소가 존재하는 것은 부정할 수 없다. 하지만 문화교류가 개방적인 유목문화 안에서 특히 그 문화권의 영웅신화에 수용되어 향유됨으로써 토착화된 외래 문화적 요소를 분별해 낸다는 것은 이미 불가능한 일이라 할 것이다. 오히려 이미 신화 속에 토착화된 화소의 양상과 의미에 대하여 보다 진지하게 고찰할 필요가 있다. 신화적 요소가 생동감 있게 전승되는 부리아드 몽골의 게세르를 중심으로 화소분석을 하되 문헌으로 정착된 게세르 신화 자료의 신화적 면모를 함께 고찰할 것이다.

　이 글에서 게세르 신화의 주요 텍스트로 인용하고자 하는 것은 〈북경판 게세르〉, 담딩수렝의 〈게세르〉, 발다예브의 〈아바이 게세르 복도 한〉, 〈바이칼의 게세르 신화〉, 〈아르다이 바타르 게세르〉, 제레미아 커틴의 〈게세르 3편〉, 〈몽고천자〉, 〈부리아트 서사시 영문시〉 등이다. 주로 이들 이본들을 두루 살피되, 초반부의 신화 파트에 해당하는 내용을 중심으로 게세르 신화의 화소를 검토하기로 한다.

　여기서는 우선 몽골 〈게세르칸 서사시〉의 여러 이본들 중에서 문헌본 자료와 구비본 자료로 나누어 주요 신화적 서사를 소개하고자 한다. 대표적인 문헌본 자료로는 〈북경판본 게세르〉, 〈놈치하탄본 게세르〉, 〈자야본 게세르〉 등이 있겠으나 담딩수렝의 〈게세르〉[1]가 이 주요 세 자료의 서사를 효율적으로 담아내고 있어 문헌본 몽골 〈게세르칸〉을 대표할 만한 자료로 활용할 수 있겠다. 한편 〈게세르칸 서사시〉의 대표적인 구비본 자료로는 비교적 신화성이 풍부하고 10여 개의 게세르 창본을 아우르고 있는 부리아트 몽골의 〈아바이 게세르 복도 한〉[2]을 중심으로 신화적 화소를 제시하고자 한다. 이 자료는 특히 실제 서사시 구연의 언어인 부리아트 몽골어와 운율이 갖춘 시형태가 그대로 살아있어 어떤 자료보다 〈게세르칸 서사시〉의 구비성과 신화성을 살피는

1　Ц.Дамдинсүрэн, 『Гэсэр』, 1986.
2　С.П.Балдаев, 『Абай Гэсэр Богдо хаан - Буряадай морин ульгэр』, 1995.

데 유용한 자료라고 생각된다.

한편, 여기서는 최남선에 의해 1939년 〈몽고천자蒙古天子〉라는 제목으로, 처음 한국어로 번역 소개된 〈게세르칸 서사시〉의 내용을 아래에 소개하도록 하겠다.

〈몽고천자蒙古天子〉

天地가 처음 배판되었을 제 下界에는 混亂과 禍毒이 充滿하고 그 중에도 '망가태'의 跳梁이 심하였다. 天上에서 善神이 會議를 열고 救濟를 의논할새, 東方神 중의 한 분인 '쿨무스 텅거리'란 어른이 '에세게 말란'의 九子 중 맨 가운데의 神子가 가장 適任임을 論薦하였다. 薦을 박은 분이 條件을 提出하되, 九九분의 '텅거리'들이 그네의 秘術을 주고, 어버이 에세게 말란은 黑馬와 鞍具와 環繩과 投槍을 주어야 가겠다고 하여 그대로 하여 주매, 이것을 죄다 입으로 집어삼키고, 또 장가를 들어 그 妻에게서 딸 셋을 달라 하여, 역시 집어삼키고서 天神네에게 작별을 여쭈었다.

그러나 즉시는 下界로 내려가지 아니하고, 天上에서 이리저리 廻遊 하면서 三年동안 下界를 俯瞰하여, 人間의 禍難處와 害惡物이 어디어디 잇는 것을 ──이 살펴 알았다. 그리고 '이대로 下界로 가하지는 못 할 터이니까, 人間으로 換生하지 아니하면 아니 되겠다' 하고, 六〇歲된 老女人인 '투문 야리굴'이라는 이를 가려서 그 頭腦 中으로 들어갔다.

투문 야리굴이 이상해 이상해 하는 중에 多數한 子意을 낳았는데, 그 出生하는 모양이 제각기 같지 아니하고 낳는 대로 하늘로 날아갔다. 맨 나중에 나온 아이는 하는 말이 '내가 世上에 났으니까 이로부터 世上에 사람이 퍽 늘리다' 했는데, 보기에 醜怪하기 짝이 없더니 居無何에 변하여 人形이 되었다. 이 사나이가 곧 께실 복도로서 이이가 人間에 있는 온갖 災禍를 부셔내고 邪鬼와 惡人과를 滅除하였다. 最終에 죽여버린 邪鬼가 '루수귀 망가태'란 것인데, 께실 복도가 이놈의 발목을 잡은즉 그놈의 손가락으로 땅을 문지르니, 긁힌 자국에서 一〇條의 川流가 湧出하여 그것이 아카河가 되어 앙가라의 左岸으로 合水하였다.

께실 복도는 人間 救濟의 大任을 마치고는 '이제는 드러누워 잠이나 자자. 아무든지 나를 깨우지 말라. 이 세상에 또 禍災와 邪鬼와 惡人이 跋扈하게 되면, 그때는 내가 猛烈히 蹶起하여 다시 天下를 燈淸하마.' 하였다. 그의 잠자는 곳은 無邊際의 盤石이요, 그 四圍에는 鬱蒼

한 大森林이 環繞하여 있다. 자다가 숨을 돌리느라고 그가 돌아 누울제면 大地가 근덩근덩

흔들리는데, 外國 사람들은 이것을 地震이라 한다.

『만선일보滿鮮日報』, 1939[3]

이들 게세르 신화의 신화적 내용을 살펴보면, 하나의 신화텍스트 안에 몇 개의 신화 층위가 쌓여있는 것을 확인할 수 있다. 즉, 천신(텡게르)의 신화층위, 천자(부헤빌릭트[4])의 신화층위, 산신(오보군지드)의 신화층위, 게세르의 신화층위 등으로 구분할 수 있었다. 게 세르의 신화층위는 다시 어린 시절(노스가이 조르)의 서사와 결혼 후 게세르칸으로 성장 한 이후의 서사로 나뉠 수 있다. 또한 게세르가 이상국을 건설한 이후, 신화텍스트를 초월하여 몽골과 주변 민족의 강력한 신격으로서의 지위를 확보하게 된 민속 현장에서 의 게세르 신화층위를 언급할 수 있겠다.

이중, 게세르칸 서사시의 신화적 서사단락과 관련된 신화층위는 4개의 층위로 나누 어 볼 수 있으며, 각 신화층위별로 그 핵심적인 서사단락을 다음과 같이 정리하여 볼 수 있다.

---

[3]   『육당최남선전집 10권』, 동방문화사, 2008, 315쪽.
   최남선은 〈몽고천자〉에 대하여 다음과 같이 언급하기도 한다.
   "國家의 起源을 天帝子의 救世的 願行에서 나왔다고 하는 神話는 不咸文化圈에 普遍히 행하는 바어 니와, 蒙古의 그것은 「께실 복도」의 이야기로 전하여 온다…… 께실 복도의 天降救世說話는 오로지 쁘 리야트 蒙古人의 사이에 流轉하여 오는 것으로, 近世에 露西亞人을 말미암아 세계에 傳布되었다. 그것 이 口口相傳의 것인만큼 說話의 常例에 準하여 詳略과 轉變의 種種異型이 있어, 記者를 따라서 전하 는 내용이 또한 一致하지 않지마는, 天上에 善神界가 있어 인간을 下視하시다가 그 騷擾不安함을 보시 고는 貴子를 派送하여 救濟에 當케 하신다는 結構임에는 죄다 다름이 없다. 그런데 派來하는 神子가 혹 九人 중의 正中이란다든지, 혹 第十三子라든지 하는 등이 눈에 뜨이는데, 우리 檀君古記에 桓雄天 王이 天帝의 庶子로서 인간에 降臨하였다는, 庶子가 실상 由來 있는 것임을 이에 徵考하게 된다."
[4]   게세르 신화에서 하늘의 영웅이자 천신의 아들의 이름은 다양하게 나타난다. 〈아바이 게세르 복도 한〉 에서는 '부헤빌릭트(비범한 씨름꾼)', 북경판본 게세르에서는 '우일부텍치(만사를 형통하게 하는 자)' 등 으로 불려진다.

게세르 신화의 신화적 층위와 기본 서사

	신화층위	기본서사	변이서사
1	텡게르신화 -하늘세계	게세르 서사시 구연을 위한 제사, 제문	게세르 찬가(막타알, 홀보)
		태초 신의 창세, 선신과 악신의 탄생	
		체겐체브덱 하이르항, 신들의 전쟁	
		신들의 회의	제석 호르마스트, 도리 33천
2	천자신화 -신성공간	게세르의 천강 화신, 말, 마법의 무기 등	창세에 관여
		성산, 숨베르산	
		중간계에서 삼년동안 인간세계와 망가스의 근거지를 두루 정탐함	
3	산신신화 -신성공간	오보군지드의 영웅 게세르의 탄생 예언	
		게세르의 부모의 고난과 불구성	어머니는 천상의 선녀/노인 부부
		게세르의 어머니가 산속으로 야생파 채집하러 감	땔감 모으러 산속으로
		게세르 어머니가 산속에서 거대한 발자국을 발견하고 기절	호르마스트, 천신들과 재회
		게세르 어머니의 임신	
4	게세르신화 -지상세계	자신의 화신들과 달리 게세르는 인간의 길로 출생	
		어린 게세르의 기괴한 생김새와 비범한 능력	
		결혼, 망가스(괴물) 퇴치전	
		놀롬 평야에 이상국 건설	

2) 〈게세르칸〉의 신화층위와 기본 신화소

앞에서 정리한 몽골 〈게세르칸 서사시〉의 기본 서사단락을 중심으로 그 안에 담긴 주요 신화소에 대하여 다음과 같이 제시할 수 있다.

게세르 신화의 신화층위와 주요 신화소

	신화층위	신화소	
1	텡게르신화 [하늘세계]	게세르 서사시 제문, 태초의 여신, 창세, 천신의 계보, 선신과 악신, 삼계관, 호르마스트, 체겐체브덱 하이르항, 신들의 전쟁, 악신 아타이올란의 분해, 망가스(괴물)로 환생	
2	천자신화 [신성공간]	신들의 회의, 가운데 아들(테엘리 후), 중간계, 천강의 조건(천상의 화신인 형과 누나3, 준마, 30용사, 3천 군사, 마법의 도구), 변신술, 정령, 인세 정탐	
3	산신신화 [신성공간]	성산, 후셀링 오보, 오보군지드(산신, 서낭당의 주인), 영웅 탄생의 예언, 게세르의 부모, 그들의 고난과 불구성, 야생파 타안(taana), 거대한 발자국, 기질 혹은 잠	
4	게세르 신화 [인간세계]	어린시절	인간이 태어나는 길, 게세르 화신들의 탄생, 게세르의 기괴한 형상, 어머니의 유기, 어린 게세르의 볼품없는 형상과 이름, 노스가이 조르(코흘리개, 볼품없는), 영웅의 비범한 능력(무용)
		괴물퇴치전, 결혼 화소	
		이상국 건설	
*	게세르 신화의 신격화	시방세계의 신, 군웅신, 게세르 사당, 게세르 신화텍스트의 주술성	

이들 신화소는 게세르 신화의 각 층위 신화의 주요 서사를 구성하면서 〈게세르 신화〉라는 하나의 신화 구도 안에서 유기적으로 엮어지게 된다. 그러한 과정에서 개별 층위의 신화적 맥락에서 보다 개연성을 확보하는 신화소로서 몽골 〈게세르 신화〉의 신화적 성격을 뚜렷하게 나타낸다.

2. 〈게세르칸 서사시〉의 신화소 분석

몽골의 게세르칸 서사시의 신화적 서사단락과 신화소를 살펴보았는데 4개의 신화층위로 구분되는 것을 확인할 수 있었다. 이러한 층위 구분은 앞장에서 추출한 신화소를 정밀하게 분석하는 데에 있어 중요한 시각을 제시하여 줄 수 있다고 본다.

1) 텡게르의 신화층위와 신화소

몽골의 게세르칸 서사시에 등장하는 천신(텡게르) 신화는 여러 이본 중에서도 부리아트 몽골의 게세르칸 서사시에서 상세하게 묘사된다. 내몽골의 구비본과 같이 다른 이본에서도 게세르 서사시를 본격적으로 읊기 전에 신들에 대한 제의 절차를 반드시 거친다든지, 창세의 내력을 풀고, 절대신의 명령으로 신들의 회의를 거쳐 천신의 아들이자 하늘의 영웅을 천강하게 한다는 내용은 서사분량에서 차이는 있지만 구비본의 게세르 서사에는 프롤로그로 설정되어 있다.

〈아바이 게세르 복도 한〉[5]에서는 엄격한 서사시 제의 절차에 이어 다음과 같이 태초 신에 대한 내력과 창세과정이 노래된다.

> 시간이 처음 시작될 때
> 맨 처음 태초의 시간에
> 높은 하늘 위로
> 안개가 피어나고
> 넓은 땅에는
> 물웅덩이가 있고
> 하늘의 만신萬神들이
> 태어나지 않고
> 공중의 신들이
> 생겨나지도 않았을 때
> '에흐 보르항'이 태어났다.

---

5   С.П.Балдаев, 앞의 책, 1995, p.18.

〈아바이 게세르 복도 한〉의 시작 부분에서 태초의 신 '에흐 보르항'은 유일신으로 태어난 전지전능한 여성신으로 묘사된다. 최초의 신 '에흐 이흐 보르항'은 혼자 해, 달, 별이 없는 어둠 속을 외로이 날아다니다가 드높은 섬부주와 끝없는 세상을 조사하고는 창세를 시작한다. 먼저 야생오리를 만들어 물로 뒤덮인 대륙 위로 물 속 진흙을 물어오게 하여 넓은 땅ulgen delxii을 만들게 하고 거북이를 만들어 튼튼한 네 다리로 등껍질 위에 땅을 만들게 한다. 한편 자신의 오른 손으로 땅을 할퀴어 그 자국으로 강줄기를 이루게 하고 각양각색의 꽃과 풀, 나무를 만들어 내는 과정이 묘사된다.[6] 사신이 만들어 낸 것들을 보고 에흐 보르항은 '이 얼마나 아름다운가!' 하며 스스로 감탄을 연발한다.(p.19) 동물들과 새, 물고기 등을 만들고는 역시 '너무너무 좋구나!' 하고 흡족한 웃음을 짓는다. 그러다 자신이 만든 암수 한 쌍의 새가 네 개의 알을 낳고 숲으로 노니는 모습을 지켜보고 구덩이 속에서 암수 한 쌍의 늑대가 다섯 마리의 자식을 낳고 지내는 모습을 보면서 갑자기 에흐 보르항은 '나는 왜 혼자인가?' 하며 외로움을 느끼고 깊은 잠에 빠져든다. 이때 태초의 악마 '이흐 처트거르(대악마)'가 와서 넓은 땅을 움켜쥐어 버린다. 곧바로 '에흐 이흐 보르항'이 깨어나 저지하였지만 이흐 처트거르가 움켜쥔 부위는 이미 바위절벽이 되어 버린다. '에흐 보르항'은 역정을 내어 '이흐 처트거르'를 쫓아내고 다시 공중을 날아다니다 햇빛이 필요하다 여겨 태양을 만들고, 달빛이 필요하다 여겨 달을 만든다.(p.21) 해와 달을 만든 이후의 창세과정에는 기본 법칙이 있는데 즉 좋고 아름다운 것은 밝은 낮에 만들고 나쁘고 추악한 것은 어두운 밤에 만든다는 것이다.

창세가 거의 마무리 될 무렵 '에흐 차강 보르항(에흐 이흐 보르항)'의 여성성이 본격적으로 드러나기 시작한다. 즉 에흐보르항은 '하늘을 날아다니다 뜨거운 태양에 너무 더워 초록옷 등을 벗고 처음 태어난 몸, 아름다운 처녀의 몸으로 나무 밑둥을 베고 누워서 논다'는 것이다. 문득 남자를 그리워하게 되고[7] 드디어 해와 달의 실랑이 끝에 일월의

---

6   С.П.Балдаев, 앞의 책, 1995, p.18-19. 이후에도 동물창세 및 신들을 탄생시키는 장면 등이 계속 이어진다.
7   С.П.Балдаев, 앞의 책, 1995, p.21.

영험으로 임신을 하게 된다. 밝은 낮에 임신한 아기가 선한 기운(해)을 타고 태어난 '만잔 구르메 할멈'이고, 어두운 밤에 임신하여 악한 기운(달)을 타고 태어난 것이 '마야스 하라 할멈'이다.

여기에서 주목되는 것은 선신과 악신의 연원이 되는 여성 창세신인 할머니to'odoi[8] 신들 계보에 대하여 자세히 언급되어 있다는 것이다. 최초의 신도 여성이며 선신과 악신으로 분파되는 신의 계보도 '에흐보르항'의 딸들인 '만잔 구르메 할멈'과 '마야스 하라 할멈'이라는 여성신 계보에서 먼저 시작된다는 관념이다. 태초의 신들은 해와 달에 의해 잉태된 '에흐보르항'에 의해 태어나고 이후 태초의 여러 천신들도 해와 달에 의해 태어나게 된다. 부리아트 게세르에 나타나는 이야기를 토대

만잔 구르메 할멈(Манзан Гүрмэ төөдэй)
(부리아트, by. 숑코로브 칭기스)

---

8 제주도에서는 '삼승할망과 구삼승할망' 신화가 전해지고 있다. 이 신화는 '삼승할망'에게 자식을 점지해 주도록 비는 굿인 '불도맞이'에서 불리는데 삼승할망은 아이의 잉태를 가져오는 산육신(産育神)인 삼신 할머니다. 제주신화 속에서의 '할망'은 '여신'에게 붙이는 신격존칭으로 쓰인다. 삼승할망은 '생불왕', '이 승할망', '불도할망' 등으로도 부른다. 삼승할망인 명진국 딸은 병인년 병인월 병인일 병인시에 태어났 다. 갑자년 갑자월에 이루어진 천지개벽, 을축년 을축월에 이루어진 고양부의 개국에 이은 중요한 출현 인 것이다. 저승할망이 된 동해용왕의 딸은 '옛 삼승할망'이라는 뜻으로 '구삼승할망'이라고도 부른다. 꽃 심사에서 진 뒤 아이에게 궂은 병을 주겠다고 심술을 부리는 저승할망을 달래느라 삼승할망이 아이 가 태어나면 좋은 음식을 차려주겠다고 한 약속 때문에 아이가 아프면 저승할망을 위한 음식상을 차려 올리게 되었다고 한다. 제주도, 『제주관광메뉴얼 Jeju』, 도서출판 각, 2003.

로 태초신의 계보를 정리하면 아래와 같다.[9]

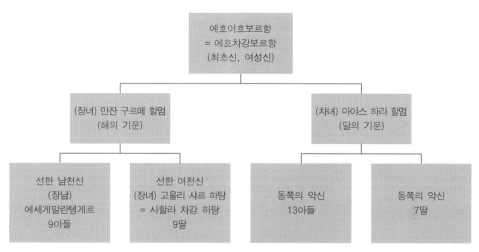

〈아바이 게세르 복도 한〉에 나타나는 태초신의 계보

해의 기운을 타고난 에흐 이흐 보르항의 장녀 만잔 구르메 할멈의 9아들[10]과 9딸[11]은 선한 신으로 좌정하고 달의 기운을 타고난 차녀 마야스 하라 할멈의 13아들[12]과 7딸은 동쪽의 악신으로 좌정하게 된다. 여기서 해의 기운을 타고난 만잔 구르메 할멈의 9아들 중 장남으로 나타나는 에세게 말란 텡게르[13]는 천신들의 아버지로 등장하며 다른 게세르칸 서사시 이본에서는 후헤멍흐 텡게르(허흐멍흐 텡게르)[14]의 장남으로 언급되기도 한

9   С.П.Балдаев, 앞의 책, 1995.
10 장남, 에세게말란텡게르, 2남 체겡허흐텡게르, 3남 항부르겐텡게르, 4남 항구찌르텡게르, 5남 나랑게렐 텡게르, 6남 아브락차강텡게르, 7남 오다이멍겅텡게르, 8남 홀만차강텡게르, 9남 보말차강텡게르.
11 장녀 고올리 샤르 하탄=사할라 차강 하탄, 2녀 차가다이 차강 하탄, 3녀 허르머이 차강 하탄, 4녀 헐셔르터 차강 도라이, 5녀 온탄 도라이 아브하이, 6녀 여르먹 차강 고혼 두헤이, 7녀 더르너이 차강 아브하이, 8녀 날마 고혼 두헤이, 9녀 에르벤 도라이 아바하이.
12 아사랑고이 하르 텡게르가 장남이고 그 다음으로 동쪽 악신의 제왕으로 등장하는 아타이올란텡게르가 언급된다.
13 에세게 말란 텡게르(대머리 아버지 천신).
14 후헤 멍흐 텡게르(푸르고 영원한 천신).

다. 에세게 말란 텡게르는 서쪽 선신의 최고신으로서 좌정하면서 여러 천신들과 후혜 멍흐 텡게르의 중계자 역할을 담당하기도 한다. 한편 바이칼의 게세르 이본에서는 에세게 말란의 자식들에 대해서 소개하고 있는데 장자 에레 유렌과 아홉 아들, 그리고 인간에게 도움을 주는 선신인 '수테바얀', '수레그테바얀', '부다르기 사간', '슈테그테', '나란돌라얀' 등 여러 신들이 등장한다.

부리아트 게세르에 묘사되는 선한 천신들은 모두 모두 55명이며 하늘 서쪽에 좌정한다.[15] 한편 〈아바이 게세르 복도 한〉 이본에는 태초의 악신인 마야스 하라 할멈의 20명의 자녀들의 이름이 제시되어 있는데 이들은 모두 동쪽에 거주하는 악신으로 묘사된다.[16]

따라서 몽골의 신화에서 천신들이 동서로 선신과 악신이 나뉘어 배치된 연유는 에흐 보르항과 만잔 구르메 할멈, 마야스 하라 할멈의 계보에서 기원한다고 할 수 있다. 하지만 이러한 여성신의 계보가 어느 순간 '후혜 멍흐 텡게르'라는 남신이 지고신으로 좌정하면서 천신들의 계보가 남성 중심적으로 재편된다. 흔히 99천신으로 일컬어지는 천신들의 수는 서쪽의 55선신과 동쪽의 44악신, 그리고 중간에서 중립을 지키는 천신 '세겐세브덱' 하이르항까지 정작 하늘에는 100명의 천신이 존재해야 할 것이다.[17] 그럼에도 몽골의 신화에서 100명의 천신이 아닌 99천신을 공식구처럼 읊는 것은 중간의 세겐 세브덱이 천신의 신격보다는 태초 산신(하이르항)의 신격을 가지고 있기 때문으로 보인다.

---

15 일리야 N. 마다손, 양민종 譯, 『바이칼의 게세르 신화』, 솔, 2008, 45-46쪽.

16 С.П.Балдаев, 앞의 책, 1995, pp.32-33.

17 신화는 어떤 경우든 서로 간에 연계관계가 모호하고 확실한 체계를 갖추고 있지 못하다는 데 대하여 자주 언급하고 있음(Levi-Bryul', 1937, 256쪽). 몽골 신화도. 텡그리의 숫자에 관한 문제도 애매모호한 상황. 다만 텡그리 숫자에 대한 다양한 언급은 그 배후에 서로 다른 신화적 전통이 존재한다는 것. 몽골 샤머니즘 전통에서는 동방의 44텡그리, 서방의 55텡그리, 북방의 3텡그리(Sodnom, 1962, 71 · 87쪽)라 고 하는 데 반해 부리아트 샤머니즘 신화에서는 "에세게 말란과 에헤 유렌을 비롯한 남쪽의 99텡그리, 자얀 사간 텡그리와 자를릭 하탄을 비롯한 서방의 55텡그리, 후흐데이 메르겐을 비롯한 북방의 77텡그 리, 아타이올란을 비롯한 동방의 44텡그리(미하일로프, 1958, 4쪽)"로 되어 있다.

몽골의 삼단적 우주관에 의하면 신화의 세계는 천신들이 사는 하늘세계, 인간이 사는 지상세계, 에를렉이 관장하는 지하세계로 나뉘어져 있는데 부리아트 몽골의 신화 세계에서는 이러한 수직적 세계관과 함께 방위에 대한 관념 역시 중시되어 천상세계가 동서로 구분된 것으로 보인다. 몽골의 신화학자 돌람S.Dulam은 천상에서 선과 악의 텡게르들이 좌정하고 있는 동과 서, 세겐세브덱 산신(하이르항)이 거주하는 중앙의 3개 공간의 구도 또한 '몽골 신화에서 말하는 우주의 3단 구조의 연장'이라고 보았다.

한편, 이들 천신들의 성향을 자세히 분석히여 보면 서쪽의 천신이라고 해서 모두 온순하고 동쪽의 천신이라고 해서 모두 사나운 것은 아니며 서쪽 선신의 다섯 분은 거칠고 쉰 분은 온화하며 동쪽 악신의 네 분은 온화하고 마흔 분은 사납다고 한다.[18]

부리아트 게세르칸 서사시 채록본 〈아바이 게세르 복도 한〉에서 등장하는 태초의 여성신은 이후 이본들에서 다양한 신격 변화를 보인다. 그 변이 양상을 살펴보면 '허흐 멍흐 텡게르' 등 남성 텡게르(천신)의 등장으로 여성신으로서의 '에흐 보르항'은 신화 사설에서 밀려나고 남성신 중심으로 이향해 나가는 모습을 게세르의 여러 이본들을 통하여 확인할 수 있다.[19]

게세르 신화에 등장하는 천신들은 이본의 전개에 따라 최고 4단계에 이르는 통시적 층위를 가지게 된다.

---

[18] 잠츠라노, 앞의 책, 1903, 51쪽; 『몽골 신화의 형상』, 121쪽; 센덴자브 돌람 저, 이평래 역, 『몽골신화의 형상』, 태학사, 2007; 우실하, 「3수 분화의 세계관」, 소나무, 2012, 312쪽.
[19] 그래도 부리아트 몽골의 게세르 신화에서는 만잔 구르메 할멈 등과 같은 일부 여성 신격들이 여전히 등장하면서 본연의 역할을 담당하는 모습을 보이기도 한다.

주요 이본별 천신의 층위

분류	자료	최고신	2층위	3층위	4층위
1	게시르 복도 1.2.3	동-Qurmus Tengeri[20]	99천신 동-44천신 EsegeMalan	9아들	
		Delquen Sagan/ *Shalmo Khan	천신들	Delquen Sagan의 손자 게시르	
		서-Khan Tyurmas tenger 동-Atai Ulan 중-Segel Sebdik	1000 Burkhan 천불(千佛)		
2	게세르 (1986)	Shigemuhi burxan 석가모니 부처	Xurmast tenger 호르마스트 천신= 제석천	도리 33천	
3	아르다이 바타르 게세르 (1989)	서-xan xyurmas 동-atai ulaan 중-segeen sevdeg	서-55천 동-44천		
4	아바이 게세르 복도 한 (1995)	에흐이흐보르항(여성신) *이흐슈드헤르(최초의 악마)[21]	선신-만잔 구르메 할멈 악신-마야스 하라 할멈	서-9아들 9딸, 　장남 : 에세게말란텡게르 동-13아들 7딸, 　차남 : 아타이올란텡게르 중-세겐세브덱	서-항호르모스 트외 55천 동-44천
5	바이칼의 게세르 신화 (2008)	후헤 문헤 텡게르 *지하-에를릭한	서-에세게말라안 텡게르	서-한히르마스 동-아타이올란 중-세겐세브덱	서-55천 동-44천

　이들은 영웅서사시의 전승과정에서 여러 층위를 형성하면서 전개된다. 게세르칸 서사시에서는 최고의 신격으로 태초의 유일신이자 여성신인 '에흐 이흐 텡게르'가 맨 처음

20　대부분의 이본에서는 동쪽은 악신의 거주지이다.
21　유일신으로 언급되고 있는 '에흐 보르항'의 시기에도 '이흐슈드헤르(대악마)'라는 악마가 함께 존재하고 있다는 언급이 얼핏 보인다. 이는 창세신화의 초기 형태에서 태초부터 창세신과 악마의 인세차지경쟁의 모티프를 가지고 있었음을 암시하는 것으로 보여진다. '이흐슈드헤르'는 평평한 땅 양쪽을 움켜쥐어서 바위절벽을 만들기도 하지만 '에흐 보르항'은 흉악한 존재가 자신의 땅에 들어왔다며 화를 내며 쫓아낸다. С.П.Балдаев, 앞의 책, 1995, p.20.

등장하고 이후 천신계가 계보를 이루면서 남성 지고신인 '허흐 멍흐 텡게르'에게로 신격이 전이된다. 이후 시대적 지배사상의 영향으로 '호르마스타Hormasta' 천신, 그리고 최종적으로 '식자모니(석가모니)'에까지 이르게 된다.

〈게세르칸〉 서사시의 지고신(至高神) 변이 양상

게세르 신화에 등장하는 지고신의 모습을 통하여 각 이본마다 부분적으로 투영된 당대 종교문화적 상황을 통시적으로 확인할 수 있다. 이러한 변이 양상은 시대구분이 모호한 게세르 신화 구비본의 선후관계를 가늠하는 준거가 될 수 있다. '에흐 이흐 보르항'이라는 여성 창세신이 등장하는 부리아트 게세르의 경우 비교적 초기형 신화 모티프를 가진 이본으로 보여진다.

이에 비해 최근까지 전해지는 대부분의 몽골의 게세르칸 서사시 이본에 여러 천신들의 최고신으로 등장하는 신격은 '호르마스트'이다. 호르마스트 천신은 게세르 서사시뿐만 아니라 몽골의 신화에서 최고신으로 광범위하게 등장한다.[22] 앞에서 살펴보았듯이 몽골의 신화 체계에서 호르마스트(한호르마스트) 신격이 원래부터 존재하였던 신이 아니라 '에흐 보르항', '멍흐 텡게르', '에세게 말란 텡게르' 등 토착 신격의 아래 층위에 비슷한 신격을 가진 외래신이 들어와 자리를 잡은 것으로 보인다. 반자로프[23]에 의하면 호르마스트는 고대 이란의 〈아베스타〉에 등장하는 '아후라마즈다'라는 명칭과 관련되지만 실제 신격은 몽골 신화의 전개과정에서 고대 인도의 베다 신화의 신격인 브라흐마와 인드라의 신격이 몽골화된 텡게르라고 하였다. 한국 신화에서는 '제석帝釋'으로 번역되어 등장하며 그 대표적인 예로 단군신화에서 단군의 할아버지 신격인 환인桓因이 이에

---

22 B.Rinchen, 앞의 책, 1959, p.22, p.33.
23 반자로프, 앞의 책, 1955, p.76.

빗대어 주석되기도 한다. 하지만 명칭이 유사하다고 하여 같은 신격으로 이해된다든지 해당 종교의 영향을 받았다고 섣불리 단정해서는 안되며 당대 신화적 상황에 맞추어 토착 신격에 대한 명칭을 바꾸거나 유력 신격에 빗대어 이해를 돕는 방편으로 활용된 사례라고 보아야 할 것이다.

게세르 신화에서 호르마스트 텡게르는 주로 에세게 말라얀 텡게르의 친아들로 언급되며 한호르마스트는 본질적으로 몽골 신화에 나오는 텡게르 형상 중에서 두 번째 시기의 형상으로 파악된다.[24] 북경판본 게세르칸 이본에서는 석가모니를 최고신으로 두고 제석 호르마스트 천신을 서열 2위의 신격으로 배치하는가 하면 서열 3위의 층위에 도리 33천을 좌정시키기도 하였다. 린친은 게세르칸 북경판본에 등장하는 제석천과 도리 33천의 신격을 베다 신화와 불교 신화의 영향을 받은 세 번째 시기의 형상으로 보기도 하였다.[25]

이처럼 신화의 전개 과정에서 나타나는 영향력 있는 신의 형상들이 시기별로 차곡차곡 쌓여져 전승되는 양상은 몽골의 대표적인 고전이자 역사서인 〈몽골비사〉의 칭기스칸 시조의 신화 부분에서도 고스란히 발견된다.

하늘신	•텡게르(하늘, 천신)
동물신	•버르테 존(회색 늑대), 고 마랄(예쁜 암사슴)
거인신	•도보메르겐(장사), 도바소호르(천리안)
시조모	•알랑고아
시조영웅	•몽학 보돈차르(바보)
건국영웅	•칭기스한

〈몽골비사〉의 신화층위별 신격의 양상

---

24 『몽골신화의 형상』, 119쪽.
25 『몽골신화의 형상』, 120쪽; Rinchen, 앞의 책, 1975, p.93.

게세르 신화의 대표적인 문헌본인 북경판본과 대표적인 구비본인 부리아트 게세르 서사시 창본을 비교하여 보면 이들 신격의 층위에 있어서 현저한 차이를 보인다. 북경 판본의 경우는 석가모니와 제석 호르마스트, 도리 33천, 선견성과 같은 불교적 개념이 전면에 배치되어 있고 부리아트 게세르 서사시의 경우는 태초 창세신부터 여러 텡게르 들이 등장하고 있다. 하지만 부리아트 게세르 신화에서도 비교적 후대형에 속하는 이 본에는 외래신이 호르마스트(제석) 천신이 몽골 신화의 중요한 신격으로 등장한다. 게세르 신화에서 호르마스트 천신이 최고의 신으로 등장하는 경우도 있지만 주로 당대 지고신의 바로 아래 서열로 배치되어 신화 서사에 실질적인 영향력을 끼치는 신격으로 등장하기도 한다.

이러한 외래적 요소는 두 번째 유형의 창세 모티프를 만들어 내기도 한다. 즉 현재 전승되고 있는 몽골의 영웅서사시나 영웅설화 등에 보편적으로 나타나는 창세 화소로 숨베르산須彌山과 숭달라이乳海의 태초 모습 등을 언급하는 형태이다.

> In the earliest of early times,
>
> In the most ancient of periods,
>
> In the first of first times,
>
> In the time of the beginning;
>
> ......
>
> When the great Milk Sea was but a small puddle,
>
> When the world mountain Humber Ula was a hillock,
>
> ......
>
> It was a time of beautiful things! [26]

---

[26] 부리아트 홈페이지 http://www.buryatmongol.com/

몽골의 聖山, 보르칸 할둔 산(Burkhan-haldun uul)

옛날의 가장 오래된 옛날

태고의 시절에

처음의 첫 시대

태초의 시절에

······

숭달라이(우유바다) 대해大海가 작은 웅덩이였을 때,

세계산 훔베르 산이 작은 둔덕이었을 때,

······

아름다운 시절이었다네!

　이중 숨베르(훔베르)산은 수미산須彌山이라는 외래 종교적 면모보다는 게세르 신화의 서사와 긴밀한 연계를 맺고 게세르의 천강 서사에서 핵심적인 역할을 하는 몽골 신화의 성산聖山[27]으로서 보다 주요하게 기능한다. 영웅신화의 공식구처럼 배치된 이 유형의 창세 화소는 게세르 서사시를 부르기 전 반드시 거쳐야 하는 제문처럼 신화의 엄숙한 분위기를 조성한다. 이 부분에서 반드시 등장하는 숨베르산과 숭달라이는 몽골의 신화 속 성산과 성스러운 바다를 의미하며 천신계와 인간계 사이에 존재하는 신성공간

---

[27]　몽골비사에서는 '보르항 할둔 산', 몽골 민속에서는 각 지역마다 존재하는 '보그드 산'이 몽골의 신화적 성산에 해당한다.

에 해당한다. 이 신성공간에서 주로 영웅의 천강天降이 이루어지고 인세에 본격적으로 탄생하여 과업을 완수할 만반의 준비를 하는 공간으로 형상화 된다. 특히 숨베르산은 게세르의 인간세상 어머니가 임신하기 전에 찾아간 곳으로서 신과 여인이 교합하는 장소이다.

창세의 과정은 게세르가 천강하여 인세를 잠행할 때 "바다와 지형물을 만드는 내용이 언급되기도. 창세신의 면모가 얼핏(아바이 게세르). 그러나 본연의 모습은 아님" 인간세상에 태어나 퇴치하게 될 괴물들을 하나하나 정탐하는 장면, 자신이 태어날 어머니를 찾아가 미리 살펴보고 조언을 해주기도 한다.

게세르 신화의 서사는 이러한 천신들의 이야기에서 비롯된다. 게세르 신화의 문헌본에서는 천신들의 이야기 부분이 거의 생략되고 하늘(호르마스트 천신)의 가운데 아들을 지상에 파견하게 된 이유와 그 과정이 간단하게 언급되어 있지만 부리아트 몽골 게세르 서사시에서는 영웅신 게세르가 인간세계로 천강하게 된 자세한 이유와 과정이 장황하게 노래된다. 하늘신의 가운데 아들인 천자가 인간세계로 내려올 수밖에 없는 필연적인 이유는 동서로 나뉜 천신들의 전쟁 때문이다.

신들 간의 전쟁의 원인은 크게 두 가지로 분석된다. 그 첫 번째는 동쪽의 신이 서쪽의 신 나란돌라한 텡게르의 귀한 딸을 해코지하여 병들게 한 것과 두 번째는 동서 하늘의 중간 지점에서 눈처럼 흰 사히닥 산에서 중립을 지키고 있는 세겐세브덱 천신을 포섭하려고 동쪽 신의 수장 아타이 올란 텡게르가 밀사를 보낸 것이다. 이러한 정황을 한히르마스(호르마스트)의 아들이자 게세르의 전신前身인 빌릭테가 타고난 천리안千里眼으로 알아채고 아타이 올란의 세 아들을 무찔러 지상의 샤라이드sharaid, sharai gol(노란 강) 지역으로 내던져 버린다.[28] 이것이 바로 인간 혼란의 근원이 되며 게세르 서사의 발단이 된다. 즉 지상세계에서 수차례의 괴물퇴치전으로 전개되는 게세르 서사시가 바로 이러한 신들의 전쟁에서 시작되는 것이다. 특히 게세르 신화의 모든 이본에서 주요 사건으로 등장하는 '샤라이 강' 세 왕에 대한 퇴치전의 원인은 아타이 올란 천신의 세

---

28   일리야 N. 마다손, 양민종 譯, 『바이칼의 게세르 신화』, 솔, 2008.

아들과 빌릭테 사이에 벌어진 하늘세계 왕자들의 싸움에서 비롯된 것이다. 이러한 인과관계가 명확하게 제시되지 않고 괴물퇴치전만 나오는 게세르 신화의 기록본 자료는 게세르 신화의 완전한 서사가 아니라고 할 수 있다.

게세르 신화에는 천신들의 세계도 마냥 지고지순한 세계가 아니라 인간세계와 마찬가지로 시기와 싸움이 존재하는 곳이라는 관념이 담겨 있고 결국 인간세계의 혼란과 불행의 근본 원인은 인간이 아니라 불완전한 천신들 간의 다툼 때문이라는 독특한 신관이 깔려 있다. 한편 선신과 악신을 분리하면서도 이들의 인간적인 행위들을 통하여 절대선과 절대악의 분별을 부정하는 관념도 깔려 있다.

게세르 신화는 신에 대한 맹목적 숭배에 회의를 가지게 되고 보다 인간과 가까이 하면서 인간을 위하는 인간의 신에 대한 필요성에서 그 존재 의의를 찾을 수 있겠다. 어느 순간 신화는 더 이상 신을 위한 이야기가 아니라 인간을 위한 영웅적인 신을 지향하게 된다. 이는 신화를 둘러싼 세계의 정치적 배경이라는 신화가 가지는 정치성과 긴밀한 관련이 있는 것 같다. 인간과 가까운 신의 형상으로 신과 인간의 중간자라는 '바타르(영웅)'를 주인공으로 하는 '영웅신화'가 등장하게 되는 배경이 된다.

게세르 신화와 같은 영웅신화 속의 주인공 영웅은 대부분 천신의 아들로부터 기원한다. 영웅신화의 서사는 이 천신의 아들이 인간세상에 천강하는 것에서 시작한다. 하늘의 아들이 무슨 이유로 지상에 천강하게 되는지가 몽골 영웅신화의 첫 번째 화두라고 할 수 있다.

부리아트 게세르 신화에서는 천신의 아들이 지상에 천강하게 된 이유를 천신들의 전쟁으로 설정한다. 텡게르(천신)들의 전쟁으로 인간세계는 온통 혼란에 빠지게 되고 인간들은 신들에게 간절한 기도로 구원을 요청한다. 원래 인간세계에는 서쪽 신들과 인간을 소통하게 해주는 투게쉰 출신의 세 칸(사르갈노욘, 하라 소톤, 셴겔렌)이 혼란해진 인간세계에서 설법과 선행을 베풀고 있었다. 이중 하라 소톤은 게으르고 교활하였지만 셴겔렌은 인간들이 원할 때면 언제든지 찾아가 도움을 주었다. 이들 투게쉰 세 칸이 존재하는 곳은 바다(문헤달라이, 하라달라이) 옆 계곡(모렌계곡, 하탄계곡)으로 종교의 공간이자 신앙의 공간, 무당의 공간이다. 따라서 투게쉰 세 칸은 제사장으로서의 면모가 강하게 나타

난다. 또다른 종교적 사제의 형상인 늙은 여자 샤먼 샤라그샤한은 극심한 가뭄이 계속
되자 사람들의 눈물을 모은 정한수와 순결한 아이들을 앉혀 놓고 서쪽 하늘신에게 간
절히 기도를 올린다.[29]

한편, 지상으로 분해되어 던져진 동쪽 신 아타이 올란의 화신들은 인간세계에서 서
로 살생하게 하는 등 혼란을 일으킨다. 샤라이골의 세 왕은 고아인 소년 소녀에게 더러
운 국자에 피 묻은 음식을 담아 하늘로 제사하라고 한다. 에세게 말란 텡게르가 더러운
국자가 하늘로 올라온 연유를 알아보기 위하여 거울로 인간세계를 비춰보니 괴물과 악
귀들이 온갖 생명에 해코지하며 날뛰는 모습이 보였다. 매우 화가 난 에세게 말란이
호르모스트에게 직접 인간으로 내려가기를 명령한다. 〈아바이 게세르〉에서도 허흐멍
흐 텡게르가 한 호르마스트에게 직접 내려가라고 명한다.[30]

게세르 신화에 의하면 인간세계의 혼란이 신들 때문에 극심해졌고 이를 해결하기 위
해 신이 직접 지상으로 내려가야 하는 상황이 벌어진 것이다. 원래는 지고신이 아래
층위의 신인 호르마스트 신에게 직접 수습을 명령하지만 호르마스트 천신은 신들의 회
의를 열어 자신의 아들을 대신 보내기로 한다.

북경판본을 비롯한 문헌화 된 게세르에서는 부리아트 몽골의 구비본 게세르와 다소
차이를 보인다. 신들에 대한 내력이나 이들의 배치, 투쟁 장면 등이 생략되었으며 석가
모니 부처님을 최고신으로 좌정시키고 천자의 천강에 대해서 석가모니의 명령에 의해
서라고 간단하게 제시된다.[31]

석가모니가 열반에 들기 전에 호르마스타 천신이 부처께 참배하러 간다. 참배 후 부
처님이 호르마스타 천신에게 명령을 내리기를, 오백년 후에 인간세계가 혼란스러워 질
테니 세 아들 중 하나를 인간의 제왕으로 보내라는 것이다. 호르마스타는 칠백년 동안
잊고 지내다 소다르손 발가스善見城의 한 귀퉁이 일만여 리가 무너지는 것을 보고 사태

---

29   일리야 N. 마다손, 양민종 譯, 위의 책, 77쪽.
30   С.П.Балдаев, 앞의 책, 1995, pp.78-80.
31   Ц.Дамдинсүрэн, 『Гэсэр』, 1986, p.17.

수습에 나서게 된다. 호르마스트 천신은 33천신(도리삼십삼천)을 소집하여 잔치와 회의를 개최하고 거기서 어떤 아들을 지상에 보낼 것인지를 결정하게 된다.

이처럼 하늘신의 아들을 지상에 보낼 때 각 이본마다 반드시 등장하는 화소가 신들의 회의 장면이다. 북경판본에 묘사되고 있는 천상의 회의 장면을 보면 불교신 석가모니를 절대신으로 좌정시키고 그 아래 층위에 코르마스타 천신(텡게르, 제석천)을, 그 아래에는 33천신(도리삼십삼천)을 두는 신화 속 신들 간의 계급 인식이 뚜렷하게 드러난다. 상하 계급이 철저히 나눠진 곳이라 하여도 중대한 결정을 내릴 때는 각지의 천신들이 소집되어 회의를 통하여 결정된다는 것이다. 지고신의 권위로 일방적으로 명령하거나 지시하는 것이 아니라 여러 천신들의 중의를 모아서 당사자들의 의중을 직접 찾아가 물어가면서 신중하게 결정한다.

신들의 회의 결정에 따라 하늘의 아들들에게 인간세계로 내려가라고 하였을 때 그들의 반응 역시 상식을 뒤엎는 것이다. 천신의 아들들은 천신 회의에서 의결된 결정에 묵묵히 따르는 것이 아니라 각자 나름의 이유를 대며 한결같이 인간세계로 내려가기를 거부한다. 이는 지고신으로부터 직접 하강 명령을 받은 호르마스트 천신의 경우도 마찬가지다. 부리아트 아바이 게세르 등 일부 이본에서는 에세게 말란 천신이 호르마스타 천신에게 엄포를 내리며 직접 내려가라 하지만 이마저 거역하고 자신의 아들들에게 미루는 모습을 보인다. 게세르 신화에 등장하는 신들의 회의 모티프는 최초의 정치적 성격을 가지는 영웅신화의 기능을 좀 더 상세하게 제시하는 화소이다. 즉 인간을 위한 신격으로 영웅신이 대두되고 영웅신을 중심으로 하는 씨족사회, 초기국가의 신화가 전개되면서 초창기 정치이념이 신화를 통하여 표방되었다고 볼 수 있다. 영웅신화에서 표방하고 있는 최초의 정치 형태는 절대 신권에 의한 것이 아니라 회의를 통해 최고 의사를 밝히는 이른바 의회정치 방식에 해당한다. 높은 신의 명령이라도 절대 복종하는 개념이 아니라 한결같이 자신의 자유의지를 당당하게 밝히는 모습을 통하여 영웅신화 속에 담겨 있는 초창기 정치의 유연성을 짐작할 수 있다.

천신의 둘째 아들 혹은 가운데 아들로서 묘사되는 게세르의 형상과 함께 주목되는 표현은 이 아들을 '테엘리 후분teeli xubuun'이라고 특별히 강조하는 대목이다. 〈아바이 게세르 복도 한)에서 게세르는 본래 천신의 '테엘리 차강 후분teeli tsagaan xubuun'[32]이라고 밝히고 있으며, 아르다히 바타르(1989)에서도 게세르는 '테엘리 후분teeli xubuun'이라며 지상으로 파견된다. 여기서 '테엘리teeli'라는 부리아트 몽골어가 내포하는 의미는 게세르의 천강 이유와 밀접한 관련을 맺고 있는 것으로 보인다.

ТЭЭЛИЙ ᠲᠡᠭᠡᠯᠢ Дунд: тээлий хүү (дунд хүү). [33]

TEELIY tegeli 가운데 : teeliy khuu(가운데 아들)

몽골어 '테엘리 후teeli khuu'라는 단어는 단군신화의 '서자庶子'의 의미와 연계되는 것으로 영웅신화의 서사 맥락에서 매우 중요한 개념으로 보인다. 세 아들 중 둘째이거나 아홉 아들 중 가운데 아들로 묘사되는 천자는 삼재론의 관점에서 '인간'을 대표하는 신격이라는 의미를 가진다. 즉 가운데 아들이라는 것은 위와 아래가 있다는 의미이며 이를 삼단적 우주관으로 풀이하면 하늘의 영웅 게세르나 환웅은 중계를 대표한다고 할 수 있다. 영웅신화가 철저하게 인본주의 신화로서의 본질을 드러내는 대목이라고 할 수 있다.

게세르 신화에서 신화 서사의 전개상 나머지 아들들은 천강의 문제에서 비교적 자유롭고 가운데 아들이 지상에 천강할 수밖에 없는 보다 타당한 이유는 그가 가지고 있는 탁월한 전사적 능력 때문이라고 할 수 있다. 영웅신화의 주인공인 영웅신으로서의 자질을 나타내고 있는 부분이다. 이러한 천신 아들의 무용武勇은 게세르 신화의 여러 이본에서 두루 발견된다. 둘째 혹은 가운데 아들, 때로는 막내아들로 씨름, 경마, 활쏘기에 탁월한 능력을 가지고 있다. 이는 전사로서 인간을 위한 영웅신의 출현을 의미한다.[34]

---

32 С.П.Балдаев, 앞의 책, 1995, p.80.
33 Л.Болд, 『Монгол хэлний дэлгэрэнгүй тайлбар толь』, МУШУА, 2008, p.2167.
34 Atai Ulan waited one day, waited two days. After three days had passed he took possession of Segel Sebdik, and turned homeward, thinking that Khan Tyurmas was frightened and did not dare to fight, hence the case was won by him. Then the youngest son of Khan Tyurmas, Gesir Bogdo, a boy four

아타이 올란이 세겔세브덱을 빼앗아가고 토르마스Turmas(호르마스트 천신)가 미처 이에 대처하지 못하고 당황하고 있을 때, 네 살짜리 토르마스Turmas의 막내아들 게시르 복도 (게세르칸)가 아버지의 말과 갑옷, 무기를 가지고 전쟁을 이끈다. 그리고 결국 집으로 가는 중간 지점에 도달한 아타이 올란을 붙잡아 땅으로 내려 꽂아버린다.[35]

위의 내용을 통하여 알 수 있는 중요한 사실은 영웅신으로서의 게세르의 타고난 용맹한 면모 외에 지상으로 악의 신을 던짐으로써 세상의 혼란을 야기한 책임자로써 인간세상을 수습해야 할 당사자가 바로 게세르라는 것이다. 결국 신화의 논리는 인간 세상의 혼란을 야기한 하늘 전쟁에서의 책임자가 내려가야 한다는 것이다.

이러한 내용은 바이칼의 게세르 신화에서 천신의 막내아들이 천강을 거부할 때 그 이유로 '아버지의 과오로 생긴 잘못 때문에 생긴 문제들을 대신해서 해결할 생각이 없다'고 하는 언급에서도 확인할 수 있다. 그래서 다시 한 히르마스는 전쟁과 직접적인 관련이 있는 벨리그테에게로 찾아가게 되고 오랜 이야기 끝에 가운데 아들 벨리그테 자신이 지상에 내려가기로 한 것이다. 물론 조건부이기는 하지만 천신의 둘째 아들 벨리그테가 가지는 용맹함과 탁월한 전투능력이 영웅신화가 지향하는 주인공 영웅의 기본 자질로 설정되는 대목이다. 이러한 영웅신의 면모는 인간을 위한 인간의 신을 갈구하면서 형상화된 것으로서 그의 첫 번째 시기인 천자天子 시절의 이름을 통해서 당시 인간세계가 추구하는 이상理想을 가늠할 수 있다.

---

years of age, caught his father's horse, saddled him, put on his father's clothes, took his weapons, and with a long spear in his hand rode out to war against Atai Ulan. He overtook Atai when he was in the middle of his own dominions, and half-way home. He thrust this spear into Atai's right side, unhorsed him, and cast him down from the sky to the earth. When Atai Ulan fell to the earth he turned into Mangathais, and evil Shalmos, spirits who sow dissensions and disputes, and destroy people. Jeremiah Curtin, *A Journey in Southern Siberia*, 1909.

35   Jeremiah Curtin, 위의 책, p.188.

게세르 신화에서 천자의 이름과 의미

	자료	아버지	장자	둘째 혹은 가운데 아들	막내아들
1	게시르 복도 1.2.3[36]	에세게 말란(9)	*	게시르 복도	*
		Delquen Sagan (조부)	*	게시르 복도 (손자)	*
		Khan Tyurmas	Dashin Shuher	*	게시르 복도
2	게세르[37]	호르마스타	아민사학치/ 생명을 지키는 자	우일부텍치/ 업을 완성하는자	턱스톡트/완벽한 광휘 =힌두신화 크리마트
3	게세르-부리아트 영웅서사시	항 호르마스	자사 메르겐	부헤빌릭트/ 비범한 장사	하바타 게렐
4	아르다이바타르 게세르	항 호르마스	*	부헤빌릭트/ 비범한 장사	*
5	아바이 게세르 복도 한[38]	항 호르모스타	하바타 하사르	에르헤 벨렉테/ 특출 난 궁수	에르헤 만자 바타르
6	바이칼의 게세르신화[39]	한 히르마스	자사 메르겐	벨리그테/ 신통력이 있는	*

위의 표에서 알 수 있듯이 천자의 이름에는 인간세계에서 가장 필요한 이념이자 그동안 신에게 바라왔던 것들이 압축적으로 표현되어 있다고 볼 수 있다. 이는 곧 인간세계의 신으로서의 자질을 내포하는 단어들이라고 보아도 무방할 것이다. 각 이본에서 지상에 천강하는 게세르의 하늘세계 모습인 천신의 둘째 아들(혹은 가운데 아들)의 '우일부텍치(업을 완성하는 자)', '부헤빌릭트(비범한 씨름꾼)', '에르흐빌릭트(특출 난 궁사)', '벨리그테(특출 난, 신통력이 있는)'라는 이름들은 바타르(용사, 영웅, 군웅)로서의 비범한 능력(씨름, 활쏘기, 경마)과 인간의 불행을 미리 알아채는 예지의 능력과 인간의 만사를 형통하게 하는 능력이 있는 바타르들로 게세르 천강의 이유를 단적으로 보여주는 단어라고 할 수 있

---

36   Jeremiah Curtin, 위의 책.
37   Ц.Дамдинсурэн, 『Гэсэр』, 1986.
38   С.П.Балдаев, 앞의 책, 1995.
39   일리야 N. 마다손, 양민종 譯, 앞의 책, 2008.

다. 축약된 형태의 이본에서는 게세르(게세르 복드)라는 이름으로 통칭하지만 게세르는 각 시기별로 다른 이름을 가지게 된다.

2) 부헤빌릭트의 신화층위와 신화소

게세르는 인간세계로의 천강을 완강하게 거부하는 다른 형제들과는 달리 결국 아버지 호르마스트의 부탁을 받아들인다. 하지만 자신의 천강에 대한 여러 까다로운 조건을 제시한다. 자신을 수호할 천상의 화신들과 말, 무기, 갑옷, 마법, 자신의 어머니가 될 아름다운 선녀 등을 함께 내려 보내주기를 요구한다. 천강의 조건들은 크게 두 가지 유형으로 나눠 볼 수 있다. 그 첫 번째 유형은 천상의 존재들로 영웅 게세르를 보조할 조력자들이며 두 번째 유형은 적을 퇴치하기 위한 천상의 도구들이다.

우선, 게세르는 천강할 때에 자신의 조력자이자 화신化身으로 형 자사 메르겐과 세 명의 누나들을 요구한다. 여기서 주목되는 것은 함께 천강하는 이들의 숫자에도 3의 원리가 일관되게 적용된다는 것이다.

천강의 조건1. 천상의 존재

분류	자료	형제	자매	용사	기타
1	게세르 (1986)	게세르 형상을 한 형1	세 명의 누나 화신3	30명의 호위 용사	
2	아바이 게세르 복도 한 (1995)		세 명의 허흐 누나들3	아홉 용사 9	아홉 준마
3	바이칼의 게세르신화 (2008)	자사 메르겐 형1	세 누나		신무기 장착한 밤색말, 나란고혼(어머니)

게세르와 함께 천강하는 누나들이 대부분의 이본에서 셋으로 나타나듯이 함께 이끌고 내려오는 용사들도 9명이나 30명으로 묘사되는 등 게세르 신화에 등장하는 천상의 존재들의 수는 3의 배수로 구성되는 원리를 가지고 있다.[40]

부리아트 게세르의 한 이본인 위의 영문 번역본의 내용을 살펴보면, 호르마스트 텡게르에게는 세 명의 아름다운 아들과 세 명의 아름다운 딸, 제왕인 세 명의 동생들이 있고 서른세 명의 바타르(용사, 전사)들과 삼백 명의 장수들, 삼천 명의 군사들이 있다고 한다. 이처럼 삼의 논리로 풀어나가는 천상의 존재들에 대한 언급은 몽골 신화의 삼계관 전통과 맞닿아 있으며 이로써 숫자 3의 신화적 상징성을 유추해 볼 수 있다.

몽골 신화에서의 삼계관은 동양철학의 삼재론과 유사한 측면이 있다. 즉 삼재론은 대표적인 자연 구성요소인 천과 지에 인간을 참여시킴으로써 인간의 위치를 천지와 같은 수준까지 끌어올리는 인간 중심적 사조가 그 사상적 배경으로 깔려 있다.[41] 이러한 인간 중심주의는 인간의 신, 인간적인 신, 인간을 위한 신을 추구하는 몽골 영웅신화의 기본 원리와도 일맥상통한다고 할 수 있다.

이처럼 3의 원리로 등장하는 영웅의 조력자들은 천상의 존재로서 때로는 영웅의 화신으로서 영웅의 위업을 성공적으로 이끄는 일을 돕는다. 몽골의 영웅신화에서는 영웅신의 인간적인 면모가 여러 차례 등장하는데 그 첫 번째가 아무리 위대한 천상의 영웅이라도 혼자서는 인간세계의 모든 문제를 해결할 수 없어 반드시 조력자들을 필요로 한다는 것이다. 영웅신화에 등장하는 신은 한계를 가지는 존재로 설사 천상에서 인간에 내려온 신적인 존재라 하여도 누군가의 도움이 필요하고 천상과 끊임없이 소통해야 하는 이유이다.

게세르 신화에 등장하는 영웅의 조력자는 주로 하늘에서 영웅과 혈연관계를 맺고 있는 형제자매이며 그 중에서도 자신보다 연장자인 형이나 누나로 설정된다. 이들은 게

---

[40] Han Hormasta Tenger had three beautiful sons,
   Three beautiful daughters,
   Three younger brothers who were khans,
   Thirty three warriors,
   Three hundred leaders of his army,
   And three thousand soldiers.
   (http://www.buryatmongol.com)

[41] 周易,『韓國思想史論攷-儒學篇-』, 朴鍾鴻, 瑞文堂, 1983;『韓國思想의 深層硏究』, 趙明基 外, 宇石, 1982, 출처 : 삼재[三才], 한국민족문화대백과, 한국학중앙연구원.

세르가 인간세계에서 위기에 처했을 때나 결정적인 순간에 영웅의 화신으로 나타나 도움을 준다. 게세르 신화와 같은 몽골의 영웅신화에서는 영웅과 아주 가까운 존재가 주요 조력자로 등장하는데 다긴(선녀, 飛天)으로 등장하는 게세르의 누나들을 대신하여 영웅의 정혼녀 혹은 부인들이 신통한 능력으로 영웅을 적극적으로 보조하기도 한다. 이들은 한결같이 불완전한 영웅을 보완하여 주는 존재로 숫자 3의 상징적 의미(완성)와 함께 신화 형상의 안정적 구도를 만들어 낸다.

영웅을 중심으로 영웅을 보조하는 형상들이 함께 존재하는데 여기에는 영웅의 가까운 인물과 함께 영웅의 준마가 등장하게 된다. 하늘의 용사가 천강을 준비하면서 '빌깅 헤르'와 같은 하늘을 나는 등 특별한 능력을 가진 말로 이러한 말을 망아지 때부터 골라 처음 길들이는 장면과 체중조절 시키는 장면, 신비의 마구들로 말을 치장하는 장면 등을 특징적으로 묘사하고 있다. 여기에는 말과 관련된 몽골 유목민의 각종 풍속이 반영되어 나타난다.

영웅의 특별한 말에 대한 묘사는 주인공 게세르 뿐만 아니라 함께 등장하는 9용사의 9준마에 대한 묘사에서도 반복적으로 드러나고 있다.

이는 몽골의 영웅서사시에서 영웅과 말이 불가분의 관계에 있음을 보여주는 대목이며 영웅의 준마는 영웅의 능력을 말해주는 가장 든든한 동반자일 뿐만 아니라 영웅의 목숨을 구하거나 죽은 영웅이 부활하는 데 결정적인 역할을 담당한다.

따라서 하늘의 영웅 게세르가 천강할 때에도 게세르와 운명을 함께 할 준마를 선택하고 길들이고 영웅과 말이 소통에 이르게 되는 장면이 그 어느 조력자보다 비중있게 다뤄지는 것이다.

게세르는 천강의 조건으로 형 자사 메르겐과 그의 말, 세 누이, 신무기가 장착된 삼색 준마 등 천상의 존재 외에 화살, 창, 도끼, 갑옷, 투구, 흰색, 황금색, 검은색, 푸른색의 마법 지팡이, 마법 돌(자딩촐로) 등 천상의 무기와 마법의 도구를 요구한다.

천강의 조건2. 천상의 물건

분류	자료	천상의 무기		마법의 신물	
1	게세르 (1986)	검은색	검은 갑옷, 해달이 있는 검은 활, 세 길 검은 꼬챙이 칼, 아흔 세 근의 무쇠 도끼, 예순 세근 무쇠 도끼, 아홉 갈래 쇠덫		
		흰색	번개불빛 흰 어깨 가리개, 흰 투구, 터키석 오늬가 붙은 흰 화살 서른 대		
		황색	황금 장대올가미		
2	아바이 게세르 복도 한 (1995)	검은색	검은 손잡이가 달린 쇠창, 검은 쇠갑옷	마법의 보석	
		흰색	열세 개 끈이 달린 흰 올가미, 하얀 은으로 된 투구		
		황색	앙기르 샤르 화살들		
3	바이칼의 게세르신화 (2008)			검은색	검은색 지팡이
				흰색	흰 지팡이
				황색	황색 지팡이
				청색	푸른색 지팡이
				적색	번개를 만들어내는 붉은 돌

표에 제시된 천상의 무기들 역시 모두 마법의 물건으로 기본적으로 주술성을 갖추고 있다고 보아야 할 것이다. 이것들은 모두 게세르가 지상세계의 악을 누르고 인간세상을 교화하기 위하여 반드시 필요한 것들이다. 한 가지 흥미로운 사실은 이러한 무기와 도구들이 주로 검은색, 흰색(은색), 금색(황색), 청색, 적색 등 오방색五方色[42]의 뚜렷한 색

---

42 오방색 : 한국의 전통 색상. 오방정색이라고도 하며, 황(黃)·청(靑)·백(白)·적(赤)·흑(黑)의 5가지 색을 말한다. 음과 양의 기운이 생겨나 하늘과 땅이 되고 다시 음양의 두 기운이 목(木)·화(火)·토(土)·금(金)·수(水)의 오행을 생성하였다는 음양오행사상을 기초로 한다. 음양오행사상에 기반하여 우리의 생활과 밀접한 관련을 맺고 있다. 음귀를 몰아내기 위해 혼례 때 신부가 연지곤지를 바르는 것, 나쁜 기운을 막고 무병장수를 기원해 돌이나 명절에 어린아이에게 색동저고리를 입히는 것, 간장 항아리에 붉은 고추를 끼워 금줄을 두르는 것, 잔치상의 국수에 올리는 오색 고명, 붉은 빛이 나는 황토로 집을 짓거나 신년에 붉은 부적을 그려 붙이는 것, 궁궐·사찰 등의 단청, 고구려의 고분벽화나 조각보 등의 공예품에서 쉽게 찾아볼 수 있다. [출처] 오방색[五方色] | 네이버 백과사전.

채 이미지와 함께 묘사된다는 점이다. 즉 게세르 신화에서 오방색은 하늘의 신에게서 영웅 게세르가 부여받은 주술적 신물을 상징하는 빛깔이며 동시에 인간을 괴롭히는 악귀(망가스)를 퇴치하는 벽사의 색이라고 할 수 있다.

게세르가 가지고 내려오는 여러 신물 중에서 특히 화살 혹은 화살촉은 게세르 서사시 낭송을 위한 제문에서도 언급되었듯이 몽골인들이 신이한 위력을 가지고 있다고 믿고 있는 게세르 서사시 자체를 표상하기도 한다.[43] 특히 화살촉은 몽골 신화에서 주요하게 언급되는 마법의 돌, '자드(자딩촐로)'와 상통한다. 실제로 서몽골의 얼드 지역에서 '자드'를 청동 화살촉으로 보고 '텡게린 숨(하늘의 화살)'이라 지칭하는데 이를 통하여 자연현상과 함께 도구 숭배의 전통을 확인할 수 있다.[44] 자드는 주인공 영웅의 강력한 무기이면서 비와 바람, 번개를 불러일으키는 마력을 가진 돌로 몽골의 대표적인 영웅신화적 형상이라고 할 수 있다. 게세르 서사시에서 자드 역시 악귀를 퇴치하는 용도로 쓰인다.

천신으로부터 원하는 것을 약속받고 게세르는 천강을 하게 되지만 곧바로 인간세계로 내려가는 것이 아니다. 〈아바이 게세르 복도 한〉에서 게세르는 천강하는 장면에서 천신의 아들이지만 인간처럼 죽음의 과정을 경험하게 되고 자신의 시체를 남기고 혼령의 상태로 빈 공간을 떠돌아 다닌다. 이처럼 게세르 서사시에서는 일반적으로 천상세계와 인간세계 사이에 빈 공간인 중간계가 존재하며 천상의 존재인 게세르는 천강의 과정에서 반드시 이곳을 거치게 된다. 게세르는 이러한 중간계의 숨베르산(수미산) 또는 엘레스테산(모래산) 등 신성한 산꼭대기에 내려 앉아 인세를 살핀다. 부리아트본 게세르에서 엘리스테산 봉우리를 하늘의 신들과 지상의 인간들이 서로 만날 수 있는 곳으로 묘사되어 있으며 신령의 공간인 셈이다.

중간계는 숨베르산(수미산)처럼 하늘까지 우뚝 솟은 산의 모습으로 대표되지만 그 성

43　몽골인들이 믿고 있는 말의 주술성과 관련하여 '엠돔'이나 '쉽실렉', '하라알 주헬' 등 말의 위력을 가진 다양한 형태의 구술문학이 발하였다. 게세르 서사시 역시 가장 확장된 형태의 주술 문학으로 보여지는 측면이 있다.
44　센덴자브 돌람, 이평래 역, 앞의 책, 2007, 293쪽.

산 옆에는 항상 성스러운 바다인 숭달라이(우유바다)가 함께 존재한다는 사실을 간과해서는 안될 것 같다. 바이칼의 게세르 신화에서 게세르의 인간세상 아버지로 등장하는 '센겔렝 노욘'과 그 형제들 투게쉰 세 칸이 태어난 곳도 바다(문헤달라이, 하라달라이) 옆 계곡(모렌계곡, 하탄계곡)으로 본격적인 인간계가 아니라 신성공간으로 묘사되며 이들은 모두 신과 인간의 소통을 담당하는 샤먼이자 칸으로 등장한다. 게세르 신화에서 신성공간으로 막상 서사 내용에 있어서 바다의 존재는 거의 약화되고 성산의 존재가 현저하게 부각되어 나타나기는 하지만 '숨베르산과 숭달라이(우유바다)'처럼 성산과 짝을 이루는 성스러운 바다의 존재가 함께 암시되어 있다.

〈아바이 게세르 복도 한〉에서는 이곳이 게세르가 창세에 관여하는 공간으로 그려지면서 산의 형상과 함께 '쉰겐 쉐베Shingen shebee'[45]라는 물의 공간이 적극적으로 형상화된다. 하늘에서 날아와 어느 높은 산꼭대기에 머물게 된 게세르는 더운 날 갈증을 느끼는데 소 한마리가 쇠 지팡이로 땅을 뚫어 물을 마시는 모습을 보고 게세르도 소를 따라 물이 나오게 한다. 바다가 만들어지고 이내 범람하여 홍수가 일어나 이를 수습하고자 크고 작은 돌로 막은 것이 바위 계곡이 되었다는 내용이다. 이는 소와 관련된 창세 모티프가 게세르 서사시에 흡수 변형된 형태로 보이며 창세 시기의 성산과 성스러운 바다의 존재를 함께 확인할 수 있는 대목이기도 하다.

영웅신화에서 영웅이 천강하는 신성공간인 성산과 바다는 창세신화의 그것들과 관련성이 있는 것으로 보인다. 특히 게세르 서사시를 비롯한 몽골의 신화 서두에서 창세화소로 공식구처럼 언급되는 '숨베르산'이 그대로 게세르 신화의 성산으로 등장하는 모습에서 창세 산과 성산의 연결고리를 가늠해 볼 수 있겠다. 태초의 신성성을 가진 산봉우리 신성공간은 게세르가 천상에서 인간세계로 하강하여 인간으로 태어나는 데에 중요한 장소가 된다. 게세르가 생모가 될 선녀 나란고혼의 영혼을 잠시 모셔다 놓은 곳도

---

[45] 한편 바이칼의 게세르 신화에서 '쉰겐 쉐베'(물의 공간, 86쪽)는 서쪽 하늘 저편으로 며칠을 가야 도달하는 순스(정령)의 세계, 즉 영계(靈界)로 '호닌호트'와 유사한 곳으로 인식된다. '호닌호트'는 망가스(대마왕)의 궁전이 존재하는 곳인가 하면 각종 '호빌간(化身)'들의 공간이기도 하다.

이 공간이고, 인간에 내려간 나란고혼이 나중에 찾아와 신혼神婚을 통하여 게세르를 임신한 곳이기도 하다.

한편, 이 중간계는 게세르가 본격적으로 인간세상으로 천강하기 전에 미리 세상을 관찰하는 곳이기도 하다. 주로 살기 좋은 황금 세상을 탐색하거나 자신을 낳아줄 부모를 찾아 출생을 준비하는 내용으로 구성된다. 〈아바이 게세르〉에서는 천자 천강의 궁극적인 목적인 인간세상의 안정을 위하여 퇴치해야할 11개의 적(망가스)들[46]을 일일이 찾아가 정탐하기도 한다. 이들은 모두 신들의 전쟁에서 패한 아타이 올란 텡게르의 분신들로 이후 이들에 대한 퇴치전은 게세르 신화의 본격적인 서사에서 각각 개별적인 장을 형성하게 된다.

게세르 신화에서 퇴치 대상이 되는 망가스들의 정체에 대해서는 총 세 층위에 걸쳐 반복적으로 언급되는데 그 첫 번째가 하늘 신들의 전쟁에서 패한 동쪽 악신의 수장 아타이올란 텡게르가 각 부위별로 해체되어 지상에 버려져 여러 악의 정령들로 태어나는 장면에서이고, 두 번째는 게세르가 천강하면서 중간계에 한동안 머물며 퇴치할 적들을 미리 정탐하는 장면에서, 마지막은 게세르가 지상세계에 인간으로 태어나 하나하나 괴물들을 퇴치하는 장면에서이다. 천상계, 중간계, 지상계 등, 이들 세 층위에서 두루 등장하는 망가스(괴물) 화소들을 통하여 각 층위의 세계에서 전개되는 신화가 개별적인 것이 아니라 상호 필연적 인과관계를 가지는 구조를 갖추고 있음을 역설하고 있다. 하지만 이 역시 모든 이본에서 발견되는 것은 아니고 이본에 따라 일부 층위들이 생략되기도 한다. 특히 북경판본 게세르전과 같은 문헌본의 경우는 천상계의 하늘신의 전쟁과 중간계(상계) 화소가 상당히 축약되어 나타나고 망가스 퇴치전의 경우도 이본에 따라 선별적으로 제시되고 있다. 이런 축약형의 게세르 신화의 경우는 구비본에서 설명되고 있는 망가스의 등장과 퇴치 방법의 배경에 대하여 충분한 개연성을 갖추지 못

---

[46] С.П.Балдаев, 앞의 책, 1995, p.81.
모하이 하르 롭스걸다이/갈두르메 카한/간가 부르겐 카한/아르항 이흐 슈드헤르/아브락 세첸 망가드하이/세렘 미나타 숄람/40개 눈이 달린 두메/108개 머리가 달린 조닥 샤르 망가드하이/95머리가 달린 욘 허베이 샤르 망가드하이/키타트 구멘 기한/샤라이 강의 세 카한.

하고 있다. 이러한 화소의 존재 여부에 따라 게세르 서사시 이본을 다음과 같이 세 유형으로 나누어 그 서사적 완결성을 가늠할 수 있다.

괴물퇴치전 관련 신화소

유형	신들의 전쟁→ 인간계로 축출된 악신(괴물화)	천강과정에서 게세르의 퇴치 대상 정탐	괴물퇴치전	비고
유형1				하계
유형2				천상계, 하계
유형3				천상계, 상계, 하계

첫 번째 유형은 지상에서의 망가스(괴물) 퇴치전만 등장하는 것으로 악의 정령이 거주하는 하계에서의 사건만 다뤄진다. 여기서는 망가스가 왜 존재하게 되었는지, 망가스의 본래 모습은 무엇인지 등에 대한 설명은 언급되지 않는다. 이러한 유형의 이본에는 게세르칸 신화의 문헌본이 주로 해당된다.[47]

두 번째 유형은 천상에서 신들의 전쟁으로 악신들이 지상으로 쫓겨나면서 망가스로 환생하는 사건과 그 악한 천신의 화신들인 망가스들을 게세르가 퇴치하는 사건이 함께 등장하는 유형이다. 인간들을 괴롭히는 강력한 악령 괴물, 망가스는 본래 동쪽 하늘에 거주하던 44명의 악신들과 그 수장, 아타이올란이었다는 것이다. 이러한 유형은 단순히 하계에 존재하는 망가스가 본래부터 하계의 존재가 아니라 천상계의 신적 존재였다는 망가스의 내력과 이들이 지상에 내려오게 된 사연들이 설명되어 있어 게세르칸 서사시의 괴물퇴치전에 화소에 대한 신화적 맥락을 파악할 수 있게 되었다. 즉 게세르칸 서사시에는 천신계의 서사와 지상계 혹은 하계의 서사가 유기적인 관련을 맺고 있는 특징을 보인다고 할 수 있다. 부리아트 게세르 서사시 이본[48]에 나타나는 유형이다.

---

[47] Ц.Дамдинсурэн, 『Гэсэр』, 1986.
[48] 일리야 N. 마다손, 양민종 譯, 앞의 책, 2008.

세 번째 유형은 두 번째 유형처럼 망가스가 본래 천상계에서 축출된 악의 천신이었다는 내용이 함께 등장하고, 게세르가 천상에서 인간계로 천강하는 과정에서 3년동안 중간계(상계)를 날아다니면서 퇴치할 망가스들을 일일이 정탐하여 그들의 가족과 부하들의 동향까지 미리 파악하여 지상에서의 퇴치전을 철저히 준비하는 화소가 추가되는 유형이다. 다른 유형의 서사에서는 납득할 수 없는 화소들에 대한 이해가 가능하다. 예를 들어 게세르칸이 게세르가 망가스를 퇴치하고 그 아내를 취하게 되는 이유와 망가스를 물리칠 수 있는 명분 등이 여기서는 잘 드러난다. 이 유형에 속하는 대표적인 이본으로는 아바이 게세르 복도 한[49]과 같은 부리아트 구비본을 언급할 수 있는데 이러한 자료는 괴물퇴치전 관련 서사 층위를 두루 갖추고 있어 비교적 완성도 높은 서사적 구조를 갖추고 있는 것으로 보인다.

　특히, 중간계에서의 정탐의 과정에서 보이는 게세르의 변신 모티프는 몽골 영웅신화의 특징적 면모 중 하나이다. 북경판본 게세르전에서는 게세르가 인세를 탐방할 때 '상체는 새의 몸, 하체는 사람의 모습인 매같은 새'(한가리트=가루다)로 화하였고[50] 부리아트 몽골의 아바이 게세르에서는 퇴치할 적을 하나씩 정탐을 할 때 다양한 형상으로 변신하고 정탐을 끝내고는 본 모습으로 돌아와 숲 속이나 나무에서 쉬는 장면이 묘사된다. 예를 들어 노란 뒝벌Shar xedgene로 변신하거나 까마귀나 검은 파리로 변신하여 망가스의 게르(몽골전통가옥) 뒤편 지붕 위에 앉아서 괴물의 잠자리까지 정탐하기도 한다. 영웅의 변신술은 정탐의 장면에서 잠입의 수단이 되며 때로는 가축 치는 평범한 노인으로 변신하여 괴물의 측근에게 접근하여 정황을 살피는 모습 등이 상세하게 묘사되고 있다. 이처럼 변신을 자유자재로 하는 게세르의 형상은 천신의 모습도 인간의 모습도 아닌 정령(순스)의 상태라고 할 수 있다.

　하지만 게세르 신화에서 인간세계의 괴물을 퇴치하기 위해서는 온전한 인간으로 태어나야 함을 강조하고 있다. 하늘의 아들이 천강을 결심하고 인간으로 태어나는 과정

49　С.П.Балдаев, 앞의 책, 1995.
50　유원수 역, 앞의 책, 2007, 45쪽.

에서 죽음을 경험하게 되고 혼령의 상태로 인세를 탐방하고 본격적으로 인간 세상에 출생하기 위해서는 인간의 고통스런 출산 과정, 어머니의 산고, 힘든 삶의 역경들을 감내해야 한다는 것이다. 그리하여 하늘의 영웅 게세르는 중간계의 마지막 소임으로 자신을 온전한 인간으로 낳아줄 지상의 생모를 찾아나선다.

3) 오보군지드 산신의 신화층위와 신화소

바이칼의 게세르 신화에서 게세르는 자신이 천강할 때에 하늘세계에서 어머니 나란 고혼 선녀를 자기 형제(누나)들과 함께 직접 모셔온다. 나란고혼 선녀를 중간계의 성산 인 엘리스테산(모래산)에 종달새로 변신시켜 세계수 가지 꼭대기에 모셔다 놓고 그곳에 서 혼자 노래하게 한다.

문헌본인 북경판본에서는 도사의 봉건영주인 생룬 노욘과, 초통으로부터 도망치다 절름발이가 된 아모르질라가 게세르의 부모로 등장하기도 한다.

게세르는 천상과 지상의 중간세계를 순방 하다가 자신을 낳아줄 부모를 선택하고 어머 니의 꿈속에 들어가 자신의 출생을 예고하기 도 한다. 혹은 게세르와 그 화신들을 출산할 때 정수리의 모자를 벗으라는 등 본인의 탄 생을 위한 적극적인 조언을 한다. 중간계는 자신의 비범한 탄생에 대한 만반의 준비를 하는 공간이기도 하다. 신화성이 강하게 남 아있는 이본일수록 이러한 신성공간은 게세 르의 부모가 원래 거주하고 있거나 사악한 친척으로부터 쫓겨나 살게 된 외딴 곳으로 묘사된다.

인간에 태어나게 할 게세르의 부모는 본래

세계수(世界樹) 위의 새 형상과 솟대
(부리아트 민속박물관, 2012)

는 고귀한 신분의 아름다운 존재이지만 영웅의 탄생을 담당하게 될 운명으로 한결같이 불구성을 동반하게 된다. 자야본 게세르에 의하면 그 어머니 아마르질의 불구성은 사악한 초통과의 결혼을 피하려다 얼음 위에 넘어져 생긴 것이다. 결국 이들은 초통을 비롯한 친척들에 의해 화근으로 여겨져 멀리 변방으로 쫓겨난다.[51]

게세르 부모의 이름과 형상

	자료		아버지		어머니
1	게세르 (1986)	센롱 노욘	세 지파의 나라 중 도사의 봉건영주/노인	아마르질	Go bayan(부자)의 딸/ 절름발이
2	아바이 게세르 복도 한 (1995)	센겔 어브건	70세 영감	센겔렌 삼간	90세 노파
2		부유하고 고귀하게 태어난 운명, 그러나, 의지할 자식이 없음			
3	바이칼의 게세르신화 (2008)	센겔렌	투게쉰 출신의 세 칸 중 하나, 인간을 위함/못남	나란고혼	나란돌라한 텡게르의 귀한 딸, 선녀, 아름다움 /팔다리, 눈 한쪽씩 불구

게세르의 어머니는 원래는 귀한 신분이고 아름다운 모습을 타고났지만 게세르 서사시에서 센롱 노욘의 형제이자 대표적인 반동인물로 등장하는 초통에 의하여 후천적인 불구성을 가지게 된다. 이처럼 게세르의 부모는 신체적인 불구이거나 이미 아이를 출산하기에는 너무 늦은 노인들이다. 하지만 아버지의 무능함과 어머니의 치명적인 불구성은 영웅의 탄생을 위해 필연적으로 설정된 장치이기도 하다. 애초 영웅의 잉태와 출산이 전적으로 불가능한 여건 하에서 영웅은 태어날 운명이라는 것이다. 즉 영웅신화의 구조에서 흔히 언급되는 영웅의 비범한 탄생과 일맥상통하는 구절이다. 여기서 우리는 영웅의 비범한 탄생에 앞서 신화 속 영웅의 부모가 가지는 불구성에 대하여 언급하지 않을 수 없다.

우선 게세르 서사시에서 그려지는 센롱 노욘의 형상은 무능력한 노인이다. 이는 영웅의 아버지를 영웅의 출생과 관련하여 신화텍스트 안에서는 의도적으로 제외시키는

---

51   Ц.Дамдинсүрэн, 『Гэсэр』, 1986, p.20.

장치라고 볼 수 있다. 이와 같은 맥락으로 어머니의 불구성은 사타구니 살을 훼손시키거나 추악한 불구자로 만들어 역시 남편을 포함하여 다른 남자와의 결연을 원천적으로 봉쇄하는 장치가 된다. 즉, 신화 속 영웅의 탄생이 정상적인 부부관계를 부정하는 특징을 가지고 있음을 엿볼 수 있다. 다만 영웅의 어머니의 불구성은 후천적이며 순간적인 것으로 오래지 않아 본래의 정상적인 모습으로 회복되기도 한다.

이처럼 인간세상의 게세르 부모는 예언에 따라 위대한 아들을 낳을 운명이지만 아버지는 늙고 무능력하고 어머니는 천상의 다긴dagina(비천, 선녀)으로서 본래의 빛나는 아름다움이 훼손당한 후천적 불구성을 가지게 된다. 게세르 신화를 비롯한 몽골의 영웅신화에서 영웅의 부모로 운명지어진 부모의 불구성은 여러 유형으로 나타난다.[52]

게세르 신화와 몽골 영웅신화에서 영웅 부모의 불구성 유형

	유형		주요 이본	비고
1	신체적 불구		바이칼의 게세르 신화, 북경판본 게세르 등	혼합형 불구
2	생리적 불구 (연로한 나이)	부모	Irensei(쌍둥이 낳음), Sagadai Mergen 과 그의 누이 Nogodai Sesen(쌍둥이), Qan Sakta Abqai, 게세르 중 Abai Geser hubun(Dm.1953), Abai Geser Bogdo qan(2), Abai Geser hubun(3), Abai Geser Bogdo qan(5)	어머니 나이가 더 많은 경우가 우세
		아버지	Abai Geser(6), Geser(7), Geser(8. 1953)	
3	고아(부재) 형		Alamji Mergen, Qara Tumen Mergen, 장가르 계열	
		아버지 부재	몽골비사 중 알랑고아 신화	

위의 표에 소개된 영웅신화를 비롯하여 몽골의 영웅서사시에서 나타나는 영웅 부모의 모습은 일반적으로 자식을 낳을 수 없는 노인 부부로 묘사된다. 영웅신화의 후대형이라 할 수 있는 이흐중행 하탄에서는 고귀한 왕과 왕비가 나이가 늙도록 후사를 이을 자식이 없자 신에게 간절히 자식을 기원하는 제사를 올리는 장면이 그려진다. 부리아트

---

[52] 참고자료 : Alexander Fedotoff, *MOTIF OF MIRACULOUS BIRTH IN MONGOLIAN AND KOREAN MYTHS AND EPIC*, Central Asian Studies Volume 1, 1996. 작품 제목만 참조함.

게세르 아바이 게세르 보그도 칸에서는 70세의 셴겔Sengel노인과 90세의 셴겔렌Sengelen 할멈이 게세르의 부모로 등장한다. 고귀한 운명을 타고 태어나 아무런 부족함이 없었지만 위대한 영웅을 낳을 것이라는 예언 때문에 새끼를 갖지 못하는 가축들과 함께 쫓겨난다. 즉 게세르 부모의 치명적인 결함은 불임과 연관된다고 할 수 있다.

그렇게 의지할 자식 없이 지내던 중 셴겔렌은 야생파taana를 따러 가다가 세 길의 길이와 두 길의 폭을 가진 거대한 발자국을 따라가다 숨베르산segte sumber 산꼭대기까지 가게 된다. 산꼭대기에 있는 거대한 것을 보고 놀라 기절하고 정신을 차리게 되는데 그 후 셴겔렌은 임신하게 되고 그 집의 불임이었던 가축들이 모두 새끼를 갖게 된다.

게세르 탄생과 관련하여 게세르 부모의 불구성은 곧 불임이라는 생산적 결함을 의미하는 것이며 영웅의 탄생이 운명된 불구적 부모들은 신성의 공간인 숨베르산에서 치유를 받게 된다. 이러한 화소는 게세르 신화가 가지는 주술성의 일면을 암시하는 것으로 보이며 특히 자식을 기원하는 기자의례와 연관지어 생각하여 볼 수 있다.

정상적인 모습을 되찾은 영웅 게세르의 어머니는 곧 잉태의 과정을 밟게 된다. 애초 실질적인 아버지로서 배제된 영웅의 아버지는 여전히 무능한 모습으로 형상화되며 영웅의 어머니는 예지몽豫知夢 등을 통하여 영웅의 잉태를 예견하게 된다. 게세르가 잉태되는 과정과 관련하여 다음의 두 가지 화소에 주목할 필요가 있다. 첫째는 신과 여인의 신혼神婚 모티프고 둘째는 신혼의 장소인 성산聖山 모티프다.

게세르 어머니의 신혼

	자료	신혼 대상	신혼 장소	신혼 방법
1	게세르(1986)	Ovoo gunjid 산의 제왕, 서낭당 주인	산중, 동굴	한길 반의 사람 발자국
2	아바이 게세르 복도 한(1995)	놀라운 것	섹테 숨베르산	놀라 기절 p.104
3	바이칼의 게세르신화	한 히르마스, 텡게르들	엘레스테 산	신들의 발자국

바이칼의 게세르 신화에서 나란고혼은 깊은 잠을 자고 깨어난 후 몸이 천상의 모습대로 회복된다. 이후 게르의 문을 나서는데 저 멀리 엘리스테 산까지 이어진 눈 위의

발자국을 발견하고 텡게르들의 발자국을 따라 엘리스테 산봉우리까지 가서 텡게르들과의 재회를 맛보고 돌아와 임신을 하게 된다.[53] 한편 북경판본 게세르에는 '후셀링 오보(소원의 서낭당)'라는 일종의 신단수 같은 성소에 대하여 소개된다. 이곳에서는 천신과 인간을 매개는 공간에 존재하면서 서로 다른 300가지 만물의 언어를 사용하는 중생들의 소원을 아리야 알람카리가 통역해주기도 한다. 여기에서 서낭당의 주인이자 산신인 오보군지드는 자신이 아비가 되고 아모르질라를 어머니로 하는 이 섬부주를 지배할 시방세계의 지배자 게세르 카간이 태어날 것이라고 예언[54]하기도 한다. 이곳은 게세르가 인간 세상에 현신하려고 훌륭한 아낙을 찾으러 다니는 중간계이기도 하다.[55]

산으로 설정된 이 공간에서 게세르의 어머니는 거대하고 기이한 사람 발자국을 따라가다 깊은 잠에 빠지거나 기절을 경험하게 된다. 이 장면은 게세르의 어머니가 불임의 결함을 극복하는 계기가 되는 것으로 신과 여인의 신혼 화소와 직결된다. 즉 깊은 잠이나 기절 장면이 추가됨으로써 이런 신이한 사건들이 몽중에 일어난 일임을 암시하기도 한다. 몽중의 세계는 곧 정령의 세계, 신령의 세계와 맞닿아 있고 신과 인간의 소통의 세계인 중간계과 그 속성이 유사하다. 그래서 몽골비사와 같은 후대형의 영웅신화에서는 알랑고아의 신혼 화소처럼 별도의 중간계의 설정없이 잠으로 대체되어 신과 인간의 소통 공간이 제시되기도 한다.

한편 부부가 모두 노인인 경우 게세르 이본에서는 자식 기원의 기자의례 모티프 보다는 그 어머니(센겔렝 할멈)가 야생파 타인taana을 캐러 산(숨베르산-성산)으로 찾아가는 화소가 자주 언급된다.[56] 이러한 이본들에서도 센겔렌 할멈이 거대한 발자국을 따라 가다 거대한 것을 발견하고 죽은 듯이 기절하여 깨어나는 화소가 나타나는데 특히 거대

---

53 일리야 N. 마다손, 양민종 譯, 앞의 책, 2008, 86-88쪽.
54 유원수 譯, 앞의 책, 2007, 39-42쪽.
55 유원수 譯, 위의 책, 45쪽.
    아마르질라가 이곳으로 땔감을 주우러 가는데 눈앞에 상체는 새의 몸, 하체는 사람의 모습인 매 같은 것이 걸어가고 있는 것을 발견하게 되는데 바로 항가리트(가루다새)로 변신한 게세르이다.
56 〈아바이 게세르 복도 한〉, 〈아바이 게세르 복도 한2〉, 〈아바이 게세르 후분(3)〉
    Alexander Fedotoff, 앞의 논문, 1996, p.11.

한 발자국 화소는 게세르 어머니가 거대한 신과 결합을 암시하는 대표적인 신혼 화소이다. 한길 반의 사람 발자국 모티프는 북경판본에서도 등장한다. 게세르의 어머니 아마르질은 산에서 땔감을 주워 돌아오다가 어떤 큰 사람과 마주쳐 놀라 기절한다. 깨어나 길에 남겨진 한길 반이나 되는 발자국을 따라가보니 큰 바위 동굴로 이어지고 그 안에 온통 호랑이 가죽으로 치장한 사람이 황금 탁자에 앉아 있었다[57]는 것이다. 이 장면은 앞에서 예언된 산신인 오와군지드와 아모르질의 결합을 암시하는 부분으로 이 경우 영웅의 어머니가 결합하게 되는 신격은 오보(서낭당)의 주인, 산신의 형상으로 파악된다.

거대한 발자국을 따라 가다 잉태하는 모티프는 〈복희 신화〉 등과 같은 주변의 다른 신화에서도 자주 발견되는 화소이다. 복희의 탄생에 관해서 〈사기〉와 〈중국고대신화〉는 다음과 같이 말하고 있다.

복희의 어머니 화서씨華胥氏가 어느 날 동쪽에 있는 울창한 숲 속으로 놀러 가게 되었다. 그녀는 뇌택雷澤이라는 연못가에서 노닐다가 우연히 대인大人의 발자국을 밟게 되었는데, 그 후 온 몸에 전율이 일어나면서 아이를 갖게 되었으니 이가 곧 복희이다.[58]

거대한 발자국 화소는 영웅의 어머니와 결합하게 되는 산신의 거인성을 표상하며 영웅신화의 신혼 화소에서 공식적으로 굳어진 성적인 메타포가 암시되어 있다고 할 수 있다.

한편, 영웅의 신혼 화소에서 함께 주목되는 것은 게세르의 어머니가 산속으로 들어가 채집하는 야생파taana의 신화적 기능이다. 영웅의 아버지는 생계를 위해 들쥐 사냥을 나가지만 어머니가 산을 찾는 이유는 주로 야생파를 찾아서이다. 게세르의 부모가 연로한 노인 부부로 등장하는 이본에서 자주 등장하는 야생파 채집 화소는 야생파가 가지는

57　유원수 譯, 앞의 책, 2007, 46쪽.
58　이러한 화소는 주나라 시조 〈후직(后稷)의 신화〉에서도 거의 유사하게 나타난다. 〈후직의 신화〉는 박시인, 『알타이 신화』, 정노루, 1994, 94-96쪽을 참조.

몽골의 야생파, 타얀(Таана)

신화적 의미가 단군신화에서의 쑥과 마늘처럼 치병의 기능과 관련되는 것으로 보인다. 한편 함흥의 신화 중에는 소로 화하였던 사람이 파를 먹고 다시 사람이 되었다는 이야기가 전해지는데 손진태는 함경도인들은 파를 매우 즐겨 먹어 길에서나 차중에서나 가정에서나 항상 그것을 먹는다고 전하고 있다.[59]

이처럼 야생파는 영애靈苃나 신산神蒜처럼 공통적으로 연로한 부모의 생리적 불구성을 치유하여 영웅의 출산을 꾀하는 현실적인 한 방편이라 할 수 있다. 북경판본의 아마르질처럼 젊은 어머니의 신체적 불구성은 자연적으로 치유가 되어 야생파 대신 땔감으로 바뀌긴 하였지만 부리아트 게세르 이본들에서 자주 나타나는 야생파 채집 화소는 영웅의 탄생을 기원하는 영웅 부모의 실질적 노력과 산신과 여인의 신혼이 성산을 매개로 어우러져 비범한 영웅의 탄생을 예고하게 된다.

4) 게세르칸의 신화층위와 신화소

게세르 서사시에서 영웅 게세르의 탄생은 이처럼 미리 예언되고 철저하게 준비된 출산 절차에 따라 진행이 된다. 영웅의 조력자로 함께 태어나는 하늘의 누나들과 형은

---

59   손진태, 「단군신화에 표현된 사상의 특색」, 『단군신화 연구』, 1994, 43쪽.

인간이 정상적으로 태어나는 출산 경로를 거치지 않는 데 비해 영웅 게세르는 출산의 순간부터 인간의 길을 거치게 된다.[60]

게세르의 출산 경로 비교

분류	자료	영웅의 출산 경로	형제의 출산 경로	누나들의 출산 경로
1	게세르 (1986)	정상적인 길		정수리, 겨드랑이, 배꼽
2	아바이 게세르 복도한(1995)	오는 길, 가는 길 (정상적인 길)		오른쪽 겨드랑이, 왼쪽 겨드랑이
3	게세르칸 (2007)	마땅한 길 (정상적인 길)		보와 동종 가르보-정수리, 어라아아 얄로리-오른쪽 겨드랑이, 이르잠사드 다리 오담-배꼽
4	바이칼의 게세르신화 (2008)	뼈가 다 으스러지는 통증 (정상적인 길)	정수리 (자사 메르겐)	겨드랑이, 배꼽

　흔히 영웅신화에서 언급되는 영웅의 비범한 출생에 대한 몇 가지 정황에 대한 확인이 필요하다. 게세르칸 서사시의 경우 게세르의 탄생을 둘러싼 출산 전후의 상황은 비정상적이고 기이하다. 그러나 정작 게세르의 출산 장면은 게세르를 보조하기 위하여 함께 태어나는 게세르의 화신들(형제, 누나)의 출산 장면과 분명 다르다는 것이다. 이에 대해서는 게세르 서사시 안에서도 다음과 같이 분명히 구분하고 있다.[61]

　첫째, 게세르의 화신들은 임신 5개월경에 미리 어머니에게 부탁하여 태어나지만 게세르는 10개월을 마저 채워 보통 출산의 방법으로 태어난다.

　둘째, 게세르의 화신들은 어머니의 정수리, 옆구리, 배꼽 등을 통하여 태어나지만 게세르는 어머니의 산도를 통하여 태어난다. 이로 인하여 어머니는 온 몸의 뼈가 부러지

---

[60]　출산의 고통 = 인간의 길, 인간의 출생은 최초의 통과의례로서 이 신화에서는 게세르가 인간의 신으로서 반드시 거쳐야 하는 것이라 할 수 있다.

[61]　Ц.Дамдинсүрэн, 『Гэсэр』, 1986, pp.21-23.

는 듯한 산고를 겪는다.

셋째, 게세르의 화신들은 천상의 아름다운 모습들을 그대로 타고 태어나 어머니를 감탄하게 하지만 이내 날아가 버리고 게세르는 바보스럽고 기괴한 모습으로 어머니에게마저 요람이 아니라 구덩이에 묻힐 위기에 처한다.

첫 번째와 두 번째의 경우를 본다면 게세르의 탄생은 지극히 인간적인 출산의 과정을 통하여 이 땅에 태어난다. 영웅의 비범한 탄생에서 영웅의 출산 장면만은 예외라는 사실을 우리에게 보여주는 대목이다. 즉 아무리 위대하고 비범한 영웅이라도 그 출생은 지극히 인간적이어야 한다는 것, 인간으로 세상에 태어나기 위해 피할 수 없는 첫 번째 조건이며 인간으로서, 인간의 영웅으로서 반드시 거쳐야 하는 통과의례의 장면인 것이다. 서사시의 구연상황에서 이 장면은 몽골인의 출산과 관련된 풍속들이 노래될 것이고 새로 태어난 영웅신과 인간의 소통이 더욱 활발해질 것이다. 영웅신화가 신의 이야기가 인간의 이야기가 소통되는 장르라는 점을 부각시켜주는 지점이기도 하다.

영웅의 출산 장면이 이처럼 인간적이라 하더라도 그 외의 영웅의 임신 장면과 영웅의 어린 시절은 역시나 비범하다는 것을 간과해서는 안된다. 북방 신화에서의 영웅의 기괴한 출생 장면은 비슷한 유형으로 소개되기도 한다.

2세기 선비족의 단석괴 신화에서는 그 어머니가 길을 가고 있는데 천둥이 쳐서 위를 보니 입으로 우박알이 들어가 그것을 삼켜 임신을 하였고 태어난 아기는 어렸을 때부터 용맹하고 힘이 세고 지혜로워 씨족민들을 놀라게 하였다는 것이다.[62] 9-10세기 거란국 야율아보기 신화에서는 그의 어머니 속옷섶 위로 해가 떨어지는 꿈을 꾸고 임신을 하였는데 아기는 태어나자마자 세 살짜리 아기처럼 바로 성숙해져서 세 달 때는 이미 걷고 한 돌이 될 때는 말을 하게 되었다고 한다. 말을 잘 타고 백근의 힘으로 당겨야

---

[62] 어느 날 어머니의 가축이 강탈당하자 아이가 따라 잡아 다시 되찾아오기도 하였다. Дугаров Б.С., 「Монголчуудын уламжлалт домог-туурвилзүй дэхь Гэсэрийн дүрийн гарвал зүйн тухайд」, 2010, p.2.

하는 활로 화살을 쏨으로써 그가 하늘의 자손임을 보여주었다는 것이다.[63] 이처럼 북방 민족의 씨족 기원 신화에서 영웅의 비범한 탄생과 함께 영웅이 하늘의 자손이라는 화소는 투르크-몽골 민간에 공통으로 전승한다고 할 수 있다. 알타이어계 민족에서도 이와 같은 화소를 가진 기원 신화가 쉽게 발견된다.[64]

게세르 신화에서 영웅의 출생 화소는 비범한 장면을 연출하지만 영웅과 함께 태어나는 다른 형제 누나들과는 달리 지상의 어머니의 산도産道를 통하여 세상에 나옴으로써 진정한 인간으로서의 삶을 시작하게 된다. 그러나 쉽게 잘리지 않은 단단한 탯줄과 기괴한 얼굴은 극심한 산고를 치른 영웅의 어머니에게 환영을 받지 못한다.

> 오른눈은 흘겨 뜨고 왼눈은 부릅뜨고
> 오른손은 휘두르고 왼손은 부르쥐고
> 오른발은 위로 올리고 왼발은 쭉 뻗고
> 마흔다섯 개의 조개처럼 하얀 이는 악물고 태어났다.[65]

> 어른보다 우렁찬 시끄러운 목소리
> 집안을 진동하는 악취[66]

---

63 Дугаров Б.С., 위의 논문, p.2.
64 몬도스(몽골어로 먼더르, 우박)씨족 기원신화의 경우, 부리아트 항긴 씨족 기원 신화에서 시조모가 젊었을 때 우박 섞인 장대비를 맞고 갑자기 임신을 하였다. 그 우박으로 태어난 아이가 항긴 씨족의 기원이 되었다. 구비문학적 자료에 의하면 부리아트의 항긴 씨족은 선비족과 민족적으로 연관된 호리-부리아트의 일파이다. Дугаров Б.С., 위의 논문, p.3.
    한편, 반자로프는 칭기스라는 이름을 흉노 선우의 천자(天子)와 관련짓기도 하였다. 이름이 아니라 칭호로서 흉노국의 묵돌은 자신을 스스로 하늘의 사신이자 하늘의 아들이라고 하였다. 보돈차르도 하늘을 상징하는 태양(일광감응)에 의해 탄생하였다.
65 유원수 譯, 앞의 책, 2007, 52쪽.
66 일리야 N. 마다손, 양민종 譯, 앞의 책, 2008.

게세르는 태어나자마자 환영은커녕 어머니에 의해 구덩이에 파묻힐 위기에 처하기도 하고 부모에 의해 산에 매일 유기되었다가 다시 돌아오기도 한다.

〈아바이 게세르〉에서는 게세르의 탄생 이후 아명을 작명하는 장면[67]이 등장한다. 게세르의 아버지는 사람이라면 이름이 있어야 한다며 이름지어줄 사람을 찾지만 너무 보잘것없이 생기고 코흘리개 아이 게세르에게 이름을 지어줄 사람을 찾지 못한다. 결국 게세르의 아버지는 머리만한 기름덩어리와 모자만한 고기를 들고 둘러보며 제사를 지냈는데 땅에서 한 노인이 찾아와 보잘 것 없고 재수없는 코흘리개 아이니 '노스가이(코흘리개) 조르(볼품없는)'라는 이름을 지어준다. 이처럼 신화 속 영웅의 어릴 적 모습은 대부분 볼품없는 형상을 지니고 있고 이에 걸맞는 이름을 아명으로 부르게 한다. 머리카락이 몇 올밖에 없는 대머리라든지, 몽골비사에 나오는 칭기스칸의 시조 보돈차르는 바보로 '몽학(어리석은) 보돈차르'라는 이름으로 불린다. 어른 소리보다 우렁찬 소리와 기저귀에서 진동하는 악취, 낳아준 어머니까지도 혐오스러워 하는 어린 영웅의 볼품없는 형상은 결국 인간의 어린 아이의 모습이기도 하다.

하지만 어린 영웅의 이름 지어주기 화소는 몽골인의 작명 풍속과 관련이 깊다. 몽골에서는 태어난 아이의 이름을 주로 주변의 연장자들이 지어준다. 부모나 라마승, 조부모, 외조부모, 존경받는 친척 어른, 혹은 항아리 속에서 이름 뽑기 등의 풍속을 통하여 신중하게 이름을 결정한다. 주로 자손이 귀한 집안이라든지 하는 특별한 사정으로 대용적인 이름을 많이 짓는다. 이름을 통하여 인간으로서의 아이의 존재를 부정하고 그럼으로써 역신 등 악귀를 속이고자 하는 관념이 담겨있다. 예를 들어, 엔비쉬(이건 아니다), 치비쉬(너는 아니다), 홍비쉬(사람이 아니다), 헹메데흐(누가 알겠는가), 엄히(악취), 호브(귀가 눌린 뭉툭이), 에베르트(뿔이 달린), 어임스(양말), 네르구이無名氏 등이 그것이다.[68]

바이칼의 게세르 신화에서 게세르의 아명으로 지어진 '뉴르가이'는 부리아트어로 코흘리개라는 뜻이며 부리아트 전통사회에서는 자식이 어렸을 때 코흘리개, 개똥이 등과

67   С.П.Балдаев, 앞의 책, 1995, p.106.
68   Цэрэнханд Г., 『Монгол ёс заншил, зан үйлийн товчоон』, УБ., Мөнхийн үсэг, 2009.

같이 지저분하거나 듣기 싫은 이름으로 부르다가 자식이 열세 살 이상으로 장성하면 이름을 새로 짓는 것이 일반적이었다고 한다. 이는 지상을 떠도는 나쁜 영들이 어린아이를 해치지 못하도록 하기 위한 지혜와 배려였다는 것이다.[69] 어릴 적 영웅의 모습이 보잘것없고 흉측한 모습으로 극대화된 화소는 악귀로부터 귀한 아기를 보호하고자 하는 몽골인의 민속과 긴밀하게 관련되어 있다.

이러한 볼품없고 추한 어린 영웅의 극대화된 형상은 실제 게세르 신화에서 게세르가 요람 속에 담겨 있을 때 영웅이 어릴 때 미리 화근을 없애고자 라마승 등의 모습으로 변신하여 찾아온 괴물들을 퇴치하는 데에 결정적인 역할을 한다.

북경판본 게세르에서도 어린 게세르의 기괴한 형상에 대한 연유를 다음과 같이 풀이한다.

> 흘겨 뜬 오른눈은 매가 아귀를 노려봄
> 부릅 뜬 오른 눈은 이승과 저승을 고루 봄
> 휘두르는 오른손은 반항하는 자를 위협함
> 부르쥔 왼손은 모든 자를 지배하여 움켜쥠
> 위로 올린 오른발은 믿음을 창대케 함
> 쭉 뻗은 왼발은 악독한 이단자를 굴복시켜 짓밟음
> 악물은 마흔 다섯개 하얀 이는 마구니와 악귀의 위협을 삼켜버림이다.[70]

어린 영웅의 기괴하고 흉측한 모습은 역설적으로 인간세계의 악과 부조리를 퇴치하기 위한 영웅신의 비범한 형상으로 풀이되고 있다. 몽골 신화에서 어린 영웅의 비범함을 단적으로 나타내는 말이 '눈에 불빛이 있다'는 표현이다. 바이칼의 게세르 신화에서 괴물 들쥐는 '지금 우는 아이는 예사 아이라고 볼 수 없어. 두 눈에 무시무시한 불을

---

69 일리야 N. 마다손, 양민종 譯, 앞의 책, 2008, 432쪽.
70 유원수 譯, 앞의 책, 2007, 53-54쪽.

켜고 울고 있을 것이 틀림없지'라며 이 세상에서 가장 힘센 자가 되기 위해 어린 게세르를 해코지하러 찾아간다.[71] 몽골비사에서 신화 속 어린 영웅의 형상을 표현한 '눈에는 불빛이 있고 얼굴에는 광채가 있다'는 말을 빌어 어린 테무진에게 장인이 될 데이세첸이 어린 테무진에게 한 말이기도 하다.[72]

예로부터 불을 숭상하는 몽골인은 몽골 신화에서 불을 추상화 하고 이를 인간의 마음과 정신의 상징물로 인식하기도 한다. 그 대표적인 표현이 어린 아이에게 '눈에는 불이 있고 얼굴에는 위엄이 있다'라는 관용구인 것이다. 영웅서사시에서는 주로 어린 주인공이 큰 일을 하려고 집을 떠나는 장면에서 도중에 마주친 동무나 적이 그의 목적을 물으면서 함께 하는 찬사이다.

어린 영웅의 형상에 대한 역설적 표현은 영웅의 비범성을 극대화하며 동시에 어린 영웅에게 유기와 고난의 계기가 되기도 한다. 하지만 어린 영웅의 시끄러운 울음소리가 멀리 있는 망가스를 불러들이기도 하고 우스꽝스럽고 볼품없는 형상은 찾아온 망가스로 하여금 긴장을 풀게 함으로써 재치있게 적을 물리치게 하기도 한다. 이처럼 어린 영웅의 역설적 면모는 필연적으로 겪게 되는 영웅의 수모와 역경의 계기가 되며 이러한 신화소는 지상세계의 망가스(괴물)들을 불러들이고 이들을 강력하게 퇴치하기 위한 전제 조건이 되고 있다. 결국 영웅이 인간에 태어나고 기괴하고 흉측한 모습으로 어린 시절을 보내게 되는 화소는 영웅이 지상세계에 태어난 이유인 망가스(괴물)의 퇴치와 밀접하게 관련되어 있는 것이라 할 수 있다.

---

[71] 부리아트 게세르에 나타난 "아이의 심장을 파헤치고 용솟음치는 피를 실컷 먹을 수만 있다면 내가 이 세상에서 가장 힘센 자가 될 게 틀림없어" 괴물 들쥐의 말을 통하여 게세르의 비범함을 알 수 있다. 일리야_N. 마다손, 양민종 譯, 앞의 책, 2008, 92쪽.

[72] 유원수, 『몽골비사』, 사계절, 2006, 326쪽.
몽골비사에서는 "눈에는 불이 있고 얼굴에는 빛이 있다"는 표현이 있다. 영웅의 위풍당당함과 위엄을 불로 상징하여 묘사하는 전통은 "Tsog zal", "Tsog do'l"이라는 합성어와 연계하여 볼 수 있다고 한다. '불 = xiimor(행운, 원기, 왕성, 생기발랄)'. 사람의 총명함과 생기발랄함, 사기의 충천을 불로 상징화한 것이다. 영웅서사시의 영웅 이름으로 등장하는 'galzuu(미치광이)'라는 단어도 원래는 불(gal)의 맥락으로 '열렬한, 격렬한'의 의미로 기상 넘치는 의미를 내포한다. 센덴자브 돌람, 앞의 책, 2007, 71-74쪽.

북경판본 게세르칸에서 어린 게세르가 맨 처음 퇴치한 것이 악마의 까마귀와 염소 이빨에 개 주둥이를 한 악마이다. 악마의 까마귀는 한 살 난 아이의 눈을 쪼아 죽이고 다니다 아기 게세르가 한쪽만 흉측하게 흘겨 뜬 눈에 쳐놓은 아홉 갈래 쇠덫 끈에 죽임을 당하였다. 또한 염소 이빨에 개 주둥이를 한 악마는 궁구 에치게라는 탁발승으로 둔갑하여 두 살 난 아이의 머리 위에 축복을 내리는 척 하면서 혀끝을 꽉 깨물어 벙어리로 만들고 다녔는데 기괴하게 송곳니까지 자란 아기 게세르가 악마의 혀뿌리 채 빨아 죽여버린다.[73] 이처럼 아기 게세르의 태어날 때 흉측한 형상은 인간을 괴롭히는 악의 요소들을 퇴치하는 수단이 되며 특히 아기 게세르가 처음 퇴치한 괴물의 형상들은 민가의 아기들을 눈이 멀게 하여 죽이거나 벙어리로 만드는 역병疫病이라는 악의 요소를 비유적으로 표현한 것으로 보인다.[74]

게세르 신화에서 망가스의 퇴치는 그 서두에서 밝히고 있듯이 인간세계로 축출된 악의 화신들을 물리침으로써 세상을 행복하게 만드는 것을 궁극적인 목표로 한다. 망가스는 인간세계를 어지럽히고 괴롭히는 사악하고 부조리한 것들을 형상화하며 게세르 서사의 본사에 해당하는 망가스 퇴치전은 세상을 교화하여 재세이화의 이념을 실현하는 과정이라 할 수 있다. 형태상으로 보았을 때 각 망가스에 대한 퇴치전은 게세르 신화에서 독립적인 장을 이루게 되는데 각 장마다 악의 요소들이 형상화 되어 나타난다. 이러한 악의 화신들은 바이칼의 게세르 신화에서 천신들의 전쟁으로 패배하여 지상으로 쫓겨난 아타이 올란의 세 아들과 신체 부위들로 설명된다. 본래는 평온하게 지내던 인간세상에 사악한 영들과 마법사들이 가득 차게 되면서 하늘세계의 전쟁이 인간 세계로 고스란히 옮겨오게 되었다는 것이다.[75]

---

73 유원수 譯, 앞의 책, 2007, 56쪽.
74 게세르의 신격이 민간에서 가장 많이 활용되는 사례는 역병(疫病)에 대한 치료 기능이다. 내몽골의 호르치 롭상은 처음 게세르를 듣게 된 경험을 이야기 하면서, 이와 비슷한 경험을 이야기 해주어 어린 시절 고향에 가축의 돌림병이 돌아 사람들이 게세르치를 모셔 게세르 서사시를 연창하게 하였다고 한다.(2008년 4월 호르치 롭상의 인터뷰 내용)
75 일리아 N. 마다손, 양민종 譯, 앞의 책, 2008, 71-74쪽.

아타이 올란과 악의 정령들

	아타이올란과의 관계	악의 정령	형상	악의 요소
1	아들1	샤라블린(샤라이골)의 칸1 -사간게렐(차강게르트)		
2	아들2	샤라블린(샤라이골)의 칸2 -샤라게렐(샤르게르트)		
3	아들3	샤라블린(샤라이골)의 칸3 -하라게렐(하르게르트)		
4	머리	갈돌메	번뜩이는 십만 개의 눈동자(등), 불타오르는 사만 개의 눈동자(가슴) 200가지 이상 요술과 변신술	교활, 사악한 지상의 칸, 호닌호트의 제왕
5	오른팔	오르골리 사간		숲과 나무의 정령
6	왼팔	쉬렘마나타		사악함의 극치
7	가슴	만가트하이 아바르가 세겐	여러 개의 머리	
8	오른발	엔호보이 세 자매 중 큰언니		
9	왼발	엔호보이 세 자매 중 둘째		
10	왼쪽종아리	엔호보이 세 자매 중 막내		
11	엉덩이	로브소고이 만가트하이	무시무시한 검은 얼굴	호닌호트의 탐욕, 시기심의 거인 괴물

이들은 모두 호닌호트라는 지상세계로 쫓겨나 인간의 제왕이 된 악의 화신들이다. 악의 화신들이 거주하는 호닌호트는 인간의 세계이지만 악의 정령들이 지배하는 세계를 의미하며 동북아의 삼단적 우주관에 의하면 하계에 속하는 곳으로 보여진다. 따라서 게세르 신화에서 하계란 인간세상과 분리된 곳이 아닌 본래의 평온했던 인간 세상에 동쪽 악의 천신들이 내던져지면서 재앙이 끊이지 않게 된 지상세계의 일면을 의미한다고 할 수 있다.

본격적인 괴물퇴치전에 들어서기 전에 게세르 신화에서 주요하게 등장하는 것은 영웅의 결혼 화소이다. 게세르의 부인은 거의 모든 이본에서 세 명으로 그려지며 한결같이 고귀한 신분의 아름다운 미녀들로 묘사된다. 이 중에서 두 번째 부인인 아조 메르겡(알마 메르젠)은 게세르가 바타르 게세르로서 성장한 이후 열네 살에 첫 번째 사냥에서 치열한 접전 끝에 어렵게 무릎을 꿇린 뛰어난 무사이자 샤르달라이 바다 용왕의 딸로 그려진다. 게세르가 가장 신뢰하는 부인으로 게세르의 든든한 조력자가 되어주는데 그 대표적인 사건은 첫 번째 부인 록모 고아의 배신으로 망가스의 당나귀가 되어버린 게세르를 극적으로 구출해내기도 한다. 여성 무사이자 게세르의 믿음직한 하탄인 아조 메르겡은 게세르 서사시에서 가장 사랑받는 캐릭터이기도 하다.[76]

부리아트 게세르에서도 게세르의 조력자로 세 명의 하탄이 등장한다. 이 중에도 용왕의 딸이자 뛰어난 무사로 등장하는 하탄이 등장하는데 알마 메르겡으로 불린다. 알마 메르겡은 바이칼의 게세르 신화에서 막내 왕비로 등장하지만 북경판본의 아조 메르겡과 같은 유형의 인물이라 할 수 있다.

게세르는 아름답고 든든한 세 명의 왕비들을 위하여 하탄강에 각 왕비의 성향에 맞는 세 궁전을 지어준다. 상류에는 첫째 부인 야르갈란을 예우하여 가장 높은 곳에 궁전을 지어주며 중류에는 두 번째 부인 우르마이 고오혼을 위하여 가장 아름다운 궁전을 지어준다. 하류에는 자기 주장이 강한 여장부 왕비 알마 메르겡을 위하여 하류의 삼각주에 흰색 담장이 높은 아담한 집을 지어주고 게세르는 주로 이곳에 머물면서 지내게 된다.[77]

게세르 신화에서 물의 신 우가로숀(용왕)의 딸인 알마 메르겡(아조 메르겡)은 비범한 무용을 갖춘 여성 무사로서 게세르를 대신하여 적을 퇴치하고 게세르를 위기에서 구출하는 등 적극적이고 이상적인 하탄(왕비)의 형상을 보여주고 있다.[78] 이에 비해 첫 번째 부인은 본래 천상의 비천飛天으로 세상에서 가장 아름다운 여인으로 형상화되나 서사 전개상 점점 비교적 부정적인 이미지로 그려지다가 결국 비참한 최후를 맞기도 한다. 그녀의 특출 난 아름다움으로 샤라이골의 세 칸과 전쟁을 치르게 되고 때로는 그녀의 배신으로 게세르가 망가스의 당나귀로 변해 극심한 고난을 당하기도 한다.

---

[76] 내몽골 게세르치 짐바잠츠가 게세르 신화에서 가장 좋아하는 캐릭터로 꼽은 인물은 '아조 메르겡' 하탄이었다.(2008.4, 짐바잠츠 답사인터뷰 내용 참조)
[77] 일리야 N. 마다손, 양민종 譯, 앞의 책, 2008, 153쪽.
[78] '수신(水神)'의 딸이 이상적인 하탄으로 등장하는 화소는 몽골의 신화에서 자주 보여진다. 대표적으로 칭기스칸의 시소모 알랑고아(아릭오손강), 칭기스칸의 셋째 왕비 홀란(압록강) 등을 들 수 있다.

첫 번째 부인의 아름다운 미모가 세상에 알려지고 그녀를 샤라이골의 세 칸 중 차강게르트 칸의 태자 알탄게렐트의 아내로 삼기 위하여 샤라이골의 세 칸들이 게세르의 땅으로 쳐들어오기 시작한다. 게세르 신화는 이본의 분량에 따라 퇴치전의 개수가 달라지게되는 특징이 있는데 이 중 샤라이골의 세 칸을 물리치는 화소는 모든 이본에서 필수적으로 등장하는 장면이다. 샤라이골의 세 칸은 위의 표에서도 알 수 있듯이 동쪽의 악신 아타이 올란의 세 아들이 지상으로 축출된 악의 화신들로 서쪽 선신의 아들인 게세르칸의 주적主敵이라 할 수 있다. 서사적으로도 여타의 괴물퇴치전 중 비교적 완결된 구조를 가지고 있어 이 장 자체만으로도 독자적인 스토리를 형성하고 있다.

게세르칸 신화에서의 괴물퇴치전은 인간을 재앙으로부터 구제하여 지상세계의 안녕을 회복하고자 하는 재세이화, 홍익인간의 이념을 실현하는 과정을 상징적으로 표현하는 것이다. 인간세상의 사악하고 부조리한 것들을 망가스로 형상화 하여 퇴치전을 펼치고 그것들의 혼령(순스)까지 교화하는 과정 등을 치밀하게 묘사함으로써 방대한 게세르칸 서사시의 분량을 채워나간다. 즉 이본마다 달라지는 퇴치전의 개수는 게세르 서사시의 분량 상의 변화을 가져오게 된다.

이런 맥락에서 본다면 단군신화와 같이 문헌 등에 짧은 기사로 소개된 한국의 영웅신화의 경우는 괴물퇴치전과 같은 장황한 서사가 문헌상으로는 존재할 수 없고 최대한의 압축된 내용으로 언급될 수밖에 없다. 단군신화의 경우 서두에 축약 기술된 주곡, 주병, 주명, 주형의 과정 혹은 인간의 360여사를 다스리는 서사가 존재한다면 이러한 서사가 몽골 영웅서사시에서의 괴물퇴치전에 대응된다고 할 수 있다.

결국 게세르칸 신화이든 단군신화이든 영웅신화는 인간사를 다스리는 인간의 신화이며 그 서사 안에는 인간의 출생에서부터 장례까지의 민간풍속이 신화적으로 상징화되어 노래되기도 한다. 바꾸어 말하면 게세르 신화에서 노래되는 몽골인의 기자, 출생, 작명, 양자들이기, 구혼, 성인식, 결혼, 장례 등의 통과의례에는 나름의 신화적 의미들이 담겨있다고 할 수 있다.

특히 결혼의례와 관련하여 양측에서 치러지는 3일간의 피로연 장면의 예를 들면 게세르칸 서사시가 벽사의 제의적 측면이 강하면서도 몽골인의 풍속과 제의가 어우러진

몽골의 벽사의례 가면의식무, 〈참(Цам)〉

몽골의 벽사의례 가면의식무, 〈참(Цам)〉(연행 후)

복합적인 축제의 문학으로서 몽골 영웅서사시의 연행 분위기를 확인할 수 있다.

게세르칸 서사시의 마지막 장면[79]처럼 게세르가 모든 악의 세력을 퇴치하고 그 혼령까지 불태워 정화시키고 나서 고향에 돌아와 두 왕비와 영원히 행복하게 지내는 장면에서는 몽골의 '참tsam(가면의식무)'과 같이 오랜 종교적 벽사 의식을 마치고 정화된 마음으로 축제를 즐기는 풍속과 상당히 흡사한 유형을 가진다.[80]

결국 몽골인이 원하는 이상국이란 놀롬 평원(하탄강)과 같은 곳에서 사랑하는 가족과 잘 먹고 마시며 행복하게 만세를 누리는 지상세계라 할 수 있다.

---

[79] 게세르는 집에 돌아와 아조 메르겡, 아를란 고아 왕비를 데리고 놀롬 평원에 자리를 잡았다. 13 금강 사원을 아름답게 건립하여 여의보주, 틈 없는 검은 석탄, 온갖 보석으로 만든 네모난 도성 안에서 천겁이 되도록 행복하게 살았다. 유원수 譯, 앞의 책, 2007, 207쪽.

[80] 실제로 몽골의 민간에서는 '게세르 참'이라고 하는 가면의식무가 연행되었다고 한다. 몽골의 가면의식무 참에 대한 자세한 내용은 김경나의 논문(김경나, 「몽골 후레참의 연회 양상과 한국 가면극과의 관련성」, 고려대학교 대학원, 2009)을 참조.

〈단군신화〉의
기본 화소와 신화소 분석

—

〈단군신화〉의 기본 화소와 신화소 분석

1. 〈단군신화〉의 자료별 기본 신화소

1) 〈단군신화〉의 주요 자료별 신화적 서사단락

대표적인 문헌신화로서 상당한 이본들을 갖추고 있는 단군신화는 그 내용에 있어서 문헌별로 다양한 편차를 가진다. 서영대의 언급처럼 '이러한 현상은 고구려, 신라, 가야의 건국신화에도 해당되는 바, 한국문헌신화에서 흔히 있는 일'[1]이라 할 수 있다. 단군신화의 기본 서사구조를 정리하기에 앞서 유형에 대한 분류 개념이 있어야 할 듯하다. 앞에서도 언급하였듯이 단군신화의 완결된 서사는 대부분 문헌으로 기록되어 있으므로 이들 문헌을 중심으로 서사구조를 유형화 할 수 있다.

우선, 서영대는 실전實傳 단군신화의 문헌자료를 중심으로 주요 내용의 편차에 따라 삼국유사 유형, 제왕운기 유형, 응제시 유형, 규원사화 유형 등 네 가지 유형으로 나누

---

[1] 서영대, 『단군관계 문헌자료 연구, 단군 그 이해와 자료』, 서울대학교출판부, 1994, 49쪽.

어 보았다.[2] 한편 조현설은 실전하지는 않지만 이들 문헌에서 일관되게 서명書名과 함께 그 존재를 거론하면서 인용하고 있는 원천자료를 중심으로 고기A 유형, 단군기 유형, 본기 유형, 응제시 유형, 고기B와 단군고기 유형, 청학집 유형으로 나누어 고찰하였다.[3] 단군신화의 유형에 대한 논의를 여기서 다시 제기할 이유는 없다고 본다. 다만 단군신화텍스트의 서사구조를 다루고자 하는 본 논의에서는 다음의 몇 가지 중요한 문제에 주목할 필요가 있다. 첫째 단군신화의 서사는 문헌기록 상으로도 그 통시적 전개과정에 따라 고형의 서사에서 후대형의 서사로의 변이형이 확인된다는 것이며, 둘째 도가집단에 특수하게 전승된 『규원사화』나 『청학집』 등의 논쟁적인 단군신화 역시 선가류 유형으로 분류하여 살펴볼 수 있다는 것이다. 단군신화의 유형 문제를 통하여 살펴본 이러한 전제는 서사구조와 신화소 비교분석에서 부분적으로 유용하리라 본다.

대체적으로 『삼국유사』에 소개된 단군기사 내용이 단군신화 서사의 핵심을 담고 있다는 것은 반론의 여지가 없는 것 같다. 즉 『삼국유사』의 단군신화가 현전 최고의 문헌신화라는 의의 외에 서사구조에 있어서 대표성을 가지고 있다고 볼 수 있다. 각 문헌마다 나타나는 다양한 편차에도 불구하고 『삼국유사』 소재 단군신화와 기타 문헌에 기술된 단군신화는 나름 일관된 서사체계를 가지고 있다고 보아도 무방할 듯하다.[4] 신화는 본래 민중의 기억을 통해 전승되는 것이며, 민중의 기억이란 신화의 세세한 수식적인 표현이 아니라 조형적인 구조만을 보존하기 마련이다.[5]

이에, 본격적인 화소분석에 앞서 『삼국유사』를 비롯한 문헌자료를 중심으로 단군신화의 기본 화소를 정리하여 보고자 한다. 사실 이에 대하여는 단군신화의 기존 연구에

---

2 서영대, 위의 책, 47-81쪽.
3 조현설, 「건국신화의 형성과 재편에 관한 연구」, 서울대 박사논문, 1997, 110-141쪽. 이러한 유형 분류를 통하여 그 전승계보를 작성하고 단군신화의 유형 변화를 통시적으로 파악하였다.
4 단군신화는 시대적, 문화적인 윤색을 지녔지만 거기에는 고대성, 곧 고대로부터 내려오는 불변의 기본적 구조가 내포되어 있다. 유동식, 「시조신화의 구조」, 『단군신화연구』, 온누리, 1994, 101쪽.
5 M.Eliade, *The Myth of the Eternal Return*, p.63.
   신화는 고대성과 변화성을 가진다. 고대성이란 신화의 핵심을 이루고 있는 기본적인 요소가 고대에 기원되어 있다는 것이며 변화성이란 각 시대의 전승자에 의해 해석되거나 윤색된다는 의미이다. M.Eliade, Ibid, p.4f.(유동식, 앞의 논문, 1994, 101쪽 재인용)

서 수차례 언급되었기에 일부 논의에 있어서는 이들의 연구성과[6]를 참조하여 능력의 부족과 시간적 제약을 보완하기로 한다.

다음은 단군신화의 서사단락을 신화층위별로 해제하여 기본 서사단락을 재정리한 것이다.

단군신화의 신화적 층위와 기본 서사

	신화층위	기본서사	변이서사
1	환인신화 –하늘세계	환국이 있고 환인과 그의 서자 환웅이 있었다.	상제 환인, 서자 웅
		환웅이 수차례 천하에 뜻을 품고 인세를 탐하였다.	
		아버지가 아들의 뜻을 알고 삼위태백을 내려다보니 널리 인간을 이롭게 할 만하였다.	환인이 웅에게 삼위태백에 내려가 홍익인간하라고 명함.
		환인이 천부인 세 개를 준다.	
2	환웅신화 –신성공간	환웅은 무리 삼천을 거느리고 태백산 꼭대기에 천강한다.	귀신 삼천
		신단수 밑에 신시를 열고 환웅 천왕이 된다.	단웅천왕
		풍백, 우사, 운사를 거느리고 곡식, 수명, 질병, 형벌, 선악을 주관하며 인간의 360여 가지 일을 주관하면서 세상을 교화한다.	
3	웅녀신화 –신성공간	곰과 호랑이가 같은 동굴에서 살았다.	
		항상 신(웅)에게 사람이 되기를 기원한다.	
		신은 쑥 한 자루와 마늘 스무 톨을 먹게 하고 백일 동안 햇빛을 보지 못하게 한다.	단웅이 손녀에게 약을 먹어 인간으로 변하게 함.
		곰은 금기를 지켜 삼칠일만에 여자가 되고 호랑이는 지키지 못하여 사람의 몸을 얻지 못한다.	
		웅녀는 혼인할 이가 없어 매일 단수 아래서 자식갖기를 기원한다.	
		웅이 잠시 사람으로 변해 혼인하니 아들을 갖게 된다.	단수신과 손녀가 결혼

---

[6] 단군신화의 문헌별 서사단락에 대한 자세한 내용은 다음 논저들의 연구성과에서 확인할 수 있다. 나경수, 「한국건국신화 연구」, 전남대, 1988, 15쪽; 서영대, 「단군관계 문헌자료 연구」, 『단군 그 이해와 자료』, 서울대학교출판부, 1994; 이정재, 「단군신화 이본연구(1)」, 『한국의 민속과 문화 2』, 1999; 이정재, 「단군신화 이본연구(2)」, 『한국의 민속과 문화 3』, 2000; 이지영, 『한국건국신화의 실상과 이해』, 월인, 2000.

	신화층위	기본서사	변이서사
4	단군신화 –지상세계	그 아들을 단군왕검이라 한다.	신인이 박달나무 아래 천강, 국인이 왕(단군)으로 추대(응제시)
		나라를 세워 조선이라 하고 당나라 요임금 50년에 평양성에 도읍을 정한다.	신라, 고구려, 남북옥저, 동북부여, 예, 맥이 모두 단군의 후손
		이후 백악산 아사달로 옮겨 1500년 통치를 하다가 주 무왕이 기자를 조선에 봉하여 단군이 장당경으로 옮긴다.	1038년 통치
*	산신신화 –신성공간	1908세에 다시 아사달 원래 도읍지로 돌아와 숨어 산신이 된다.	

단군신화에는 천신인 환인의 신화, 천강한 천자인 환웅의 신화, 곰(웅녀)의 신화, 단군의 신화, 산신의 신화가 적층적으로 담겨 있다. 이는 단군신화가 기록으로 축약된 문헌신화임에도 건국신화로서 당대 전승되던 핵심적인 신화층위를 최대한 반영하고 있음을 의미한다. 그리고 이들 신화는 고도로 압축된 서사인 만큼 그 하나하나가 의미심장하지 않을 수 없다. 따라서 단군신화의 신화소 분석에 있어서도 이러한 각 신화층위에 대한 이해를 바탕으로 기본 서사구조에 대한 충실한 해석이 우선되어야 한다고 본다.

2) 〈단군신화〉의 신화층위와 기본 신화소

여기서는 단군신화의 신화적 성격에 주목하여 보았는데 단군신화의 문헌자료에 소개된 내용은 다섯 개의 신화층위로 구분됨을 알 수 있었다. 문헌상에서는 비록 압축된 신화체계이기는 하지만 이들 신화층위마다 핵심적인 서사단락을 구성하고 있었다.

앞의 표에서 살펴보았듯이 단군신화에 담겨있는 4개의 신화층위를 중심으로 다음 장에서 본격적으로 다루게 될 주요 신화소를 정리하여 보면 다음과 같다.[7]

---

[7]   최남선의 신화소 분류 참조. 최남선, 「단군고기전석(檀君古記箋釋)」, 『단군신화연구』, 온누리, 1994, 17-42쪽.

단군신화의 신화층위와 주요 신화소

	신화층위	신화소
1	천신신화 -하늘세계	환국, 환인(제석, 상제, 천신), 서자, 환웅(단웅, 웅), 하시인간, 삼위태백, 천부인 세 개
2	환웅신화 -신성공간	천강, 태백산 산정, 신단수(박달나무), 신시, 천왕, 풍백 우사 운사, 주곡 주명 주병 주형 주선악, 무리 삼천, 삼백육십여사, 홍익인간(재세이화)
3	웅녀신화 -신성공간	곰(웅녀), 호랑이, 동굴, 인간변신, 기자(祈子), 백일 금기, 쑥 마늘, 삼칠일, 영약(靈藥), 천신의 손녀, 신혼(神婚)-가화, 잉태
4	단군신화 -지상세계	천손, 단군왕검, 조선건국, 백악산 아사달, 1500년 통치 *역사 영역
*	산신신화 -신성공간	1908세 아사달 산신 *단군묘 관련 전설의 경우 환인이 불러 돌아감. 단군사당

　　이 중 네 번째 층위의 단군신화는 단군신화의 전체 제목이며 사실상 나머지 신화층위들이 공유되어야 하는 부분이다. 물론 이본(웅제시)에 따라서는 신인이 직접 박달나무 아래로 천강하여 국인들이 그를 왕(단군)으로 추대하는 내용이 있기도 하지만 단군 관련 서사 그 자체로는 역사로서의 의의가 강하지만 신화 전체로 보았을 때는 다섯층위 신화를 통합하는 신화라 할 수 있다. 그리고 단군신화층위뿐만 아니라 각 신화층위들은 서로 다른 층위의 신화들과 유기적으로 연결되어 있는 서사 체계를 가지고 있다. 예를 들어 환인신화는 환웅신화와, 환웅신화는 웅녀신화와, 웅녀신화는 단군신화와, 그리고 단군신화는 산신신화와, 산신신화는 다시 환웅신화와 유기적으로 연계되면서 단군신화의 전체 서사를 긴밀하게 엮어놓는다. 이리하여 단군신화라 명명될 수밖에 없는 명분이 생겨나게 되는 것이다. 이것은 곧 건국신화의 형성 원리이기도 하다.

　　단군신화의 문제는 이들 단군신화의 내용이 지극히 축약되어 있고 단편적인 언급들로 이루어져 총체적인 서사구조를 규정하는 데 있어 어려움이 따른다는 것이다. 삼국유사를 중심으로 서사구조를 정리하는 것이 단군신화의 서사적 권위를 보장하는 것은 분명하지만 결국에는 문헌상의 서사적 약점을 보완할 방법을 강구하여야 한다. 그러한 방법 중 하나는 서사의 공백을 메꾸는 데에 다른 이본 자료들을 적극적으로 활용하는 것이다. 특히 미시적인 화소 분석에 있어서는 기타 문헌자료뿐만 아니라 구비자료와의 비교분석, 나아가 주변 문화권의 관련 화소와의 비교를 통하여 변별되는 의미있는 연구성과를 기대해 볼 수 있을 것이다.

2. 〈단군신화〉의 신화층위와 신화소 분석

지금까지의 단군신화의 신화소 분석과 관련된 논의는 주로 문헌학 중심의, 그리고 역사적 맥락에서 바라보는 연구가 많았다. 이는 단군신화의 자료가 문헌 중심으로 이루어져 있고 대부분 역사 사료라는 측면에서 당연한 현상일 지도 모른다. 더구나 이러한 연구는 최근 들어 고고학, 언어학, 민속학 등 학제간의 통섭 연구에 의해 보다 발전된 양상으로 나아가고 있는 추세이다.

단군신화의 신화성에 주목하는 본 논의에서는 기존의 문헌 중심의 비교에서 벗어나 관련 구비자료 및 주변 문화권의 동일 신화소와 함께 살펴봄으로써 단군신화의 주요 신화소에 대한 검토 및 재해석을 시도하여 보고자 한다. 앞에서 살펴본 바와 같이 단군신화 등 건국신화의 유형을 살펴보면 기존의 신화를 배제하지 않고 대대로 축적된 신화체계를 족보처럼 신화텍스트 안에 수용하는 특징이 있다. 이러한 사례는 단군신화뿐만 아니라 몽골의 대표적인 역사서이자 시조신화, 건국신화로서의 면모를 갖추고 있는 〈몽골비사〉의 체계 안에서도 쉽게 확인할 수 있다. 몽골비사의 맨 앞부분 칭기스칸의 시조에 대한 기록을 살펴보면, '하늘에서 점지된' 천신신화 체계에서 시작하여 버르테 촌(점박이 늑대)과 고아 마랄(암사슴)의 토템신화, 도보메르겐과 두와 소호르라는 거인신화 모티프, 알랑고아 시조모 신화 등 다양한 모티프가 압축되어 기술되어 있다.

이처럼 고대 시조신화와 건국신화의 단계에서는 이미 형성된 기층의 신화가 차곡차곡 담겨 있으며 기층의 신화들의 첫 머리에 당대 가장 유력한 신화체계가 상정되어 있는 모습을 발견할 수 있다.[8] 따라서 신화소 분석에 있어서도 이들 기층 신화에 대한 이해와 맥락으로 각각의 신화소를 살펴볼 필요성이 있다고 본다.

1) 환인의 신화층위와 신화소

단군신화 역시 신화의 맨 서두 부분에 천신계 신화인 환인신화의 존재가 암시되어 있다. 워낙에 압축된 신화 안에서 더욱 압축시켜 배치한 신화이니만큼 그 자세한 내용은 알 길이 없다. 다만 동일 구조의 신화와의 비교를 통하여 천상세계인 환국의 존재와 신화적 의미, 제석이나 상제, 천신 등으로 별칭된 환인, 그리고 환인의 서자 환웅의 정체에 관하여 가늠하여 볼 수는 있겠다. 천상계인 환국에는 환인과 환웅이 등장하는데 우선 문헌 속에 기술된 이들의 명칭을 정리하여 보면 아래와 같다.

환국과 환인, 환웅의 명칭

	하늘	천제	천자
삼국유사	桓國	帝釋, 桓因	庶子〈桓雄〉 → 桓雄天王
제왕운기		釋帝, 上帝桓因	庶子 雄 → 桓雄天王
세종실록지리지		上帝桓因	庶子名雄 → 桓雄天王
신증동국여지승람		天神桓因	庶子 雄
조선세기		天神桓因	天神桓因之子桓雄 → 檀雄天王
응제시주		上帝桓因	庶子 雄 → 檀雄天王也桓或云檀 神人(응제시)

신화적 관점에서 볼 때 단군신화의 '환국'은 상계에 해당하며 하늘세계라는 해석은 이미 통설이 된 듯하다. 동북아 샤머니즘의 삼단적 우주관의 논리인 상계, 중계, 하계의 삼계관의 관점을 적용한다면 환국은 중계인 인간세계를 내려다보는 윗세상인 것이다.

환인桓因은 최남선 이후 '하늘'의 사음寫音으로서 '석제환인'의 역음譯音으로서 승려인 일연에 의해 불전어로 개찬된 단어로 알려져 있다.[9] 결국 '환인'이라는 단어는 '하늘'이

---

8   이들 신화들은 그 서사적 맥락을 살펴보면 대부분 형성 순서에 따라 배치된 듯 하지만 건국신화 전후로 두드러지게 등장하는 천신계 신화 체계는 대부분 의도적으로 신화의 맨 앞부분에 놓여진다. 당대의 유력 신격이 신화의 서두에 배치되는 모습은 몽골의 게세르칸 서사시에서도 쉽게 확인할 수 있다.

9   최남선, 앞의 논문, 1994, 22쪽.

라는 천상계와 '하느님'이라는 천신의 의미를 모두 내포하는 단어라고 할 수 있다. 몽골의 신화에서 '텡게르'라는 단어가 '하늘'의 뜻과 '천신'의 뜻을 모두 가지고 있는 원리와 같다. 자연의 신격화를 보여주는 전형적인 모습이다. 즉, '산=산신'이고 '나무=수목신'이며 '하늘=하늘신'이다.

이는 바꿔 말하면 문헌마다 등장하는 환인의 존재는 결국 그 자체로도 환국의 존재를 동시에 표방하는 것으로 볼 수 있다. 여기서부터 단군신화의 우주관이 생성되고 영웅의 탄생과 영웅신화의 서사가 생겨난다.

환국이라는 관점에서 본다면 단군신화는 천신숭배사상을 기반으로 하는 삼단적 우주관을 반영하고 있다고 알려져 있다. 최남선은 이에 대해 "삼단적 우주관이란 우주를 선신이 거하는 광명 상계와, 악령이 거하는 암흑 하계, 그 중간인 인간세계의 삼단으로 구성되었고 태초에 국조가 천신의 강세탁종降世托種으로 말미암아 탄생하는 것은 동북아시아에 흔히 나타난다고 보았다. 이는 태평양 군도 및 전세계적인 것"이라고 언급하기도 한다.[10] 하지만 단군신화에는 암흑세계에 해당하는 하계가 나타나지 않고[11] 오히려 인간계와 천신계 사이에 신성공간인 중간계가 존재하는 삼단구조를 갖추고 있다. 단군신화에서 환웅의 신시가 건설되는 공간으로 단순히 중간계로 처리하기에는 그 신화적 존재감이 너무 크다. 산신이 주관하는 신성 공간, 상계로 보아야 한다.

먼저, 상계인 환국은 단순히 위에 존재만 하는 곳이 아닌 인간세계를 수시로 내려다보는 곳이다. 환국에서 보는 인간계는 널리 이롭게 할 만한 곳이며, 교화시켜야 할 곳으로 그려진다.[12]

환인의 서자 환웅이 환국에서 태백산으로 천강하게 되면서 인간세계와 천상계의

---

10 최남선, 앞의 논문, 1994, 22쪽.
11 단군신화의 신화적 우주관은 기존의 많은 연구에서 삼계관으로 설명되고 있으나 정작 신화텍스트 상에는 지하세계가 나타나 있지 않다. 본래 신화상에서 지하세계는 영웅이 인간을 괴롭히는 부조리한 존재(대부분 괴물로 형상화)를 퇴치할 때에 등장하게 된다. 이는 단군신화는 인간 화액(괴물)을 퇴치하는 장면 묘사가 생략되었기 때문이라 할 수 있다.
12 관련 기록은, '數意天下, 貪求人世, 父知子意, 下視〈三危太伯〉可以弘益人間', '下至三危太白 弘益人間歟故', '雄意欲下化人間' 등이다.

수직관계가 확인된다. 그리고 인간계와 천상계 사이의 성산聖山, 신단수神壇樹, 신시神市 즉 신성공간으로서 별도의 신화 공간이 명확하게 인식된다. 뒤에서 자세히 다루겠지만 사실 이 중간계[13]에서 단군신화의 대부분의 신화적 서사가 이루어지기도 한다.

단군신화에서의 삼계와 중간계

	삼계	명칭	거주자	공간
1	상계	환국	환인, 환웅	천상
	중간계 (상계)	태백산정, 신단수, 신시/ 아사달산	환웅천왕, 무리삼천 등 곰, 호랑이, 산신	성산
2	중계	조선	단군	인간
3	하계	언급이 생략		

이러한 중간계의 존재는 단군신화가 단순히 수직적 구조의 삼단구조가 아니라 생각보다 훨씬 다차원의 세계관을 가지고 있음을 시사한다. 지리적으로는 중계와 가까우면서 세속의 공간과는 구별되는 정령의 세계에 해당한다고 볼 수 있다. 하늘에서 천강한 환웅은 신의 모습으로 이곳에 머물며 신시를 열고 인간의 360여사를 주관하며 인간세계를 다스려 교화시키는 등의 일을 한다. 중생(곰과 호랑이)의 기원을 들어주고 잠시 사람으로 변하여 웅녀에게 자식을 안겨주기도 한다. 이처럼 온전히 인간을 위한 신성한 사건들이 일어나는 신이한 공간이 별도로 마련되어 있는 것이다. 이는 단군신화가 신의 세계와 인간의 세계가 소통하는 이야기로서 인간이 추구하는 신화의 본질을 충실히 지니고 있음을 드러내주는 지점이기도 하다.

삼단적 우주관은 환인-환웅-단군으로 이어지는 국조 영웅의 삼대기 구조와 연결하여 설명되기도 한다.[14] 환인이라는 이름은 여러 문헌자료에서 일관되게 나타난다. 『동

---

13   조현설은 바리데기 서사무가에 등장하는 저승을 중간계라는 개념으로 설명하였다. 단군신화의 신성공간도 중간계이기는 하지만 주로 사후의 세계인 저승을 지칭한 개념과는 다른 완전히 다른 층위의 중간계이다. 신과 인간을 소통하여 주는 진정한 신화적 공간이라고 보았다. 하지만 단군신화에서의 중간계는 저승과는 차원이 다른 신성공간으로 주로 신령이 거주하는 공간으로 볼 수 있다.

국여지승람』과 『해동역사』의 조선세기에서의 '천신환인天神桓因'이라는 기록을 통하여 보면 환국은 천계이며 환인은 천신임을 다시 한번 확인할 수 있게 된다. 단군신화에서는 이러한 천신환인을 시작으로 하여 단군의 부계 체제가 구축된다. 주요 문헌자료를 중심으로 기술된 단군의 계보를 정리하면 다음과 같다.

일대기 구조 - 신인=단군(-응제시)
이대기 구조 - 환인 단군(해동역사 - 조선세기)
삼대기 구조 - 환인 환웅 단군(삼국유사 등)
    *주몽신화의 삼대기 구조 - 해모수(천제) 주몽(천제자) 유리
사대기 구조 - 환인 환웅 단군 부루(응제시주)

단군의 계보

단군신화의 문헌자료만 분석하여도 단군의 계보는 일대기 구조에서 사대기 구조까지 다양하게 기술되고 있는데 이는 신화의 삼단적 우주관과 영웅의 삼대기 구조의 관련성이 그다지 필연적이지 않다는 것을 보여주는 사례이다.

환웅에 대해서는 비교적 다양한 명칭을 사용한다. 공통적인 것은 '웅雄'이라는 이름과 서자庶子[15]라는 것이다. 『해동역사海東繹史』의 「조선세기」를 제외한 대부분의 문헌자료에서 환웅을 '서자'라 명시하고 있다. 서자의 의미에 대해서는 이미 많은 학자들에 의하여 논의된 바 있다. 여러 아들 중에 장자가 아닌 아들, 즉 장자를 적자라 하는 것에 대한 단어라는 것이 통설로 굳어진 듯 하다. 축약에 축약을 가한 문헌신화 안에서 굳이 '서자'라는 단어를 지속적으로 사용하여 왔다면 '서자'가 내포하는 신화적 의미가 그리 단순하지

---

14   조현설, 앞의 논문, 1997.
15   해모수는 천제의 태자였고 결국 하늘로 돌아간다. 그러나 서자 환웅은 인간세계에 지속적으로 머물 수 있는 여건이 갖춰진다.

는 않을 것이다. 문제는 단군신화 안에서는 이에 대한 설명이 되고 있지 않다는 것이다.

우선, 서자의 의미가 무엇이든 여기서 유추할 수 있는 주요한 사실은 하늘나라 '환국'에는 생각보다 여러 신격들이 존재하고 있을 것이라는 것이다. 지금껏 지고신으로 파악되고 있는 천신환인에 대해서만큼은 단언할 수 없지만 환인의 아들 환웅이 서자庶子라는 언급을 통해서 환인의 아들(후계자)이 다수多數라는 사실을 유추할 수는 있다. 뿐만 아니라 천신의 손녀까지 등장하는 것을 보면 단군신화 속 천신계 역시 부계를 중심으로 하는 대가족의 형태를 가지고 다소 복잡한 관계로 얽혀있는 것으로 보인다. 삼천이나 되는 무리들을 거느리고 내려올 정도라면 천상계도 참으로 복잡다단한 신들의 세계임에는 틀림없다.[16]

이러한 천상계의 다신多神적 양상은 〈게세르칸〉를 비롯한 몽골의 영웅서사시에서도 두루 나타난다. 그 대표적인 구도가 하늘의 동서로 55선신과 44악신이 배포되어 있고 중앙에 중립을 지키는 체겐체브덱이라는 천신이 홀로 존재한다는 것이다. 이들 천신들 역시 부계의 혈통으로 가계를 이루고 있는 것으로 묘사되고 있다.

단군신화와 마찬가지로 몽골의 영웅서사시에서도 인간세계를 구제하기 위하여 천신의 아들 중적격자를 뽑아 지상으로 보내게 된다. 이때 우여곡절 끝에 지상으로 천강하게 되는 아들은 거의 대부분 천신의 가운데 아들이다. 게세르칸 서사시의 경우를 미리 살펴봐도 천신들 간의 전쟁으로 악신들이 인간세계로 내던져져 인간을 해코지할 때 이를 수습하기 위하여 가운데 아들을 보내게 된다. 간혹 막내아들로 묘사되기도 한다. 중요한 것은 장자가 내려가는 경우는 거의 없다는 것이다. 큰아들이 천강을 거절하는 가장 큰 명분은 하늘세계를 맡아서 다스려야 하기 때문이라고 말한다.[17] 전형적인 장자 계승의식을 드러내는 대목이다. 유목사회에서는 막내가 가계를 잇는 전통을 가지고 있

---

16 〈雄〉率徒三千, 降於〈太伯山〉頂.(일연, 『삼국유사』 중)
17 천신의 아들들이 인간하강을 거절하는 두 번째 명분은 인간세계를 어지럽히는 망가스(괴물) 세력을 물리칠 자신이 없다는 것, 그 실패로 인해 천신으로서의 체면이 손상될 것에 두려워한다. 그리고 세 번째 이유는 자기들에게는 인간세계를 수습할 책임이 없다는 것이다. 하늘의 전쟁에서 용맹하게 싸워 악신의 정령들을 인간에 축출하여 인간혼란을 야기한 자가 직접 수습을 하라는 것이다.

다고 알려져 있지만 실제로는 장자 계승의식 역시 공존하고 있다는 것을 보여준다.[18]

그렇다면 환웅은 장자(적자)로서의 정통성을 갖추지 못한 입지적 한계 때문에 지상에 내려오게 된 것인가. 오히려 그의 서자라는 신분은 인간의 입장에서는 천제의 아들이 인간에 상주할 수 있는 다행스런 장치일 수 있다. 신화적 차원에서는 긍정적 화소로 파악할 수 있다는 것이다. 서자 환웅은 태자 해모수처럼 일시적으로 내려왔다 돌아가 버리는 고고한 신격이라기보다는 인간에 남아 끝까지 인간사를 주관할 수 있는 책임감 있는 신격으로서의 모습을 암시한다.

한편, 환웅이 인간에 내려오게 된 배경에 대해서는 역시 그의 이름을 통하여도 유추할 수 있다. 환웅이든, 단웅이든, 그냥 웅이든 환웅은 말 그대로 '하늘의 영웅'으로 파악된다. 인간세계를 내려다보고 홍익인간의 사명을 가지고 직접 천강을 결심하기까지 구구절절한 사연은 생략되었지만 '웅'이라는 그의 이름 안에 압축되어 있는 내용은 천자의 '영웅성'이다. 영웅적 면모가 가장 뛰어난 하늘의 아들이 인간세계를 두루 교화시켜 인간을 널리 이롭게 하기 위하여 천강한다는 내용은 몽골 〈게세르칸 서사시〉에서 일반적으로 이야기되는 내용이기도 하다.

하늘의 영웅 환웅은 '천부인天符印'을 아버지인 천제로부터 공식적인 승인 혹은 명령의 의미로 부여받고 천강하게 된다. 그런 의미에서 환인이 부여한 천부인 세 개는 하늘로부터의 정통성과 신통력 확보를 의미한다. 이러한 천부인은 후에 왕권의 상징으로 다음 왕에게 물려지는 옥새玉璽 등으로 해석되기도 한다. 이러한 인장(몽골어로는 tamga)이 찍힌 문서는 각 지역을 다스리는 장수(별칭 神)들에게 내리는 명령서로서 이 인장이 찍힌 부적을 지니고 있으면 신의 도움을 받을 수 있는 상징적 신표信標가 된다는 것이 일반적인 설이다. 한편, 최남선은 천부인 세 개를 동북아시아의 건국신화를 실례를 들어 종교적 신물로 해석하면서 그 구체적인 세 가지 신물을 명도鏡, 검劍, 관冠으로 들기도 하였다.[19]

---

18   이와 관련된 자세한 내용은 박환영의 논의(박환영, 「몽골비사에 보여지는 가족과 친족의 민속학적 연구」, 『몽골학 20』, 한국몽골학회, 218-220쪽) 참조.
19   최남선, 앞의 논문, 1994, 24-25쪽.

천부인의 실체가 무엇이든 몽골의 신화 사례를 견주어 보면 하늘의 영웅이 천신의 명으로 지상으로 내려올 때 몹시 난처해하면서 천강의 조건으로 반드시 요구하는 신물들과 동일한 것이라 할 수 있다. 영웅이 요구하는 신물들은 인간세계의 초강력의 괴물(부조리한 세력)들[20]을 퇴치하는 데에 필수적인 것이며 하늘세계 천신도 귀중하게 여기는 마법魔法의 비기秘器들이다. 주로 유목민 부대의 최고급 무기들을 신화적으로 형상화시킨 것들이다. 따라서 천부인 역시 인간세계를 교화하여 홍익인간을 이뤄야 하는 환웅의 사명에 필수적으로 필요한 것들이라 할 수 있다. 천부인 화소는 아무리 천제의 아들이고 하늘의 영웅이라 하여도 인간을 널리 이롭게 하는 일은 결코 만만한 일이 아니며 이미 하늘세계에서 온전히 제어할 수 있는 일도 아니라는 의미가 담겨 있다.

2) 환웅의 신화층위와 신화소

홍익인간의 이념을 표방하고 천신인 환웅은 결국 직접 인간에 내려와 인간을 다스리게 된다. 환웅의 천강 화소를 기점으로 본격적인 환웅의 신화층위가 시작된다. 환웅의 천강은 천계에서 인간으로 바로 내려오는 것이 아니라 태백산 꼭대기라는 그 중간세계에 머물게 된다. 즉, 환웅이 천강한 공간은 천상계와 인간계 사이에 존재하는 인간과 신의 소통의 공간이자 신령의 공간이다. 이러한 신성공간에서 인간이 아닌 신령의 형상으로 인간을 다스리고자 하는 것이다.

몽골의 신화 게세르에서도 영웅 게세르의 천강 역시 인간으로 직접 내려오지 않고 수메르 산꼭대기와 같은 중간적 신성공간으로 내려오게 된다. 그 중간 공간에서 정령의 상태로 떠돌아 날아다니면서 오랫동안 탐색전을 펼친다. 이러한 화소는 일찍이 최남선에 의해 주요하게 소개[21]되기도 하였는데 즉 게세르가 99천신들로부터 천만 신술

---

[20] 게세르 신화에서는 게세르가 퇴치할 사악한 괴물들이 본래 천상의 신들이었기 때문에 이들을 퇴치할 수 있는 무기는 천상의 무기일 수밖에 없다. 즉, 천부인과 같은 천상의 신물 역시 본디 천상의 강력한 존재였던 것을 퇴치하는 데에 본래 목적이 있었던 것 같다.

[21] 최남선, 「단군신전의 고의 1」, 1928.1.1.

을 받고 에세게 말란으로부터 흑마와 마구, 투창, 처를 얻어서 삼년 동안은 공중으로 여행하면서 하계의 온갖 화액(망가스로 형상화됨)의 보금자리를 두루 살핀다. 그러다 어느 시골 노인 부부 사이에 탁생托生[22]한다는 것이다.

중간계에서의 탐색전 서사는 게세르가 본격적으로 인간으로 태어나기 전에 반드시 등장하는 중요한 화소이다. 단군신화에서도 이와 유사한 화소가 두 군데에서 등장한다. 환웅이 자주 천하에 뜻을 두고 인간세상을 탐하며 구하였다는 구절과 환인이 이러한 아들의 뜻을 알고 삼위태백을 내려다보는 장면이 그것이다. 문헌상으로는 인간세계를 미리 살펴보는 이런 행위들이 어디에서 어떻게 일어났는지에 대해서는 명시하지는 않았다. 다만 알 수 있는 것은 환웅 역시 자주 인간세계를 탐색하였고 그 결과 홍익인간의 이념을 가지고 태백산으로 천강하였다는 것이다.

그렇다면 하늘 아래 인간세계와 환인이 내려다 본 삼위태백이란 어떤 관련이 있을까?

흔히 삼위태백이란 삼위산과 태백산을 아울러 이르는 말인데 삼위산은 중국 간쑤성 둔황현 남쪽에 있는 산이며, 태백산은 장백산이라고 알려져 있다. 이에 최남선은 '태백은 백두산이며 원래 태백은 한반도 곳곳에 있는 표식적 성산'이라고 언급하였다. '삼위三危도 명사인지 형용사인지 의견이 분분하지만 비슷한 시기에 편찬된 〈제왕운기〉에서 아사달산에 대한 주를 달기를, 今九月山也 一名宮忽 又名三危 祠堂猶存(지금의 구월산이다. 일명 궁홀 또는 삼위라고 한다. 사당이 아직 있다)[23]라 하였다'고 한다. 이를 통해 삼위도 산 이름이라 할 수 있으며 결국 '태백산과 삼위산은 단군의 시강점이자 종귀지를 열거한 것'이라 하였다.[24]

결국 단군신화의 서사 안에서 태백산은 환웅이 처음 천강한 인간세계의 시작이며 삼위산은 단군이 산신으로 돌아간 인간세계의 종착점으로 그 시작에서 끝까지가 단군신화의 서사가 일어나는 천하 즉 인간세계 전체를 의미하는 것으로도 볼 수 있다. 인간세계 안에 이러한 신성공간이 존재하며 신성공간의 존재로 하여 환웅의 신화층위가 단군

---

22 탁생 : 전세(前世)의 인연(因緣)으로 중생(衆生)이 모태(母胎)에 몸을 붙임.
23 『동국여지승람』에도 같은 내용이 담겨 있다.
24 최남선, 앞의 논문, 1994, 23쪽.

의 신화층위와 결합되는 구조를 만들어 낸다.

또한 태백에서 삼위에 이르는 인간세계는 인간계의 수평적 세계관을 제시한다. 삼위 태백을 내려다 본 환인이 '널리 인간을 이롭게 할 만하다(홍익인간)'고 하였을 때 '널리'는 결국 수평적 인간계를 표현하는 단어라고 할 수 있다. 이는 몽골의 창세신화에서 공식구처럼 등장하는 '언더르 텡게르(높은 천신의 세계), 울겐 델히(넓은 지상의 세계)'라는 구절에서 인간세계를 '울겐 델히'라고 지칭하는 동북아 신화의 원초적 관념과도 상통한다.

환웅의 신화층위는 태백산을 매개로 연결되어 있는 천상계와 천하 인간계라는 수직적 구도와 태백에서 삼위에 이르는 수평적 구도를 아우르는 입체적 우주관을 투영하고 있다. 환웅의 신화층위에는 이러한 우주관을 바탕으로 인간과 신이 소통하는 중간계 공간이 명실상부하게 자리를 잡고 있다. 이 신성공간에 인간을 이롭게 하기 위하여 천강한 영웅신 환웅의 서사가 전개되는 것이다. 그러나 환웅이 명실상부 영웅신의 위상과 명분을 갖추고 있음에도 불구하고 우리에게 알려진 단군신화의 문헌자료 상에서는 환웅의 영웅적 서사가 거의 드러나지 않는다. 그래서 기존의 신화학계에서 단군신화에 대하여 건국신화라고 명명하기는 하여도 섣불리 영웅신화라고 지칭하는 경우는 드물다. 같은 건국신화지만 영웅신화로 취급되는 주몽신화와 대별되는 대목이다. 동북아 시조신화나 건국신화의 대부분은 영웅신화의 면모를 가지고 있고 이러한 신화들에는 영웅신화에서 흔히 거론되는 영웅의 일대기[25]가 존재하기 마련이다.

이는 단군신화가 축약되어 전해지는 문헌자료에는 특수한 전승 여건상 표면적으로는 환웅이나 단군의 영웅성이 드러나지 않았을 뿐이지 실제 전승의 상황에서까지 그러하리라 단언하기는 어렵다. 단군신화의 문헌기록은 실제 장황한 신화 서사 중에서 핵

---

[25] 조동일은 영웅의 일생을 다음 7개 항목으로 나누어 보았다. ① 고귀한 혈통을 지닌 인물이다. ② 비정상적으로 잉태되었거나 비정상적으로 출생한다. ③ 범인과는 다른 탁월한 능력을 타고났다. ④ 어려서 기아가 되어 죽을 고비를 벗어났다. ⑤ 구출, 양육자를 만나 죽을 고비에서 벗어났다. ⑥ 자라서 다시 위기에 부딪쳤다. ⑦ 위기를 투쟁으로 극복하고 승리자가 되었다. 조동일, 『신소설의 문학사적 성격』, 서울대 한국문화연구소, 1973, 14쪽.
또한 조셉 켐벨은 영웅이 겪는 신화적 모험의 도정을 '분리(separation)–입문(initiation)–회귀(return)'로 정리하기도 하였다.

심적인 신화소만 의미심장하게 기록해 놓은 것이기에 '환웅'이라는 이름에 담겨있는 신화적 의미에 주목하여 살펴보아야 할 것이다. 이름뿐만 아니라 환웅이 지상에 천강하는 과정과 목적, 그 행적을 고찰하여 본다면 단군신화 문헌 자료에서 생략된 그의 영웅성을 추론하여 볼 수 있다.

> 庶子〈桓雄〉, 數意天下, 貪求人世, 父知子意, 下視〈三危太伯〉可以弘益人間, 乃授天符印三箇, 遣往理之.〈雄〉率徒三千, 降於〈太伯山〉頂(卽〈太伯〉今〈妙香山〉)神壇樹下, 謂之〈神市〉, 是謂〈桓雄天王〉也. 將風伯·雨師·雲師, 而主穀·主命·主病·主刑·主善惡, 凡主人間三百六十餘事, 在世理化.[26]

> 서자庶子 환웅桓雄이 계셔 천하에 자주 뜻을 두고, 인간 세상을 탐내어 구했다. 아버지는 아들의 뜻을 알고, 삼위태백산三危太伯山을 내려다보니 인간 세계를 널리 이롭게 할만 했다. 이에 천부인天符印 세 개를 주어, 내려가서 세상 사람을 다스리게 했다.

> 환웅은 그 무리 3천 명을 거느리고 태백산太伯山 꼭대기 ─ 지금의 묘향산 ─ 의 신단수神壇樹 밑에 내려와서 이곳을 신시神市라 불렀다. 이 분을 환웅 천왕天王이라 한다. 그는 풍백風伯·우사雨師·운사雲師를 거느리고 곡식·수명·질병·형벌·선악 등을 주관하며 인간의 3백60가지나 되는 일을 주관하여 인간 세계를 다스려 교화시켰다.

천제의 아들 서자 환웅이 천하 인간세계에 뜻을 품고 널리 인간을 이롭게 하라는 환인의 천명을 받들어 하늘의 부절符節[27]과 인장印章 세 개를 받고 천강하게 된다. 무리 삼천을 이끌고 홍익인간을 위하여 인간을 교화시키러 하늘에서 내려온 하늘의 영웅, 환웅의 신화는 단군신화의 영웅신화로서의 면모를 함축적으로 나타낸다. 동북아 영웅서사시에서 영웅이 인간에 태어나는 유일한 목적은 환웅의 사명과 마찬가지로 인간을

---

26 『三國遺事 紀異卷第一』, 「古朝鮮(王儉朝鮮)」.
27 부절(符節) : 예전에, 돌이나 대나무·옥 따위로 만들어 신표로 삼던 물건. 주로 사신들이 가지고 다녔으며 둘로 갈라서 하나는 조정에 보관하고 하나는 본인이 가지고 다니면서 신분의 증거로 사용하였다.

괴롭히고 인간의 세계를 혼란스럽게 하는 망가스mangas(괴물)들을 퇴치하여 널리(ulgen, 울겐, 넓은) 인간 세계를 평안하게 하는 것이다.

즉, 몽골의 영웅신화에서 망가스의 형상은 인간 세상의 여러 가지 악과 부조리의 요소를 하나하나 신화적으로 형상화한 것이며 이들 망가스들을 퇴치한다는 것은 곧 인간 세계를 다스려 교화한다는 의미이다. 게세르칸 신화의 경우도 망가스를 하나하나 퇴치하면서 가장 마지막에는 단향목 등으로 그 악령까지 불태워 교화시키는 의식을 행한다. 짐바잠츠의 바린 게세르의 경우에서도 13개 머리가 달린 망가스를 퇴치한 후 13개의 오보(서낭당)를 만들어 제사하였다고 한다.[28]

환웅이 무리를 삼천이나 이끌고 내려오고 풍백, 우사, 운사 등 수장들을 거느리며 인간의 360여사를 주관하는 일은 그 하나하나가 치열한 투쟁의 서사가 될 수 있을 것이다. 이러한 환웅의 신화는 태백산정을 본거지로 하는 신시라는 신성공간에서 이루어지는 환타지의 서사이며 그 안에는 각종 마법적 사건과 환상적 형상들이 상징적으로 잠재되어 있다. 마법적 사건은 천부인이라는 신물, 마늘과 쑥 등의 영약 화소를 통하여, 환상적 형상들은 환웅, (귀신)삼천 무리, 풍백, 우사, 운사, 인간사 360여사 등의 화소를 통하여 더욱 구체화된다. 이 외에도 환웅이 인간으로 변신하는 화신 모티프 등은 신화 속 영웅의 환상성과 함께 자주 등장하는 화소이다.

환웅신화층위의 영웅신화적 성격

	구분	화소	기능
1	주인공 이름	환웅, 환웅 천왕	주인공 영웅신
2	보조 영웅	(귀신)무리 삼천, 풍백, 우사, 운사	보조 영웅신
3	교화 도구	천부인	마법의 도구, 신물(神物)
4	퇴치 및 교화 대상	인간삼십여사	인간세계의 부조리
5	기타	영약 웅내가화	불구성 치유(변신, 출산능력) 영웅신의 변신

---

[28]   2008.4. 내몽골의 바린우기 지역 답사, 짐바잠츠의 게세르 녹취 중에서.

3) 웅녀의 신화층위와 신화소

환웅의 신화층위와 걸쳐져 등장하는 곰과 호랑이의 신화층위의 존재는 가장 주목할 만하다. 단군신화에서 세 번째로 배치된 신화체계이기는 하지만 단군이나 환웅의 등장 이전부터 존재했던 토착신앙의 산물로 파악된다.[29]

수렵과 채집생활을 영위하던 원시시대를 배경으로 하는 알타이 문화권의 신화에서 곰은 산신으로서, 최초 시조의 출현에 주도적인 역할을 담당한다.

알타이 제민족의 곰신화[30]

민족	신화전설
몽골족	사냥꾼 한 명이 사냥하러 산으로 올라갔다가 큰 곰으로 변해서 사냥을 했다. 어떤 사람이 그 사냥꾼이 벗어놓은 옷과 함께 나무를 불태워 버려 다시는 사람으로 돌아오지 못하였다.
	한 여인이 있었는데 산에서 길을 잃어 헤매는 것을 한 수콤이 잡아가 같이 살았다. 새끼곰 한 마리를 낳았는데 그 새끼곰을 '천구−하늘의 개'라 하여 그를 숭배하였다.
다구르족	한 여인이 산 위로 땔감을 구하러 갔는데 한 수콤이 잡아가 함께 살았다. 후에 남자아이를 낳았는데 그 아이가 백성들의 해악을 없애는 영웅으로 자랐다. 사람들이 그를 아끼고 존경하였다.
어웽키족	한 사냥꾼이 산에 사냥을 갔는데 암콤에게 붙잡혀가 같이 살았다. 암콤이 새끼곰을 낳았는데 그것을 둘로 가르니 하나는 곰이 되고 하나는 어웽키족 사람이 되었다.
	한 사냥꾼과 암콤이 혼인하여 아들 하나 딸 하나를 낳았다. 아이들이 커서 훌륭한 사람이 되었다.
어런춘족	한 사냥꾼이 산으로 사냥을 갔는데 한 암콤에게 잡혀 같이 살게 되었다. 암콤은 곰새끼를 낳았는데 그것을 둘로 쪼개어 반쪽은 곰이 되고 반쪽은 어런춘족 사람이 되었다.
	한 여인이 산에 나물을 캐러 갔다가 길을 잃었다. 후에 곰으로 변했는데 남편이 찾아와 이 곰을 죽인다. 곰은 어렌춘 사람이 변신한 것이라고 사람들에게 알려진다.

---

[29] 이정재, 『동북아의 곰문화와 곰신화』, 민속원, 1997, 179-181쪽.
시로코고로프의 보고에 따르면 북북 퉁구스인들은 곰이 호랑이보다 더 지혜롭다고 기록하고 있다. 그러나 남부의 만주 퉁구스족들에게는 호랑이가 곰보다 더 영리한 동물로 간주되고 있다. 현재 고아시아족들의 시조신은 대부분 곰이다. 곰이 이들의 최고 동물신이며 동시에 조상신이다. 그러나 이와 달리 곰과 호랑이가 만나는 지점에서는 이들 종족의 시조는 곰과 호랑이 혼합형이다. 그리고 좀 더 남쪽인 중국 본토에서는 호랑이 씨족의 설화를 만나게 된다. 한국에서 곰이 시조신인 것은 그래서 다분히 시베리아적 경향이 강한 것이다. [출처] 동북아의 곰문화와 곰신화 | 작성자 놀이네트.

[30] 滿都呼, 「阿尔泰语系诸民族熊图腾神话传说的文化内涵」, 『阿尔泰神话研究回眸』, 民族出版社, 2010, 26頁.

민족	신화전설
허저족	한 사냥꾼이 산에 사냥을 갔다가 길을 잃어 돌아오지 못하고 곰이 되었다.
조선족	한 천신이 인간세상에 내려와 천왕은 흑곰으로 하여금 여인으로 변신하게 하였다. 웅녀와 동거하여 웅녀가 아들을 낳았다. 이 남자아이가 왕이 되어 수도를 평양으로 정하여 조선을 건국하였다.
위구르족	엄마와 딸이 산에 땔감을 주러 갔다가 여자 아이가 수콤에게 잡혀 같이 살게 되었다. 남자 아이를 낳았는데 이 아이가 아비를 죽이고 고향으로 돌아가니 그 용맹함과 강직함에 사람들이 존경하게 되었다.
사라족	한 남자 아이가 산에 땔감을 구하러 갔다가 한 암콤에게 잡혀 같이 살게 되었다. 암콤은 새끼곰을 낳았고 후에 암콤이 새끼곰을 양쪽으로 쪼개어 둘로 나눈다. 반쪽은 사람이 되고 반쪽은 곰이 되었다.

이처럼 곰신화 사례는 알타이 신화권에서 자주 등장하는 모티프로 주로 씨족의 시조의 탄생과 긴밀하게 관련된다. 곰신화는 알타이 계열 씨족의 최초 인간의 탄생과 관련되며 인간과 곰의 결합 형태로 반인반수의 화소로 언급되기도 하였다.[31] 하지만 신화적으로 보면 곰은 동물이라기보다는 본래는 천상의 신성한 존재로 인간에 내려와 성산의 산신령으로서의 면모를 지닌다. 따라서 곰신화에서의 인간과 곰의 결합으로 탄생한 시조 영웅은 반인반신의 화소로 이해되어야 한다.

웅녀
(홍산문화와 곰 신앙(遼代), 바린우기 박물관, 2018)

인간이 곰이 되고 곰이 인간이 되며 나아가 곰이 인간과 결합하여 영웅적 인간이 태어난다는 신화는 오래된 유형의 신화인 듯하다. 특히 곰과 인간의 결합으로 씨족의 시조영웅이 탄생하는 모티프가 주류를 이루는데 즉 곰신화는 전형적인 수조신화로 알타이 신화권에 두루 분포된 영웅신화의 초기 형태인 동물 영웅신화의 한 유형으로도 파악된다.[32] 동물 영웅신화에 대하여는 동북아

---

31 이는 곰이 동물신, 지상신의 성격이 지니고 있다고 규정하는 한계를 야기한다.
32 체렌소드넘은 영웅서사시를 분류하고 이중 동물영웅서사시를 가장 초기 형태의 영웅신화로 보았다.

시아, 북미 인디언 등의 민속에서의 곰 토템과 관련하여 이미 충분한 논의가 있어 왔다.[33] 다만 위에 제시된 알타이어계의 곰 신화를 통하여 볼 때 다음의 세 가지 측면에 대한 고찰을 간단히 하여 보고자 한다. 첫째 곰과 인간의 결합 장소가 산 위라는 점, 둘째 곰과 인간의 결합의 결과 용맹한 아이가 탄생하는 모티프, 셋째 곰과 인간으로 양분되는 양상이 그것이다.

우선, 알타이 신화에서 보이는 곰과 인간의 결합은 산에서 이루어지는데 이는 일차적으로 곰의 서식지와 씨족민의 거주지에서 기인한 것으로 풀이될 수 있다. 사냥, 땔감 모으기, 산나물 캐기 등의 생활 양식과 긴밀한 생활 공간으로서 산은 필연적인 배경으로 묘사되고 있다. 하지만 신화적 맥락에서 보면 산은 인간이 신과 만나는 혹은 신과 인간이 결합하는 신성 공간이며, 곰은 인간이 함부로 할 수 없는 위력적인 존재로서 단순한 숲 속 동물의 형상이 아니라 산이라는 신성 공간 안에서 산신과 같은 신격을 지니는 존재이다. 몽골의 영웅서사시에서 영웅의 어머니가 영웅을 잉태하는 과정에서도 이러한 모티프는 필수적으로 등장하는데 즉 영웅의 어머니가 땔감을 구하거나 야생 파를 캐러 산에 갔다가 신이한 존재와 마주쳐 임신하게 된다는 것이다. 신성 공간인 산 속(혹은 정상)에서 곰과 인간의 결합은 결국 산신과 인간의 결합을 의미한다고 할 수 있으며 이러한 산신과 인간의 결합은 신화 속 영웅 탄생의 공식적인 화소로 보인다.

이는 씨족의 시조신화 단계에서 두루 발견되는 화소로 두 번째 곰과 인간의 결합으로 사람들에게 추앙받는 용맹한 시조 영웅이 탄생한다는 모티프와 직결되는 대목이다. 곰의 용맹함은 인간과 곰의 결합을 통하여 영웅적인 씨족 시조가 탄생한다는 화소를 생산하는 계기가 되며 씨족의 시조신화뿐만 아니라 건국신화에서도 유효하게 적용된다.

---

[33] 최남선은 일찍이 웅녀를 곰토테미즘으로 설명하였다. 최남선, 「단군고기전석」, 『단군신화연구』, 온누리, 1986, 33쪽.
 또한, 최남선은 한웅이 하늘에서 내려와 웅토템, 호토템의 양이족으로 더불어 접촉하였을 때에 "웅씨하고는 완전한 융화 내지 화합이 성립하여 그 결과로 조선, 조선인, 조선국이 건설하게 되었다"는 내용을 신화 속에 표현하고자 하였다고 보았다. 『육당최남선전집 2』, 현암사, 1973, 477쪽.

위의 표에서 조선족의 동일 계열 신화를 통해 제시되었듯이 단군신화에서 보이는 곰인 웅녀와 태백산 신단수의 신격인 환웅의 결합은 곰인 산신과 인간의 결합 화소의 변이형에 해당한다고 할 수 있다. 단군신화에서는 기존의 산신 신격이었던 곰의 위상이 격하되어 형상화된 양상을 보인다. 이러한 현상은 새로운 신격인 천신으로서의 산신인 환웅의 등장에 의한 필연적인 변모라 할 수 있다. 바꾸어 생각하면 단군신화 속 웅녀신화 변이형은 영웅신화가 전개되는 과정에서 건국신화 이전의 씨족 시조신화에서의 곰신화의 존재를 방증하는 역할을 담당하고 있다고 볼 수 있다.

마지막으로 곰과 인간의 양분 화소는 신과 인간(씨족)이 하나의 계보를 가지며 씨족으로의 분화와 함께 인간이 신성과 분리되는 과정을 상징적으로 드러내고 있는 것으로 보인다. 인간(씨족)은 용맹하고 신성한 곰신으로부터 비롯되지만 결국은 씨족민의 존경과 사랑을 받으며 자기네 씨족을 이루면서 신격과 분리된다. 도망간 인간에 대한 분노로 곰 신격인 어머니에 의해 반씩 찢겨지거나 곰 아버지를 살해하면서까지 인간인 생모를 따라 산에서 도망쳐 나와 씨족의 영웅으로 모셔진다. 신성공간에서 신령으로서의 신성보다는 인간세계로 더 깊숙이 내려와 인간의 영웅신으로 추앙되기를 원하는 영웅신화의 잠재된 욕구를 목도하게 된다.

시조신화에서의 곰과 인간의 신성과 인성의 분리 화소는 단군신화와 같은 건국신화로 이항되었을 때 더욱 극대화되어 곰신의 신화 자체가 약화되거나 축출되는 양상을 보인다. 천신사상과의 야합으로 환웅과 같은 영웅신은 보다 효율적으로 토착 신성을 견제하고 인간들의 가까운 곳에서 영웅적인 신격으로 좌정하게 된다. 시조신화에서 건국신화로의 전개에 따른 곰신화의 변이양상과 각 신화의 생존전략을 파악할 수 있다.

곰신화 관련 논의를 더욱 확장하여 보면 씨족 시조신화 이전의 곰신화에 대한 재구도 가능하리라 본다. 일례로 〈삿갓의 유래玄冠の由來〉[34]라는 다음의 단군신화 구비자료를 통하여 곰이 연루된 인간의 창세신화까지도 구상하여 볼 수 있다.

---

34 孫晉泰, 『朝鮮民譚集』, 東京 : 鄕土硏究社, 1930, 38-39頁; 최인학 역, 『조선설화집』, 민속원, 2009, 52쪽 재인용.

〈삿갓의 유래玄冠の由來〉

구술 : 장보패張寶貝(황해도 평산군 안성면 지암리, 1987년 2월)

채록 : 임석재任晳宰(1903-1998)

큰 아부지가 해준 이얘긴데요. 단군 이야기를 하갔시다. 옛날에 옛적에 사람이 밥 낭구
서 밥 따서 먹구 옷 낭구서 옷을 따서 입구 살던 시절에 말이에요. 그 시절에 단군 하라부
지가 탄생하게 된 이야기올시다. 단군하라부지가 어떻게 탄생했느냐 하며는 하늘에서 떨어
졌다고도 할 수가 있갔지요. 인간이 하나 하눌서 떨어졌지요. 어디에 떨어졌는지는 몰라요.
떨어져서 가지구 어디다가 의지해야(어떤 상대와 결합해서) 인간을 낳넌지 몰랐어요. 그 양
반이 어떻게 생겼나믄 이 양반으 신(남근)이 컸었대요. 여순 닷 발나 됐대요. 남정네딜 그
거 큰 거 보고 예순 댓 발 수쥐기 좆겉다 왜 그런말하지 않아요. 그런말 생긴 건 이 양반으
그것이 커서 생긴 말이래요. 어쨌던 이 양반으 그거이 컸넌데 어디다 지접을 해야 인간을
탄생시키갔나 하구 예순 댓 발 수쥐기 좆을 내둘렀대요. 내두르넌데 호랑이도 마다 돼지도
마다 사슴도 마다 온갖 짐성이 다 마다드래요. 그런데 곰은 굴 속에 있다가 그 신을 받아들
였대요. 그래서 난 거이 단군하라부지래요. 그리구 그담에 여우가 이거를 받아들였넌데 여
우가 난 거이 기자箕子래요. 그래서 단군천년 기자 천이백년檀君千年箕子千二千年이라구 하넌
거여요. 곰이 난 거는 남자구 여우가 난 거는 여자래요. 남자는 곰이 났기 때문에 미련하대
요. 왜 곰은 미련한 거라구 않그래요? 여우는 깜쩍하지 않습니까? 그래서 여우가 난 여자는
깜직하구 여간만 여우질을 잘하지 않해요? 그래서 남자는 미련하구 여자는 깜직하게 생겼
다넌 거예요. 여우는 그것이 무척 컸었대요. 인간이 나올 적에는 거기서 서서 어적어적 걸
어서 나왔대요.

이 설화는 곰보다는 단군이 주인공으로 등장하는 창세신화이지만 곰과 여우는 처음
여자와 남자를 낳는 등 인간창세신화에서 실질적으로 중요한 역할을 담당한다. 단군
(신)은 하늘에서 떨어진 창세신으로서의 거인적 면모와 그 창세신과 곰이 결합하여 낳
은 최초의 인간이라는 두 가지의 형상을 함께 가지고 있다. 이 둘은 '단군하라부지'라는
같은 이름뿐만 아니라 그 형상에 있어서도 공통적으로 거인성을 갖추고 있다. 거인적

인 형상은 최초의 남자와 여자의 어머니로 그려지는 곰과 여우의 형상에서도 일관되게 나타난다.

창세신의 거인적 형상은 몽골 태초 창세신의 전형이며 특히 위의 설화 〈삿갓의 유래〉에서 두드러지는 거인성 묘사에서 거대한 성기 화소는 초창기 창세신의 대표적인 형상이다.

〈삿갓의 유래〉 설화 사례를 통하여 한국의 인간 창세신화에서의 곰신화의 존재와 양상을 짐작하여 볼 수 있었다. 비록 설화화 되어 통속적인 서사로 마무리 되고는 있지만 설화 속에 담긴 신화적 성격은 확인된다. 곰의 인간창세 화소는 시조신화에서 건국신화로 전개되는 곰신화의 변이 과정에 앞서 창세신화 차원에서도 존재하였다는 개연성을 뒷받침해주고 있다.

곰 신화의 전개과정

창세신화의 단계에서는 곰과 단군이 결합하여 최초의 인간이 생기는 화소가 등장하고 씨족시조신화의 단계에서는 산신인 곰이 인간과 결합하여 최초의 씨족영웅이 탄생한다. 그러나 건국신화의 단계에서는 신격이 약화된 곰과, 천신으로서 산신의 면모를 지닌 새로운 신격이 결합함으로써 건국영웅을 탄생시킨다. 마지막 설화화의 단계에서는 속화된 곰 이야기로 이면에 제시된 화소를 통하여 신화 재구의 방증 자료로 활용되기도 한다.

인간 창세신화에서 곰은 신모神母의 원형으로서 거인성(생식기)과 함께 생산성(아들 출산)을 상징하는 신격의 면모를 보인다. 이러한 형상은 결국 창세신으로 그려지는 단군의 거인성과 밀접하게 관련된다. 곰의 신화적 형상과 상징적 의미로 살펴 볼 때 시조신화나 건국신화에서 거대 신격과 결합하는 영웅신의 생모로 곰이 등장하는 것은 자연스러운 현상으로 보인다.

하지만 단군신화에서는 영웅 출산이라는 기본 기능은 유지하게 하면서도 신격으로서의 곰의 형상 자체에 대해서는 치명적인 결함으로 치부해 버린다. 대신에 쑥과 마늘, 영약 등으로 결함을 치료하는 화소와 동굴에서의 일광 금기 화소, 곰이 웅녀로 화하는 화소, 환웅이 인간으로 가화하는 화소 등이 개입되면서 건국신화에 의해 축출된 기존의 곰 신화는 그 안에서 웅녀신화라는 국조 영웅의 시조모 신화로 새롭게 탈바꿈하게 된다.

그동안의 연구를 보면, 단군신화의 웅녀에 대해서는 시조모의 관점보다는 지모신으로서 주목되고 있는 경향을 보인다. 류동식은 단군신화의 구성요소 중에서 지모신에 대한 신앙과 종교적 이니세이션의 표현에 주목하면서 농경

단군신화 영웅신의 어머니, 웅녀상(熊女像)
(중국 길림성 왕청현 백초구 만천성(滿天星))

문화의 대지 신격, 곰의 동면과 재생의 차원에서 웅녀의 신화적 의의를 찾고자 하였다.[35] 이은봉은 웅녀의 지모신론이 천부신, 지모신, 시조신 3신사상으로 해석되는 한국

---

35 "지모신을 상징하는 웅녀는 햇빛을 못 본 채 동굴 속에 삼칠일을 머문 끝에 인간으로 재생했다. 빛은 생명을 뜻하는 보편적인 종교적 상징이다. 그러므로 빛없는 동굴 속에 있다가 다시 빛을 보게 되었다는 것은 일단 죽어서 창조 이전의 모태로 들어갔다가 다시 창조되어 재생한다는 곡신의 신비에 대한 표현이다. 그러므로 곰에서 여인으로 변했다는 것은 새로운 존재로 질적 변화를 가져온 종교적 체험을 상징한 것이요, 종교적 이니시에이션을 표현한 이야기다. 흔히 유목민들의 종교적 이니시에이션은 몸의 해체에서 죽음을 체험한다는 상징을 사용한다." 류동식, 『한국무교의 역사와 구조』, 연세대출판부, 1975, 30-33쪽.

고대 종교현상과 관련이 있으며 동양의 천지인 삼재 관념이 축을 이룬다고 보았다.[36] 한편, 이찬구는 기존의 논의에 대한 새로운 관점에서 곰의 신녀설을 주장하였다.[37] 곰뿐만 아니라 호랑이도 동물이 아닌 신이라는 주장이며 이들이 하늘의 존재인 환웅과 같은 공간에서 소통하는 장면을 통하여 신이한 존재임을 확인할 수 있다는 것이다. 곰의 자리에 별 무리없이 천상의 존재인 손녀를 대체하는 것도 이러한 차원에서 해석될 수 있다.[38] 그러나 굴을 땅의 상징으로 보고 곰과 호랑이를 땅에 관계되는 신으로 규정하는 것은 다소 무리가 있어 보인다. 더구나 하늘의 신 풍백, 우사, 운사 등의 화소를 근거로 농경신화나 농경의 신격으로 바라보려는 이들의 관점은 이미 설득력이 약해진 듯 하다.

다만, 곰과 호랑이를 단순한 동물로 보지 않고 신격으로 보고 있고 그런 맥락에서 웅녀를 신녀라고 하는 해석은 단군신화에서뿐만 아니라 주변신화와의 비교를 통하여 더욱 설득력을 확보할 수 있을 것 같다. 부리아트 게세르칸에서는 하늘에서 지상으로 천강하기 전에 고모뻘 되는 천신의 귀한 손녀(외동딸)를 지상의 생모로 함께 데려가기를 요청한다. 비록 인간계에 내려와서는 빼어난 미모가 사악한 인물에 의해 흉측한 몰골로 훼손을 당하고 무능하고 늙은 영감과 짝지어져 머나먼 변방으로 쫓겨나지만 원래는 천상에서 가장 아름다운 비천飛天의 형상을 가지고 있었던 신성한 존재이다. 즉 영웅신화에서의 영웅의 어머니는 원래는 고귀하고 아름다운 전형적인 여성 주인공의 형상을 가지고 있었지만 주인공 영웅을 잉태하기까지 본래의 고귀함과 아름다움을 모조리 박탈당하는 고난을 겪게 된다.

한국의 건국신화에서도 이런 화소는 자주 등장한다. 그 대표적인 것이 해모수 신화에서의 유화의 모습과 혁거세 신화에서의 알영의 모습이다.

---

36 이은봉, 『한국고대종교사상』, 집문당, 1984.
37 이찬구, 「단군신화의 재해석」, 『단군학연구 17』, 2007, 348-364쪽.
38 이에 대하여 김정학은 '제왕운기에서 웅녀가 손녀로 되고 신웅의 이름을 단군의 성을 취해 단수신으로 고쳐졌는데 구월산 삼성각에 한웅을 단웅천왕이라고 신당을 모신 것도 이렇게 고쳐지는 것이 당시 고려인들에게는 웅녀의 몸에서 단군을 낳았다는 것보다는 다소 합리적이라고 생각했을 것'이라고 보았다. 김정학, 『한국상고사연구』, 범우사, 1990, 63쪽.

〈해모수 신화 중에서〉

… 하백은 크게 노하여 유화를 책망하기를, '너는 나의 훈계를 따르지 않고, 끝내는 우리 가문을 욕보였다.' 하고, 좌우로 하여금 딸의 입을 쥐어 당겨 입술 길이를 석 자나 늘여 놓고, 비복婢僕 2인만 주어 우발수중優渤水中에 추방하였다. … 왕이… 쇠그물을 만들어서 끌어내어서야 비로소 한 여자를 얻었는데, 돌에 앉아서 나왔다. 그녀는 입술이 길어 말을 못하므로 입술을 세 번 자르게 한 뒤에야 말을 하였다.[39]

〈혁거세 신화 중에서〉

"이제 천자께서 내려 오셨으니 덕 있는 여자를 찾아서 임금의 배필로 삼아야 합니다."라고 말하였다. 이 날 사량리沙梁里 알영천閼英井 가에 계룡이 나타났는데 왼쪽 옆구리에서 계집아이를 낳았다. (그 계집아이는) 모습이 매우 고왔는데, 입술이 닭부리와 비슷했다. (그리하여) 월성月城 북쪽 냇물에 씻기니 부리가 떨어졌다. 그래서 그 냇물을 발천撥川이라 불렀다.

인용문은 해모수 신화에서 해모수가 유화와 혼인하고 하늘로 혼자 달아나 버리자 하백이 화가 나서 딸 유화의 입을 늘려버리고 추방한 것을 금와왕이 긴 입을 세 번 자르게 하여 해결하는 장면과 혁거세 신화에서 천자 혁거세를 임금으로 삼고 마땅한 배필로 알영을 찾았는데 그 입이 닭부리 같아 이를 냇물에 씻어 떨어지게 하는 장면이다. 천자인 배우자 혁거세에 비해 알영은 한 가지 결함을 가지고 있는데 즉 '입의 결함'이다. 입의 결함은 앞의 해모수 신화의 유화의 경우와 마찬가지로 성적인 은유metaphor를 함유하고 있다. 덕 있는 여인 알영은 월성 북쪽 냇물에 씻겨 결함이 치유되었고 결함을 제거하는 과정을 통하여 비로소 천자의 배필로 인정받게 된다. 이러한 맥락에서 본다면 단군의 어머니인 웅녀 역시 본래는 고귀하고 아름다운 존재였으나 영웅의 생모가 겪게 되는 고난과 시련을 곰의 모습으로 형상화되어 감내하는 서사로 천상의 신격이 불구적으로 형상화된 것으로 해석되기도 한다.

---

[39]   황패강, 『한국신화의 연구』, 새문사, 2006, 212쪽.

곰이든 손녀이든 영웅의 생모(신모)가 겪게 되는 치명적인 불구성은 공통적으로 영약으로서 치유된다. 손녀 화소에서는 그 치료제로 영약靈藥이라는 것이 제시되었지만 곰의 화소에서는 쑥과 마늘로 나타난다. 여기서 신모의 불구성을 치료하는 쑥과 마늘의 신화적 기능을 도출할 수 있는데 신화 표면에 제시된 일차적 효능은 인간의 몸을 가지게 된다는 것이다.

단군신화에서의 영약과 쑥, 마늘의 효능

영약이 나오는 이본		쑥과 마늘이 나오는 이본	
〈제왕〉	약 / 손녀→여자		
〈승람〉	영약 / 곰→여자	〈유사〉	쑥과 마늘 / 곰→웅녀
〈세종실록〉	약 / 손녀→여자		

그러나 곰과 손녀가 인간으로 화하는 모티프는 쑥과 마늘의 화소가 지니는 본래의 의미는 아닌 것으로 보인다. 그 안에는 훨씬 실리적인 의미를 내포함을 알 수 있다. 실제 전통 의학에서 쑥과 마늘은 여성과 남성의 기능을 보양해 주는 주요한 약재로 여겨지는데 신화적 맥락에서 살펴본다면 단군의 어머니가 될 웅녀의 결함을 치유하는 중요한 소재라 할 수 있다.

쑥-여성 보양

미네랄이 풍부한 알칼리성 식품으로 몸을 따뜻하게 하여 부인병 치료에 효과적이다. 다른 나라에 자라는 쑥들은 모두 독성이 있어서 음식으로도 쓸 수 없고 약으로도 쓰지 않지만 다만 우리나라에서 자라는 쑥만이 독성이 약하거나 없고 약성을 지니고 있다. … 우리나라 한의학의 고서인 『동의보감』과 중국의 고전 의학서인 『본초강목』에 따르면, '쑥은 독이 없고 모든 만성병을 다스리며, 특히 부인병에 좋고 자식을 낳게 한다', '쑥은 속을 덥게 하여 냉을 쫓으며 습을 덜어준다'고 각각 기록되어 있다.[40]

---

40 '쑥음료', 네이버 백과사전.

마늘 - 남성 보양

건국신화에서 곰이 마늘을 먹으면서 삼칠일三七日을 견디어 여자가 되었는데 이를 웅녀熊女라 하였고 환웅桓熊과의 사이에 단군을 낳았다. 이와 같이 마늘은 사제자司祭者가 입사자入社者를 황홀경에 이끌어 들이기에 사용한 신령스런 약을 상징한다. 무속에서는 마늘의 독특하고 강한 향기가 악귀나 액厄을 쫓는 힘을 상징하고 있다. … 일종의 강장제인 마늘을 강력한 효과를 지닌 약초로 인식하였다. 제사의례에서 마늘을 제수로 쓰지 않는 것도 독한 냄새를 조상신이 싫어해서이기도 하겠지만 그 보다도 강장제인데서 음욕淫慾의 상징으로 인식한 결과라 하겠다. 불교에서도 마늘을 먹으면 발음發淫하고 마음 속에 화가 생긴다고 하여 오훈채五葷菜의 하나인 마늘을 수도修道 과정에서는 먹기를 금하고 있다. 마늘은 성性을 강화시켜 수련을 방해한다고 보기 때문이다.[41]

단군신화의 여러 이본에서 손녀로 하여금 영약을 마시게 하여 신의 형상을 버리고 인간의 몸을 가지게 하고, 곰이 그토록 간절하게 인간이 되기를 바란 것도 결국은 자식을 낳기 위함이다. 이러한 기자祈子 화소는 몽골의 영웅신화의 초반부에서 영웅이 인간에 탁생하기 전에 반드시 등장하는 필수 신화소이다. 위의 〈삿갓의 유래〉에서 나타나는 웅녀의 모습 역시 최초의 남자(단군)를 낳는다는 화소 역시 신모의 자식 생산의 기능이 극대화 된 것이다.

이니세이션의 공간으로 제시되었던 동굴 화소와 백일간의 일광 금기, 삼칠일[42] 등의

---

41 '마늘의 신화와 상징', 네이버백과사전.
42 삼칠일 : 세이레라고도 한다. 이 기간 동안은 금줄을 쳐서 가족이나 이웃주민의 출입을 삼가며, 특히 부정한 곳에 다녀온 사람은 출입을 절대 금한다(이 기간은 또한 산모의 조리기간이기도 하다). 보통 아이가 출생한 뒤 7일째를 초이레, 14일째를 두이레, 21일째를 세이레라 하고, 그에 따른 행사를 벌인다. 초이레는 새벽에 삼신(三神)에게 흰밥과 미역국을 올린 뒤 산모가 먹으며, 아기에게는 새옷을 입히되 한쪽 손을 자유롭게 해준다. 강원도 지방에서는 시아버지가 아기를 첫 대면하는 날이기도 하다. 두이레도 새벽에 삼신에게 흰밥과 미역국을 올리고 나서 산모가 먹는다. 아기는 새옷으로 갈아입히고 두 손을 자유롭게 해준다. 세이레는 새벽에 삼신에게 흰밥과 미역국을 올리고 나서 잠시 후 산모가 먹으며, 금줄을 내리고 비로소 이웃사람들의 출입을 허용한다. 집안 형편에 따라서 수수경단·백설기 등의 음식을 장만하고 일가친척과 손님을 청하여 대접하기도 한다. 『한국민족문화대백과』, 한국학중앙연구원, 2010; 『한국민속대관(韓國民俗大觀) 1』, 고려대학교민족문화연구소, 1980.

몽골의 시조모 '알랑고아'와 5자녀들

화소 역시 영웅 탄생을 위해 거쳐야 하는 통과의례의 신화소라 할 수 있다.

　이처럼 단군신화에서 세 번째 층위를 가지는 웅녀신화는 기자의식의 화소가 중심축을 이루고 있다. 원래 신화에서 곰과 호랑이는 영웅의 부모로서 운명지어진 존재이지만 천신 환웅의 개입으로 다른 영웅신화에서와 마찬가지로 남성신인 호랑이는 제거되고 여성신 곰의 역할만 남아있는 경우라고 할 수 있다. 그나마 『삼국유사』에 언급되던 웅녀신화마저 후대의 문헌자료에서는 탈락된다.

　대부분 영웅의 부모는 공통적으로 자녀를 가질 수 없는 치명적인 한계를 가지는 존재로 형상화 된다. 몽골영웅서사시에서는 대부분 영웅의 부모가 출산의 능력을 상실한 노부부로 그려진다. 이본에 따라서는 아버지만 노인으로 등장하는 경우도 종종 있지만 이런 경우라도 생모 역시 엉치살이 파인 절름발이라든지, 이목구비가 훼손되고 팔다리가 부러진 불구의 형상을 가진다.

　단군신화에서도 곰과 호랑이의 신화가 천신의 체계가 강화된 단군의 신화로 이양되면서 기존 신격인 곰과 호랑이는 신성한 존재로서의 위상 혹은 산신으로서의 자리를 내어 주고 급기야 기존의 신성한 형상이 오히려 불구적 형상으로 치환되는 아이러니한 양상을 보이게 된다. 그나마 곰신 웅녀는 환웅 혹은 단수신과 야합하여 영웅의 탄생에

공모함으로써 그 명맥을 유지하게 된다.

아무리 신성한 존재라도 영웅신화에서 주인공 영웅을 탄생시키기 위해서는 반드시 인간의 몸을 가져야 한다는 것이다. 곰도 그렇고 손녀도 그렇고, 심지어 신화 속 절대 신격 환웅 역시 인간으로 변신을 하여야 하는 것이다. 이런 차원에서 단군신화는 철저히 인간적인 신화라고 할 수 있다. 웅녀와 손녀는 천상적 존재, 혹은 신적 존재임에도 불구하고 그 자체의 모습으로는 인간의 아이를 가질 수 없는 불구성을 가지고 있다고 보아야 할 것이다. 이는 인간의 신으로서 보다 인간적인 신화를 추구하는 영웅신화의 문제의식이 표상된 화소로서 신화를 통하여 지적하고자 하는 신의 한계이기도 하다.

4) 단군의 신화층위와 신화소

인간으로 화한 웅녀는 인간으로 가화한 천신 환웅과의 일시적인 신혼神婚을 통하여 드디어 보다 인간적인 신격, 영웅 단군을 잉태하게 된다. 단군신화의 층위는 본격적인 인간세계를 배경으로 하며 신화라기보다는 역사적 성격이 더 강해 보이기도 하다. 하지만 결국 단군신화는 단군이 주인공인 단군의 신화이며 그동안 살펴본 환인신화, 환웅신화, 웅녀신화 층위들이 이 단군신화의 층위와 유기적으로 연결되어 있음을 간과해서는 안된다. 단군신화의 여러 층위는 하늘의 세계에서 점점 인간의 세계로 옮아오는 양상을 보이면서 인간 중심의 신화로 변이된다.

단군의 탄생은 애초 환웅이 인간에 천강하게 된 사명을 완수하기 위한 마지막 행동을 암시하기도 한다. 그런 의미에서 환웅과 단군의 관계를 부자관계보다는 단군을 인간에 탁생한 환웅의 화신으로 파악하는 것이 설득력이 있어 보인다. 이는 단군신화의 층위에서 갑자기 환웅이 사라져 버리는 현상에 대한 해명이 되기도 한다.

신화의 속성 상 신화 속 주인공들의 정체와 가능들이 명쾌하게 분별되는 것은 아니지만 한 층위씩 신화적 서사의 층위가 바뀔 때마다 변신하면서 각 형상의 성격에 맞게 호칭도 함께 바뀌는 것을 알 수 있다.

문헌에 소개된 단군의 신화층위는 역사적으로 실재[43]한 단군에 대한 기사가 주로 언급되어 있으므로 단군신화의 신화적 성격을 고찰하는 것과는 연관이 없는 서사로 치부될 수 있다. 하지만 다행히도 문헌신화 외에 단군관련 다양한 구비자료가 산재되어 있어 단군의 신화적 성격을 살펴보는 데에 긴요하게 사용될 수 있다.

앞에서 살펴본 바와 같이 단군을 환웅의 화신으로 본다면 이 부분에서 단군신화를 영웅신화로 볼 만한 이야기가 담겨있어야 할 것이다. 흔히 말하는 영웅의 전사적 면모라든지, 괴물과의 치열한 전투 장면 등이 담겨 있어야 한다. 먼저 단군의 전사적 면모를 가늠하게 해주는 설화 자료들을 제시하여 보면 다음과 같다.

〈묘향산 천주석天柱石〉

구술 : 보현사普賢寺(1943년 7월 12일 묘향산)의 승려

채록 : 현진건玄鎭健(1900-1943)

인도승引導僧 하나가 설명하기를 "저 천주석天柱石은 단군굴檀君窟에 올라스면 바루 정면으로 보이는데 그때 단군님께옵서 굴에서 화살을 쏘시면 그 화살은 십리허十里許에 날라 저 바위를 맞치고, 여력餘力으로 그 화살은 뒷걸음질을 치며 다시 단군님께로 날라왔답니다. 그러기에 단군님께서는 화살 하나로 무예武藝를 강습講習하셨지요" 하고 자기가 눈으로 본 듯이 역력히 지점指點하며 자못 흥분한 태도다.[44]

이는 묘향산 탁기봉 중복에 서 있는 거대한 거암에 대한 전설이다. 단군이 화살 하나로 무예를 강습[45]하는 장면이 전기적으로 묘사되어 있다. 단군이 굴에서 화살을 쏘면

---

43 金富軾,『三國史記 卷第17』高句麗本紀 第5 東川王 條 "平壤者本仙人王儉之宅也, 或云, 王(誤讀史記朝鮮傳)之都王險"이라고 기록되어 있다. 단군신화에 대해 비판적이었던 유학자들도 단군의 실체까지무시한 것은 아니었다.

44 玄鎭健,『檀君聖蹟巡禮』, 藝文閣, 1948, 26쪽.(『國學研究 7』, 국학연구소, 2002에 영인 수록); 서영대, 앞의 논문, 1994 재인용.

45 서영대는 석주석에서 단군이 무예를 강습한 이야기에 대한 문헌 기록을 소개하기도 하였다. 1939년경에완성된 『영변지(寧邊志)』「고적(古蹟)」조 등에서 "檀君講武之臺西望卓旗峰 有天柱石 高二百丈 乃檀

십리허에 날아 천주석을 맞추고 다시 단군에게 되돌아온다는 이야기는 단군의 명궁수로서의 면모가 극대화된 화소이다. '주몽'을 비롯하여 몽골의 '에르히메르겐' 등 동북아 영웅신화에서 비범한 활쏘기 능력이 영웅의 기본적인 능력 중 하나로 형상화 되는 것에 대해서는 이미 많은 언급이 있어 왔다. 위 설화는 단군신화에도 영웅의 명궁수 화소가 내재되어 있음을 보여주고 있다.

〈장갑藏甲바위〉

구술 : 최무길(황해도 신천군 신천면, 1932년 12월)

채록 : 임석재

신천읍信川邑에서 서쪽으로 한 오십 리쯤 가면 구월산이 나타나넌데 이 구월산으 사황봉思皇峰이라는 봉의 북쪽에 판자문같이 된 바우 절벽이 있다.

옛날 단군이 여기에 내려와서 지내다가 등산할 적에는 평시에 쓰시던 칼과 갑옷을 이 석문石門 안에다 감추어 넣어두고 가셨다고 한다. 그래서 이 바위를 장갑藏甲바위라고 부르고 있다.

또한 황해도 신천읍 구월산에 있는 〈장갑바위〉 절벽에 관한 지명유래담에서도 단군은 평상시에도 칼과 갑옷으로 무장한 용사의 모습으로 형상화되고 있다. 단군신화의 영웅신화로서의 가능성을 가늠할 수 있는 화소이다.

이처럼 단군신화의 서사에는 고조선의 건국신화이자 조선 민족의 시조인 단군이라는 영웅이 주인공으로 등장하는 영웅신화라고 할 수 있는 화소가 적지 않다. 문헌상으로는 거의 생략되어 드러나지 않는 단군의 신화적 영웅성은 단군 관련 전설 등을 통해서 확인되기도 한다. 특히 북한 지역 지명과 관련된 전설 즉 지명 유래담[46] 등을 통하여 단군신화의 영웅신화적 면모를 파악할 수 있다.[47]

君講武時射的"라고 기록되어 전해진다고 한다. 『韓國近代邑誌』 62, 한국인문과학원, 1991, 27쪽.

[46] 북한의 단군설화 자료집. 김정설의 『단군설화집』(과학백과사전출판사, 1998, 285쪽)을 들 수 있으며, 여기에는 모두 43편의 단군설화가 수록되어 있다고 한다.

[47] 그러나 최근 소개된 북한의 설화자료는 대부분 규원사화의 내용과 연결되어 있다.

북한의 지명유래담과 영웅신화적 내용

	제목	내용
1	림경대에 찍힌 발자국	단군릉 부근 림경대 아래 沼는 단군이 목욕하던 곳이며, **버들족장과 마구족장이 이를 염탐하러 왔다가 발각**되었다.
2	홍산	단군이 즉위 전 강동군 단군릉 뒤의 구릉에서 **무술 연습**을 열심히 하는 바람에 그 산이 벌거숭이가 되고 말았다.
3	청계골의 기린마	단군이 지혜로 **기린마를 잡고**, 단군릉 부근의 청계골에서 길렀다.
4	고비산(高飛山)	단군은 **기린마를 타고 고비산을 날아다녔고**, 버들족장이 기린마를 빼앗으려다 **실패**했다.
5	하늘의 후손	흘골족장 아들이 누가 **진정한 하늘의 후손인지를 가리기 위해 단군과 무술시합**을 벌였으나, 단군이 **승리**했다.
6	바리산	**단군과 성 쌓기 시합**을 하던 **마구족장**이 강동군 바리산에 올라 **단군의 성이 먼저 완성된 것을 보고 놀라** 미끄러지는 바람에 산에 미끄러진 자국이 생겼다.
7	단군호	강동군 단군호는 단군이 배를 타고 사색하던 곳이며, 여기서 **마구족을 깨칠 방안을 찾았다.**
8	구빈리와 왕림고개	단군이 주변 집단 통합과정에서 **마구족의 9귀족을 대접한 곳**이 강동군 구빈리(九賓里), **마구족장이 단군에게 귀부하기 위해 돌아온 곳**은 왕림(往臨)고개
9	룡교	강동군의 지명으로, **단군을 구한 용이 바위로 굳어진 곳**
10	생일에 보낸 례물	**흘골족이 겉으로는 단군의 즉위를 축하한다면서 오히려 트집 잡는 것을 단군이 포용**함으로, 마침내 **흘골족이 단군에게 흡수**되었다.
11	신지와 연지	**미인계로서 단군의 박달족을 흡수하려던 했던 신지족장이 오히려 단군에게 감복하여 복속**했다. 신지족장의 근거지는 성천군 룡산리의 신지 성터.
12	군승령(軍勝嶺)	단군이 **돼지족장의 침입을 물리친 고개**로 성천읍에 있다.
13	피물촌	단군이 성천군에서 **룡족 족장과 룡마를 죽여 흘린 피가 내를 이룬 곳**이다.

단군 관련 설화에는 단군의 전사적 면모 외에 문화영웅으로서의 면모가 드러나기도 한다. 일례로 아래의 〈삿갓의 유래〉라는 전설을 소개할 수 있다.

〈삿갓의 유래玄笠の由來〉

구술 : 김호영金浩榮(함흥, 1923년 8월)

채록 : 손진태

인간이 아직 의복을 입는 것을 몰랐던 옛날엔 싸움이 많았다. 그 전쟁을 못하게 하기 위해서 단군은 백성에게 명했다. "흙으로 모자를 만들어 쓰라. 만일 그 모자를 찢거나 부수는 자가 있으면 엄벌에 처한다." 이로부터 사람들은 싸움을 하지 않게 되었다고 한다. 그리고 오늘의 삿갓은 옛날 흙으로 만든 모자로부터 발전한 것이라고 한다.[48]

옛날 인간이 의복 입는 것도 모르고 싸움만 일삼자 전쟁을 못하게 하기 위해서 단군이 흙으로 모자를 만들어 쓰게 하였는데 이것이 삿갓의 유래가 된다는 것이다. 단군신화는 초기의 전사적 면모는 인간사회의 제도와 형벌 등을 만들어낸 문화 영웅으로 그려지는 양상을 보인다.

단군신화 관련 설화 자료들 중에는 단군의 영웅성 외에 단군의 아들이나 단군의 부하들을 영웅적으로 형상화한 서사가 상당히 존재한다. 단군의 아들과 관련된 설화에서는 아들들이 건국영웅으로 모셔지는 서사가 나타나며 단군의 부하들과 관련해서는 주로 문화영웅으로서의 면모가 두드러지게 나타난다. 먼저 단군의 세 아들이 건국영웅으로 이야기되는 서사를 예를 들면 아래와 같다.

〈단군 아들 삼 형제 전설〉

구술 : 김재식(강화군 내가면 황청리, 1981년)

채록 : 조동일

단군께서 강화 와 있을 적에. [조사자 : 예, 그 말씀 좀.] 있을 적에, 아들을 삼 형제를 아 형제, 아 삼 형제야, [형제인지, 삼형제인지 잠깐 혼동이 되었으나 삼 형제라고 했다.] 삼형제 분을 낳았는데, 삼 형제 분이 어떻게 되었는고 하니, 큰 아드님은 부루, 부루고. [조사자 : 예-.] 둘째 아드님이 아마, 일쩍 아마 돌아 작고했나 봐. 그래, 그 작은 아드님이 원이 부여, 부여

48 孫晉泰, 『朝鮮民譚集』, 東京 : 鄕土研究社, 1930, 38-39頁; 최인학 역, 『조선설화집』, 민속원, 2009, 52쪽. 서영대는 1705년(숙종 31)에 홍만종(洪萬宗, 1643-1725)이 지은 『동국역대총목(東國歷代總目)』의 「단군조선」조에도 단군이 갓을 쓰도록 했다는 전승이 보인다고 소개하였다. "단군 원년 무진(戊辰)에 단군은 백성들에게 머리를 묶고 갓을 쓰는 법[編髮盖首]을 가르쳤고, 군신·남여·음식·거처의 제도를 만들었다고 한다[檀君朝鮮 戊辰 元年 敎民編髮盖首 君臣男女飮食居處之制 亦自此始云]." 『洪萬宗全集 상』, 태학사, 1980, 209쪽 재인용.

고. 부여란 분이 만주를 가서 통솔했지요. [조사자 : 예.] 거가 정치를 허고 지금 부루 그 냥반
은 단군이 그 정치를 하고, 인제 그럴 제, 평양에 도읍헐 제, 큰 아드님을 주고. 그리고 강화에
그 양반이 와 계실 적에 저 하점면 상방리 거그 가 거스기가 있잖우. 거스기 이- 마니산. 마니
산에 가 그때 한참 가무니까. 게다 단을 모시고 아드님 삼 형제를 데리구가설랑 단을 모으고
서 기우제를 지낸자리여. 그래 거그가 '개천절이라' 그러는 거지.[49]

단군에게는 장남 부루와 둘째 아들, 그리고 막내아들인 부여가 있었는데 단군이 강
화에 와 계실 때에 장남 부루에게 도읍인 평양을 맡기고 막내아들 부여는 만주를 통솔
하였다는 것이다. 사실 단군신화 문헌본에서도 건국영웅으로서 단군의 아들과 후예에
대한 기록이 나오는데, 예를 들어 세종실록지리지, 평양도, 평양부의 기록을 살펴보면
'조선, 시라, 고례, 남옥저와 북옥저, 동부여와 북부여, 그리고 예와 맥 등이 모두 단군
이 다스리던 곳이며 단군은 비서갑 하백의 여식을 맞아들이고 아들을 낳아 부루라 불
렀으니, 이 분은 곧 동부여의 왕'이라 하여 동부여의 왕으로서 부루가 단군의 아들로
언급되어 있다.[50]

이외에도 최근 소개된 북한 지역의 단군 관련 설화 자료[51]를 살펴보면, 단군의 여러
아들들과 신하들의 영웅적인 행적을 소개하는 이야기가 풍부하게 전승되고 있음을 확
인할 수 있다. 이를 표로 정리하여 보면 다음과 같다.

---

49 성기열, 『한국구비문학대계 1-7 경기도 강화군편』, 한국정신문화연구원, 1982, 872-873쪽.
50 이와 관련된 기록으로 다음을 더 소개할 수 있다. 『제왕운기 권하, 조선기』, 1287년(고려 충렬 13), 이승
    휴 지음. '據朝鮮之域爲王 故 尸羅高禮南北沃沮東北扶餘穢與貊 皆檀君之壽也'와 新增東國輿地勝覽
    卷54 平安道4 寧邊大都護府古跡太伯山, 李荇·洪彦弼(1530, 중종 25). '河伯之女生子曰夫婁禹會塗
    山遣夫婁朝焉後夫婁爲北扶餘王'.
51 앞의 북한의 단군설화 자료집. 김정설, 『단군설화집』, 과학백과사전출판사, 1998.

단군의 아들과 신하의 영웅적인 행적

	단군과의 관계	이름	영웅적 화소	분류
1	장자	부루	단군의 장자 부루가 곳곳에 돌무더기를 만들어 사람들로 하여금 짐승들에 대처할 수 있도록 한 것이 성황당의 유래	전투영웅/성황당
2	아들	부루	부루가 흉년을 대비해 종자를 보관하도록 한 것이 부루단지의 기원	문화영웅/부루단지
3	둘째 아들	부소	둘째 아들 부소가 짐승의 침입을 막기 위해 간편하게 불을 일으킬 수 있도록 부싯돌을 만들어 냄	전투영웅/부싯돌
4	셋째 아들	부우	셋째 아들 부우가 쑥을 비롯한 약재를 가지고 질병 치료	문화영웅/불사약
5	넷째 아들/신하	부여/강비	넷째 아들 부여가 강비라는 충신의 희생 덕분에 분유족의 반란 진압	전투영웅/분유족의 반란 진압
6	신하	신지	신지가 사냥을 나갔다가 사슴의 발자국을 보고 신지글자 창조	문화영웅/신지글자
7	신하	팽우	팽우는 천부왕인이란 인장을 차고 다니면서 치산치수 담당했는데, 사람들은 이를 본받아 천부왕인을 차고 다니면서 불행 예방함	문화영웅/천부왕인
8	신하	치우	치우가 헌원과의 싸움에서 승리	전투영웅/동두철액
9	신하	치우	치우를 이길 수 없어 헌원은 징발해 둔 가축을 바침	전투영웅/싸움터 폐백
10	신하	치우	한 고조 유방이 치우기를 걸고 전쟁을 한 덕분에 황제가 되었다.	전투영웅/치우기
11	신하	고시	농경생활을 하게 해 준 고시에 대한 감사의 표시로 음식을 먹을 때나 귀신에게 제사지낼 때, 음식물을 조금씩 떠서 던지는 것이 고시레 풍속의 유래	문화영웅/고시레
12	신하	주인	중매 남매의 중매를 서주고, 중매 제도화	문화영웅/중매 제도
13	신하	해월	푸른 구리 청동으로 농기구 생산	문화영웅/농기구
14	신하	여수기	남쪽 바닷가 족장의 반란을 은혜를 베풀어 회유하고, 하늘의 덕을 받들어 한마음으로 살아가자는 뜻을 보이기 위해 참성단 축조	문화영웅/참성단
15	신하	비천생	한때 단군에게 복속을 거부했던 우이족 족장의 아들 비천생이 단군에 포용되어 남쪽을 다스리는 상장에 임명	전투영웅/비천생 상장에 임명

설화 자료에는 단군의 아들, 신하와 함께 단군의 부인과 관련된 신화적 서사도 전해지고 있다. 문헌상에 소개된 단군의 부인은 하백의 딸로 일관되게 나타난다.[52] 하백은 본래 중국 수신의 이름인데 한국의 건국신화에서 건국 영웅의 조부는 천신이고 그 외

조부는 하백과 같은 수신으로 언급되고 있다. 영웅의 부인이 수신의 딸이라는 설정은 몽골의 칭기스칸의 시조모 알랑고아 신화에서도 등장하는데 이는 동북아 신화에서 두루 발견되는 화소이다. 주몽의 어머니 유화는 하백의 딸로 직접 언급되어 있고 혁거세의 부인인 알영 역시 알영정 우물에 나타난 용의 옆구리에서 태어난 것으로 전해진다. 다음의 〈승안리 용추계곡에 얽힌 이야기〉에서도 단군의 부인 중 하나인 용녀가 주인공으로 등장하고 있다. 용녀龍女 형상은 게세르칸 신화에서 게세르의 어머니인 '록모龍母' 고아와 비견되는 매우 흥미로운 인물이다.

〈승안리升安里 용추계곡龍湫溪谷에 얽힌 이야기〉

옛날 우리나라의 시조이신 단군께서 나라를 처음으로 열었을 때 그에게는 중국의 천자인 친형이 있었다. 그 형은 사계절이 뚜렷하여 온갖 동식물이 살기 좋고, 오곡이 풍성하게 쏟아져 나오는 우리나라를 탐내어 동생인 단군을 시기하고 자주 괴롭혔으며 심지어 억지로 한반도를 탐하려 하였다. 한편 단군에게는 용녀龍女와 웅녀熊女의 두 부인이 있었는데 시기하는 중국 천자를 보고 용녀가 크게 화를 내어 "이 땅은 원래 우리가 개척한 땅인데 어찌 넘보려 하십니까? 굳이 욕심을 버리시지 못하신다면 재주와 힘으로 정정당당하게 겨뤄서 승리한 자가 차지하도록 합시다." 하고 중국 천자에게 결투를 신청했다. 그리하여 용녀는 아름답고 기름진 옥토인 한반도를 빼앗기지 않으려고 온갖 재주를 동원하여 비를 억수로 뿌리게 했다. 하루 이틀을 지나 계속하여 비가 내리자 큰 홍수가 나고 수많은 사람들이 목숨을 잃게 되었다. 이에 놀란 중국 천자는 용녀의 재주에 그만 주눅이 들어 욕심을 버리고 한반도를 넘보지 않게 되었다. 그런데 비는 그치지 않고 계속해서 내리자 용녀도 어쩔 수 없었다. 온 천지가 물바다가 되어 그야말로 아수라장이 되었다. 할 수 없이 단군은 가족과 신하들과 함께 돌배를 타고 평양에서 춘천까지 피난을 왔다. 그러나 춘천에 도착하자 신하들이 하나 둘 병과 굶주림으로 죽어갔다. 다시 배를 돌려 단군과 그의 가족들은 이곳 승안리升安里로 피난을 와 지금의 미륵바위가 있는

---

52 단군의 부인이 서하하백(西河河伯)의 딸이라는 내용은 『삼국유사』 이후 계속 등장한다. 『三國遺事 卷1, 紀異1』, 「高句麗」; '壇君紀云 君與西河河伯之女要親 有産子 名日夫婁'.

제5장

〈단군신화〉와
〈게세르칸 서사시〉의
신화성 비교

〈단군신화〉와 〈게세르칸 서사시〉의 신화성 비교

한·몽 신화의 비교연구는 신화소를 중심으로 한 신화의 원형문제와 관련하여 최남선의 〈단군론〉 계열의 논의에서부터 꾸준하게 관심을 받아 왔다. '불함문화론'에서 단편적으로 언급되었던 〈게세르칸 신화〉가 이후 '만몽문화론'으로 확대되는 양상을 보이는 것도 〈단군신화〉와 〈게세르 신화〉의 신화소 비교가 계기가 된 듯 하다.

1928년 1월 1일부터 최남선이 동아일보에 연재한 『단군신전의 고의』에서 국내 처음으로 〈단군신화〉와 〈게세르 신화〉의 신화소 비교가 시도하였다. 육당은 『A Journey in Southern Siberia(1909)』라는 저서를 통하여 제레미아 커틴Jeremiah Curtin이 슈레타리요프SCKRETARYOFF가 구연한 것을 소개한 부리아트 〈게세르 신화〉를 기본 텍스트로 삼았다.

최남선은 기본적으로 게세르 신화와 단군신화를 동일계통의 신화로 전제하고 이들의 공통 신화소를 추출하여 논의를 전개하였다. 『삼국유사』의 〈단군신화〉 기사를 중심으로 신화소를 제시하고 〈게세르 신화〉의 동일 신화소의 내용을 대응시키면서 이들 공통의 신화소 의미를 분석하는 형태이다. 육당이 『단군신전의 고의』에서 두 신화의 공통의 신화소로서 주목하였던 것을 정리하여 보면 다음과 같다.

육당이 제시한 단군신화와 게세르 신화의 공통 신화소

	공통의 신화소	단군신화	게세르 신화	자료출처
1	三段的 宇宙觀	昔有桓國 (昔有桓因)	텡게르(천신)의 세계 선신과 악신의 동서배치 수평적 삼계관 (동북아 보편의) 삼단적 우주관	단군신전의 고의1 동아일보 1928.1.1
2	天上界의 庶子	庶子桓雄	천신 에세게말란의 아홉 아들 중 가운데 아들, 께실뽁또(게세르 보드)	
	인세를 살핌	數意天下	인세의 혼란(망가대 출몰) *신들의 회의	
	천강의 명분	貪求人世	재화를 없애고 인세를 평정할 존재를 찾음	
3	홍익인간의 뜻	可以弘益人間	인세의 악물 망가대(괴물) 퇴치, 재화를 없애고 인세평정의 필요성 대두	단군신전의 고의5 동아일보 1928.1.6
4	呪物 呪符	乃授天符印三個 (乃授天符印三箇)	께실뽁또가 천신에게 십만 주술을 얻어 강세함	단군신전의 고의6 동아일보 1928.1.7
5	在世理化	遣往理之	신의 명을 받아 인간에 내려와 다스림 사회적 불안(부조리)의 형상 망가대(괴물)을 퇴치	단군신전의 고의7 동아일보 1928.1.9
6	三千의 極數觀念	雄率徒三千	천신에게 건장한 용사 삼십삼인과 군사 삼천과 온갖 가축을 요구	단군신전의 고의8 동아일보 1928.1.10 단군신전의 고의9 동아일보 1928.1.11
7	山上天降－上天 下土의 交通	降於太伯山頂	산상 하강의 화소는 발견 못하나[1]	단군신전의 고의10 동아일보 1928.1.12

※ 주 활동지로 산이 등장하고 원조비사의 시조 신화에서 성산이 등장함을 언급(후대형 자료 탓도 함께)

    모두 일곱 항목으로 정리된 위 표의 화소는 최남선이 그의 글에서 직접 언급한 것처럼 그가 접한 슈레타리요프 구연의 〈게세르칸〉 자료가 비교적 단편이고 후대형의 신화 자료가 가지는 한계 때문에 비교 대상이 될 만한 화소들이 충분히 제시되지 않은 측면이 있다.

---

[1]   최남선이 언급한 내용으로 당시 자료의 한계를 보여주는 대목이다. 부리아트 몽골의 게세르 신화에서는 게세르가 천강할 때에 성산인 숨베르산이나 엘스태산(모래산) 꼭대기에 먼저 천강하는 화소가 으레 나타난다.

제5장 〈단군신화〉와 〈게세르칸 서사시〉의 신화성 비교   **201**

하지만 위에서 제시한 몇몇 화소의 대응을 통하여 〈단군신화〉와 〈게세르 신화〉의 관련성을 보여주는 데에는 큰 무리가 없어 보인다. 자료의 습득이 오늘날처럼 원활하지 않았을 당대의 시대적 상황을 고려한다면 외국의 자료를 적극적으로 활용하는 육당의 학문적 열의는 대단하였던 듯하다. 그럼에도 육당의 논의가 가지는 자료적 한계는 간과할 수 없다. 〈단군신화〉와 〈게세르 신화〉의 기본 신화소를 추출할 때에 기록과정에서 상당부분 축약된 형태의 〈단군신화〉 화소를 기본으로 삼은 점이 그것이다. 이러한 방법은 비교대상이 되는 동일계열 신화의 핵심이 되는 몇몇 화소의 도출을 목적으로 할 때에는 유효한 방법일 수 있겠으나 해당 신화들이 본래 가지고 있던 신화소들이 전승과정에서 탈락되었다거나 축약, 잠재된 경우라면 충분한 성과를 얻어내는 데에 제약이 따를 것이다. 또한 한·몽 신화비교의 연구에서 지향하는 것이 신화비교를 통한 축약된 신화의 복원과 재구라고 한다면 다음의 표와 같이 화소가 풍부한 〈게세르 신화〉의 신화소를 중심으로 〈단군신화〉의 신화소를 대응시켜 공통의 신화소를 추출하는 방법이 오히려 더 효과적일 듯하다.

다음에서는 게세르 신화의 주요 신화소를 중심으로 대응이 되는 단군신화의 신화소를 배치하는 방식으로 신화소 비교항목을 제시하여 보고자 한다.

〈게세르 신화〉와 〈단군신화〉의 신화소와 신화소 공유

	게세르 신화 신화소	단군신화 신화소	신화소 공유
1	북방무속의 삼계관	삼단의 우주관	삼단적 우주관
2	상계, 천신들 －천상계의 구도 －선신과 악신의 전쟁 －악신의 패배와 하계로의 축출 －인세의 혼란 －신들의 회의(인세를 수습할 영웅 선정)	환국, 환인	상계1 천신숭배 천계의식
3	호르마스트 천신의 가운데 아들	환인의 서자 환웅	하늘의 영웅, 인세의 신격
4	가루다새로 화하여 인세 탐방 (까마귀, 땡벌, 파리 등 다양한 변신술로 퇴치할 괴물들의 집을 미리 정탐하기도 함)	환웅의 인세탐구	인세탐구

	게세르 신화 신화소	단군신화 신화소	신화소 공유
5	혼란한 인간세상의 악과 부조리를 없애 인간을 행복하게 하고자 함. 하늘에서 축출된 악신의 화신 망가스 괴물들을 퇴치함.	홍익인간 재세이화	재세이화의 이념
6	마법의 무기와 갑옷, 청동칼, 화살촉 등	천부인	하늘세계의 마법의 도구
7	천상의 세 누이, 형(화신들) 서른 명의 용사, 준마(駿馬)	풍백, 우사, 운사 무리 삼천	영웅의 조력자 3수의 상징성
8	성산 숨베르산 꼭대기에 정령의 상태로 천강	삼위, 태백 태백산 천강	상계2—성산 신성공간
9	후셀링오보(소망의 서낭당) —산신 오보군지드가 주인(인간 게세르의 생부)	신단수, 신시 —단수신	신단수 천상계와 인간계의 소통 창구
10	후셀링 오보 300가지 말을 하는 중생들	신시	무당(제사장)의 도시
11	오보군지드—인간을 수호하는 산신령, 아리야 알람카리 천신—흰 여신, 여러 언어를 쓰는 중생(衆生)의 통역자, 예언자	환웅 천왕	산신령, 제사장
12	아마르질라(게세르의 생모, 천상의 미인, 불구성)와 셍룬 노인(인간 게세르의 아버지, 노인)	곰과 호랑이	불완전한 부부, 신적 지위를 빼앗긴 기존 신격(영웅의 아버지)
13	큰 바위동굴 속 호랑이얼룩의 산신령	동굴 : 인간 되기를 기원 호랑이	동굴 : 산신단 호랑이 : 기존 산신령
14	야생파 타안(taana)	쑥, 마늘	영약(靈藥) : 생산력 회복
15	아마르질라(미모 회복)	웅녀(곰에서 여인으로 변신)	어머니의 불구성 치유
16	(부리아트) 게세르 부모의 기자 치성—노인 부부	신단수 기원	기자 치성
17	산신 오와군지드와 아마르질라의 결합	환웅과 웅녀의 결합	신인 결합
18	게세르와 그 형제들 화신의 탄생(게세르는 인간의 길로 탄생, 누이들은 정수리, 겨드랑이, 배꼽으로 탄생)	단군의 탄생(부모가 반드시 인간으로 화한 후에 잉태됨)	*비범한 탄생 *인간적 탄생
19	조로(게세르 아명) 가족의 축출	*	*영웅의 고난
20	괴물(망가스)퇴치전	인세 교화(압축적 언급)	*인세의 부조리 퇴치
21	놀롬 평원(13 금강석 절, 보석 궁궐)에서의 행복	단군왕검의 조선 건국(평양성)	제정일치의 이상국 건설
22	시방세계의 신, 호법신(불교와 결탁) → 민중의 신격(역병 퇴치 등)	아사달 산신(불교 산신각에 포섭) → 민족의 국조신	신격의 회복 → 인간을 위한 신

게세르 신화의 주요 신화소를 중심으로 단군신화의 화소를 대응하여 보다 확장된 형태의 비교 항목을 도출하여 보았다. 위 표의 내용 역시 게세르 신화의 자료를 충분히 반영한 것은 아니며 대응시킨 단군신화의 자료 역시 비교적 신화성이 축약된 문헌본을 대상으로 한 것이다. 그럼에도 게세르 신화와 단군신화의 비교대상이 될 만한 신화소를 보다 다양하게 도출할 수 있었으며 이를 통하여 두 신화를 대상으로 한 폭넓은 신화 연구의 가능성을 확인하는 계기가 되었다.

이 장에서는 3장과 4장에서 분석한 게세르 신화와 단군신화의 신화층위별 신화소 중에서 몇 가지 주요 화소들을 추출하여 본격적으로 비교, 분석하여 보고자 한다.

1. 신화적 공간의 비교

1) 삼단적 우주관의 입체적 구성

천상의 영웅이자 천신의 아들이 지상에 천강하여 인세를 다스리고 인간의 영웅신으로 좌정하게 되는 과정이 영웅신화의 기본 서사이다. 하늘의 신격이 인간의 신격으로 변모해 가는 과정을 담은 영웅신화 안에는 기존 신화체계의 우주관이 복합적으로 체계화되어 나타나는 양상을 보인다. 창세신의 세계에서 천신의 세계, 산신(신령)의 세계, 영웅신의 세계, 악령의 세계 등 인간세계를 둘러싼 복잡다단한 신화의 세계를 입체적으로 담아내고 있다.

영웅신화의 층위와 신화세계

	게세르칸 서사시	단군신화	신화계
1	텡게르의 신화	환인의 신화	천신계
2	부헤빌릭트의 신화	환웅의 신화	천자계, 산신계
3	오보군지드의 신화	웅녀의 신화	산신계
4	게세르의 신화	단군의 신화	영웅계, 인간계, 악령계

한국의 단군신화에는 하늘세계인 환국(환인)과 태백산정에 세워진 환웅 천왕의 신시 神市, 신단수 등 성산聖山과 곰신과 호랑이신이 거주하는 동굴, 웅녀熊女의 아들 단군이 건국한 조선, 산신으로 좌정하게 되는 아사달산 등을 배경으로 다채로운 세계의 신화가 펼쳐진다.

한편, 몽골의 게세르칸 신화에는 태초의 창세세계, 악신과 선신이 동서로 나뉜 하늘세계, 하늘의 영웅 게세르가 인세를 탐색하고 퇴치할 악의 화신(망가스)을 정탐하는 중간계, 300가지 언어를 가진 만물중생의 소원을 들어주는 후셀링오보 서낭당이 있는 신성공간, 게세르가 인간으로 태어나는 하탄강, 악의 화신 망가스들의 세계인 호닌호트, 영웅신이 백성들과 영원히 행복을 누리게 되는 금강사원의 놀롬 평원 등이 주요 신화공간으로 설정된다.

이들 신화에 투영된 신화적 우주관은 기본적으로 삼단적 우주관(삼계관)이라는 원시철학으로 풀이되기도 한다. 최남선은 일찍이 단군신화의 '삼단적 우주관과 천상광명시의 사상이 동북아 보편 공통의 것이오, 어느 곳에서나 발생할 수 있는 원시 심리의 관점'이라고 언급하였다.[2] 즉 선신이 거하는 광명상계와 악령이 거하는 암흑하계와 그 중간인 인간세계의 삼단으로 우주가 구성되었다는 것[3]으로 이러한 관점은 이미 초창기 신화연구에서부터 일관되게 적용된 신화적 세계관의 논리이다.

몽골의 무속학자 달라이Далай는 몽골의 무속의 세계에는 인지할 수 있는 3개의 세계와 인지할 수 없는 1개의 세계가 있다고 보았다. 순수하고 신령스러운 곳으로 하계와 지속적으로 투쟁하면서 중계를 고통으로부터 보호하는 상계와 천신의 세계와 아래에를릭의 세계 사이에 존재하는 인간 세계인 중계, 에를릭이 관장하는 세계로 악귀들이 회동하는 하계가 그것이다.[4] 하계에 대한 최초의 관념은 깊숙이 판 구덩이, 가자린

---

2   최남선, 「단군기축구해」, 〈단군신전의 고의1〉, 『동아일보』, 1928년 1월 1일자.
3   최남선, 「단군고기전석」, 『단군신화연구』, 온누리, 1994, 22쪽.
4   체.달라이는 몽골의 홉드지역 무속과 올란바타르시, 내몽골 무당의 세계관을 반영한 『몽골 무속약사』에서 몽골의 삼계관에 대해 언급하였다. 몽골 무속에서는 세 개의 세상이 있다고 보았고, 이는 데에트(상계), 돈드(중계), 도어트(하계) 세상으로 겹겹이 이루어져 있다고 본다. 상계는 순수하고 순결하며, 슬픔이 없는 세상으로 중계를 고통으로부터 보호하며 하계와 끊임없이 투쟁한다. 중계는 인간이 사는 곳이

어르흐(땅구멍)로 여러 가지 흉측한 모습을 한 존재들이 거주하는 곳이지만, 불교의 지옥과는 다르며 보통 사람의 공간이자 유목민들이 일상생활을 하는 공간으로 인식된다.[5] 이중 상계와 하계가 먼저 생기고 중계가 나중에 생겼으며 중계와 하계 사이에는 사람이 죽으면 주로 간다는, 우리가 인지할 수 없는 세계가 있다고 한다. 또한 땅의 수호자로 지모신인 '에투겡'이 존재하고 에투겡 외에도 지상에는 땅과 물의 주인인 수많은 '로스'들이 중계를 대표한다고 보았다.

특히, 그는 상계의 수호신으로 산신령인 '하이르항'이 존재하며 하이르항은 하계의 악신인 '에를렉'과 끊임없이 투쟁한다고 소개하였다.[6]

내몽골의 학자 욘석Ёнсог 역시 몽골 무교에서는 세상을 '데에르(위)', '돈드(가운데)', '도어트(아래)' 삼계로 나눌 수 있으며 '데에르' 세상에는 온갖 '사히오스(땅, 물의 수호신)'들이 살고 있는 천국(디와징의 나라)으로 파악하였다. 여기에는 다시 7겹의 구역이 있어 가장 위대한 수호신들이 가장 위층에 머물게 된다고 하였다. '돈드' 세상에는 사람과 동물, 식물들이 존재한다. '도어트' 세상에는 암흑세상이며 이곳 역시 몇 개의 층으로 나뉜다고 소개하였다. 이러한 관점은 불교의 세계관과도 상당부분 일치하는 것으로 남몽골 지역과, 할하지역 황무교에 불교적 세계관이 상호 습합된 것으로 보여진다. 이 외에도 토와, 부리아트 무당들의 세계관에 대한 포탈로프, 미하일로프 등의 논의를 빌어 중계를 '가자르(땅)'라 하고 하계를 '지하', 상계를 '하늘'로 파악하기도 하였다.

몽골 무속에 기반한 13세기 이전까지의 몽골 선조들의 세계관도 이러한 3분법이 적용되어 당시는 동북아 지역을 세계 전체로 보고, 고원 지역에 위치한 티베트를 '데트(상계)', 유목 초원국가인 몽골을 '돈드(중계)', 아마르강 등 강 하류 대양을 접하는 지역을 '도어트(하계)'라 하여 세 구역으로 나누어 세계를 인식하기도 하였다.[7]

다. 하계는 죽음의 마귀들이 모여 사는 곳으로 전염병 같은 질병을 퍼트리는 역귀들이 모두 여기에 모여 모의한다. 부리아트 무속과는 달리 이곳을 지옥국(타밍 어롱)이라고 보기도 하였다.

5 셴덴자브 돌람 저, 이평래 역, 『몽골신화의 형상』, 태학사, 2007, 신화용어해설.

6 Ч.Далай, 『Монголын бөөгийн мөргөлийн товч түүх』, УБ., 1959, p.42.

7 О.Пүрэв, 『Монгол Бөөгийн шашин』, ШУА., 1999, p.75.

몽골 무속에서의 삼계관

삼계	공간	주신	속성
상계 (*중간계)	하늘 성산(聖山)	텡게르(천신) 하이르항(산신)	순수하고 신령스러운 곳, 하계와 지속적으로 투쟁, 중계를 고통으로부터 보호
중계	가자르(땅) 지상공간	에투겐(地母神) 로스(땅과 물의 주인)	사람과 동물, 식물들의 존재
(*중간계) 하계	중간공간		사람이 죽으면 가는, 인지할 수 없는 세계
	가자린 어르흐(땅구멍)	에를렉(염라대왕)	암흑의 세계, 흉측한 요괴들의 거주지

　이처럼 몽골을 중심으로 하는 북방의 무속 세계관에서 상계, 중계, 하계는 끊임없이 투쟁하고 교류하는 구조라고 할 수 있다. 몽골의 〈게세르칸 서사시〉와 한국의 〈단군신화〉의 신화적 서사에는 기본적으로 이러한 삼단적 우주관이 기저를 이루고 있다.

　먼저, 몽골의 〈게세르칸 서사시〉와 〈단군신화〉에서 신성한 공간, 상계는 천신의 공간인 하늘 세계와 산신령의 공간인 성산聖山으로 형상화되어 나타난다. 상계의 공간에서 주요하게 드러나는 화소 중 하나는 단군신화의 환국이든 게세르 신화의 하늘 세계이든 단순히 위에 존재만 하는 것이 아니라 하늘의 영웅이 인간세계를 수시로 내려다보며 관찰한다는 것이다. 비교적 신화소가 풍부한 〈게세르칸 서사시〉에는 아예 인간세계와 가까운 곳으로 내려와 3년 동안 공중(중간계)을 날아다니며 지상세계를 탐색하기도 한다. 이는 몽골 무속에서 말하고 있는 중계와 하계 사이에 존재하는 중간계와는 다른, 상계(천계)와 중계 사이에 또다른 중간계가 존재함을 말하고 있는 것이라 할 수 있다. 이곳은 신성이 강한 공간으로 천자가 본격적으로 인간에 하강하기 전에 지상세계를 두루 조망할 수 있는 탐색의 공간으로 등장한다. 여기서 탐색의 기본적인 목표는 영웅 자신이 내려가 살기에 좋은 황금 세상을 찾기 위해서이다.[8]

　또한, 〈단군신화〉와 〈게세르칸 서사시〉에서 실질적으로 인간과 소통하고 인간을 수호하는 상계의 주인(신령)이 그 기능을 발휘하는 곳은 하늘세계가 아니라 영웅이 처음

8　 짐바잠츠의 게세르 막탈 인용.

천강하는 곳인 하늘과 지상의 중간 세계인 이곳이다. 이 공간이야 말로 〈게세르 서사시〉와 〈단군신화〉의 이야기가 가장 비중있게 다뤄지는 곳으로 신령의 공간으로서 신과 인간이 만나는 공간이다. 신화 서사의 측면에서도 천자의 천강, 인간 세계의 탐색, 중생의 소망 기원, 불구성의 치유, 영웅 어머니의 신혼神婚과 영웅 잉태 등 두 신화의 주요 신화적 사건이 일어나는 공간인 것이다. 또한 이곳에서 기존 신격인 산신(하이르항)과 신흥 신격인 천신(텡게르)들의 복잡다단한 경쟁 관계와 퇴출 및 포섭의 양상이 나타나기도 한다.

이렇게 본다면 북방 무속에서 말하는 상계란 반드시 '하늘'만을 상정한다고 볼 수 없을 것이다. 사실 천신 사상이 강하게 남아 있는 부리아트 몽골의 신화에서는 '하늘'이 곧 '상계'로 대응되기도 하지만 이러한 현상은 천신 사상이 대두된 후에 기존의 신격이 천신의 신화에 포섭되어 변이된 것으로 보인다. 달라이의 보고에 의하면 본래 몽골 무속에서의 상계는 산신 하이르항을 대표 신격으로 하는 수호신의 신성세계 일반을 의미한다고 할 수 있다. 즉 영웅신화의 서사에서 상계의 범주는 산신령(하이르항)과 밀접한 연관이 있으며 공간적으로는 천신의 아들인 환웅과 게세르가 처음 천강한 성산과 같은 공간을 포함하는 것이다.

이러한 신성공간은 신령한 존재들이 거주하는 곳으로 북경판본 게세르에는 이들 신령한 존재들 역시 세 가지 유형으로 제시하고 있다. 게세르의 탄생 장면에서 천상에서 함께 내려온 세 명의 누이가 먼저 인간세상에 태어나게 되는데 그 첫 번째 누나는 위의 천신(텡게르)들의 주인이 될 것이고 두 번째 누나는 아래 수신水神(로스)의 제왕(칸)이 될 것이며 세 번째 누나는 시방세계의 다기나스(비천, 선녀)들의 주인이 될 것[9]이라고 운명 지어진다. 여기서 게세르의 세 누나는 신화 속 상계의 개념을 규정하는 신성한 존재로서 텡게르(천신), 로스(수신), 다기나스(선녀) 등 수직적 공간의 개념과는 다른 별개의 공간 개념을 준거로 하는 존재들이라 할 수 있다.

한편, 〈게세르칸 서사시〉와 같은 본격적인 영웅신화에서 말하는 하계下界는 악령의

---

[9]   Ц.Дамдинсурэн, 앞의 책, 1986, p.21-22.

세계 즉, 영웅의 퇴치대상인 망가스(괴물)들이 거주하는 곳으로 상세하게 묘사된다. 그런데 단군신화에서는 이런 하계에 대한 서사가 거의 드러나지 않는다. 이는 영웅신화의 분량을 좌우하는 괴물퇴치전의 서사와 연관되는 것으로 게세르칸 서사시와 단군신화의 신화소 비교에서 현저한 편차를 보이는 대목이기도 하다. 이처럼 단군신화의 서사에서 하계 형상의 부재와 더불어 괴물 등에 대한 퇴치전이 묘사되지 않은 상황은 결국 단군신화를 영웅신화로 인정하지 않는 결정적인 계기가 된 것으로 보인다. 그러나 이러한 사정은 지극히 축약된 신화인 문헌본의 단군신화 자료에 근거한 판단이라고 할 수 있다. 다시 한번 단군신화 자료에 대한 면밀한 검토와 다방면의 비교 고찰이 요청되는 대목이라 할 수 있다. 일례로 단군신화 관련 구비설화 자료를 살펴본 결과, 단군이 흘골족, 마구족 등 적대 세력 족장과 대결하여 이들을 퇴치하거나 포섭하는 장면[10] 등 단군의 영웅적인 면모가 두드러지는 이야기를 어렵지 않게 찾아볼 수 있었다. 즉 단군신화에는 애초 하계 개념이 존재하지 않았다기보다는 인간세계를 교화하는 화소에서 압축적으로 암시하고 있듯이 여느 영웅설화와 마찬가지로 하계의 괴물을 퇴치하는 방식으로 인간을 구제하는 신화로서의 가능성을 충분히 상정想定하여 볼 수 있다.

악령의 세계, 하계는 몽골의 신화 체계에서 종종 지하세계로 묘사되기도 한다. 특히 몽골의 창세신화에서는 창조신인 보르한(신, 부처)과 처트거르(악마)[11]가 협력하여 맨 처음 대지를 만들었는데 창세 이후 처트거르는 지상에서 자신의 몫을 얻지 못하자 한쪽 발(혹은 마법의 막대, 지팡이)로 지표면에 구멍을 내고 들어가 땅 아래 세상, 즉 지하 세계의 주인이 되었다고 한다. 여러 민담과 신화에 나오는 바로는 훗날 처트거르가 개척한 이 구멍으로 이 세상 사람들 역시 지하 세계로 들어가게 되었다고 한다.[12]

이러한 지하국 모티프 역시 단군신화에는 드러나지 않는다. 오히려 〈게세르 서사시〉의 망가스 퇴치전과 유사한 지하국 모티프는 〈지하국대적퇴치설화〉[13]라는 민간의 설화

---

10 김정설, 『단군설화집』, 1998에 수록된 〈하늘의 후손〉, 〈구빈리와 왕림고개〉 등의 설화.
11 처트거르는 몽골의 설화문학에서 적대적 인물인 악마로 등장하는데 애초 창세신화에서는 보르항의 친동생이자 창세의 동업자로 등장한다.
12 셴덴자브 돌람 저, 이평래 역, 앞의 책, 2007, 신화용어해설.

(신이담)에 널리 전승되고 있다.[14] 이 설화에는 여자를 납치한 괴물의 거처가 지하이고 그곳으로 이르는 좁은 문이 존재한다고 언급되었다. 지하세계로 통하는 좁은 입구는 몽골 신화에서 흔히 등장하는 화소이다. 그러나 막상 동북아 영웅서사시나 한국 서사무가[15]에서 영웅이 요괴를 만나거나 퇴치하기 위해 이동하는 경로를 보면 '지상에서 지하로'라는 수직적이라기보다는 '중앙에서 주변으로, 후미지고 외딴 곳', '물이 가까운 곳' 등 수평적으로 형상화 된다. 하계는 지하라는 상하의 수직적 개념보다는 방향성이 더 중요하게 개입되는 개념인 것 같다.

게세르 신화에서 게세르나 그의 부하들이 망가스가 살고 있는 곳을 찾아 이동하는

---

13 〈지하국대적퇴치설화〉는 우리나라 전국뿐만 아니라 전세계적으로 널리 분포되어 있다. 아르네(Aarne, A.)
－톰슨(Thompson, s.)에 의하면, 이 설화의 유형으로는 AT 300 〈용 퇴치자〉, AT 301 〈곰 아들〉,
AT 303 〈두 형제〉와 같은 것이 유명한 것인데, 랑케(Ranke)에 의하면, 유형 300은 368유화, 유형 303은
770유화가 채집되었음을 알 수 있다. 이 3유형 중 우리나라의 자료들은 유형 301과 매우 비슷하다. 유형
301은 〈납치당한 세 명의 공주〉로도 알려져 있어 명칭부터가 우리 설화와의 관련성을 짐작하게 해 준다
(우리나라의 예에서는 흔히 세 명의 원님 딸 혹은 부잣집 딸이 납치된다). 분포 지역은 매우 광범위하여
유형 301이 전승되고 있는 지역만 훑어보아도 유럽 전역(특히 발틱 제국과 러시아), 근동·인도·극동·
북아프리카·미국·캐나다 등이 알려져 있다. 이 중 극동에서는 중국·몽고·한국·일본 등에 고루 분포
되어 있고, 이들은 원래 몽고의 '부론다이' 설화가 전파된 것이라 한다. 한국민족문화대백과, 한국학중앙
연구원 참고 : 孫晉泰, 『朝鮮民譚集』, 東京 : 鄕土研究社, 1930; 孫晉泰, 『朝鮮民族說話의 研究』, 乙酉
文化社, 1947; 曹喜雄, 『韓國說話의 類型』, 一潮閣, 1996; Thompson, S., *The Types of the Folktale*,
Helsinki, 1964.

14 이 설화는 완결된 소설적인 허구성을 지니고 있어 소설로의 이행이 쉬웠으리라 생각된다. 〈금원전〉·〈금
령전〉·〈최치원전〉 등과 같은 고전소설 중 상당수가 이 설화를 차용하고 있음을 볼 수 있다. 또한, 《전등
신화》의 〈신양동기〉나 〈홍길동전〉·〈설인귀전〉 등에서도 이 설화가 이용되고 있음으로 보아, 이 설화의
국내 전승은 매우 오랜 역사를 가지고 있음을 알 수 있다. 〈금원전〉이나 〈최치원전〉은 '지하국대적퇴치
설화'를 거의 그대로 사용하고 있다. 한편, 〈홍길동전〉 역시 홍길동이 '율도국'을 세운 뒤, 요괴굴에서
요괴를 퇴치하고 그 요괴에게 납치되었던 여인을 아내로 삼은 점에서는 똑같다고 볼 수 있다. 그리고
〈금령전〉에서도 주인공 해룡이 머리 아홉을 가진 괴물에게 납치당한 공주를 구출한 뒤 혼인한다는 점에
서는 일치한다. 이상과 같이 몇몇 고전소설들이 내용에 있어 일부 유사성을 보이는 것은 똑같은 원천으로
서 〈지하국대적퇴치설화〉를 소재로 차용했기 때문이다. 한국민족문화대백과, 한국학중앙연구원.

15 조현설은 바리데기 서사무가를 사례로 들어 바리데기가 약수를 구하러 이동하는 저승길 경로를 지하계
인 지옥과 변별되는 중간계로 보았다. 저승으로의 이동은 수평적이며 이는 '서천 꽃밭', '극락' 등 불교적
저승관에 의해 우리 신화 속 중간계에 상당한 변형을 가져왔다고 하였다. 즉 지하에서 저승으로의 이동
이 그것이며 이는 수직적 위계에 있던 중간계를 수평적 공간으로 옮겨놓은 것으로 보면서 이동한 것은
위치일 뿐, 무속신화가 간직하고 있던 지하 중간계의 신화적 본질은 그대로 훼손되지 않았다고 한다.
조현설, 「우리 신화의 중간계」.

방향을 살펴보면, 동쪽, 서쪽, 북쪽, 남쪽 등 대부분의 방향이 나타나기는 하지만 가장 빈도가 높게 등장하는 방향은 몽골 신화에서 44악신의 거주 방향인 동쪽이다. 〈바이칼의 게세르 신화〉에서 동쪽과 함께 동북쪽 혹은 북동쪽이 망가스의 방향으로 나타난다. 즉, 강력한 망가스 '아바르가 세겐 만가트하이'가 거주하는 곳은 지상과 지하 세계의 경계인 북동쪽이 끝나는 곳, 넓디넓은 샤르 달라이(노란바다)가 있는 거대한 검은 궁전으로 묘사된다. 이곳은 망가스의 고장으로 자주 언급되는 '호닌호트'처럼 어둡고 황폐한 황무지이자 얼음이 얼어있는 척박한 곳이다.[16] 망가스들의 고장인 호닌호트는 끝없이 펼쳐진 황무지 위에 바람의 정령들이 살고 있는 멀고도 척박한 나라로 그려진다.[17] 호닌호트와 함께 게세르의 주요 퇴치 대상으로 등장하는 샤라이골의 세 칸이 존재하는 샤라이골 역시 게세르 신화의 대표적인 하계에 속한다고 할 수 있다. 샤라이골(노란 강)은 지금의 청해(허흐노르) 지역, 샤라이드 몽골족이 거주하는 곳으로 상몽고上蒙古, 혹은 '호르(코리, khori)' 몽골족의 지역이다.[18] 하계의 형상으로 종종 '강' 등 물의 땅으로 묘사되고 있는 것도 주목하여 볼 만 하다.

이상에서 살펴보았을 때, 하계란 지표면을 중심으로 반드시 지하세계를 의미하는 것이 아닌 듯하다. 하계란 단순한 지하세계가 아니라, 영웅에 의해 구제되어야 할 부조리한 지상세계를 상징적으로 형상화한 공간으로 보여진다.

또한 이들 신화에서 각 층위를 형성하며 묘사되는 삼계라는 신화적 우주는 수학적 도식처럼 경계가 구분되는 것이라기보다는 상계와 중계, 중계와 하계 사이에 이들을 이어주는 중간계가 각각 존재한다는 것이다. 이는 삼단적 우주관이 하늘과 땅, 천신과 대지신이라는 이원론적 우주관에 '중간'의 개념을 개입시킴으로써 신과 인간의 소통, 각 단계의 세계가 소통되는 통로가 마련된 우주 관념으로 생성된 것이라 할 수 있다.

---

16 이선아 · 이성규, 앞의 논문, 2011.

17 일리야 N. 마다손(양민종 역), 앞의 책, 2008, 71쪽.

18 О.Сүхбаатар, 『Монгол хэлний харь үгийн толь』, УБ., 1997.
    호르 몽골족은 허흐노르(청해)뿐만 아니라 '호리(코리) 부리아트'라 하여 동부리아트 지역에도 존재하는 몽골족이다. 〈몽골비사〉에서는 칭기스한의 시조모 알랑고아의 친정 부족으로 등장하기도 한다. 최근 몽골의 코리족과 우리 '(고)구려' 민족과의 관련성이 조심스럽게 언급되기도 한다.

즉 삼계관을 해석하는 본질은 모든 사물과 현상을 삼분하였을 때 그 가운데에 방점이 있으며 이러한 '삼의 원리'가 추구하는 것은 소통의 창구가 열려있는 다원성과 수직과 수평을 아우르는 입체성이 존재하는 세계이다.

일례로 게세르 신화 안에서 선신과 악신으로 나뉘어 있는 천신들도 선신이라고 해서 모두 온순하거나 악신이라고 해서 모두 사나운 것이 아니며 경쟁구도를 표방하던 천신들의 세계에도 이항대립적 선악개념과는 다른 신화적 포용성이 반영되어 있다. 이러한 신화적 의미는 상징의 기법을 통하여 암시되는 특징이 있다. 즉 입체적 삼계관에 대한 신화적 풀이에 있어서 신화텍스트에 제시된 수와 색, 방향 등 상징적 의미들이 총체적으로 고려되어야 신화적 세계관에 대한 의미가 더욱 정확하게 해석될 것이다.

이러한 관점은 몽골의 학자 돌람이 방향과 숫자, 색 등의 상징적 장치들과 함께 제시한 몽골 신화적 세계관과 관련된 아래 그림에서 확인할 수 있다.[19]

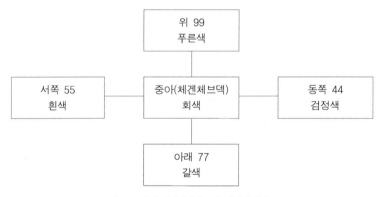

몽골 신화의 세계관과 수, 색, 방향의 상징

중앙의 체겐체브덱은 동쪽과 서쪽의 99천신과는 별개의 신격으로 그 묘사된 형상을 통해 볼 때, 기존의 인간을 수호하던 상계의 하이르항(산신) 신격으로 파악할 수 있다. 이런 관점에서 본다면 산신(하이르항)을 중앙으로 하는 천상의 수평적 삼계 구도와 역시

19   С.Дулам, 앞의 책, 2007, p.57.

산신을 중앙으로 하는 수직적 삼계 구도를 확인할 수 있다.

수직과 수평을 아우르는 몽골 영웅서사시의 삼단적 우주관의 구도에서 인간계와 소통하던 기존 산신의 세계를 포섭하고자 하는 신흥 천신들이 경쟁이 영웅신화의 쟁점을 이루고 있는 것으로 보인다. 이러한 천신들의 경쟁 구도는 쫓겨난 악의 화신들이 인간 세계를 어지럽히면서 이를 수습하기 위하여 지상으로 내려온 선신의 아들 게세르와 악신의 화신 망가스의 싸움으로 옮아가게 된다. 이 과정에서 산신(하이르항)은 인간세계에 탄생한 영웅의 신적 아버지로 등장하기도 하지만 이내 사라져 버린다.

흥미로운 것은 단군신화에서는 단군이 소임을 마치고 돌아간 곳이 하늘(환국) 천신의 지위가 아니라 아사달산의 산신령으로 회귀하였다는 점이다. 여기서 영웅신화가 궁극적으로 지향하는 것이 하늘 세계의 신격이 아니라 오히려 기존의 산신의 신격이며 산신은 결국 오랫동안 인간과 가까운 곳에서 소통하면서 인간을 수호한 인간세계의 신격, 즉 영웅신의 원형임을 시사한다고 볼 수 있다.

이처럼 단군신화와 몽골의 게세르칸 서사시에는 동북아 무속의 삼단적 우주관에 기존 신격인 '산신'이 주인으로서의 지위를 유지하고 있는 '중간'의 개념이 각 신화층위에 도입되었다. 이로써 그동안의 신화층위가 종합된 영웅신화의 복잡한 신화 체계가 수직과 수평을 아우르는 입체적인 '소통'의 구조를 가진 세계로 효과적으로 형상화 될 수 있었다.

2) 신성공간으로서의 성산, 신단수

영웅이 처음 천강하는 성산聖山 혹은 신목神木의 존재는 〈게세르칸 서사시〉와, 〈단군신화〉의 수직적 삼단구조를 가시화하기도 하지만 삼단적 우주관의 맥락에서 본다면 오히려 이들 영웅신화에는 생각보다 훨씬 다차원의 세계관이 투영되어 있음을 알 수 있다. 성산이라는 신성공간은 지리적으로는 인간계와 가까우면서 세속의 공간과는 구별되는 신령의 세계에 해당한다고 볼 수 있다. 이러한 천자가 천강하는 성산 모티프는 두 신화의 핵심적인 신화 서사가 이루어지는 신성공간으로 하늘이라는 공간과 함께 본래의 상계라는 관점에서 논의될 수 있다고 보았다. 이러한 성산은 그 자연적 규모만큼이나 거인성을 갖춘 존재로 의인화되어 인식되며 신화 서사의 통시적 전개에 따라 곰과 같은 강력한 힘을 가진 영물로 대치되어 형상화 되기도 한다. 거대하고 강력한 신격으로서 인간을 수호하는 동물형 산신은 이후 최초의 씨족 영웅을 탄생시키는 역할을 하는 등 씨족 시조신화의 주신으로 신봉되기도 한다. 그러나 인간을 수호하는 곰과 호랑이, 산신령, 하이르항, 단수신壇樹神 등 초기 산신의 신격은 본격적인 영웅신화에서의 천신숭배사상의 등장과 함께 부리아트 몽골의 게세르칸 신화에서는 신흥 천신들이 경쟁적으로 포섭하고자 하는 대상(체겐체브덱 하이르항)이 되기도 하지만 〈단군신화〉와 대부분의 문헌본 게세르 신화에서는 성산의 공간에서 천신과 인간을 소통시켜주는 역할을 담당하는 것으로 그 기능이 변이되기도 하였다.

하늘에서 천강한 환웅은 신의 모습으로 성산聖山인 태백산에 머물며 신시神市를 열고 인간의 360여사를 주관하며 인간세계를 다스려 교화시키는 등의 일을 한다. 중생(곰과 호랑이)의 기원을 들어주고 몸소 잠시 사람으로 변하여 웅녀에게 자식을 안겨주기도 한다. 이처럼 〈단군신화〉에는 온전히 인간을 위한 신성한 사건들이 일어나는 신이한 공간이 별도로 마련되어 있는 것이다.

태백산은 환웅이 처음 천강한 인간세계의 시작이며 삼위산(아사달)은 단군이 산신으로 돌아간 인간세계의 종착점으로 영웅의 출현과 회귀의 연결고리가 되어준다. 환웅의 신화층위는 태백산을 매개로 연결되어 있는 천상계와 천하 인간계라는 수직적 구도와 함께 태백에서 삼위에 이르는 수평적 구도를 아우르는 입체적 우주관을 투영하고 있다. 환웅의 신화층위에는 이러한 우주관을 바탕으로 인간과 신이 소통하는 중간계 공간으로서 성산이 명실상부하게 자리를 잡고 있다.

특히, 최남선은 〈단군신화〉의 성산으로 등장하는 태백산太白山에 대하여 동북아 신화의 성산聖山의 근본적 모형이며 그 현실적 성립 위치를 백두산長白山을 중심으로 한 만주滿洲대륙으로 볼 수 있다고 주장하였다.

… 부여계 인민의 거주지에는 지역마다 각각 대소의 백산이 있거니와 최고 신화에 넣은 것은 또 최고 백산일 것이 당연하니 역사적으로나 신앙적으로나 그것이 후자의 백두산임은 의심이 없을 바이다. 동북아시아 인민의 백두산 숭배는 그 유래가 먼 것으로서 멀리는 산해경山海經과 또 진서晉書에 있는 불함산不咸山의 이름으로 보이니 불함不咸이 신명神明을 의미하는 말이요,

　… 당서唐書에 태백산太白山, 요사遼史에 장백산長白山, 금사金史에 백산白山 등으로 보임은 우리 백두白頭의 백白과 함께 다 불함不咸의 후대역이니 다 백두산의 신성성을 나타내는 이름이다. 대저 환웅 신화는 동북아시아에 있는 제국민 고사 신화의 근본적 모형으로서 그 성립이 만주대륙에 있을 것으로 봄직하니 그렇다면 대륙의 최고 신산인 백두산을 붙잡아 쓰지 않고는 되지 아니하였을 것이다.

　… 발해 이후, 특히 고려시대에 백두산 일대의 땅이 조선반도로부터 이탈하여 … 백두산 신앙의 모든 요소가 또한 하나의 태백인 지금 묘향산으로 이행하는 통에 천왕랑 환웅의 강세 지점이 어느 틈에 슬그머니 묘향산으로 옮아온 것이 아닐까 한다. (중략)[20]

　태백산과 같은 이들 성산은 동북아 지역에 두루 분포되어 신봉되었으며 불함산不咸山의 후대역으로 모두 신명神明을 의미한다고 보았다. 태백산, 백두산 등 동이東夷 문화권에서의 이러한 성산 숭배의 전통은 오랜 기원을 가지며 몽골 등지의 신화에서도 필수적인 신화소로 등장하고 있다. 숨베르산(수미산)과 같은 후대의 명칭으로 변이된 모습이 종종 발견되기도 하지만 몽골의 산신 신앙과 관련하여 아직까지 민간에 전승되는 산신의 대상이 되는 성산의 명칭은 '보르항 할둔산'이나 '보그드 산' 등 그 자체가 '신神'이라는 의미의 이름을 가지고 있다. 일례로 몽골 민족의 대표적인 성산聖山인 '보르항 할둔산'은 〈몽골비사〉에서 칭기스한이 태어나고 죽어서 그가 돌아갔다는 곳으로 잘 알려져 있다. '보르항 할둔Бурхан халдун'이라는 단어 역시 몽골어로 신神을 의미하는 '보르항 Бурхан(不咸)'과 여신女神을 의미하는 '할둔Халдун'이 결합한 복합어로 분석되기도 한다.[21]

20　최남선, 앞의 논문, 1994, 27-28쪽.

즉 몽골의 각 지역마다 존재하는 높은 산의 이름은 거의가 '보르항不咸'이나 '보그드白頭'라는 명칭을 가지며 이들은 단순한 자연물이 아닌 인간을 수호하는 신격神格으로서 신성하게 숭배되고 있다.

이러한 성산에 대한 신격화 전통과 숭배 의식은 한국의 〈단군신화〉를 비롯하여 몽골의 〈게세르칸 서사시〉 등 동북아 영웅신화에서 천자의 천강, 신과 인간과의 소통, 영웅의 회귀라는 주요 사건이 일어나는 신성공간으로서 신화의 기본적인 세계관을 반영하고 있다.

또한, 신과의 소통의 공간으로 성산과 함께 등장하는 것이 신목神木(신단수神壇樹, 후셀링 오보Хүсэлийн овоо) 화소이다. 신목은 성산 안에 존재하며 성산이 신령의 거주 공간이라면 신목은 제사장에 의해 인간과 신이 소통하는 제단에 해당한다. 최남선은 '거란인의 천신지저天神地底를 위한 제산의祭山儀에 〈군수君樹〉를 중심에 두고 군수群樹를 나란히 심음으로써 제장祭場을 삼는 것과[遼史, 禮志] 만청滿淸의 조정에서 〈당자堂子〉란 것을 두고 천지天地 토곡土穀 등 제신을 제사하는데 중앙에 〈신간神杆〉이란 것을 세워 사주社主를 삼고[滿洲祭天祭神典禮, 天咫偶聞] 일반 민가에서도 신간이 제사의 중심노릇을 함[吉林外記] 등'이 모두 신단수의 유형으로 볼 수 있다고 하였다.[22] 이어서 한국의 경우는 강화 마니산의 첨성단, 연안의 전성단甎城壇, 경주의 계림鷄林, 천경림天鏡林, 신통림神通林 등 전국 각지의 옛 신단神壇과 신림神林, 민속에서의 업주저리와 부락의 당산과 서낭 등이 그 유풍을 전하는 것으로 신단수는 제정의 근본지로서 중요한 의의를 가진다고 보았다.

〈단군신화〉에서는 이러한 신단수에서 곰과 호랑이가 인간되기를 빌어 곰이 웅녀가 되었고, 또한 인간으로 변한 웅녀가 단수신壇樹神과의 신혼神婚을 통하여 단군을 잉태하였다. 한편 〈게세르칸 서사시〉에서는 크게 두 가지 유형의 신목이 등장하는데 첫 번째

21 M.Базаррагчаа, 「"Бурхан халдун" гэдэг үгийн гарал, бүтэцийн онцлог」, 『Altan argamj』 vol.3, 2000, pp.124-125.
22 최남선, 앞의 논문, 1994, 29쪽.

는 신단수와 비슷한 기능으로 '후셀링 오보'라는 서낭
당[23]에서 300가지 언어를 가진 여러 만물들의 소원이
통역되고 그것을 통하여 '오보군지드'라는 산신령(서낭
당 산신)은 인간을 비롯한 중생들의 소망을 들어주는 역
할을 담당한다. 또한 게세르 생모와의 신혼으로 게세
르를 인간에 탄생시키기도 한다. 거대한 발자국을 통
하여 기본적으로 거인성을 가지고 있는 산신령 오보군
지드가 온통 호랑이 가죽[24]으로 둘러싼 형상으로 동굴
속에 거하고 있는 모습이 목격되기도 한다. 호랑이 무

신과 인간의 소통,
몽골 무당의 북에 표현된 세상나무

늬로 치장된 산신의 형상은 이전 몽골의 신화에 존재하였을 동물형 산신 신화 흔적으
로 파악되며 황금 탁자[25]와 그 위에 호랑이 얼룩무늬 깃발 등이 장식된 동굴[26]의 화소는
기존 동물형 산신의 거처이자 제단으로 보여진다.

---

23   몽골의 '오보'는 대개 신성시되는 산 위나 호수·강가, 목지(牧地)·수렵지의 경계가 되는 산·강·고개·
      길 등의 근처와, 라마교 사원의 경내 등에 축조된다. 오보는 행인들이 그 옆을 통과할 때 공물(供物)을
      바치는 등 오보 자체가 숭배의 대상이 되는 경우와, 제신(祭神)의 제단으로 쓰이는 경우, 그리고 이정표(里
      程標)나 경계표로서의 의미를 가지는 경우도 있다. 오늘날의 몽골인들에게 '오보'는 병과 재난을 막아
      주고 가축의 번성을 돕는 수호신으로 변화되었다. 오보는 사회주의 혁명의 종교, 미신의 말살 정책 속에서
      도 연명되어 온 민간신앙의 대표적인 것 중의 하나이다. 박원길, 「몽골의 오보 및 오보제」, 『몽골민속현장
      답사기』, 민속원, 1998.
24   '호랑이 가죽'은 고조선의 주요 무역품으로 알려져 있으며, 고조선 건국신화 〈단군신화〉에 등장하는
      개천성조 환웅의 단수신(檀樹神)의 형상에 상징적으로 묘사된다.
25   여기서 '황금탁자'는 황금으로 된 탁자를 의미할 수도 있고 '신성한 왕좌'를 비유적으로 의미할 수도 있다.
26   조현설은 동굴의 신화적 의미에 대하여 "고구려에는 10월에 동맹이라는 국중대회가 있어 제천의식을
      거행했는데 나라 동쪽에 신굴이라는 큰 굴이 있어 거기서 왕이 친히 제사를 지냈다."는 기사에 주목하여
      태양신에 대한 제천의식의 장소로 짐작되기도 하였다. 즉, 굴과 하늘(태양)의 연관관계가 중요한 요소였
      다는 관점이다.(조현설, 앞의 논문, 1997) 필자는 동굴의 화소에 대하여 애초 알타이 씨족 신화에서 곰
      등의 동물형 산신의 거처이며 시조 영웅 탄생의 근원지로서의 의의에 우선 주목하였다. 후에 천신(天神)
      의 산신(山神) 포섭의 과정에서 동굴 화소의 의미가 변모해가는 양상을 살피는 것도 흥미로운 주제가
      될 듯하다.

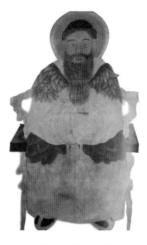

호피로 장식한 개천성조(開天聖祖) 환웅　　　　황금 탁자에 앉은 단군　　　　호피 위에 앉은 단군

호랑이 가죽과 황금 탁자로 장식된 산신, 단군과 환웅의 형상
(단군학자료원 제공, 2019)

　〈단군신화〉에서의 곰과 호랑이 역시 기존 신화에서 신앙되던 동물형 산신의 변이형으로 보인다. 이들이 동굴에 동거하였다는 기술은 두 가지의 해석을 가능하게 한다. 첫째는 동굴은 동물형 산신의 거처이자 제단으로서의 의미를 담고 있으며 둘째는 이 두 산신이 본래의 신격을 빼앗기고 새로운 신화에 포섭되어 불구적 부부로 설정되었다는 것이다. 이 과정에서 영웅의 아버지로서 환웅에 의해 밀려난 호랑이 남편은 신화 밖으로 완전히 쫓겨나고 곰 아내는 웅녀로의 치유과정을 통하여 영웅의 어머니로 그 신화적 명맥을 유지하게 된 것으로 파악된다.

　이처럼 단군신화에서는 천자가 성산에 천강하여 환웅 천왕으로서 단수신 등 산신의 역할을 직접 맡음으로써 기존의 곰, 호랑이와 같은 동물형 산신의 지위를 약화시키거나 축출시키는 양상을 보이기도 한다. 이러한 현상은 게세르 신화 이본에서도 유사하게 나타난다. 오보군지드 산신의 등장은 영웅 게세르의 임신과정에서 잠깐 등장하였다가 사라지고 게세르의 인간 세상 아버지로 등장하는 센룬 노인은 본래 인간의 소원을 잘 들어주는 신령스러운 존재였으나 어느 순간 무능력한 인간으로 치부되어 버린다. 이러한 양상은 기존의 산신 숭배 신화와 새롭게 부상한 천신 숭배 신화가 하나의 신화 속에서 어우러지는 과정에서 나타나는 특징적인 모습이다. 이때 신목, 신단수의 화소는 신과 인간의 소통의 공간이자 영웅신화 속 신격들을 중심으로 기존 신화와 신생 신화의 경쟁과 포섭의 양상이 극대화되는 공간으로 그려지고 있다.

내몽골 적봉 지역 산신의 형상과 산신 신앙(바린우기, 2018)

몽골의 성산(聖山), 한산(Khan uul)과
산신제(내몽골 적봉 바린우기
(사이한 한올Сайхан Хан уул), 2019)

영웅신화에 묘사된 신목의 또다른 기능은 하늘의 영웅이 처음 하늘에서 내려와 인세를 두루 살피고 퇴치대상을 정탐하는 공간이라는 것이다. 위에서 아래 인간 세상을 살피는 모습은 단군신화에서도 꾸준하게 언급되고 있으나 그 구체적인 장소에 대한 설명은 없다. 게세르 신화에서 게세르의 인세 정탐은 크게 두 장면에서 두드러지게 묘사되는데 첫째는 살기에 좋은 황금 세상을 찾아 날아다니는 장면에서이고 둘째는 인간을 괴롭히는 망가스(괴물)들을 몰래 정탐하는 장면에서이다. 특히 두 번째 장면은 게세르가 숨베르산(수미산) 등 중간계에서 반복적으로 나타나는데 대체적으로 새의 형상으로 공중을 날아다니다 잔단(백단향)나무 꼭대기에 앉아 지상세계에서 퇴치할 적들을 정탐하는 것으로 그려진다.

이러한 장면은 게세르 서사시뿐만 아니라 몽골 민요의 소재로도 자주 등장한다. 일례로 몽골의 마두금 연주자이자 서사시 창자인 호르치들이 서사시 연창 전에 서로의 재능을 겨루는 노래 유형인 '가르타아흐 욱Хуурчдийн гартаах үг'이라는 '홀보押韻詩' 노래의 일종을 부분적으로 소개하면 다음과 같다.

Хуурчдийн гартаах үг[27] 호르치들의 내기소리

...

Галбарагча зандан мод
Газрын хүйснээс ургав аа

Галандага шувуучин
Дундл салаанд үүрлэв ээ

Гурван цагаан өндгий нь
Хортой мангас соров оо

Гулдыгаад хэвтсэн биеийг нь
Гэсэр богд нь харвав аа

---

27 이선아, 「몽골영웅서사시의 전개와 변모」, 2004, 재인용.(Ш.Гаадамба, 『Монгол ардын аман зохиолын дээж бичиг』, 1973, pp.82-83) 터브아이막에서 어문학연구소 연구원 채록함.

...

갈바락차 백단향나무는

세상의 배꼽에서 자라네

갈란닥 새는

가운데 가지에다 둥지를 틀었네

세 개의 흰 새알을

못된 망가스가 빨아먹었네

늘어져 자고 있던 그 놈을

게세르 성인이 쏘아 죽였네

　이 노래를 통하여 게세르 신화에 암시된 신목神木의 특별한 기능을 유추할 수 있다. 가사의 내용을 먼저 정리하여 보면 세상의 나무인 갈바락차 백단향 나무의 가운데 가지 위에 갈란닥 새가 세 개의 흰 알을 낳아놓았다. 그것을 못된 망가스가 빨아먹어 게세르 성인聖人(bogd)이 망가스를 활로 쏘아 죽였다는 것이다. 여기에서 신목의 구체적 이름이 드러나는데 즉 세상의 배꼽에서 자라는 갈바락차 잔단(백단향) 나무이다. 이 나무 가운데 가지에는 갈란닥 새가 둥지를 틀고 사는데 이 갈란닥 새가 표상하는 형상은 세상의 나무 높은 곳에서 거주하면서 신과 인간을 소통하여 주는 역할뿐만 아니라 세상의 흉악한 것(망가스 괴물)들을 늘 감시하면서 이들로부터 인간을 수호하는 역할을 담당한 것으로 보인다.[28] 그래서 망가스는 틈나는대로 이 갈란닥 새를 없애려 하고 싶지

---

[28]　갈란닥 새가 앉아있는 갈바락차 나무의 형상은 한국의 삼한시대부터 신을 모시는 장소인 소도에서 유래한 솟대의 형상을 연상시키기도 한다. 단순히 그 형상뿐만 아니라 민간에서의 신앙 기능에 있어서도 일맥상통한다.

어 새의 알들을 빨아먹어 버리기도 하지만 게세르 성인이 이러한 망가스를 활로 쏘아 퇴치함으로써 혼란스러운 인간 세상을 마침내 교화시키는 것이다.

이러한 맥락에서 단군신화에 기술된 신단수는 세계의 나무로서 신과 인간을 소통하여 줄 뿐만 아니라 인간을 수호하는 신화적 기능을 형상화한 것으로 볼 수 있을 것이다. 인간을 수호하고 인간세계를 교화하는 신목의 기능은 단군신화의 서사에서는 환웅천왕의 신시神市로 제정祭政의 원형으로 확장되어 나타난 것으로 보인다.

2. 신화적 인물 형상의 비교

여기서는 단군과 게세르의 형상을 중심으로 단군신화와 게세르 신화의 신화 속 주인공들의 신화층위별 형상화 양상을 살피면서 영웅신화에서의 영웅의 형상과 의미에 대하여 비교 고찰하기로 한다.

1) 천신天神과 천자天子의 위상

단군신화와 게세르 신화의 주인공은 공통적으로 하늘의 영웅이자 하늘신의 아들인 '단군'과 '게세르'이다. 이들 신화적 인물에 대한 대전제는 이들이 모두 천신의 후예라는 천손의식을 강력하게 표방하고 있다는 점이다. 천신과 하늘세계에 대한 언급을 신화의 서두에 전면배치함으로써 이들 신화가 천신숭배사상을 전략적으로 수용하고 있음을 강조하고 있다.

    환국(하늘)=환인=천신   (단군신화의 대전제)
    하늘=텡게르=천신   (게세르신화의 대전제)

단군신화에서는 생략되었지만 이들 신화의 전면에 하늘 세계 천신들의 신화가 필연적으로 펼쳐지게 되며 이 천신의 신화를 통하여 곧 영웅이 인간세계에 천강할 수밖에 없는 연유를 설명하여 주어야 하는 것이다. 즉 영웅신화 속 천신의 존재는 이미 그 자체로서 궁극적인 의미를 가지는 것이 아니라 영웅의 출현에 대한 개연성과 함께 절대적 명분을 제공하는 장치로서의 의미가 강하다고 할 수 있다.

단군신화에서는 환국 환인이라는 천신이 절대 신격으로 등장하여 자신의 서자 환웅을 인간에 파견하는 역할을 수행함으로써 환웅의 천강에 필연성을 부여하여 준다. 한편, 게세르 신화에서는 이들 천신들의 형상과 존재양상이 변이되는 과정을 보다 상세히 확인할 수 있다. 천신의 신격이 동서로 선신과 악신이 나뉘어 배치된 연유에 대하여 설명하면서 태초신 에흐보르항의 존재와 그의 딸 만잔 구르메 할멈, 마야스 하라 할멈이라는 여성신의 계보를 맨처음 언급하고 있다. 하지만 이러한 여성신의 계보는 어느 순간 '후헤 멍흐 텡게르'라는 남신이 지고신으로 좌정하면서 천신들의 계보가 남성 중심적으로 재편되어 버린다. 이와 함께 천신은 창세신의 면모에서 인간의 삼라만상을 주관하는 신격으로 그 기능이 변모된다.

이러한 양상은 몽골의 99천신을 통하여 형상화 되는데 즉 99가지 삼라만상을 주관하는 신령 99천신이 서쪽의 55선신과 동쪽의 44악신으로 배치된 것이 그것이다. 여기서 특별히 주목되는 것은 이들 중간에서 중립을 지키고 있는 천신 '세겐세브덱'이 별도로 언급되어 있다는 점이다. 99천신의 범주와는 별도로 다뤄지면서 천신의 구도에서 주요한 의미를 가지는 중간의 세겐세브덱은 게세르 신화에서 천신의 신격보다는 태초 산신(하이르항)의 신격을 더 강하게 가지는 신으로 인식되고 있는 것으로 보인다.

동쪽과 서쪽의 천신들은 천신 이전의 강력한 신격을 가진 산신의 신격을 가진 세겐세브덱을 차지하기 위하여 서로 경쟁한다.[29] 예로부터 몽골인들은 산신 하이르항이 인간을 위험으로부터 구원해주는 바타르(영웅)라 인식하여 왔다.[30] 즉, 천신의 신화 단계에

---

[29] 이본에 따라서는 세겐세브덱의 아름다운 딸을 서로 차지하기 위하여 동서 천신의 아들들이 경쟁하기도 한다.

이르러서도 이들 신화가 궁극적으로 지향하는 신격은 인간을 수호하는 영웅신이라는 점을 시사한다고 볼 수 있다.

한편, 천신을 중심으로 한 영웅신화에서의 삼계관의 핵심에는 더욱 강력해진 '천계의식'이라는 역설적인 전제가 설정되어 있다. 신화 서사에는 천신숭배, 부자관계, 계통풀이가 최우선적으로 등장하고 여성신 구도에서 남성신 구도로 전이되면서 상하의 부자관계나 군신관계, 혹은 여성영웅으로서의 면모가 돋보이던 특출 난 능력을 가진 하탄(왕비)들은 영웅인 남편의 보조자로 그 지위가 격하된다. 이러한 양상은 기존의 강력한 기능을 가졌던 신격들이 천신, 특히 그 아들을 중심으로 그 위상이 대대적으로 재편되면서 새로운 신화적 인물로서의 변모를 시사한다고 할 수 있다.

이러한 과정에서 천신의 아들 천자는 두 신화의 주인공 신격으로서 새로운 신화를 관통하는 핵심적인 인물이라는 의의를 가지게 된다. 이에 단군신화의 '환웅'과 게세르 신화에서의 '부헤빌릭트' 인물에 대한 고찰이 이들 신화 해석의 관건이 된다고 할 수 있다. 이때 앞서 살펴본 삼단적 우주관에 적용되는 삼의 원리는 천신의 아들 서자 환웅과 부헤빌릭트의 상징적 의미를 풀어내는 데 유효하다.

단군신화의 환웅에 대해서는 이본마다 비교적 다양한 명칭을 사용하고 있지만 축약에 축약을 가한 문헌신화 안에서 일관되게 '웅雄'이라는 이름과 '서자庶子'라는 언급을 사용하고 있음에 주목한 바 있다. 이와 마찬가지로 부리아트 몽골의 게세르칸 서사시에서 게세르의 천자 시절 이름인 부헤빌릭트는 항상 천신天神의 '테엘리 후'로 언급되는데 몽골어 '테엘리 후тээлн хүү'라는 단어는 '가운데 아들'이라는 의미로 단군신화의 '서자庶子'의 의미와 대응되는 것이라 할 수 있다. 또한 부헤빌릭트는 하늘 세계의 특출 난 영웅(바아타르)으로 표상되며 이본에 따라 그의 비범한 무용을 나타내는 이름을 사용함으로써 이를 드러내기도 한다. 주로 몽골의 남성 3종 경기인 씨름, 경마, 활쏘기에 비범한 능력을 지닌 인물로 묘사되며 이러한 해당하는 천자 게세르의 이름으로 '부헤빌릭트', '에르헤빌릭트'라는 명칭을 자주 사용한다. 여기서 '부헤빌릭트'는 '비범한 씨

---

[30]   Ч.Далай, 앞의 책, 1959, p.42.

름꾼'이라는 의미이며 '에르헤빌릭트'는 '비범한 명사수'라는 의미를 가지는 이름이다. 이러한 천자의 이름은 주인공 영웅의 성격과 직접 연계되는 것으로 영웅신화의 서사 맥락에서 매우 중요한 개념으로 보인다.

특히, 세 아들 중 둘째이거나 아홉 아들 중 가운데 아들로 묘사되는 천자의 위상은 삼재론의 관점에서 '인간'을 대표하는 신격이라는 의미를 가지기도 한다. 이러한 관점은 단군신화에서 환인의 서자로 소개되는 환웅의 경우에도 유효하다고 할 수 있다. 신화 속 하늘의 영웅이 천신의 가운데 아들이라는 것은 그를 중심으로 위와 아래가 있다는 의미이며 이를 삼단적 우주관으로 풀이하면 하늘의 영웅 게세르(부헤빌릭트)나 환웅은 중계 즉 인간을 대표한다고 할 수 있다.

이러한 천자의 성격은 이들의 신화가 기본적으로 영웅신화로서의 면모를 가지며 이들의 영웅신화는 철저하게 인본주의 신화로서의 본질을 가지고 있음을 드러내는 대목이라고 할 수 있다.

단군신화에서는 환웅의 천강 원인에 대하여 환인의 서자 환웅이 인간세계를 자주 탐구貪求하는 것을 그 아버지 환인이 알고 이를 허락한 것으로 간략히 기술되어 있지만 왜 하필 서자 환웅이 인세에 관심을 가지게 되었는지 등 그 구체적인 천강天降 동기에 대한 설명이 필요하다 할 것이다.

게세르 신화에서 신화 서사의 전개상 천신의 나머지 아들들은 천강의 문제에서 비교적 자유로웠지만 가운데 아들은 지상에 천강할 수밖에 없는 필연적인 사정을 가진다. 여기에는 한국과 몽골의 가족제도에서 한국에서는 장남이, 몽골에서는 장남이나 막내가 가문을 지켜야 하는 관습상의 상황도 반영되어 있겠지만 이들이 인간에 내려갈 수밖에 없는 보다 결정적인 원인은 그가 하늘세계에서 가지고 있었던 하늘의 탁월한 영웅으로서의 이력, 즉 천신들 간의 전쟁에서 활약하였던 비범한 전사적 능력 때문이라고 할 수 있다.

이러한 비범한 영웅의 형상은 평화롭던 인간세계를 어지럽히는 강력한 악의 세력을 퇴치하고 인간을 교화시키는 능력을 가지며 이로써 인간들이 추구하는 영웅신화의 주인공인 영웅신으로서의 자질을 나타낸다고 할 수 있다. 테엘리 후(가운데 아들) 부헤빌릭트와 서자 환웅의 호칭에는 두 신화의 주인공 영웅의 성격과 의미가 함축적으로 담겨 있다고 할 수 있다.

2) 신인의 결합 양상

두 신화의 주인공 단군과 게세르는 인간을 수호하기 위하여 하늘에서 내려온 하늘의 영웅으로 그 탄생과정에 있어 천신으로서의 비범함과 인간으로서의 평범함이 두루 묘사되고 있다. 우선 그 잉태 과정에 있어서는 신과 인간의 결합이라는 신혼神婚 화소가 주요하게 그려지고 그 출산 과정에서는 다른 신이한 형제 화신들과는 달리 지극히 인간적인 길을 통하여 영웅이 태어나는 장면이 역설적으로 배치된다.

단군신화와 게세르 신화에서는 모두 영웅의 잉태 과정을 신화의 주요 서사로 다루고 있다. 이들 신화는 모두 천신의 신화를 전면에 배치하면서도 정작 영웅의 잉태 과정에 있어서는 이미 세력이 약화된 산신의 신화 체계를 고스란히 반영하고 있다는 특징을 보인다. 게세르 신화에서는 본디 상계의 주인이었던 하이르항 산신이 천신의 아들에 의해 신격이 밀려나는 양상이 나타나고 단군신화에서는 천상의 존재인 환웅이 태백산 단수신과 동일시 되어 기존 산신의 면모를 지닌 곰과 호랑이가 신격을 박탈당하기도 하였다.

북경판본 게세르 신화에서는 호랑이 가죽으로 치장한 후셸링 오보 서낭당의 주인 오보군지드 산신령이 인간에 탁생하는 게세르의 신적 아버지로 등장하여 그 존재를 잠시 드러내기도 한다. 하지만 일부 이본에서는 거인의 발자국으로 형체마저도 숨기면서 때로는 호르마스트 등과 같은 천신으로 대체되어 성산이라는 신성공간만을 의지한 채 게세르의 어머니와 신혼을 치르기도 한다.

단군신화에서는 천자 환웅의 등장으로 산신의 형상으로 보이는 곰과 호랑이가 인간이 되기를 바라는 불구성을 가진 존재로 격하되어 그나마 명맥을 유지하는 모습을 보인다. 곰은 불구성을 극복하고 웅녀로 화하여 단수신과의 신혼을 통하여 단군의 어머니로서의 입지를 지켜내기도 한다.

영웅의 잉태 과정은 본격적인 인간계가 아닌 중간계에서 이루어지는 사건으로 아직은 환상적으로 펼쳐진다. 본디 천상의 비천飛天이었던 어머니가 남편이 아닌 거인성을 가진 산신이나 천신과의 신혼을 거쳐 영웅을 잉태하는 게세르칸 신화의 화소는 단군신화에서 인간화된 신녀와 단수신의 신혼으로 단군이 잉태되는 신화와 그 유형이 일치한다.

산으로 설정된 이 공간에서 게세르의 어머니는 거대하고 기이한 사람 발자국을 따라가다 깊은 잠에 빠지거나 기절을 경험하게 된다. 이 장면은 게세르의 어머니가 불임의 결함을 극복하는 계기가 되는 것으로 신과 여인의 신혼 화소와 직결된다. 즉 깊은 잠이나 기절 장면이 추가됨으로써 이런 신이한 사건들이 몽중에 일어난 일임을 암시하기도 한다. 몽중의 세계는 곧 정령의 세계, 신령의 세계와 맞닿아 있으며 신과 인간의 소통의 세계인 중간계과 그 속성이 유사하다고 할 수 있다. 몽골비사와 같은 후대형의 영웅신화에서는 알랑고아의 신혼 화소처럼 별도의 중간계의 설정없이 잠으로 대체되어 신과 인간의 소통 공간이 제시되기도 한다.

영웅신의 원형은 산신이며 그 초기형은 동물형 산신이라 할 수 있다. 주로 용맹함으로 표상되는 곰이나 호랑이로 등장한다. 단군신화와 게세르 신화에는 이러한 동물형 산신신화의 흔적이 남아있다. 영웅의 잉태 과정에서 알 수 있듯이 두 신화의 주인공 영웅의 아버지는 여전히 산신의 신격을 가지고 있으며 이러한 특징은 알타이 제민족의 씨족 기원 신화의 전통과 맞닿아 있는 부분이다. 신성 공간인 산 속(혹은 정상)에서 곰과 인간의 결합은 결국 산신과 인간의 결합을 의미한다고 할 수 있으며 이러한 산신과 인간의 결합은 신화 속 영웅 탄생의 공식적인 화소로 보인다. 이는 씨족의 시조신화 단계에서 두루 발견되는 화소로 알타이 신화에서 곰과 인간의 결합으로 사람들에게 추앙받는 용맹한 시조 영웅이 탄생한다는 모티프와 직결되는 대목이다. 곰의 용맹함은 인간과 곰의 결합을 통하여 영웅적인 씨족 시조가 탄생한다는 화소를 생산하는 계기가 되며 씨족의 시조신화뿐만 아니라 건국신화에서도 유효하게 적용된다. 단군신화에서 보이는 곰인 웅녀와 태백산 신단수의 신격인 환웅의 결합은 곰인 산신과 인간의 결합 화소의 변이형에 해당한다고 할 수 있다.

산신과 인간의 결합 화소는 천신의 등장으로 변질되어 신화 속 영웅의 부모가 불구성을 가지게 되는 계기가 되기도 한다. 단군신화에서도 곰과 호랑이의 신화가 천신의 체계가 강화된 단군의 신화로 이양되면서 기존 신격인 곰과 호랑이는 신성한 존재로서의 위상 혹은 산신으로서의 자리를 내어 주고 급기야 기존의 신성한 형상이 오히려 불구적 형상으로 치환되는 아이러니한 양상을 보이게 된다.

부리아트 게세르 〈아바이 게세르 보그도 칸〉에서는 70세의 센겔Sengel노인과 90세의 센겔렌Sengelen할멈이 게세르의 부모로 등장하기도 한다. 고귀한 운명을 타고 태어나 아무런 부족함이 없었지만 위대한 영웅을 낳을 것이라는 예언 때문에 새끼를 갖지 못하는 가축들과 함께 쫓겨난다. 즉 게세르 부모의 치명적인 결함은 불임과 연관된다고 할 수 있다.

단군신화에서 사람이 되고자 간절히 기원하는 곰과 호랑이가 결국 원하는 바는 아들을 낳는 것이다. 이러한 소망은 이들뿐만 아니라 아무리 신성한 존재라도 영웅신화에서 주인공 영웅을 탄생시키기 위해서는 반드시 인간의 몸을 가져야 한다는 것이다. 웅녀와 손녀, 환웅은 천상적 존재, 혹은 신적 존재임에도 불구하고 그 자체의 모습으로는 인간의 아이를 가질 수 없는 불구성을 가지고 있다고 보아야 할 것이다.

부리아트 게세르칸에서는 하늘에서 지상으로 천강하기 전에 천신의 귀한 손녀를 지상의 생모로 데려오지만 빼어난 미모가 사악한 인물에 의해 흉측한 몰골로 훼손당한다. 무능하고 늙은 영감과 짝지어져 머나먼 변방으로 쫓겨나지만 원래는 천상에서 가장 아름다운 비천飛天의 형상을 가지고 있었던 신성한 존재이다. 즉 영웅신화에서의 영웅의 어머니는 원래는 고귀하고 아름다운 전형적인 여성 주인공의 형상을 가지고 있었지만 주인공 영웅을 잉태하기까지 본래의 고귀함과 아름다움을 모조리 박탈당하는 고난을 겪게 된다. 이러한 맥락에서 단군의 어머니인 웅녀 역시 본래는 고귀하고 아름다운 존재였으나 영웅의 생모가 겪게 되는 고난과 시련을 곰의 모습으로 형상화되어 감내하는 서사로 천상의 신격이 불구적으로 형상화된 것으로 해석할 수 있을 것이다.

영웅 어머니의 불구성 화소는 한국의 다른 건국신화에서도 자주 등장한다. 해모수

신화에서 유화와 혁거세 신화에서 알영은 모두 '입의 결함'을 가지고 있다. 입의 결함은 성적인 은유metaphor를 함유하고 있는 것으로 결국 영웅을 생산하는 능력과 연관된다고 할 수 있다.

이들 신화에는 주인공 영웅의 잉태를 위하여 영웅 부모의 '불구성' 회복을 위한 간절한 기원과 노력의 과정이 그려지며 이러한 장면은 민간의 '기자의례' 풍속과 긴밀하게 관련되기도 한다. 특히 부모의 불임성을 회복시키는 그 치료법에 있어서도 영약靈藥이라는 신화적 화소와 함께 등장하는 것이 쑥과 마늘 같은 민간의 약재가 주요하게 소개되기도 한다.

단군신화의 손녀 화소에서는 치료제로 영약이라는 것이 제시되지만 곰의 화소에서는 곰의 불구성을 치료하는 것으로 쑥과 마늘이 제시된다. 게세르 신화에서는 온통 불임의 가축들과 함께 변방으로 쫓겨난 센겔렝 노파가 자식없이 외롭게 지내면서 꾸준히 노력한 것이 야생파taana 채취였다. 야생파를 따기 위하여 산을 자주 찾게 되었고 그 과정에서 산꼭대기의 거대한 존재와의 신혼을 겪게 되었다. 그 후 노파 센겔렝은 임신하게 되고 그 집의 불임이었던 가축들까지 모두 새끼를 가지게 되었다. 게세르의 부모가 연로한 노인 부부로 등장하는 이본에서 자주 등장하는 야생파 채집 화소는 야생파가 가지는 신화적 의미가 단군신화에서의 쑥과 마늘처럼 치병의 기능과 관련되는 것으로 보인다. 한편 함흥의 신화 중에는 소로 화하였던 사람이 파를 먹고 다시 사람이 되었다는 이야기가 전해지는데 손진태는 함경도인들은 파를 매우 즐겨 먹어 길에서나 차중에서나 가정에서나 항상 그것을 먹는다고 전하고 있다.[31]

이처럼 민간에서 즐겨 먹었던 야생파는 신화 안에서 영예나 신산처럼 공통적으로 영웅 부모의 생리적 불구성을 치유하여 영웅의 출산을 꾀하는 현실적인 한 방편으로 기능하며 또한 게세르 신화의 경우처럼 게세르 신화가 가지는 주술성의 일면을 드러내주기도 한다. 특히, 자식을 기원하는 기자의례와 병을 치료하는 치병 의례, 가축의 풍요제의 등에서 영험함을 가진 신화로서 오랫동안 민간에 신앙되기도 한다.

---

31 손진태, 「단군신화에 표현된 사상의 특색」, 『단군신화 연구』, 1994, 43쪽.

이처럼 영약으로서의 쑥과 마늘, 야생파 화소는 영웅의 탄생을 기원하는 영웅 부모의 현실적 노력과 산신과 여인의 신혼이 성산을 매개로 어우러져 비범한 영웅의 탄생을 예고하게 된다.

3) 인간의 신, 영웅의 면모

기본적으로 영웅은 신과 인간의 양면성을 가진 존재로 비범한 능력을 지니며 이러한 비범한 능력은 주로 천상에서부터 지녔던 용사로서의 특출 난 무용으로 묘사된다. 그러나 이 역시 완벽한 것은 아니어서 결정적인 순간마다 하늘에서 부여받은 신물과 신이한 조력자들의 도움이 반드시 필요하다.

영웅이 인간에 태어나는 과정에서 본디 천상의 존재이거나 신성한 출신인 주인공 영웅의 부모는 반드시 인간으로 화하여 인간의 모습으로 영웅을 잉태하거나 출산하여야 하며 이를 위하여 인간으로서 겪어야 하는 갖은 고초를 감내하거나 영약靈藥의 비범한 효능을 빌어야 한다.

하지만 정작 영웅이 인간에 태어날 때에는 철저히 인간의 방식으로 태어난다. 자신과 함께 태어나는 천상의 화신化身들은 산달을 다 채우기도 전에 옆구리와 정수리, 배꼽 등을 통하여 신화적으로 태어나지만 정작 게세르 자신은 열 달을 제대로 채우고 어머니의 출산길産道을 통해서 태어난다.

신화 속 영웅의 형상은 그 탄생에서부터 비범함과 평범함이 역설적으로 어우러져 그려지고 있다. 단군신화에서 영웅 단군의 계통이 신성하고 단수신 혹은 환웅과의 신혼을 통하여 잉태되지만 결국 영웅의 부모는 영웅의 잉태와 출산을 위하여 반드시 인간의 몸으로 변신해야 하는 신화적 과정을 통과해야 한다. 곰과 호랑이가 신단수에 찾아와 인간이 되기를 간절하게 기원하였던 것도, 인간의 몸을 얻은 웅녀가 다시 아들을 낳기를 간청하고 이를 위하여 환웅이 잠시 인간으로 가화하여 아이를 잉태시킨 것도 단군 형상이 온전히 인간으로 탄생하는 영웅의 통과의례를 표현하고 있는 것으로 보인다.

이러한 두 영웅의 탄생과정은 신화 속 주인공이 기본적으로 신으로서의 권위보다는 스스로 인간을 지향하고 있음을 시사하기도 한다. 이러한 장면은 게세르 신화에서 민간의 출생의례나 어린 아이 관련 민속 등과 같이 실제 인간의 기본적인 삶의 모습과 긴밀하게 관련을 지으며 그 신화적 의미를 설명하여 주기도 한다. 예를 들어, 열 달을 채워 어머니의 산도를 통하여 출산하는 장면, 질긴 탯줄을 자르는 방법, 요람 만들기, 어린 아기의 악취와 소란스런 울음, 어린 아이 작명법 등이 그것이다.

이처럼 신화와 민속의 유기적 표현 양상은 영웅의 출생과 어린시절 뿐만 아니라 인간의 출생에서부터 장례까지의 민간풍속이 신화적으로 상징화되어 신화 서사의 전반에서 상세하게 나타나고 있다. 결국 게세르칸 신화이든 단군신화이든 영웅신화는 인간사를 다스리는 인간의 신화이며 그 신화 속 주인공은 인간을 수호하는 인간의 신으로서 그 탄생 과정에서부터 인간과 호흡하는 양상을 보인다.

이러한 영웅신의 등장은 결국 인간 중심의 신화 출현을 의미한다. 이러한 과정에서 영웅신화의 영웅은 본의 아니게 천신과 지신 중심의 신화체계를 인간 중심의 신화체계로 바꾸어버린 신들의 반역자이자 인간세계의 혁명자 역할을 감당하게 된다. 이는 영웅신화가 기존 신 중심의 신화와 뚜렷하게 변별되는 지점이기도 하다. 실제 이러한 인식은 서몽골의 오리앙하이 부족의 영웅서사시에서 확인할 수 있다. 서몽골 오리앙하이 〈항하랑고이 서사시〉의 경우에는 주인공 항하랑고이는 태어나면서부터 지상계와 싸우고 천상계와 대립하였기 때문에 함부로 노래해서는 안된다고 믿어진다. 특히 여름에 번개 칠 때, 이 서사시를 노래하면 하늘에서 진노하여 천신이 벼락(하늘의 화살)을 쳐서 방해한다며 서사시 연창을 금하기도 한다.[32]

이러한 영웅의 형상은 영웅신화의 삼단적 우주관을 형성함에 있어서 결정적인 역할을 하고 있음을 역설하고 있다. 즉 영웅의 출현은 하늘과 땅이라는 기존의 이원론적인 신화 세계를 인간 혹은 영웅이라는 존재가 그 사이를 꿰뚫어 버림으로써 하늘天과 땅地 사이에 인간人이라는 제3의 요소가 개입된 삼재론의 세계가 등장하는 계기가 되었던 것으로

---

[32] 이선아, 앞의 논문, 2004, 21쪽.

보인다. 이때 인간은 단순히 하늘과 땅에 버금가는 관념이 아니라 그 등장과 함께 기존의 신화적 세계관을 인간 중심의 신화적 세계관으로 재편시키는 양상을 보인다. 이러한 특징을 극단적으로 보여주는 것이 신화 속 영웅의 형상이라 할 수 있을 것이다.

인간의 신으로 표방된 영웅은 본디 신의 모습이었지만 불완전한 존재로서 인간적 면모를 보이기도 한다. 어린 시절의 볼품없는 모습에서부터 성인이 되어서도 결정적인 순간에 위기에 빠지는 장면 등이 그것이다.

게세르는 어린시절 이름에서부터 불완전한 면모를 보인다. 게세르의 아명은 '조르'[33]이며 별명은 '노스가이'[34]이다. 즉 '노스가이 조르(볼품없는 코흘리개)'로 불리던 영웅의 어린시절은 말그대로 볼품없는 생김새로 인하여 부모에게까지도 외면을 당한다. 영웅의 어린 시절 볼품없는 형상과 이름의 화소는 몽골의 영웅서사시에서 두루 발견되는 전통이다. 이는 앞에서 언급한 몽골 민간의 어린아이 호칭 풍속과도 관련된다. 특히 손이 귀하거나 어린애가 쉽게 죽는 집안에서는 가장 하찮은 이름을 아이에게 아명으로 지어주어 악귀로부터 아이를 보호하고자 하는 것이다.

영웅의 불완전성은 성인이 되고 영웅으로서의 면모를 갖춘 이후에도 여전히 나타난다. 애초 신화의 초반에서 하늘의 아들이 인간에 하강하기로 결정된 그 순간부터 이러한 결함은 예견되어지기도 하였다. 인간으로 태어나게 될 영웅은 지상에서의 과업에 대하여 난감해 하고 결국 천강의 조건으로 자신의 결함을 보완해 줄 마법의 도구와 신이한 조력자들(화신, 군대, 말 등), 심지어는 하늘신의 비장의 무기까지 요구하게 된다.

영웅의 용사들뿐만 아니라 영웅의 부인들까지 영웅의 부족한 부분을 채워나가는 양상으로 망가스들을 하나하나 퇴치한다. 영웅의 주변에는 늘 조력자들이 함께하며 영웅의 특출 난 능력과 함께 절묘한 조화를 이루며 신화적 서사가 이어진다.

영웅은 신화의 각 층위에서 시기별로 다른 이름을 가지면서 영웅의 다양한 형상적 특징을 드러내기도 한다.

---

[33] Жур : 별 볼일 없는, 하찮은.
[34] Нусгай : 코흘리개.

시기별 신화 속 영웅의 명칭

	시기	게세르 신화	단군신화
1	천자	부헤빌릭트(특출 난 씨름꾼)	환웅(하늘의 영웅)
2	산신	오보군지드	환웅 천왕
3	어린 시절	노스가이 조르(볼품없는 코흘리개)	단군
4	제왕	게세르칸	단군왕검
5	사후	게세르 보그드(시방신)	아사달 산신

이 중, 영웅신화에서 인간의 신으로서 영웅이 전성기를 맞는 시기는 제왕으로서의 지위를 확보하였을 때이다. 이는 영웅이 이미 신화의 영역을 벗어나 역사의 영역으로 들어서는 시기와 관련되며 그 구체적인 실체에 대한 논의가 가장 분분한 시기이기도 하다.

특히, 단군신화와 게세르 신화에서는 아직까지도 밝혀지지 않은 그 호칭에 대한 문제부터 쟁점이 되기도 하였다.[35]

'단군'에서 '단壇, 檀'을 따로 떼어 국호나 성씨, 씨족명, 남자 아이의 이름 등으로 다양하게 해석하는가 하면 초기 국학자들은 단군의 발음을 인접 문화권의 고대어를 중심으로 재구하고자 하였다. 특히 육당은 '단군'의 칭호를 재구하는 데에 있어 몽골어인 '텡게르'와의 관련성을 제기하였다. 그는 '불함문화론'에서 '단군'은 제정일치시대의 제사왕으로 몽골어인 '텡게르Tengri(世襲巫)', 즉 '단굴'이 변하여 '단골 = 당골'이 된 것으로 보았다. 이에 대하여 조지훈과 같은 동료 연구자들도 "무당을 당굴 또는 단골이라 한 것은 단군의 제천자祭天者로서 'Tengri'를 음사音寫"한 것이라고 한 육당의 주장을 탁견[36]이라고 하는 등 긍정적인 평가를 하였다. 양민종은 〈단군신화〉와 〈게세르 신화〉를 비교하는

35　이선아, 「〈단군신화〉와 〈게세르칸〉 서사시의 비교 연구와 쟁점 : 한국 비교신화학 연구에 대한 전망을 중심으로」, 『몽골학 34』, 한국몽골학회, 2013, 291-319쪽.
36　조지훈, 『한국문화사 서설』, 탐구신서, 1989.

논의에서 '단군'과 '샤먼'을 일치시키는 것은 기존의 통설인데 이러한 통설은 신화적인 관점에서는 '단군'과 '샤먼'을 동일시할 근거가 없다고 주장하였다. 부리아트 몽골어에서 '텡게르'는 장소로서의 '하늘'과 '천신'으로서의 하늘의 의미 외에 '샤먼'으로 규정하기 힘들다고 보았다.[37]

하지만 실제 〈몽골비사〉 등에 언급된 역사 기록에서 '텡게르'가 '제사장'의 명칭으로 사용된 사례가 발견되기도 한다. 테무진이 코릴타(대회의)에서 제왕으로 등극할 때 결정적인 역할을 한 이가 바로 '허허치'라는 '텝-텡게르'(대샤먼)였으며, 그는 테무진에게 '칭기스'라는 칭호를 직접 내려주는 등 '제사장'으로서의 뚜렷한 면모를 보이기도 하였다.

한편, 게세르의 명칭과 실체에 대해서도 아직까지 명확한 결론은 내려지지 않았다. 다만 세계 각국의 게세르 학자들에 의하여 여러 가설들이 제시되고 있는 상황이다.

'게세르'의 명칭과 의미

	추정인물	추정호칭	연구자	추정근거
1	티베트(토번)의 랑다르마와 조드–아디샤 사이의 10세기 실존 인물	*	이쉬발지르(1704–1788)	역사, 언어
2	11세기 티베트의 동북지역 암도지역에 있었던 왕의 칭호	거슬러 칸	몽골의 담딩수렝 1957	역사, 언어
3	로마 황제	카이사르	유럽 천주교 신부 A.프랑크	언어
4	로마와 이스탄불의 황제의 동방 칭호	*	유럽 여행가 쇼	언어
5	삼국지의 관우	*	중국학 석학 요.클라프로트	종교, 사당의 위치
6	칭기스칸의 동생(칭기스칸과 연관시킴)	하사르	포타닌	언어, 역사
7	칭기스칸			역사
8	라마불교 부처, 호법불(청대의 비호)	잠스라이, 잠스랑	잔짜–롤비도르찌	종교
9	북방(진한)의 왕, 귀인(신라시조 신라왕의 칭호에 영향을 줌)	(박혁)거세, 거서간, 거슬한	몽골 소미야바타르 1972	언어, 역사, 신화

---

37   양민종, 「단군신화와 게세르신화」, 『고조선단군학 제18호』, 2008, 13쪽.

담딩수렝[38]이 지적하였듯이, 게세르칸의 의미를 재구하는 데 있어 단순히 발음상의 유사성을 가지고 어느 민족의 시조 영웅의 정체를 규정하는 일은 지양되어야 한다.

담딩수렝은 몽골의 대표적 문학자이자 게세르 전문연구자로 몽골문화 전반에 대한 해박한 지식과 러시아 유학 등 서구학문의 이론적 경험을 바탕으로 게세르 신화 연구에 큰 업적을 남겼다. 담딩수렝은 '게세르칸'의 유력한 개념으로 '거슬러 칸'이라는 용어를 소개하면서 '거슬러 칸'은 11세기 티베트의 동북지역 암도Amdo 지역에 있었던 왕이라고 소개하고 있다. 담딩수렝이 지목했던 '거슬러 칸'은 라투로 도망갔던 토번왕의 후예 '티데'를 의미하는 것 같다. 그는 자신을 '게세'불자佛子, 혹은 '각사라(보살)'라고 칭하였는데, 결국 1032년 청당靑唐왕국[39]을 세우고 왕이 되어 불사를 일으켜 왕년의 토번 왕국을 소형으로 재현했던 인물로 알려진다.

'게세'나 '각사라'라는 음운적 유사성 외에 남아있는 판본의 시기상으로는 몽골 〈게세르〉가 앞서기는 하지만 몽골의 게세르가 티베트의 〈게사르 신화〉에서 영향을 받아 형성되었다는 주장을 최대한 수용한다면 몽골 신화의 '게세르칸'을 티베트의 왕 '거슬러 칸'과 대응하는 것에 큰 무리가 없어 보인다. 더구나 1716년 이후에 등장하는 게세르칸의 판본들을 분석하여 보면 티베트의 지명이나 인명이 종종 등장하고 티베트불교 관련(혹은 티베트불교를 적대시 하는) 내용이 발견된다. 특히 티베트의 게사르를 티베트의 토착종교인 본교의 서사라는 주장이 통설로 거론되는 상황과도 일치하는 측면이 있다. 심지어 〈게세르 신화〉가 티베트불교와 상당히 대치되는 서사임에도 불구하고 청대 왕조가 라마불교의 포교와 함께 불교사원에 게세르 사당을 함께 세워가면서까지 〈게세르

---

[38] Ц.Дамдинсүрэн, 『Гэсэрийн туужийн гурван шинж』, Өвөр монголын ардын хэвлэлийн хороо, 1957; 『Исторические корни Гэсэриады』, Издателъств о академии наук ссср. Москва., 1957.

[39] 청당왕국(靑唐王國) : 남조(南朝)는 조상의 근거지를 찾아 야르룬 계곡으로 옮겼으나 더욱 약해져서 옛 조상이 살았던 땅 라투와 갈리로 달아나 그곳에서 세력이 회복되기를 기다렸다. 11세기에 들어서자 서하(西夏)의 서천(西遷)으로 인해 하서회랑지대(河西回廊地帶)가 막힌 뒤 칭하이(靑海)의 남쪽 해안에서 서역남도(西域南道)로 나오는 통상로가 열리자 시닝(西宁) 주변이 번영을 누렸다. 한편, 서하에 대항할 군사력을 조직하기 위해서 라투로 탈출한 토번 왕가의 후예 티데가 수장(首長)이 되었다. 그는 게세불자 혹은 각사라(보살)라고 불렸다. 얼마 뒤 이 땅에 청당왕국을 세웠으며 불사를 일으켰다.

제5장 〈단군신화〉와 〈게세르칸 서사시〉의 신화성 비교   235

신화)를 통하여 주변 북방민족의 통합을 이루고자 하였던 상황도 이런 관점의 논거로서 주목할 만하다. 그러나 이러한 시각은 신화성이 강한 부리아트 몽골의 〈게세르 신화〉를 비롯하여 몽골계 〈게세르 신화〉와는 변별되는 티베트의 〈게사르전〉에 한정하여 잠정적으로나마 유효해 보인다.

이상에서 살펴본 바와 같이 '단군'과 '게세르'의 호칭은 주인공 영웅의 이름이라기보다는 제사장祭司長 혹은 제정일치祭政一致의 왕의 칭호로서의 성향을 강하게 드러내는 것으로 보인다.

3. 신화 서사의 전개 양상 비교

1) 영웅신화의 층위와 다원적 주제의식의 전개

단군신화와 게세르 신화의 서사 유형을 살펴보면 기존의 신화를 배제하지 않고 대대로 축적된 신화체계를 족보처럼 신화텍스트 안에 수용하는 특징을 보인다. 이러한 사례는 단군신화와 게세르 신화뿐만 아니라 몽골의 대표적인 역사서이자 시조신화, 건국신화로서의 면모를 갖추고 있는 〈몽골비사〉의 체계 안에서도 쉽게 확인할 수 있다. 이들은 주로 고대 시조신화와 건국신화의 단계에서는 이미 형성된 기층의 신화가 차곡차곡 담겨 있는 것으로 기층의 신화들의 첫 머리에 당대 가장 유력한 신화체계가 상정되어 있는 모습을 발견할 수 있다.

단군신화에는 천신인 환인의 신화, 천강한 천자인 환웅의 신화, 곰(웅녀)의 신화, 단군의 신화, 아사달 산신의 신화가 적층적으로 담겨 있다. 이는 단군신화가 기록으로 축약된 문헌신화임에도 건국신화로서 당대 전승되던 핵심적인 신화층위를 최대한 반영하고 있음을 의미한다.

각 신화층위들은 서로 다른 층위의 신화들과 유기적으로 연결되어 있는 서사 체계를 가지고 있다. 예를 들어 환인신화는 환웅신화와, 환웅신화는 웅녀신화와, 웅녀신화는 단군신화와, 그리고 단군신화는 산신신화와, 산신신화는 다시 환웅신화와 유기적으로 연계되면서 단군신화의 전체 서사를 긴밀하게 엮어놓는다.

게세르 신화에도 텡게르의 신화, 부헤빌릭트의 신화, 오보군지드 산신의 신화, 게세르칸의 신화층위가 각각 존재하면서 신화적 서사를 긴밀하게 엮어내고 있다.

영웅신화의 층위

	영웅신화의 층위	게세르 신화	단군신화	비고
1	천신신화	텡게르 신화	환인신화	당대 권력신
2	천자신화	부헤빌릭트 신화	환웅신화	
3	산신신화	오보군지드 신화	웅녀신화(단수신 신화)	약화된 신격
4	영웅신화	게세르칸 신화	단군왕검신화	

이들 신화의 전면에는 천신의 신화가 배치되어 있고 그 다음으로 천자신화, 산신신화, 영웅신화의 순서로 구성된다. 여기서 전면에 배치된 천신의 신화는 당대 권력의 신화로서 신화의 각 층위들에 영향력을 끼치며 산신의 신화는 기존의 권위가 천신의 신화에 의해 축출되거나 포섭되는 등 약화되어 나타난다.

여러 신화의 층위를 포함하고 있는 두 신화에는 이들을 포괄하는 다원적인 주제 의식이 담겨 있다. 이는 주로 신화적 절대 권위를 가지는 신들에 대한 융합적이고 개방적인 인식을 기반으로 하는 신화 주제의 재편을 통하여 표현된다. 단군신화에서는 천신 숭배를 표방하는 신화 서사에서 천신 계열의 환웅이 단수신이라는 산신의 형상이나 한웅천왕이라는 제사장의 역할을 넘나드는 양상을 보인다. 심지어 기존 신화의 체계에서 산신의 기능을 하였을 것으로 보이는 곰의 형상은 산신으로서의 신격을 내어주고 대신 인간(영웅)을 낳을 수 없는 불구성(곰, 동물)을 극복한 영웅의 어머니 형상(웅녀)으로 변모하기도 한다.

게세르 신화에는 천신들의 세계도 마냥 지고지순한 세계가 아니라 인간세계와 마찬가지로 시기와 싸움이 존재하는 곳이라는 관념이 담겨 있다. 즉 이 신화에는 인간세계의 혼란과 불행의 근본 원인은 인간이 아니라 불완전한 천신들 간의 다툼 때문이라는 독특한 신관이 깔려 있다고 할 수 있다. 한편 신화의 전면에 선신과 악신을 분리하면서도 구체적인 서사 안에서는 신들의 인간적인 행위들을 통하여 절대선과 절대악의 분별에 회의를 품기도 한다.

이러한 양상은 몽골의 창세신화에서도 발견이 되는데 주로 선신으로 알려진 절대신의 정당하지 못한 모습으로 나타난다. 몽골의 〈알타이 우주 기원 신화〉에는 최초의 창조자로 울겐(대지신)과 그의 협력자 에를렉(염라대왕)이 등장한다. 여기서 에를렉은 땅 밑 지하 세계의 주인이다. 에를렉 대신에 숄마스나 처트거르가 등장하기도 한다. 알타이 이본에서는 두 창조신이 함께 대지를 만들었지만 에를릭에게 그의 몫을 주지 않은 것이 발단이 되어 둘이 불화하고 대립하기 시작한다. 한편 부리아트 신화에서는 에세게 말란 바바이, 오이 하리한, 아라한 슈드헤르(아라한 처트거르) 셋이서 이 세상을 창조하였으나 아라한 슈드헤르가 일정한 몫을 달라고 하자 그에게 조그만 땅떼기는커녕 겨우 막대기 꽂을 만한 땅을 떼어 주었다고 한다. 이처럼 몽골의 신화를 비롯한 알타이 신화에는 창조물이 올바로 분배하지 않음으로 인해서 에를릭이 사악한 마음을 갖게 되었다는 동정의 입장[40]이 드러난다.[41] 여기에는 절대선이나 절대악의 관념에서 벗어나서 보다 유연해진 신화적 가치관이 투영되어 있다고 할 수 있다. 즉 동북아 신화가 기본적으로 개방적인 본성을 가지고 있다는 것이다.

이는 기존의 신화체계에 천신의 신화체계가 개입됨으로써 여러 개의 신격들이 혼존하는 양상을 보이고 하나의 신화 안에 다양한 신화가 어우러지는 영웅신화에서 더욱 특징적이라 할 수 있다. 특히 영웅신화가 주로 장편의 구비 서사시로서 전문적인 이야기꾼인 호르치(서사시 연창자)들에 의하여 서사적 확장과 개작의 과정을 거치면서 그 신화적 서사에 대한 다원화된 인식까지 반영된 것으로 보인다.

---

40 센덴자브 돌람 저, 이평래 역, 『몽골신화의 형상』, 태학사, 2007, 205-215쪽.
41 이선아·이성규, 「몽골 영웅서사시에 나타나는 괴물의 형상과 의미 연구」, 『몽골학 31』, 한국몽골학회, 2011.

천신의 이야기를 표방하지만 산신과 영웅신을 숭배하고 신을 노래하지만 인간을 위한 인간의 이야기를 하고 있는 것이다. 이는 영웅신화가 인간 중심의 신화로 이향되어 가고 있음을 보여주는 대목이기도 하다.

여러 층위의 신화가 하나의 신화로 포섭되면서 신화텍스트는 대대적인 조율과정을 거침으로써 여러 주제의식을 포괄하는 다원적인 주제의식이 형성됨과 동시에 그 과정에서 〈단군신화〉의 경우와 같이 보다 논리적인 신화의 구도가 형성되기도 한다. 환인의 이야기에서 환웅의 이야기, 환웅의 이야기에서 웅녀의 이야기, 웅녀의 이야기에서 단군의 이야기, 단군의 이야기에서 아사달 산신의 이야기로 전개되는 방식은 상당히 유기적이다.

신화층위 간의 유기적인 짜임 양상은 게세르 신화의 망가스(괴물) 관련 화소에서도 잘 나타난다. 즉, 지상 혹은 하계에서의 괴물퇴치전의 원인은 하늘세계 혹은 상계에서 벌어진 천신들의 전쟁 때문이라고 설정된다. 이러한 맥락에서 천상의 동쪽 천신과 지상의 망가스는 사실 같은 존재로 신들의 전쟁으로 축출된 신령이라는 것이다. 이는 천신의 신화층위의 서사와 하계 혹은 지상의 신화층위의 서사가 긴밀하게 연결되는 양상에 해당한다. 또한 천자(영웅)의 천강 과정에서 중간계를 거치게 되는데 이 정령의 공간에서 영웅 게세르는 지상에서 퇴치할 적들을 일일이 찾아가 정탐을 한다. 이 중간계의 정탐 과정에서 전개되는 서사는 영웅의 환생 후 지상의 신화층위에서 언급되는 망가스 관련 서사와 밀접한 인과관계를 가진다.

하지만 신화텍스트의 이본에 따라 일부 신화층위의 서사가 포섭되지 않아 오히려 본래 서사의 맥락이 매끄럽지 않거나 사건의 인과관계가 제시되지 않은 경우도 상당히 많다. 이는 이들 두 신화가 기존의 신화를 포섭하는 과정에서 일관되게 수용하는 것이 아니라 특수한 상황에 따라 편차를 가진다는 것을 의미하기도 한다.

요컨데 〈단군신화〉와 〈게세르 신화〉와 같이 천신을 표방하는 신화라 하더라도 기존의 신화체계를 전략적으로 수용하였으며 이 과정에서 이들 신화체계를 유기적으로 엮어 하나의 완결된 신화를 만들어 내었다. 이러한 양상은 신화 안에서 각각의 층위를 구성하게 하고 여러 층위의 신화적 주제는 본래의 유연한 신화적 본질에 의해 보다 다원적인 주제의식을 담아내게 되었다.

2) 재세이화在世理化의 이념과 신화적 실현 양상

기존 신화에서 산신령이 가지고 있던 인간 수호의 기능이 천자에 의해 하늘 영웅의 사명으로 표방되면서 기존의 신화는 보다 강력한 체제를 갖춘 인간신, 특히 영웅신 중심의 신화로 나아가게 된다. 더불어 인간을 세상의 부조리와 악으로부터 구원하는 방식도 더욱 구체화되어 전투적이고 정치적인 성향으로 변모해간다. 이러한 양상은 단군신화와 같은 건국신화에 도입되면서 더욱 뚜렷해진다.

하늘신의 아들이자 하늘의 영웅인 환웅과 게세르가 인간세계에 내려오게 되는 궁극적인 목적은 인간세계를 널리 이롭게 하고자 하는 홍익인간弘益人間과 재세이화在世理化의 이념을 실현하기 위한 것이다.

> 數意天下, 貪求人世, 父知子意, 下視〈三危太伯〉可以弘益人間[42]
>
> 下至三危太白 弘益人間歟故[43]
>
> 雄意欲下化人間[44]

게세르 신화에서도 그 첫 부분에 영웅이 인간에 내려가게 되는 목적에 대한 언급이 나타나 있다.

Бурхан Хурмаст тэнгэрт зарлиг болов : «Таван зуун жил болсны хойно ертєнцийн цаг самуун болох буй. Гэртээ харьж таван зуун жил болоод гурван хєвгүүнийхээ нэгийг илгээ. Тэр ертєнцийн хаан тэр болтугай. Хүчтэн нь хүчгүйгээ барьж идэх буй. Гєрєєс євєр хоорондоо нэг нэгээ барьж идэх буй.

---

42 『삼국유사 권1, 고조선』, 일연, 1281.

43 『제왕운기 권하, 조선기』, 1287년(고려 충렬 13), 이승휴 지음.

44 『應制詩註, 始古開闢東夷主(단군)』, 1462년(세조 7), 권근의 시에 손자 권람(1416-1465)이 주를 달았다.

Чи гурван хөвгүүнийхээ нэгийг очуул. Тэр ертөнцийг эзлэгч хаан тэр болох буй» гэв.[45]

부처님은 호르마스트에게 명령을 내렸다. "오백년 후에 세상이 혼란스러워질 것이다. 집에 돌아가 세 아들 중 하나를 보내라. 그를 세상의 왕으로 삼으라. 강한 자는 약한 자를 잡아먹게 될 것이다. 짐승들은 서로 자기들끼리 잡아먹을 것이다. 너는 세 아들 중 하나를 보내라. 그가 세상의 제왕이 될 것이다"라고 하였다.

북경판본 게세르에서는 부처(석가모니 보르항)가 호르마스트 천신에게 혼란에 빠지게 된 세상을 구할 제왕으로 천신의 아들 중 하나를 보내게 함으로써 세상을 다스리게 한다. 한편, 부리아트 몽골의 게세르 신화에서는 하늘세계 천신들의 전쟁으로 동쪽의 악신들이 지상으로 쫓겨나면서 인간세계는 악령들이 들끓게 된다. 이를 수습하기 위해 천신은 자신의 아들을 직접 지상으로 보내게 된다.

단군신화에서는 천신의 아들 환웅이 먼저 인간세상에 뜻을 두고 아버지의 허락을 받고서 지상으로 내려온다면 게세르 신화에서는 부처나 천신의 명령으로 신들의 회의를 거쳐 어쩔 수 없이 지상에 내려오게 된다. 하지만 이들이 인간을 이롭게 하기 위해 인간세상의 제왕으로 지상에 내려오는 천강의 목적은 동일하다.

두 신화는 인간세상을 교화시키는 양상에서 뚜렷한 차이를 보이는데 단군신화에서는 '풍백·우사·운사를 거느리고 곡식·수명·질병·형벌·선악 등을 주관하고, 인간의 360가지나 되는 일을 주관하여 인간 세계를 다스려 교화시켰다[將風伯·雨師·雲師, 而主穀·主命·主病·主刑·主善惡, 凡主人間三百六十餘事, 在世理化]'[46]고 문헌 기사로 압축적으로 기술하고 있다.

반면, 장편의 구비서사시로 노래되는 게세르 신화에서는 인세 교화의 행적이 망가스(괴물) 퇴치전으로 형상화되어 나타난다. 즉 게세르칸 신화에서의 괴물퇴치전은 인간을

---

45   Ц.Дамдинсүрэн, 『Гэсэр』, 1986, p.16.

46   일연, 『삼국유사』.

재앙으로부터 구제하여 지상세계의 안녕을 회복하고자 하는 재세이화, 홍익인간의 이념을 실현하는 과정을 상징적으로 표현한 것이라 할 수 있다.

단군신화에서는 환웅의 신화층위에서 재세이화在世理化를 실현하는 방식이 압축적으로 제시되어 있지만 게세르 신화에서는 게세르 신화층위에서 각양각종의 망가스(괴물)들을 퇴치하는 대서사를 통하여 이야기되고 있는 것이다. 두 영웅신화가 추구하는 주제의식은 인간의 행복을 지향하며 이는 곧 신화가 가지는 종교적 이상과 정치적 이념이라는 이중적인 주제의식으로도 풀이될 수 있다.

다만, 단군신화는 일찌감치 역사문헌에 안착함으로써 명실 공히 고조선의 건국신화로 남게 되었고 게세르 신화는 몽골족으로 중심으로 하는 북방 유목민의 무속과 라마불교 등에 포섭되어 종교적 신화로 구비전승되면서 전승의 상황과 방식에 있어 점점 격차를 가지게 되었다.

게세르 신화의 망가스 퇴치전은 영웅신화에서 '홍익인간'이나 '재세이화'의 신화적 이념을 실현하는 전형적 서사라고 할 수 있다. 영웅 신화 속 망가스 퇴치전을 통하여 구체적인 재세이화 실현 양상과 의미를 살펴볼 수 있다.

우선, 퇴치의 대상이 되는 망가스 괴물의 개념과 관련해서 그 어원에 대한 몽골 학자들의 몇 가지 논의를 언급할 수 있다. 통상 알려진 망가스에 대한 기본적인 개념은 '악惡'이다. 이와 관련하여 몽골의 대표적인 신화학자 돌람은 망가스라는 단어가 어원 상 '모Myy(Maүu, 나쁜, 惡)'라는 단어에서 기원하였다고 보았고[47] 현대 오이라트 방언에서 아직까지 여자 망가스를 '모오스Myyc(Maүus, 불 도둑, 여자 솔람(요괴))'[48]라고 부르는 것에 주목하였다. '모, 마고Maүu'라는 명칭에 주목했던 돌람의 논의는 망가스의 신화적 형상과 연관지어 살펴본다면 최근 한국의 창세 여신으로 조명을 받고 있는 한국의 마고麻姑 할미의 형상과의 비교연구를 시도해볼 수 있을 것 같다.[49]

---

47 С.Дулам, 『Монгол домог зүйн дүр』, УБ., 1989, p.170.
48 С.Дулам, 『Монгол бэлгэдэл зүй Ⅱ』, МУИС, УБ., 2007, p.111.
49 전설에 나오는 신선 할미. 새의 발톱같이 긴 손톱을 가지고 있다고 한다. 늑마고(麻姑).
    마고(麻姑)는 마고 할머니, 혹은 마고할망이라고도 한다. 주로 무속신앙에서 받들어진다. 한반도에는 마

몽골의 신화에는 여러 유형의 괴물들이 등장한다. 게세르 신화와 같은 영웅서사시에서 '데레Дэрээ'와 '비르트Бирд', '아트ад'의 경우는 드물게 나타나는 편이고 나머지 '처트거르Чөтгөр', '알빙албин', '숄람шулам', '인데르индэр', '아수라Асура', '에를렉Эрлэг'은 망가스와 거의 같은 유형(종족)으로 자주 묘사되는 존재들이라고 할 수 있다.

몽골영웅서사시 항하랑호이의 한 구절인 각주의 인용문을 통하여 에를렉과 숄람, 망가스 등 요괴류 괴물과 영웅의 적대관계를 확인할 수 있다.[50]

주인공 영웅 항하랑호이를 처치하라고 하늘에서 에를렉, 망가스, 숄람에게 사신을 보낸다는 내용으로 여기에는 두 가지 중요한 내용이 있다. 그 하나는 에를렉, 망가스, 숄람이 같은 입장(지위)에서 하늘의 의뢰를 받은 것이고, 다른 하나는 망가스가 영웅의 적대세력이기 전에 하늘신으로부터 영웅의 처치를 의뢰받은 존재로 그려지고 있다는 것이다. 또한 이 95개 머리를 가진 망가스는 '이데르하르망가스Идэр хар мангас'라는 이름을 가지기도 한다.

또한, '참'과 같은 몽골 민속제의에서 시방세계의 악한 세력을 누르는 가장 강력한 신격(독쉬트)을 가지고 있는 지하세계의 대왕 에를렉(염라대왕)은 몽골신화에서는 간혹 창세신의 적대세력으로 등장하는가 하면 〈게세르〉와 같은 영웅서사시에서는 망가스와 같은 취급을 받는 모습으로 그려지기도 한다. 북경판본 〈게세르〉에서는 주인공 영웅 게세르가 에를렉(염라대왕)을 생쥐처럼 다루며 위협하는 대목[51]이 나오는데 이는 게세르

고와 관련된 많은 전설들이 곳곳에 남아 있으며, 주로 산을 옮기고 맨발로 바다를 건너는 거인이나 신선으로 묘사되어 있다. 노고할미, 선문대할망 같은 할머니 전설이 그 부류에 해당된다. 이중 선문대 할망은 제주도의 전설 속의 여신으로, 몸집이 거대하여 한라산을 베개 삼아 누우면 다리는 제주도 앞바다에 있는 관탈섬에 걸쳐질 정도였다고 전해진다. 이러한 거대한 몸집의 여신은 여러 민족들의 고대 신화에서 창세신으로 등장하는 전지전능한 대모신(大母神)을 의미한다. 권태효, 『한국의 거인설화』, 도서출판 역락, 2002; 조현설, 「마고할미인가 마귀할멈인가」, 『한겨레신문』, 2004.12.23. 재인용.

50 Эрлэг хаан/ Мангасын хаан/ Шуламын хаан гуравт/ Гурван толгой бичиг/ Илгээв гэнэ// Хан харангуйг дарсан хүнд/ Байгуулсан төрөө/ Бариулъя гэж/ Гурван зүгт зарвал/ Эрлэг номын хаан/ Шулмын хаан хоёр/ Бид чадахгүй/ Бичгийт сөргөж/ Элчийг буцаав/ Ерэн таван толгойт / Идэр хар мангас хэлэв гэнэ/ Алъя гэвэл би алъя/ Даръя гэвэл би даръя/ Байгуулсан төр баръя гэвэл/ Би баръя гэж.

Р. Нарантуяа, 『Эрийн сайн хан харанхуй』, УБ., pp.67-68.

가 다른 망가스를 퇴치하는 모습과 동일하다.

몽골 영웅서사시에서 망가스는 대체적으로 머리가 여럿 달린 남성 거인으로 형상화되는데 초기 망가스의 형상은 오히려 여성의 형상으로 묘사되고 있음을 알 수 있다. 자가르扎格尔가 소개한 몽골 구비문학 초기의 '마고스Myyc(maryc)'라는 이름으로 불린 망가스는 '양쪽 젖가슴을 어깨 위에 걸쳐놓고, 사람머리로 장식하고 어린아이 몸으로 귀걸이를 하며 아들을 낳으면 구리로 된 네 개의 젖을 먹이고 딸을 낳으면 뼈로 된 뾰족한 네 젖을 먹이는…' 형상을 가진다.

이러한 초기 망가스의 모습은 게세르와 같은 몽골영웅서사시에서 '숄람'의 모습으로 그려진다. 숄람의 경우는 종종 망가스의 누나, 누이, 어머니 등 남성적 성향을 가지는 망가스의 여성 가족구성원으로 형상화되어 나타난다. 부리아트의 〈아바이 게세르〉에서 요괴 '엔호보이' 세 자매 중 첫째 언니는 '눈꺼풀은 축 들어져 두 뺨 위에 걸쳐져 있었고 주걱처럼 삐죽 튀어나온 턱은 아랫입술에 달라붙어 있었다. 윗입술은 가슴까지 늘어져 있고 힘이 빠져 흐물거리는 두 젖가슴은 아랫배 위까지 처져 있었다. 매일 기름진 음식을 먹어 그 배는 무릎 위까지 축 늘어져있었다. 두 다리는 무릎사이로 말이 들어갈 정도로 활처럼 둥글게 휘어있었다. 강철처럼 단단하고 거무스레한 말을 타고 온 동네 돌아다니고 누런 이빨을 가지고 있었다'고 묘사[52]되고 있다.

북경판 〈게세르〉에서는 그의 부인 아조 메르겡이 게세르를 구출하기 위해 망가스의 누나로 변신하는데 이때의 모습 역시 몽골설화에서 묘사되는 숄람의 전형적인 모습이다.

---

51   유원수 역, 『몽골 대서사시 게세르칸』, 사계절, 2007, 439-440쪽.
      게세르가 염라대왕에게 찾아가는데 18지옥의 대문이 잠겨 있어 그 문지기를 위협하기도 하고 염라대왕이 악몽을 꾸게 하기도 한다. 염라대왕의 영혼이 한 마리 쥐로 변신하면 게세르는 일부러 자신의 영혼을 족제비로 변신하여 해를 잡는 황금 밧줄로 집의 지붕창 구멍을 지키게 하고 달을 잡는 은 밧줄로 지붕창을 가렸다. 염라대왕이 지붕창 밑으로 들어가려고 했으나 황금 밧줄에 걸려 넘어져 들어 갈 수가 없었다. 위로 나가려고 했으나 은 밧줄에 걸려 나올 수도 없었다. 게세르가 염라대왕을 잡아 아흔아홉 갈래 쇠몽둥이로 때리며 을러댔다.
52   일리야N.마다손 채록, 양민종 역, 앞의 책, 2008, 386쪽.

그는

한 길 마른 눈썹이 가슴에 닿고

젖은 무릎에 닿고

이가 드러난 모습으로

아홉 길 검은 지팡이를 짚고

망가스의 성의 대문에 서 있었다.[53]

　몽골의 설화문학에서의 솔람은 대체로 마귀할멈과 같은 노파 요괴의 모습이며, 이들 괴물 유형들은 망가스와 동등한 층위에 있는 존재이기도 하고 한편 망가스 개념의 하부 층위에서 그 동생이라던지, 누나(솔람), 우두머리 망가스를 특별히 지칭하는 호칭(알빙, 인데르)으로 불리기도 한다.

　영적 존재로서 동물, 식물, 괴물 등 다양한 모습으로 자유롭게 변신하는 모티프는 사실 몽골영웅서사시의 다른 주요 캐릭터에서 공통적으로 나타나는 모습이다. 하지만 다른 캐릭터들과 변별되는 망가스 형상의 특징은 순스(영혼)에 대한 묘사가 자세하고 그 순스가 숨겨진 위치, 형태, 영웅의 망가스 순스의 퇴치 모습이 적나라하게 그려진다는 것이다. 망가스의 분신이자 부하로 묘사되는 망가스의 화신은 동물, 식물, 인간(노인, 승려), 무생물 등 다양한 형태로 나타난다. 북경판본 〈게세르〉에서는 망가스가 식물 화신으로 변신하여 사람들을 해하는 모습이 다음과 같이 나타난다.

　이 높은 산의 가운데

망고스의 화신인 달라붙는 나무가 한 그루 있습니다.

그 나무 옆으로 사람이 지나가면

날선 칼로 난도질해서 죽이곤 합니다.

그것을 조심해서 다루십시오.[54]

---

53 유원수 역, 앞의 책, 2007, 426쪽.

한편, 망가스의 화신은 맹수, 조류, 벌레 등 여러 유형을 가지는 동물 형태의 화신의 경우도 자주 그려진다. 북경판본 〈게세르〉에서는 머리 열두 개 달린 망가스의 화신으로 '산 만한 검은 얼룩 호랑이'와 '황소 괴수' 등 맹수의 모습으로 등장하기도 한다. 사람 화신으로 변하는 경우도 종종 있는데 이 경우는 주로 강력한 승려의 모습이다. 예를 들어, 북경판본 〈게세르〉에서는 '염소 이빨에 개 주둥이 악마' 망가스가 '궁구 에치게'라는 탁발승으로 둔갑하여, '두 살 난 아이에게 축복을 내려주는 척하면서 혀끝을 깨물어' 벙어리로 만들고 다니기도 한다.

몽골영웅서사시에서 주인공 영웅의 궁극적 목표는 망가스의 완전한 퇴치이다. 망가스의 퇴치는 여러 단계의 결투를 거쳐 망가스를 제압하고 그 순스cүнc(영혼)의 퇴치 장면에서 완벽히 마무리 된다. 이에 대해서는 아바이 게세르가 지상에서 가장 강력한 요괴 망가스인 쉬렘마나타를 제압하는 과정을 보면서 좀 더 구체적으로 살펴볼 수 있다.

- 게세르의 마법의 활 [한가이 불화살이 심장을 명중해도 쇠붙이 소리만 나고 땅위에 떨어짐]
- 마법의 창 [끄덕없음]
- 게세르가 쉬렘마나타의 무쇠채찍에 위기
- 게세르의 휴전 요청 [승락]
- 게세르가 고향인 하탄 땅을 향해 퇴각
- 문해 달라이 맑은 물에 들어가 몸씻기 [회복]
- 마법의 항가이 화살 [끄떡없음]
- 마법의 창 [끄떡없음]
- 칼 [두 동강 내도 다시 붙음]
- 씨름 [끄떡없음]

---

54 유원수 역, 위의 책, 233쪽.

- 만잔 구르메 할멈이 신무기인 짧다란 여린 버드나무 채찍을 줌.[55]

- 버드나무채찍이 불꽃이 튀고 쉬렘미나타의 머리 두 동강이 냄.

- 망가스의 간장에 숨어 있던 영혼을 자작나무 제단으로 태움. (애마와 함께)

이 치열한 전투 장면에서 각종 마법의 무기들이 동원되지만 영웅과 망가스의 싸움에서 최종 대결 종목은 씨름이다. 게세르나 장가르 같은 몽골의 대표적 영웅서사시에서 주인공 영웅 역시 결정적인 순간에 씨름을 제안한다. 부리아트 〈아바이 게세르〉에서 게세르는 망가스의 숨은 영혼을 찾아 제압하기에 가장 적합한 경기가 씨름이라고 하였다.[56] 이처럼 망가스와 영웅의 대결은 마법의 힘에서 몸과 근접하는 대결로 옮겨가는 양상을 보인다. 경마, 활쏘기와 함께 몽골의 남성3종경기에 해당하는 씨름은 몽골영웅서사시에서 망가스의 순스(영혼)를 처치하는 중요한 종목이면서 각종 마법의 무기보다 몸과 몸이 부딪치는 몸싸움이야말로 더욱 결정적일 수 있다는 점을 보여주고 있다.[57]

한편, 망가스의 완벽한 퇴치는 그 순스(영혼)까지 불태워 버리는 것으로 묘사된다. 〈아바이 게세르〉에서 게세르는 27개 머리와 33개의 꼬리를 가진 거인 뱀 '아바르가 모고이'를 완벽히 퇴치하고 나서 그것이 다시는 지상에 환생하지 못하도록 자작나무 송진 제단에 불로 태워 남풍과 북풍으로 나누어 하늘로 날려버린다.

몽골의 신화체계에서 '망가스 텡게르Mangas tenger(Mangɣus tngri)(괴물 천신)는 나쁜 쪽(검은 쪽, 즉 동방)의 해로움을 가져오는 천신으로. 악신 또는 악령을 대표한다'고 여겨진다.[58] 한편, 내몽골 학자, 자가르扎格尔는 망가스의 형상에 대하여 자연속성에서 사회속성으로

---

55 만잔 구르메 할멈의 등장과 쉬렘마나타의 강력한 무쇠 채찍을 제압하는 신무기 여린 버드나무 채찍은 부리아트 〈게세르〉에서 보이는 특징적인 장면이다. 이는 버드나무라는 무속적 신목을 부각시키는 내용이라고 할 수 있다.

56 일리아N.마다손 채록, 양민종 역, 앞의 책, 2008, 333쪽.

57 일부 장면에서는 직접적인 몸싸움보다 게세르가 기지와 재치(혹은, 속임수)로 망가스를 제압하는 것을 더 자랑스러워하는 모습도 보인다.

58 센덴자브 돌람 저, 이평래 역, 『몽골신화의 형상』, 태학사, 2007, 273-274쪽.

변모하는 3단계로 나누어 보았고 이를 다시 사회속성의 관점에서 '폭력세력의 특수 형상, 내부의 본질과 외부의 드러나는 모습을 통일시킨 형상, 전형성을 가지는 형상, 미학적 의미의 예술형상이라는 4가지의 예술적 특징이 내재되어 있다'고 보았다. 그 역시 '몽골 문학에서의 주동인물인 영웅의 형상이 진, 선, 미를 대표하는 대상이라면 망가스 형상은 거짓, 악, 추를 대표하는 당대인이 혐오하는 미학적 정서를 드러내는 구체적 표현'으로 보았다.[59] 고대 몽골인들은 우주를 목숨을 가진 거대한 사람으로 보고, 그 신체 기관으로 대지를 만들었다고 믿었다. 또한, 몽골의 신화와 제의에서는 질병을 사람의 영혼을 삼키는 거대한 망가스로 묘사하여 그의 힘과 능력을 천 개의 눈(천 개의 지혜)으로 묘사하기도 하였다.[60]

부리아트 〈아바이 게세르〉에서는 동쪽의 44천신과 서쪽의 55천신의 대결이 펼쳐지고 여기에서 악신으로 알려진 동쪽의 천신들이 지게 된다. 그 결과 동쪽 천신의 왕 아타이올란과 그의 세 아들이 갈기갈기 찢겨져 지상세계의 사악한 정령(순스)으로 환생하게 된다. 이 정령들이 바로 아바이 게세르의 적대세력 망가스들이다. 망가스는 원래 천상의 신격이었으며 서쪽의 천신에 의해 쫓겨난 신격이라는 것이다. 〈아바이 게세르〉에서 그려진 선신과 악신, 쫓겨난 신격의 화신인 망가스들에 대한 것은 중세적 선과 악의 구도에서 탈피한 신화적 맥락에서 재해석 될 수 있다.

담딩수렝의 〈게세르〉에서는 망가스를 '독쉬트догшид(사납고 거친 것, 엄한 것)'라고 부르기도 한다. 사실 '독쉬트'는 몽골불교에서 인간의 악과 액을 누르는 '사나운 부처, 분노존'을 이르는 용어이기도 하다. 북경본 게세르 신화에서 망가스를 '독쉬트'라고 표현하는 모습은 망가스 형상의 본래 의미를 파악할 수 있는 결정적인 단서가 되어준다.

«Арван зүгийн арван хорын үндсийг тасалсан ачит Гэсэр богд мэргэн хааныг

минь уулын чинээ хар эрээн барс залгив. Муу Буйдан гучин баатрыг аван дутаав.

---

59   扎格尔, 「简析蒙古文学中的蟒古思形象」, 『内蒙古师大学报(哲学社会科学版)』, 1990年 01期, 96-97頁.
60   셴덴자브 돌람 저, 이평래 역, 앞의 책, 2007, 12-13쪽.

Богдын минь хайран нэр! Одоо бид гурвуулыг дутаавал хэдэн догшид юу гэнэм?

Атаат ах дүү Шарайголын гурван хаан юу гэнэм? Та хоёр минь юу сананам?» гэв.

… Арван зүгийн эзэн Гэсэр хаан зарлиг болов : «Цас Чихэр минь дуугүй яв.

Хар багаас догшдыг доройтуулж явахдаа Буйдангаар газарчуулж явлаа би.»[61]

몽골의 무속에서는 '독쉰'의 신격을 모시는 '하르 버黑巫堂'가 있고 몽골불교에서는 '독
쉬트'라고 하여 특유의 사나움으로 인간의 악을 다스리는 무서운 부처들이 신봉되고
있다. 심지어 몽골 불교의 대표적인 가면의식무 '참'에서는 '야만다카'와 같은 에를렉(염
라대왕)을 위시로 하는 '독쉬트(분노존)'들이 시방의 모든 악과 액을 불러내어 그 악령들을
'소르'에 모아 태움으로써 주변을 정화시키는 의식을 행하기도 한다.

이러한 과정은 아이러니하게도 게세르 신화에서 망가스들을 퇴치하고 그 순스를 잡
아 불에 태워 함께 날려 보내는 구조와 일치한다. 실제로 19세기 초 몽골 불교사원에서
는 이를 모티프로 하는 '게세르 참'이 공연되기도 하였다.

게세르 신화는 본디 몽골을 물리치는 티베트의 서사였음에도 몽골의 신화로 발전하
였고, 라마불교의 신격을 망가스 형상으로 치부하는 서사를 가졌음에도 게세르가 라마
불교의 신격으로 수용되는 특징을 가진다. 이는 신화가 인간 세상에서 퇴치하고자 하
는 악의 개념이 우리에게 익숙한 중세의 이분법적 선악 관념과는 변별되는 것임을 시
사하는 것이다.

61   Ц. Дамдинсүрэн, 『ГЭСЭР』, Шинжлэх ухааны академи, УБ., 1986, pp. 59-60.

마무리 및
내놓는 의견

—

마무리 및 내놓는 의견

　신화학에서 신화의 역사성과 문학성 탐구는 상보적 균형 관계를 유지해야 할 것이다. 즉 신화의 역사성, 정치성에만 연연하여 문학으로서의 신화의 본질을 도외시하여서는 안될 것이다. 기본적으로 신화는 역시 문학의 원형으로서의 의의를 가지며 신화의 원형에 대한 연구는 신화 속에 투영된 해당 지역과 민족의 정신문화에 대한 이해를 목표로 한다.

　한국의 〈단군신화〉와 몽골의 〈게세르칸 서사시〉의 신화성에 주목하는 이 책에서는 기존의 문헌 중심의 비교에서 벗어나 관련 구비자료 및 주변 문화권의 동일 신화소와 함께 살펴봄으로써 각 신화의 주요 신화소에 대한 검토 및 재해석을 시도하여 보았다.

　〈단군신화〉와 몽골 〈게세르칸 서사시〉의 신화학적 문제를 다룸에 있어서, 1920년대 최남선의 〈단군론壇君論〉 계열의 글에서 최초로 언급되었던 두 신화의 신화소 비교에서 그 실마리를 찾고자 하였다. 이들 신화의 비교연구는 현대 비교신화학계에서도 동북아지역 문화론의 근간을 제공하는 문화원형으로서 중요한 의의를 갖는다.

　앞에서 살펴본 바와 같이 몽골의 〈게세르칸 서사시〉와 〈단군신화〉를 살펴보면, 기존의 신화를 배제하지 않고 대대로 축적된 신화체계를 족보처럼 신화텍스트 안에 수용하는 특징이 있다. 이들 신화 속에는 천신天神의 신화, 천자天子의 신화, 산신山神의 신화, 영웅英雄의 신화 등이 차곡차곡 담겨 있다. 각 신화층위들은 서로 다른 층위의 신화들과 유기적으로 연결되어 있는 서사 체계를 갖고 있다. 단군신화의 예를 들면, 환인신화는 환웅신화와, 환웅신화는 웅녀신화와, 웅녀신화는 단군신화와, 그리고 단군신화는 산신신화와, 산신신화는 다시 환웅신화와 유기적으로 연계되면서 단군신화의 전체 서사를 긴밀하게 엮는다. 이는 단군신화가 기록으로 축약된 문헌신화임에도 건국신화로서 당대 전승되던 핵심적인 신화층위를 최대한 반영하고 있음을 의미한다.

이러한 시조신화와 건국신화 등과 같은 영웅신화의 단계에서는 이미 형성된 기층의 신화가 차곡차곡 담겨 있으며 기층의 신화들의 첫 머리에는 당대 가장 유력한 신화체계가 상정되어 있는 모습을 발견할 수 있다. 따라서 신화소 분석에 있어서도 이들 기층신화에 대한 이해와 맥락으로 각각의 신화소를 살펴보았다.

우선, 신화소 분석에 단군신화의 문제는 이들 단군신화의 내용이 지극히 축약되어 있고 단편적인 언급들로 이루어져 총체적인 서사구조를 규정하는 데 있어 어려움이 따른다는 것이다. 『삼국유사』 등 문헌자료를 중심으로 서사구조를 정리하는 것이 단군신화의 서사적 권위를 보장하는 효과는 있지만 결국에는 문헌상의 서사적 약점을 보완할 방법을 강구하여야 하였다. 그러한 방법 중 하나는 서사의 공백을 메꾸는 데에 여러 이본 자료들을 적극적으로 활용하는 것이다. 특히 미시적인 화소 분석에 있어서는 기타 문헌자료뿐만 아니라 구비자료와의 비교분석, 나아가 주변 문화권의 관련 화소와의 비교를 통하여 변별되는 의미있는 연구성과를 기대하여 보았다.

두 신화는 공통적으로 천신의 하늘세계를 기점으로 삼단적三段的 우주관을 바탕으로 하며 숫자 '삼'의 원리에 의거하여 전개된다. 환국이라는 관점에서 본다면 단군신화는 천신숭배사상을 기반으로 하는 삼단적 우주관을 반영하고 있다고 알려져 있다. 부리아트 몽골의 신화 세계에서는 이러한 수직적 세계관과 함께 방위에 대한 관념 역시 중시되어 천상세계가 동서로 구분된 것으로 보인다. 또한, 천상에서 텡게르들이 좌정하고 있는 동, 서, 중앙의 3개 공간의 구도 또한 '몽골 신화에서 말하는 우주의 3단 구조의 연장'이라고 보기도 하였다.

게세르 신화에는 천신들의 세계도 마냥 지고지순한 세계가 아니라 인간세계와 마찬가지로 시기와 싸움이 존재하는 곳이라는 관념이 담겨 있고 결국 인간세계의 혼란과 불행의 근본 원인은 인간이 아니라 불완전한 천신들 간의 다툼 때문이라는 독특한 신관이 깔려 있다. 한편 선신과 악신을 분리하면서도 이들의 인간적인 행위들을 통하여 절대선과 절대악의 분별을 부정하는 관념도 깔려 있다.

즉, 이들 신화에 나타나는 삼단적 세계는 수직적 구도뿐만 아니라 수평적 삼단구도가 융합된 입체적 공간 개념이며, 수직의 삼단과 수평의 삼단 중간 지점에는 인간을 수호하는 영웅신(바타르)의 원형인 산신(하이르항)이 존재한다. 삼재론三才論의 관점에서 보면, 영웅신화의 세계관은 하늘과 땅이라는 이분법적 세계관 사이에 인간을 대표하는 영웅신을 배치함으로써 인간 중심의 신화로 변모시킨다.

지상에 내려온 천자天子 역시 이러한 삼의 원리에 입각하여 형상화 된다. 삼재론의 관점에서 하늘의 특출한 영웅이자 하늘신tenger의 가운데 아들teeli xuu로 묘사되는 천자의 형상은 인간 혹은 인간의 신을 의미하는 중간 지점에 존재한다. 결국 영웅신화의 맥락에서 천신의 여러 아들 중 인간의 신으로 영웅신의 운명을 장남이나 막내가 아닌 가운데 아들이 가지게 되는 것은 당연한 것이라 할 수 있다. 단군신화의 경우, 여러 이본에서 일관되게 언급되는 '서자庶子 환웅桓雄'의 의미 역시 이와 상통하는 것이라 할 수 있다. 이점은 단군신화가 본래의 서사에서 영웅신화의 면모를 가졌을 가능성을 고려하게 되는 부분이다.

신화의 층위에 있어서도 〈단군신화〉와 〈게세르 신화〉의 서사는 중간계에 해당하는 성산聖山을 배경으로 산신의 신화층위에서 강한 신화적 성격을 보인다. 이 신성공간에서는 천신의 위력이 영향을 끼치고 있음에도 천신의 아들(환웅)이 산신壇樹神의 신격神格을 가진다든지, 영웅(게세르)의 아버지로 산신(오보군지드, 서낭당 주인)이 등장하는 등, 지속적으로 산신의 존재를 드러내고 있다. 여기에는 천신숭배사상으로 발흥한 천신의 신격과 기존의 신화에서 숭배받았던 산신의 신격 간에 복잡 미묘한 역학관계가 나타난다. 단군신화에서는 산신의 원형인 곰과 호랑이가 천신天神계 영웅신인 환웅에 의하여 그 자리를 빼앗기고 축출(호랑이)되거나 포섭(곰)되는 양상을 보인다. 게세르칸 서사시에서는 하늘 세계에서조차 산신(세겐세브덱)을 서로 차지하기 위하여 동쪽과 서쪽의 천신들이 전쟁을 벌이는 장면이 펼쳐지기도 한다.

이들 신화에서 천신의 신화를 전면前面에 표방하면서도 인간의 수호신인 영웅신의 원형이 되는 산신의 신격에 집착하는 이유는 영웅신화가 본질적으로 지향하는 것이 신을 위한 신화가 아니라 인간을 위한 신화이기 때문이다. 따라서 인간의 신으로 환생한 영웅신의 신화인 〈단군신화〉와 〈게세르칸 신화〉에는 지극히 인간적인 영웅의 형상과 화소로서 여러 신화 상징적 의미들을 내포하고 있다.

특히, 영웅의 어머니가 영웅을 잉태하고 출산하는 과정에 주목할 만하다. 아무리 신성한 존재라도 주인공 영웅을 탄생시키기 위해서는 반드시 인간의 몸을 가져야 하고 천상적 존재, 혹은 신적 존재임에도 불구하고 인간이 아닌 모습으로는 인간의 아이를 가질 수 없는 불구적 존재로 치부된다는 점이다. 산신의 신격이었던 〈단군신화〉의 곰의 형상이 그러하고 게세르의 생모가 그러하다. 영웅의 부모가 출산의 능력을 상실한 노부부로 그려지기도 하고 허벅지의 살이 파인 절름발이라든지, 이목구비가 훼손되고 팔다리가 부러진 불구의 형상을 가지기도 한다. 이때 곰이든 비천飛天이든 영웅의 생모(신모)가 가지게 되는 치명적인 불구성은 쑥과 마늘, 야생파 등 영약으로서 치유되고 곧 신혼神婚을 통하여 영웅을 잉태하게 된다. 게세르 신화에서 거인성(거대한 발자국)을 가진 산신이나 천신과의 신혼을 거쳐 영웅을 잉태하는 화소는 단군신화에서 인간화된 신녀와 단수신의 신혼으로 단군이 잉태되는 신화와 일치한다.

영웅이 인간에 태어날 때에도 철저히 인간의 방식으로 태어난다. 게세르 신화에서 자신과 함께 태어나는 천상의 화신들은 산달을 다 채우기도 전에 옆구리와 정수리 등을 통하여 비정상적으로 태어나지만 정작 게세르 자신은 열 달을 제대로 채우고 어머니의 출산길産道을 통해서 태어난다.

게세르칸 신화이든 단군신화이든 영웅신화는 인간사를 다스리는 인간의 신화를 지향하며 그 서사 안에는 인간의 출생에서부터 장례까지의 필수적인 민간풍속이 신화적으로 상징화되어 노래되기도 한다.

인간을 위하여 재세이화의 신화적 이념을 실현하고자 하는 두 신화의 서사는 악의

요소들을 물리치고 지상세계의 이상국을 건설하는 것으로 일단락된다. 하지만 이후에
도 단군은 원시 영웅신의 신격인 산신(아사달 산신)으로서, 게세르칸은 라마불교의 만신
전과 몽골 민간의 군웅신 등으로 신봉되면서 인간의 수호신으로서의 신격을 계속 지니
게 된다.

이상, 〈단군신화〉와 몽골의 〈게세르칸 서사시〉의 신화소 비교를 통하여 기존의 관
점과는 차별되는 시각에서 두 신화를 바라보고자 하였다. 이 과정에서 〈단군신화〉의
잊혀지고 축약된 신화소를 〈게세르 신화〉에서 발견하였고, 추출된 공통의 신화소를 중
심으로 구상한 공식적인 신화 틀거리 안에서 〈게세르 신화〉의 신화소를 새로운 각도로
파악하여 볼 수 있었다.

이처럼 신화의 비교연구를 통하여 추출된 공통의 신화소는 해당 신화소를 공유하는
신화들끼리 상보적인 관계를 맺으며 연대하게 하며 신화원형의 공유라는 절대적 명분
으로 하나의 문화권을 상정하는 계기를 마련할 수 있다. 특히 한·몽 신화의 비교연구
는 서구 중심의 신화와는 변별되는 동북아 신화의 고유 영역을 새로이 구축하고, 세계
신화의 다양성에 기여할 수 있는 가능성이 크다고 본다.

한·몽 신화의 비교연구는 서구 중심의 신화와는 변별되는 동북아 신화의 고유 영역
을 새로 형성하게 하면서 세계 신화의 다양성에 기여할 수 있을 것이다. 21세기 글로컬
리즘의 시대는 북방유목민의 신화가 가지는 개방과 통섭의 속성처럼 학제, 장르, 지역,
시대 등과 끊임없이 소통하는 신화학의 시대를 표방하게 될 것이다. 이에, 동북아 신화
학, 알타이 신화학을 구상하여 개별 신화의 올바른 정체성을 탐색하는 한편 공통의 신
화소, 신화원형을 공유하는 동북아 문화권의 정체성을 모색하여야 할 것이다.

부록

최남선과
게세르 연구

—

2. 「몽고천자」, 『만선일보』, 1939

몽고천자(蒙古天子)

國家의 起源을 天帝子의 救世的 願行에서 나왔다고 하는 神話는 不咸文化圈에 普遍히 행하는 바이어니와, 蒙古의 그것은 「께실 복도」의 이야기로 전하여 온다. 그 大槪를 紹介하면 下와 같다.

天地가 처음 배판되었을 제 下界에는 混亂과 禍毒이 充滿하고 그 중에도 「망가태」의 跳梁이 심하였다. 天上에서 善神이 會議를 열고 救濟를 의논할새, 東方神 중의 한 분인 「쿨무스 텅거리」란 어른이 「에세게 말란」의 九子 중 맨 가운데의 神子가 가장 適任임을 論薦하였다. 薦을 박은 분이 條件을 提出하되, 九九분의 「텅거리」들이 그네의 秘術을 주고, 어버이 에세게 말란은 黑馬와 鞍具와 環繩과 投槍을 주어야 가겠다고 하여 그대로 하여 주매, 이것을 죄다 입으로 집어삼키고, 또 장가를 들어 그 妻에게서 딸 셋을 달라 하여, 역시 집어삼키고서 天神네에게 작별을 여쭈었다.

그러나 즉시는 下界로 내려가지 아니하고, 天上에서 이리저리 廻遊 하면서 三年동안 下界를 俯瞰하여, 人間의 禍難處와 害惡物이 어디어디 잇는 것을 ──이 살펴 알았다. 그리고 「이대로 下界로 가하지는 못 할 터이니까, 人間으로 換生하지 아니하면 아니 되겠다」하고, 六○歲된 老女人인 「투문 야리굴」이라는 이를 가려서 그 頭腦 中으로 들어갔다.

투문 야리굴이 이상해 이상해 하는 중에 多數한 子意을 낳았는데, 그 出生하는 모양이 제각기 같지 아니하고 낳는 대로 하늘로 날아갔다. 맨 나중에 나온 아이는 하는 말이 「내가 世上에 났으니까 이로부터 世上에 사람이 퍽 늘리다」 했는데, 보기에 醜怪하기 짝이 없더니 居無何에 변하여 人形이 되었다. 이 사나이가 곧 께실 복도로서 이이가 人間에 있는 온갖 災禍를 부셔내고 邪鬼와 惡人과를 滅除하였다. 最終에 죽여버린 邪鬼가 「루수귀 망가태」란 것인데, 께실 복도가 이놈의 발목을 잡은즉 그놈의 손가락으로 땅을 문지르니, 긁힌 자국에서 一○條의 川流가 湧出하여 그것이 아카河가 되어 앙가라의 左岸으로 合水하였다.

께실 복도는 人間 救濟의 大任을 마치고는「이제는 드러누워 잠이나 자자. 아무든지 나를 깨우지 말라. 이 세상에 또 禍災와 邪鬼와 惡人이 跋扈하게 되면, 그때는 내가 猛烈히 蹶起하여 다시 天下를 燈淸하마.」하였다. 그의 잠자는 곳은 無邊際의 盤石이요, 그 四圍에는 鬱蒼한 大森林이 環繞하여 있다. 자다가 숨을 돌리느라고 그가 돌아누울제면 大地가 근덩근덩 흔들리는데, 外國 사람들은 이것을 地震이라 한다.

께실 복도의 天降救世說話는 오로지 쁘리야트 蒙古人의 사이에 流轉하여 오는 것으로, 近世에 露西亞人을 말미암아 세계에 傳布되었다. 그것이 口口相夆의 것인만큼 說話의 常例에 準하여 詳略과 轉變의 種種異型이 있어, 記者를 따라서 전하는 내용이 또한 一致하지 않지마는, 天上에 善神界가 있어 인간을 下視하시다가 그 騷擾不安함을 보시고는 貴子를 派送하여 救濟에 當케 하신다는 結構임에는 죄다 다름이 없다. 그런데 派來하는 神子가 혹 九人 중의 正中이란다든지, 혹 第十三子라든지 하는 등이 눈에 뜨이는데, 우리 檀君古記에 桓雄天王이 天帝의 庶子로서 인간에 降臨하였다는, 庶子가 실상 由來 있는 것임을 이에 徵考하게 된다.

[만선일보(滿鮮日報), 1939.]

3. 제레미아 커틴의 〈게세르 신화〉 자료

Curtin J. A Journey in Southern Siberia. The Mongols, their Religion and their Myths, Boston, 1909.

A Journey in Southern Siberia

by Jeremiah Curtin

[1909]

CHAPTER XI

MYTHS CONNECTED WITH MONGOL RELIGION

GESIR BOGDO. No. I

(TOLD BY SCKRETARYOFF)

AT first — in the beginning of the world — there was confusion here below, and great disorder. There were also various vile creatures, especially Mangathais. Then a council was held in the sky at which Qurmus Tengeri, one of the forty-four Eastern gods, said, "A middle son can pacify and set aside all this evil."

Esege Malan had nine sons. He called the middle one, whose son, Gesir Bogdo, said: "If I get what I need I will go to the earth and destroy the evil creatures there. But the ninety-nine Tengeris must give me all their tricks."

The Tengeris delivered their tricks, one hundred thousand in number, and Gesir Bogdo swallowed them. Then, turning to Esege Malan, he said:

"Now it is thy turn. Give me thy black steed and a hero's outfit." Esege gave the black steed and the outfit. "Give me thy lasso and thy dart." Esege gave the lasso and dart. Then Gesir asked for a wife and got her. He said to his wife, "Thou hast three daughters, give those three daughters to me." At first the woman refused. "It is bad down there," said she, "they cannot stay there. I will not give them."

"If I cannot get all that I need I shall not go," declared Gesir Bogdo.

Then Esege Malan commanded Otqon Tengeri to soothsay and find out what to do, to give or not to give. Otqon obeyed and said: "They will be of use to Gesir Bogdo. It is necessary to give them."

The mother gave her three daughters, and Gesir Bogdo swallowed them, as he had swallowed all that Esege Malan gave him. Then he took farewell, but he did not come down to earth at once; he traveled around in heaven for three years, looking down always. And during those three years he saw all the evil-doers everywhere, — all the bad spirits and vile creatures. Then he said, "I cannot go down as I am, I must be born in that country." He saw a woman sixty years of age; her name was Tumún Yarigûl, and her husband's name was Sindlei U!gu!gun. And he said, "I wish to enter that woman's head."

That year Sindlei U!gu!gun was very prosperous, his herds increased, and his grass grew wonderfully well. One day Tumún said: "I feel that I am to be the mother of many. I hear children talking."

Many children were soon born to her, each in a different way, but all flew to the sky. At last one was born who said, "As I am born all people will be born hereafter." And so it has been. This infant was thin, and very ugly to look at; but it changed quickly and at once grew to a man's stature. This man, who was Gesir Bogdo, cleaned away all vile things, destroyed evil spirits and bad people. Lusugúi Mangathai was the last evil spirit he killed, and when Gesir Bogdo had him by the legs he scratched the earth with his fingers and ten streams gushed out. They form the river Aqa, which falls into the Angara on the left side. Then Gesir said:

"Now I will lie down and sleep. Let no one waken me. I will sleep till again there will be many harmful things, evil spirits, and bad people in the world; then I will waken and destroy them."

Gesir Bogdo had three sons and six grandsons before he came down from the sky. Of each of his nine descendants there were in the old time nine tales, in all eighty-one. They had to be told in groups of nine, and the relator could neither eat, drink, nor sleep while telling them, and when each group of nine was told an unseen person said, "Thou hast forgotten where thou placed thy Pfu!"

Gesir Bogdo was born in Qonyin Qotoí. He sleeps at the Rising of the Sun (Qúlaganá Qóli). He lies under an immense flat rock; all around it is a great taigà (a marshy forest of Siberia). When, to rest easy, he turns from one side to the other, the earth trembles. The Russians call this trembling an "earthquake," but the Buriats know that it is Gesir Bogdo turning over. //

〈Тангуний домог үлгэр〉 ба Монгол 〈Гэсэр хаан〉 тууль дахь баатарлаг домог үлгэрийн домог зүйн шинж чанарыг харьцуулсан нь

И Сонь-А

Энэхүү судалгаа нь Зүүн Хойд Азийн хамгийн анхны бичгээр уламж-илсан, улс байгуулсан тухай баатарлаг домог үлгэр болохын зэрэгцээ солонгос үндэстний өвөг дээдсийн угсаа гарлын тухай домог үлгэр болох 〈Тангуний домог үлгэр〉 болон монгол угсаатны дунд голчлон Зүүн Хойд Азид өргөн дэлгэрсэн монгол 〈Гэсэр хаан〉 туулийн мотивуудыг харьцуулан судалж, Зүүн Хойд Азийн соёлын хүрээнд баатарлаг домог үлгэрийн эртний үндсэн хэв шинж болон түүний илэрхийлэх утгыг судлан дүтнэх зорилготой болно. Зүүн Хойд Азийн бүс нутагт уламжилж ирсэн тухайн улс үндэстний өвөг дээдсийн гарал үүслийн тухай домог үлгэрүүд дундаас 〈Тангуний домог үлгэр〉 нь харьцангуй эрт үед бичгээр тэмдэглэгдсэн, бичгийн дурсгалын өв болж уламжилсан домог үлгэр юм. Тэгвэл 〈Гэсэр хаан〉 тууль нь өргөн уудам нутагт түгэн тархсан, туулийн өгүүлэмж үйл явдал дэлгэрэнгүй, өнөөг хүртэл уламжилж буй аман домог үлгэр гэдгээрээ онцлог юм.

Солонгосын ⟨Тангүний домог үлгэр⟩ - ийн талаар эртнээс олон чиглэлийн судалгаа хийгдсээр ирсэн ч өнөөг хүртэл домог үлгэрийн илэрхийлж буй утгын тайлбар нэлээд орхигджээ. Нөгөө талаар өргөн уудам бүс нутагт тархсан Гэсэр хаан туулийг дэлхийн олон орны эрдэмтэн судлаачид онцлон судлахдаа домог үлгэрийн талаас нь бус Гэсэр хаан туулийн түүхэн шинж, буддын шашинтай холбогдох байдал, хэл судлал, Гэсэрийн олон хувилбаруудын хоорондын харилцаа хамаарал зэргийг судалж зохих үр дүнд хүрсэн байна.

Миний бие ⟨Тангүний домог үлгэр⟩ ба монгол ⟨Гэсэр хаан⟩ туулийн домог үлгэр судлалын асуудлыг хөндөхийн тулд 1920-оод оны үед Чой Нам сөний ⟨Тангүнь судлалын асуудал⟩ бүтээлд анх дурдагдсан дээрх хоёр домог үлгэрийн мотивуудын харьцуулсан судалгаанаас түүний учгийг эрэлхийлэхээр шийдсэн юм. Эдгээр хоёр домог үлгэрийн судалгаа нь орчин цагийн харьцуулсан домог үлгэр судлалд ч, зүүн хойд азийн соёлын үндэс суурийг бүрдүүлэхэд чухал нөлөө үзүүлсэн гэдгийн хувьд ч судалгааны ач холбогдолтой хэмээн үзэж байна.

Энэхүү диссертацидаа Солонгос Монгол харьцуулсан домог үлгэр судлал хэмээх том асуудлыг өчүүхэн ч болов хөндөхийн тулд домог үлгэрийн өчүүхэн бага элемент гэж болох мотивуудыг задлан гаргах гэж оролдлоо. ⟨Тангүний домог үлгэр⟩ болон ⟨Гэсэр хаан⟩ туулийн домог үлгэрийн хэв шинжийг авч үзэхдээ өмнөх бичгийн өв уламжлал дээр тулгуурласан харьцуулсан судалгааны арга барилаас татталзаж холбогдох аман материал болон эргэн тойрон дахь бусад соёлын хүрээний ижил төстэй мотивуудыг хамтад нь авч үзэж хоёр домог үлгэрийн голлох мотивийн талаарх судалгаа, зарим нэгэн тайлбарыг шинээр гаргах гэж оролдов.

〈Тангуний домог үлгэр〉 болон 〈Гэсэр хаан〉 тууль нь үндсэн домог үлгэрээ огт үгүйсгэлгүйгээр үе үеийн туршид хуримтлагдсан олон домог үлгэрийн тогтолцоог ургийн бичгийн адилаар текст дотроо хадгалж ирсэн онцлогтой юм. Эдгээр домог үлгэрт тэнгэр нэрийн домог үлгэр, уулын эзэд савдагийн домог үлгэр, баатрын домог үлгэр гэх мэт тус тусдаа домог үлгэрүүд давхарлагдан хуримтлагдсан шинжтэй байна. Домог үлгэрийн давхарга бүр харилцан өөр өөр домог үлгэрүүдтэй нягт холбогдсон өгүүлэмжийн тогтолцоог бүрдүүлжээ. Жишээ болгож Тангуний домог үлгэрээс дурдвал Хвань иний домог үлгэр нь Хвань үний домог үлгэртэй, Хвань үний домог үлгэр нь баавгай бүсгүйн домог үлгэртэй, баавгай бүсгүйн домог үлгэр нь Тангуний домог үлгэртэй, Тангуний домог үлгэр нь уулын эзэн савдагийн домог үлгэртэй, уулын эзэн савдагийн домог үлгэр нь эргээд Хвань иний домог үлгэртэй нягт холбогдож Тангуний домог үлгэрийн ерөнхий өгүүлэмжийг бүрдүүлж байгаа юм.

Дээрх домог үлгэрүүдийн давхаргыг тус тусад нь дахин нэг бүрчлэн мотивоор нь задалж үзэхэд эдгээр домог үлгэр аль аль нь гурван ертөнцийн ойлголт дээр, гурав гэсэн тооны бэлгэдэл дээр суурилсан байдал ажиглагдлаа. Энэ гурван ертөнцийн тухай ойлголт нь босоо, хэвтээ тэнхлэгийн аль алины түвшинд байгаа бөгөөд босоо хэвтээ тэнхлэгийн уулзварын дунд хүнийг авран хамгаалагч баатрын эртний дүр болох уулын эзэн савдаг(хайрхан) байрлаж байна. Гурван ертөнцийн үүднээс авч үзвэл энэ нь тэнгэр газар гэсэн хоёр ертөнцийн дунд хүн төрөлтнийг төлөөлөх баатрыг байрлуулж эдгээр домог үлгэрийг хүн төвтэй домог үлгэр болгон хувиргасан байна.

Газарт бууж ирсэн тэнгэрийн хүү ч мөн адил гурвын тухай ойлголт дээр тулгуурлан биежжээ. Тэнгэр нэрийн дундах онцгой баатар болох Тэнгэрийн дунд хүү(тээл хүү) - гийн дүрээр илрэх тэнгэрийн хүүгийн дүр нь хүн эсвэл хүний ертөнцийн онгод савдагыг төлөөлж оршиж байна. Иймэрхүү баатарлаг домог үлгэрийн хүрээнд авч үзвэл Тэнгэрийн олон хүүхдийн дундаас хүний ертөнцийн эзэн болох баатрыг ууган юм уу оттон хүү биш дунд хүү нь төлөөлөх болж буй нь ойлгомжтой хэрэг юм. Тангуний домог үлгэрийн хувьд олон хувилбаруд дунд нийтлэг байгаа 'Сөза Хвань үн' нь дагавар эхнэрийн хүү биш мөн дээрхийн адил Тэнгэрийн баатар 'дунд хүү (тээл хүү)' утга илэрхийлж байна гэж үзэж болох юм. Тиймийн учир энэ шинжээрээ Тангуний домог үлгэрийн уг үндсэн өгүүлэмж нь баатарлаг домог үлгэрийн шинжийг агуулж байжээ гэж үзэх боломжийг олгож байна.

Домог үлгэрийн давхаргын хувьд ч гэсэн ⟨Тангуний домог үлгэр⟩ болон ⟨Гэсэрийн домог үлгэр⟩ - т өгүүллэгддэг дунд ертөнцөд хамаарах ариун дагшин уулын эргэн тойрон өрнөдөг уулын эзэн савдгийн тухай домог үлгэрийн хэсэг нь илүү домог үлгэрлэг шинжтэй байна. Энэ ариун дагшин орчинд буюу 'Сүмбэр' уулын тойронд Тэнгэр хүч нөлөөгөө үзүүлж чадах ч түүний хүү(Хвань үн) уулын эзэн болж гардаг, баатар(Гэсэр) - ын эцэг нь уулын эзэн(Овоо гүнжид, овооны эзэн) байдаг гэх мэтчилэн уулын эзний дүр гарч байгаа юм. Эндээс Тэнгэр нэрийн шүтлэгээр илэрсэн Тэнгэрийн дүр болон уг үндсэн домог үлгэр дэх уулын эзний дүр хоёрын хооронд нарийн төвөгтэй харилцаа илэрч байгаа юм. Тангуний домог үлгэрт уулын эзний үндсэн дүр болох бар баавгай хоёр Тэнгэр гаралтай баатар Хвань үнд өөрийн байр суурийг булаалгаж бар, баавгай болж хувирдаг. Гэсэрийн туульд тэнгэрийн ертөнцөд хүртэл уулын эзэн(Цэгээн цэвдэг) - ийг эрхшээхийн тулд баруун зүүн зүгийн тэнгэр нэрийн хооронд тулаан тэмцэл болж байдаг.

Эдгээр домог үлгэр нь Тэнгэр нэрийн домог үлгэрийн шинжтэй ч хүмүүн төрөлхтөний хамгаалагч бурхан болох 'баатар' - ын эртний үндсэн эх дүр болох уулын эзний дүрийг орхихгүй байгаа нь баатарлаг домог үлгэр нь тэнгэр бурханд зориулагдсан домог үлгэр бус хүн төрөлхтөнд зориулагдсан домог үлгэр болох учраас тэр юм. Тиймээс ч хүмүүний эзэн болж дахин төрсөн баатарлаг домог үлгэр ⟨Тангуний домог үлгэр⟩ болон ⟨Гэсэр хаан⟩ домог үлгэрт туйлын хүмүүнлэг шинжийн баатрын дүр ба мотивууд, олон домог үлгэр бэлгэдлийн шинжтэй утга агуулагдаж байгаа юм.

⟨Тангуний домог үлгэр⟩ ба ⟨Гэсэр домог үлгэр⟩ - ийн мотивуудыг харьцуулан үзэхэд ⟨Тангуний домог үлгэр⟩ - ийн мартагдаж хураангуйлагдсан мотивыг ⟨Гэсэр домог үлгэр⟩ - ээс илрүүлэн гаргаж, ⟨Гэсэрийн домог үлгэр⟩ - ийг ⟨Тангуний домог үлгэр⟩ - ээр дамжуулан түүний түүхэн шинж болон домог үлгэрийн эхийн гарал үүслийг эрт үе хүртэл мөшгөн судалж үзэх боломжтой боллоо. Ийнхүү домог үлгэрийн харьцуулсан судалгааны явцад илэрсэн ижил төстэй мотивууд нь тухайн мотивыг агуулж буй домог үлгэрүүд хооронд харилцан нөхсөн нэгэн цул болж домог үлгэрийн эртний хэв шинжийг адилхан агуулж байгаа гэдгээрээ нэгэн соёлын хүрээг бий болгодог байна.

Солонгос Монгол домог үлгэрийн харьцуулсан судалгаа нь барууны домог үлгэрээс эрс ялгарах зүүн хойд азийн домог үлгэрийн эртний хэв шинж, онцлог, хил хязгаарыг шинээр бүрдүүлж дэлхийн домог үлгэрийн хүрээнд өөрийн байр суурийг эзлэх нь ойлгомжтой юм. 21 - р зуун даяаршил бүс нутагшлын эрин үе нь умардын нүүдэлчдийн домог үлгэрийн нээлттэй, даяаршсан шинж чанарын нэгэн адилаар боловсролын тогтолцоо, жанр, бүс нутаг, цаг үе гэх мэттэй тасралтгүй нэвтрэлцэх домог үлгэр судлалын эрин үеийг авчрах болно хэмээн найдаж байна.

Exploring the prototype of the northern heroic mythology

- Dangun Myth and Mongolian epic Geser khan

Lee Sun A

This study comparatively analyzes astronomical mytheme(神話素) between 〈Dangun Myth(檀君神話)〉, which is the Northeast Asia's first foundation myth and the Korean race's typical myth of the great grandfather(始祖神話) in light of document, and Mongolia 〈Geser Khan〉 heroic epic, which is being transmitted extensively to Northeast Asian region centering on Mongols. Thus, the aim is to consider mythic archetypes and its symbolical significance that the heroic myth has in the Northeast Asian culture area. Among several Gukjo(國祖) myths in Northeast Asian region, 〈Dangun Myth(檀君神話)〉, has been relatively long in the period of recording in a book and has been recorded in historic literature, thereby being documentary myth that secured the authority as documentary. 〈Geser Khan〉 epic has significance as saying of being oral myth, which has been transmitted actively so far with having huge narration in extensive region.

Korea's 〈Dangun Myth〉 has been researched in diverse fields from long before as much as its importance is. However, an analysis is different yet on mythical significance, which is contained in 〈Dangun Myth〉. In the meantime, 〈Geser Khan〉 epic, which is showing the extensive distribution of transmission, has been primarily researched by great scholars from many countries in the world. However, the research performance is outstanding in the field of corresponding mainly to the marginal elements of surrounding mythical text such as the historical nature of 〈Geser Khan〉 epic, the relationship with Buddhism, the linguistic significance, and the influential relationship between different versions(異本), rather than the essence as a myth.

Accordingly, a writer aimed to seek its clue in the comparison of astronomical mytheme(神話素) between two myths, which had been first mentioned in the writing of Choe Nam-seon's Dangunron(檀君論 : A study on Dangun) in the 1920s, in terms of addressing mythological problem about 〈Dangun Myth〉 and Mongolia 〈Geser Khan〉 epic. A research of these myths can be said to have important significance as the cultural archetype of offering the foundation of a cultural theory in Northeast Asian region even in the environment of the contemporarily comparative mythology.

This study tried to carefully attempt an analysis on Astronomical Mythemes(神話素), which can be said to be microscopic element in a myth, as solution for huge discourse called Korea · Mongol comparative mythology. This discussion, which pays attention to mythicality in 〈Dangun Myth〉 and 〈Geser Khan〉 epic, examined the relevant oral materials and the same Astronomical Mytheme in the surrounding culture area together, with escaping from the existing comparison of centering on documents, thereby having attempted examination and re-analysis on main Astronomical Mytheme in each myth.

〈Dangun Myth〉 and Mongolia 〈Geser Khan〉 epic are characterized by accepting mythical system in several strata, which wee accumulated for generations, in myth text like genealogy, without completely excluding the existing myth. These myths are neatly contained the myth of Cheonshin(天神 : Heavenly god), the myth of Cheonja(天子), the myth of Sanshin(Khairkhan, 山神), and the myth of hero(英雄). Each of myth strata has epic system that is organically connected with myths in mutually different stratum. Taking an example of 〈Dangun Myth〉, it closely ties together the whole narration of 〈Dangun Myth〉 with being organically connected the Hwanin myth to the myth of Hwanung(桓雄 : Hero of Heaven), the Hwanung myth to the myth of Ungnyeo(熊女 : Bear-woman), the Ungnyeo myth to the Dangun myth, the Dangun myth to the myth of Sanshin(山神), and the Sanshin myth again to the Hwanung myth.

Several Astronomical Mythemes were analyzed on the basis of these myth strata. Two myths were being talked on the basis of the principle of 'Sam' based on the three-stage(三段的) vision of the universe in common. This three-stage world shows horizontal three-way structure as well as the vertical structure, and is existed Sanshin(Khairkhan), which is the archetype of Batard who is heroic god(英雄神) of protecting a human being in the intermediate location of vertical Samdan(三段) and horizontal Samdan. Seeing it from the perspective of Samjae theory(三才論), this view of the world distributes the heroic god of representing a human being in the middle of dichotomized view of the world called the sky and the earth, thereby transforming these myths into the ones of centering on a human being.

Even Cheonja(天子), which comes down to the ground, is embodied on the basis of this principle of Sam. The shape of Cheonja, which is depicted as a son (teeli xuu) out of tenger, which is special hero of the sky, exists in the intermediate location of implying a human being or a human being's god from the perspective of Samjae theory. Ultimately seeing it from the context of this heroic myth, it seems to be natural that a son comes to have the destiny of heroic god as god of a human being among many sons of Cheonshin, in the middle of being not the eldest son or the youngest son. In case of ⟨Dangun Myth⟩, even the meaning of 'bastard son (庶子) Hwanung(桓雄),' which is consistently mentioned in many different versions, can be said to have communicated with this. This point is a part of coming to consider the possibility that Dangun Myth would have the aspect of heroic myth in the original epic.

Even in the stratum of myth, ⟨Dangun Myth⟩ and ⟨Geser Khan⟩ epic show strong mythical character on the mythical stratum of Sanshin, which has background as Seongsan(聖山) of corresponding to the middle earth. In the face of what the power of Cheonshin has influence upon this sacred space, the existence of Sanshin is being revealed such as what Cheonshin's son(Hwanung) has Sanshin(壇樹神)'s divinity or what Sanshin(Obojunjideu, Seonangdang(城隍堂)'s owner) appears as hero(Geser)'s father. Here is indicated the complexly subtle dynamics between Cheonshin's divinity, which rose suddenly as the thought of worshipping Cheonshin (天神), and Sanshin's divinity, which had been admired in the existing myth. In Dangun Myth(檀君神話), the aspect is shown that a bear and a tiger, which are archetype of Sanshin, were deprived of the position, were expelled(tiger) or were won over(bear) by Hwanung, which is heroic god in Cheonshin(天神) system. In ⟨Geser Khan⟩ epic, the scene is ever spread that Cheonshin(s) in the east and the west wage war in order to mutually seize Sanshin(Segensebeudek) even in the heavenly world.

A reason that these myths stick to Sanshin's divinity, which becomes archetype of heroic god who is a human being's guardian spirit even while standing for Cheonshin's myth in the front, is because what the heroic myth essentially points to isn't myth for god, but myth for a human being. Accordingly, Dangun Myth(檀君神話) as myth of heroic god, which was reborn as god of human being, and 〈Geser Khan〉 epic are contained the meanings of many mythical symbols as for shapes and Mythemes in extremely humane hero.

Through comparing Astronomical Mytheme(神話素) between 〈Dangun Myth〉 and 〈Geser myth〉, 〈Dangun Myth〉 was discovered Astronomical Mytheme, which was forgotten and abridged, in 〈Geser myth〉. 〈Geser myth〉 came to allow the historical context and the occurrence period in myth text to be possibly retroactive up to the ancient times through 〈Dangun Myth〉. In this way, the Astronomical Mytheme(神話素) in common, which was extracted through a comparative research of myth, allows myths of sharing the corresponding Astronomical Mytheme to be collectively responsible with having complementary relationship, and comes to form one culture area as the absolute justification called sharing of mythical archetype.

A comparative research of Korea · Mongol myths will be able to contribute to diversity of the world's myth while coming to newly form peculiar sphere in the Northeast Asia's myth, which is distinguished from the myth of centering on the West. The 21C glocalism era will come to stand for the period of mythology of being continuously communicated school system, genre, region, and times like the property of opening and consilience of being possessed by a myth in northern nomads.

◆ 자료

〈단군신화〉 관련 자료

『고조선·단군·부여 자료집(상·중·하)』, 고구려연구재단, 2005.

『동국여지승람 권42, 문화현 산천』

『동국여지승람 권54, 영변고적』, 김종직, 노사신 外, 1484.

『동국역대총목(東國歷代總目) 本』, 홍만종, 1705.

『동국통감 본』, 서거정 外, 1458-1485.

『동사통유 본』, 1630.

『삼국유사 권1, 고조선』, 일연, 1281.

『雪嚴雜著 권1, 妙香山誌』, 1710, 1714.

『세종실록지리지, 평안도, 평양부』, 정인지 編, 1454.

『六堂崔南善全集』, 高大亞細亞問題研究所 六堂全集編纂委員會編, 玄岩社, 1973.

『應制詩註, 始古開闢東夷主(단군), 권람』, 1462.

『제왕운기 권하, 조선기』, 이승휴, 1287.

『朝鮮民譚集』, 孫晉泰, 東京 : 鄕土硏究社, 1930: 최인학 譯, 조선설화집, 민속원, 2009.

『한국구비문학대계』, 한국정신문화연구원, 1982.

『海東繹史, 〈조선세기〉』, 한치윤, 1800-1814.

佐佐木五郎,「平壤附近の傳說と昔話」,『旅と傳說』, 東京 : 三元社, 1941.

최남선,「단군신전의 고의1-10」,『동아일보』, 1928.1.1.-1.12.

〈게세르 칸〉 신화 관련 자료

『Абай Гэсэр Богдо хаан - Буряадай морин ульгэр』, С.П.Балдаев, 1995.

『Абай Гэсэр Богдо хан』, Рукоись (безинв. N), хранится в секторе бурятской Фольклористики БИОН СО АН России, 405 с. машинописи.

『Абай Гэсэр Богдо Хан』, Рукопись, N 1575 в РО БИОН СО АН России, 106 с, машинописи.

『Абай Гэсэр хубун』, Рукопись, N 1480 в РО БИОН СО АН России, 78 с. машинописи.

『Абай Гэсэр』, Рукопись, N 1569 в РО БИОН СО АН России, 102 с, машинописи.

『Абай Гэсэр』, Улан-Удэ, 1960.

『Аламжи Мэргэн хубуун Агуй Гоохон дуухэй хоер』, Бурятский героический эпос, Аламжи Мэргэн молодой иего сестрица Агуй Гохон. Новосибирск. 1991.

Ц.Дамдинсүрэн, 『Гэсэр』, 1986.

『Дмитриев П.Д. Гэсэр』, Запись Д. Хилтухина. Набурят. яз., Материалы по бурятскому Фольклору. Улан-удэ. Вып. 1. 1953.

『Дмитриев П.Д. Хаан Сагта абхай』, Запись Д. Хилтухина. На бурят. Яз, Ульгэрнууд, Улан-удэ. 1936.

「蒙古天子」, 『滿鮮日報』, 최남선, 1939.

『格斯尔全书 12卷本』, 内蒙古人民出版社, 斯钦孟和, 2002-2018.

『《格斯尔》影印本全套九函』, 内蒙古文化出版, 2017.

　　　(《格斯尔》 8종 主要 판본 : 北京木刻版《格斯尔》、喀喇沁《格斯尔》、乌苏图召本《格斯尔》、诺姆其哈顿《格斯尔》、隆福寺本《格斯尔》、扎雅《格斯尔》、鄂尔多斯《格斯尔》)

『A Journey in Southern Siberia』, Jeremiah Curtin, Little Brown and Company, Boston, 1909.

『게세르 칸－몽골 대서사시』, 유원수 譯, 사계절, 2007.

『바이칼의 게세르 신화』, 일리야 N. 마다손, 양민종 譯, 솔, 2008.

놈치 하탄本, 1716년(康熙 55년)이라 부기, 몽골아르항가이 아이막, 1930.

북경 木版本, 1716년.

북경 隆福寺 竹板 抄本, 18세기말-19세기 초, 북경 융복사 고서점가, 1954.

오르도스 竹板 抄本, 내몽골 오르도스 지구, 1959.

오스트 조 竹板 抄本, 내몽골 허흐호트 시 외곽의 오스트조사원, 1958.

오이라트 토뜨문자본, 서할하 오이라트 민간연구소, 1889.

자야本 게세르, 자야 후레(지금의 체체를렉 시), 1930년경.

잠스라노本, 새인本, 후레에서 구함, 내몽골인, 1918.

◆ 논저

국내 논저

강상순, 「영웅소설의 형상과 변모 양상 연구」, 고려대학교 대학원, 1991.

권태효, 『한국의 거인설화』, 역락, 2002.

김경나, 「몽골 후례참의 연희 양상과 한국 가면극과의 관련성」, 고려대학교 대학원, 2009.

김기형, 「적벽가의 역사적 전개와 작품세계」, 고려대학교 대학원, 1993.

金東旭, 「書評 韓國敍事文學研究」, 『국어국문학 86』, 1981.

김성환, 『고려시대의 단군전승과 인식』, 경인문화사, 2002.

_____, 「단군 연구사의 정리와 방향」, 『단군학연구 18』, 2008.

김용범, 「영웅서사시 〈게세르 칸〉의 내러티브 연구-글로벌 문화콘텐츠 창작소재로서의 활용성을 중심으로」,
        『한국언어문화 40』, 2009.

김용흥, 「단군·반고신화의 비교연구」, 『연구논문집』, 효성여자대학교, 1979.

김재원, 『檀君神話의 新研究』, 探求堂, 1976.

김정설, 『단군설화집』, 과학백과사전종합출판사, 1998.

김정숙, 「北韓에서의 檀君研究」, 『檀君; 그 理解와 資料』, 서울대학교 출판부, 1994.

김정학, 「檀君說話와 토테미즘」, 『역사학보 7』, 역사학회(檀君神話研究, 온누리 재수록), 1954.

나경수, 『한국의 신화연구』, 교문사, 1993.

노로브남, 「한국과 몽골의 창세신화 비교연구」, 서울대 석사학위논문, 1999.

노태돈, 「북한학계의 고조선사 연구 동향」, 『단군과 고조선사』, 사계절, 2000.

단군학회 編, 『남북학자들이 함께 쓴 단군과 고조선 연구』, 2005.

동북아역사재단, 『고조선·단군·부여 연구논저목록』, 2007.

박광용, 「북한학계의 단군 인식과 '단군릉' 발굴」, 『역사비평 52』, 역사비평사, 2000.

박성수, 「爲堂 鄭寅普의 檀君文化論」, 『동양학 18』, 단국대학교 동양학연구소, 1988.

_____, 「檀君文化論-丹齋와 爲堂을 中心으로」, 『정신문화연구 15-2』, 한국정신문화연구원, 1992.

박소현, 「몽골 서사가의 음악적 연구」, 한양대학교 대학원, 2004.

박원길, 「몽골의 오보 및 오보제」, 『몽골민속현장답사기』, 민속원, 1998.

박종성, 「한국의 본풀이와 구비영웅서사시 비교론, 그 두 측면 : 〈게사르(格薩爾)〉, 〈므윈도(Mwindo)〉,
        〈문국성본풀이〉, 〈가믄장아기본풀이〉를 중심으로」, 『韓國文學會』, 2005.

발터 하이시히, 이평래 譯, 『몽골의 종교』, 소나무, 2003.

복기대, 「홍산문화와 하가점하층문화의 연관성에 관한 시론」, 『한국문화사학회 문화사학 27』, 2007.

서대석, 「구비문학의 비교문학적 연구과제」, 『구비문학연구 1』, 한국구비문학회, 1994.

_____, 「동북아시아 무가의 비교연구」, 『제3회 동아시아 국제 학술 심포지움 : 제1분과 무가 연구의 새로운
        방향과 과제』, 경기대학교, 1996.

_____, 「동북아시아 무가의 대비연구」, 『한반도와 중국 동북 삼성의 역사 문화』, 서울대학교 출판부, 1999.

서영대, 「단군 관련자료」, 『檀君; 그 理解와 資料』, 서울대학교 출판부, 1994.

_____, 「檀君關係 文獻資料 硏究」, 『檀君; 그 理解와 資料』, 서울대학교 출판부, 1994.

_____, 「신화이해의 역사적 변천―북한의 경우를 중심으로―」, 『정신문화연구 78』, 한국정신문화연구, 2000.

석지영, 「六堂 崔南善의 歷史認識; 古代史 硏究를 중심으로」, 『이화사원 27』, 梨大史學會, 1994.

孫晉泰, 『朝鮮民譚集, 鄕土硏究社』, 東京, 1930.

_____, 『朝鮮民族說話의 硏究』, 乙酉文化社, 1947.

신종원, 「단군신화에 보이는 곰의 성격」, 『한국사연구』, 2002.

_____, 「단군신화에 보이는 수목신앙」, 『한국사학사학보』 8, 한국사학사학회, 2003.

신종한, 「구술적 전통에 관한 비교 : 판소리와 벤스설화를 중심으로」, 『몽골학 5』, 1997.

양민종, 「단군신화와 게세르신화」, 『고조선단군학 18』, 2008.

양민종·주은성, 「부리아트 〈게세르〉 서사시판본 비교연구」, 『바이칼의 게세르 신화』, 솔, 2008.

우실하, 『3수 분화의 세계관』, 소나무, 2012.

유려아, 「단군신화와 황제신화의 비교 연구」, 『비교문학 21』, 한국비교문학회, 1996.

유원수, 『몽골비사』, 사계절, 2004.

윤명철, 「壇君神話에 對한 構造的 分析 : 神話素 分析을 中心으로」, 『한국사 176 - 단군학연구 18』.

이선아, 「몽골의 영웅서사시의 전개와 변모 : 신화에서 인터넷게임까지」, 고려대학교 대학원, 2004.

_____, 「〈게세르칸〉 영웅서사시의 한국적 수용 양상」, 『북방문화 1-2』, 2010.

_____, 「〈단군신화〉와 몽골 〈게세르칸〉 서사시의 신화적 성격 비교」, 고려대, 2012.

_____, 「〈단군신화〉와 〈게세르칸〉 서사시의 비교 연구와 쟁점 : 한국 비교신화학 연구에 대한 전망을 중심으로)」, 『몽골학 34』, 한국몽골학회, 2013.

_____, 「韓蒙 英雄神話에서의 天降 理念과 治病 모티프 比較 考察」, 『중앙아시아연구 19-2』, 2014.

_____, 「몽골 신화에서의 눈의 신격화 양상과 의미―산신의 원형 '체게엥 체브덱' 형상을 중심으로―」, 『강원민속학 28』, 강원민속학회, 2014.

_____, 「한·몽 신화에서의 영웅의 형상과 성격 일고찰」, 『외국문학연구 59』, 2015.

_____, 「한몽 민속에서의 두창(痘瘡) 역신(疫神)에 대한 인식 비교」, 『한국민속학 61』, 2015.

_____, 「몽골 게세르칸 영웅신화의 구비본 계보와 전승 양상―내몽골 바아린, 자로오드 지역 전승 현장을 중심으로―」, 『중앙아시아연구 23-1』, 2018.

이선아·이성규, 「몽골 영웅서사시에 나타나는 괴물의 형상과 의미 연구」, 『몽골학 31』, 한국몽골학회, 2011.

이성규, 「북경본 게세르의 몽골어 연구」, 『몽골학 25』, 한국몽골학회, 2008.

_____, 「몽골 게세르 이야기의 판본과 간행」, 『몽골학 30』, 한국몽골학회, 2011.

이안나, 「몽골 고대 서사문학에 나타난 기형 모티프와 신성에 대한 알레고리 1」, 『비교민속학 56』, 2015.

_____, 「몽골 고대 서사문학에 나타난 기형 모티프와 신성에 대한 알레고리 2―외눈박이의 대장장이 화소를 중심으로」, 『몽골학 41』, 2015.

_____, 「몽골 영웅서사시에 나타난 여성 캐릭터의 유형과 특성 : 부랴트 「아바이 게세르」를 중심으로」,

『몽골학 36』, 2014.

_____, 「몽골 영웅서사시의 통섭적 연구」, 민속원, 2016.

이영화, 「崔南善 壇君論의 전개와 그 변화－檀君에서 壇君으로, 壇君에서 檀君으로－」, 『한국사학사학보 5』, 한국사학사학회, 2002.

_____, 「최남선의 단군론과 민족주의」, 『한국 근현대의 상고사 담론과 민족주의』, 한국학중앙연구원, 2005.

이은봉, 「단군시대의 종교적 의미」, 『전통문화』, 1985.10.

_____, 「천손강림과 난생신화의 종교적 의미」, 『광장』, 1985.10.

_____, 「단군신화의 종교적 의미」, 『정신문화연구 32』, 한국정신문화연구원, 1987.

이일섭, 「문화콘텐츠 글로벌 창작 소재 개발 방안 연구 : 몽골 서사시 〈게세르 칸〉 사례를 중심으로」, 한양대학교 산업경영디자인대학원, 2009.

이재원, 「북한의 단군신화 인식에 대한 연구」, 『단군학연구』 13, 단군학회, 2005.

이정재, 「檀君神話 硏究의 現況과 課題－神話素 분석의 새로운 접근과 檀君信仰考－」, 『韓國宗敎史硏究 5』, 韓國宗敎史學會, 1997.

_____, 「단군신화 이본연구(Ⅰ)－혼인, 출생 신화소를 중심으로－」, 『한국문화연구 2』, 경희대 민속학연구소, 1999.

_____, 「단군신화 이본연구(Ⅱ)－천상계와 지상계의 신을 중심으로－」, 『한국문화연구 3』, 경희대 민속학연구소, 2000.

이지영, 『韓國神話의 神格 由來에 관한 硏究』, 태학사, 1995.

_____, 『한국 건국 신화의 실상과 이해』, 월인, 2000.

이필영, 「단군신화의 기본구조」, 『백산학보』 26, 백산학회, 1981.

임채우, 『한국의 단군 영정』, 단군학총서01, 덕주, 2019.

장두식, 『한·몽 서사문학의 비교와 해부』, 민속원, 2017.

조동일, 『한국문학과 세계문학』, 지식산업사, 1991.

_____, 『동아시아 구비서사시의 양상과 변천』, 문학과 지성사, 1997.

조지훈, 『한국문화사 서설』, 탐구신서, 1989.

조현설, 「동아시아 신화학의 여명과 근대적 심상지리의 형성－시라토리 쿠라키치, 최남선, 마오둔(茅盾)을 중심으로」, 『민족문학사연구 16』, 민족문학사학회, 2000.

_____, 『동아시아 건국 신화의 역사와 논리』, 문학과 지성사, 2003.

_____, 「근대계몽기 단군신화의 탈신화화와 재신화화」, 『민족문학사연구 32』, 민족문학사학회, 2006.

_____, 「여러 얼굴을 지닌 단군신화」, 『한국의 고전을 읽는다』, 휴머니스트, 2006.

曺喜雄, 『韓國說話의 類型』, 一潮閣, 1996.

주승택, 「북방계 건국신화의 체계에 대한 시론」, 『관악어문논총』 7, 서울대학교 국어국문학과, 1982.

직지마, 「몽·한 괴물퇴치설화의 대비 연구」, 숭실대학교 대학원, 2011.

최남선, 「단군신전의 고의 1-10」, 『동아일보』, 1928.1.1.-1.12.

_____, 「몽고천자」, 『滿鮮日報』, 1939.

최병헌, 「고려시대 檀君神話 傳承文獻의 檢討」, 『檀君; 그 理解와 資料』, 서울대학교 출판부, 1994.

최원오, 『동아시아 비교서사시학』, 도서출판 월인, 2001.

_____, 「신화·서사시 연구의 반성과 전망」, 『구비문학연구 15』, 한국구비문학회, 2002.

_____, 「동북아신화에서의 '惡, 또는 부정적 존재들'에 대한 비교신화학적 이해」, 『韓國文學論叢 54』, 2010.

한국정신문화연구원, 『단군·단군신화·단군신앙』, 고려원, 1992.

허흥식, 「단군신화와 동아시아 민족 토템에서 범의 위상」, 『동아시아 역사상과 우리문화의 형성』, 한국학중앙
　　　연구원, 2005.

홍기문, 「단군신화」, 『北韓學界의 檀君神話 硏究』, 백산자료원, 1995.

洪一植, 『六堂硏究』, 日新社, 1959.

황패강, 『한국서사문학연구』, 단국대학교 출판부, 1972.

_____, 「동북아시아 무가의 대비연구」, 『한반도와 중국 동북 삼성의 역사 문화』, 서울대학교 출판부, 1999.

N.포페, 최형원 譯, 「몽골본 게세르칸의 언어적 특징들에 관한 연구」, 『몽골학 7』, 한국몽골학회, 1998.

국외 논저

『Алтан цээжтэй мөнгөн бөгстэй』.

『Буриад Гэсэрийн тууж』, Бээжин, 1989.

『Галзуу хар хөхөл туулийн гар бичмэл』.

『Жангар』, Мүгдэн, 1958.

『Жангар』,Үрэмч, Хөх хот, 1986, 1987, 1980, 1990.

『Жангарын тухай өгүүлэх нь』, Шинжаан, 1982.

『Жангарын тухай өгүүлэх нь』, Шинжаан, 1994.

『Жангарын тухай өгүүлэх нь』, Шинжаан, 1995.

『Зүүдний нууц тайлал』, 2000, №1.

『Идээн ундаан гэдэг хааны хөвүүн』.

『Монгол улсын угсаатны зүй』, УБ, 1996.

『Монгол үндэстний утга зохиолын материалын эмхтгэл』, 1982.

『Наран хаан хүү』.

『Ойрад гэсэр』, Үрэмч, 1991.

『Пажай Гэсэрийн тууж』, Бээжин, 1989.

『Популярная художественная энциклопедия』, Москва, 1986.

『Төв азийн тууль』, УБ, 1998.

『Хаан төгсийн хүү ширээт мэргэн. Гурван настай гунан улаан баатар』, Өвөр монголын
　　　ардын хэвлэлийн хороо, 1980.

『Хан харангуй』, Өвөр монгол, 1962.

『Цэргийн цагаан хааан』

А.Амар, 『Арван зүгийн эзэн Гэсэр хааны тууж оршвой』, Өвөр монгол, 1955, 1956.

＿＿＿＿, 『Монголын товч түүх』, УБ, 1957.

＿＿＿＿, 『Аман зохиол судлал』, УБ, 1978(1977).

＿＿＿＿, 『Асар цагаан хайчин』, Өвөр монголын ардын хэвлэлийн хороо, 1979.

А.Боборовников, 『Джангар』, СПб, 1855(Ч.XII. Кн.5).

А.В.Бурдуков Ойрад халимагийн туульчид., 『Монгол ардын баатарлаг туульсын учир』, УБ, 1966.

А.В.Бурдукова, 『К вопросу об изучении ойратских сказителей』.

А.В.Кудияров, 『К вопросу о монгольских записях "Джангара"』, Москва, 1977.

＿＿＿＿＿＿, 『Вопросы стиля калмыцкого эпоса в свете тюркоязычных традиций』, 1982, №3.

＿＿＿＿＿＿, 『Художественный стиль калмыцкого эпоса "Джангар" ивопросы его исторической интерпретации』, Москва, 1983.

А.Д.Руднев Ха-Ошир, 『Перевод отрывка бурятской былини』, Ленинград, 1925(Сб. МДЭ. Т. V.Вып.2).

А.Д.Руднев, 『Хори-бурятский говор』.

А.Дамдинсүрэн, 『Монголын зэвсгийн товч түүх』, УБ, 1990.

А.И.Шадаев, 『Бурят - Монгол ульгэр ба онтохонуудай сборник』, Улан-Удэ, 1941.

А.К.Богданов, 『Белины』.

А.М.Позднеев, 『"Джангар" Героическая поэма калмыцков, с приложением вновь открытой и впервые издаваемой третьей главы, в оригинальном калмыцком тексте』, СПб, 1911.

＿＿＿＿＿＿, 『Калмыцкая хрестоматия для чтения в старших классах калмыцких народных школь』, СПб, 1892(изд.1-е), 1907(изд.2-е), 1915(изд.3-е).

＿＿＿＿＿＿, 『Отрывок из гысырхана』.

А.П.Беннитсен, 『Легенды и сказки Центральной Азии』, СПб, 1912.

А.С.Кичиков, 『Великий певец "Джангара"』, 1969.

＿＿＿＿＿＿, 『Сюжет исцеления богатыря в эпосе народов Саяно-Алтайского нагорья』, Ленинград, 1975.

＿＿＿＿＿＿, 『О тууль улигерном эпосе (к постановке впроса)』, 1978.

＿＿＿＿＿＿, 『От составителя Джангар』, 1978.а.

＿＿＿＿＿＿, 『Халимг баатьрлыг дуулвьр』, Москва, 1978.

А.Тайван эмхтгэв, 『Зураг шаргал морьтой Зул алдар хаан』, Шинжаан, 1980(1982).

А.Уланов, 『Характеристике героического эпоса бурят』, Улан-Удэ, 1957.

_____, 『Бурятская унгинская версия "Гесера"』, Москва, 1960.

_____, 『Бурятский героический эпом』, Улан-Удэ, 1963.

_____, 『Бурятские улигеры』, Улан-Удэ, 1968.

_____, 『Древний фольклор бурят』, Улан-Удэ, 1974.

А.Ш.Кичиков, 『К вопросу о происхождении названия эпоса "Джангар"』, Элиста, 1962.

_____, 『Версии и песни "Джангара"』, Элиста, 1967.

_____, 『О тувинской богатырской сказке "Богда Чангар хаан"』, Элиста, 1973.

_____, 『Исследоание героического эпоса "Джангар"(вопросы исторической поэтики)』, Элиста, 1976.

_____, 『"Джангар" современных джунгарских ойратов(К вопросу о соотношении традиции)』, Элиста, 1981.

Аристотель, 『Об искусстве』, Мовква, 1957.

Б. Дугаров, 『Монголчуудын уламжлалт домог-туурвилзүй дэх Гэсэрийн дүрийн га рвал зүйн ту хайд』, 『한국몽골학회 한몽수교20주년기념학술대회발표문』, 2010.

Б.Б.Бамбаев, 『Отчет о командировке в Монголию летом 1926 года. Предварительный отчёт лингвистической экспедиции в Северную Монголию за. 1926』, Ленинград, 1929.

Б.Дамиранжав, 『Дөш төмөр Гэндэн, Сааль мэргэн болон Саадаг мэргэн』, Бээжэн, 1996.

_____, 『Ойрадын баатарлаг туульс』, УБ, 1997.

_____, 『Ойрадын баатарлаг үлгэрийн онцлог шинж』, УБ, 1997.

Б.Дамиранжав Ж.Ринчендорж, 『Ах дүү, Зургаадай мэргэн』, Өвөр монгол, 1998.

Б.Катуу, 『Билгүүн төгөлдөр их Парчин』, УБ, 1977.

_____, 『Бужин даваа』, УБ, 1982.

_____, 『Бум эрдэнэ』, УБ, 1985.

_____, 『Даньхүрэл』, УБ, 1986.

_____, 『Нэгэн туулийн нэрийн учир』, УБ, 1987.

_____, 『Туулийн оршил магтаалын тухай』, УБ, 1987(1984).

_____, 『Бум эрдэнийн туулийн гурван хувилбарын тухай』, УБ, 1991, №2.

_____, 『Торгууд захчин ардын тууль, үлгэр』, Ховд, 1991.

_____, 『Дөрвөд ардын тууль』, УБ, 1996.

_____, 『Монгол туульсын бэлгэдэл』, УБ, 1996(1997).

_____, 『Жангар тууль дахь зэв зэвсгийн тухай』, 1997.

_____, 『Алдарт туульч С.Чойсүрэнгийн туулийн хэлбэр бүтэц』, 1998.

_____, 『Жангар туулийн нэгэн нэрийн тухай』, Ховд, 1998.

_____, 『Монгол тууль дахь эрхий хурууны шүтлэгийн учир холбогдол』, Ховд, 1998.

_____, 『Монгол туульсын мангас хэмээх үгийн утгын тухай』, Ховд, 1998.

_____, 『Монгол тууль судлалын зарим асуудал』, Ховд, 1999.

_____, 『Алтайн урианхайн тууль』, УБ, 2001.

_____, 『Баяд ардын тууль』, УБ, 2001.

_____, 『Монгол тууль судлалын түүхэн тойм』, 『Аман зохиол судлал』, 2003.

_____, 『Монгол туулийн дүрийн тогтолцоо』, Мөнхийн үсэг, 2004.

Б.Катуу · Р.Нарантуяа, 『Дуутай мөндөр』, УБ, 1989.

Б.Л.Рифтин, 『Синьцзянская версия монгольской эпической поэмы о Хонгоре』, 1980.

Б.Пунцагдорж, 『Алтайн урианхайн аман зохиолын цомирлог』, Өлгий, 1990.

Б.Ринчен, 『Ардын туульч Баглай』, 1944.

_____, 『Манай ардын туульс』, УБ, 1966.

_____, 『Культ исторических персонажей в монгольском шаманстве』, Вкн, Новосибирск. Наука, 1975.

_____, 『Парчины тууль судалж орос хэлнээ орчуулсан нь』, УБ, 1997.

Б.Содном, 『Мал аж ахуйн холбогдолтой ардын аман зохиол』, УБ, 1956.

Б.Сумдяабаатар, 『Монгол Солонгос туургатны угсаа гарал, хэлний холбооны асуудалд』, УБ, 1975.

Б.Сумъяабаатар, 『Гэсэрийн тухай』, 1972.

Б.Төгсбаяр, 『Хятадын тэмдэглэл дахь мангасын дүр』, Хөх хот, 1997.

Б.Цэрэл, 『Алтай хайлах』, Улаантом, 1964.

Б.Я.Владимирцов, 『Монголо-Ойратский героический эпос』, Москва, 1923.

_____, 『Монголо-Ойратский героический эпос』, Пб, 1923.

_____, 『Образцы Монгольской народной словесности』, Ленинград, 1926.

_____, 『Об отношении монгольского языка и индоевропейским языком』, Москва, 1928.

_____, 『Монгол ардын баатарлаг туульсын учир』, УБ, 1966.

Балдан эмхтгэв, 『Авай Гэсэр Хөвүүн』, Өвөр монгол, 1982.

Бүрэнтөгс голлон найруулав, 『Монголын зан үйлийн нэвтэрхий толь』, Өвөр монголын шинжлэх ухаан, техник-мэргэжлийн хэвлэлийг хороо, 1997.

В.А.Закруткин, 『Калмыцкий эпос Джангар』, Ростов-на-Дону, 1940.

В.В.Анинин, 『Русская народная сказка』, Мовква, 1959.

В.В.Виноградов, 『Борьба за стиль』, Ленинград, 1937.

В.Г.Белинский, 『Пол.Соб.Соч.т.5』, Москва, 1975.

В.И.Ленин, 『О литературе и искусстве』, Москва, 1957.

В.Котвич, 『Таки Зула хани үлдүл Тансаг Бумба хаани ачи Үзүн Алдар хаани кебүүн үйен өнчин Жангарын арбан бөлөг』, СПб, 1910.

В.Л.Котвич, 『Джангара иджангарчи. Филология и история монгольских народов』, Москва, 1958.

В.М.Жирмунский, 『Тюркский героический эпос』, Москва, 1960.

_____, 『Народный героический эпос』, М- Л, 1962.

В.Мезенцев, 『Гайхамшигийн нэвтэрхий толь』, УБ, 1988.

В.Сайнцогт, 『Монголчуудын баларлаг шүтлэгийн хөгжилт』, 1994, №4.

Валлона Рахус, 『Будда чухам юу сургасан нь』, УБ, 2000.

Ван хүй Хува, 『Монгол ардын аман зохиол дахь сүг сүнсний тухай шинжлэх нь』, 1992, №4.

Г.Багаева(Ч.Лхамсүрэн ред), 『Ардын аман зохиолын эмхтгэл』, УБ, 1949.

_____, 『Баатруудын тууль』, Өвөр монгол, 1960.

Г.Буянбат, 『Мангасын өнгө зүс』, 1988, №2.

Г.Гантогтох, 『Бум эрдэнэ тууль дах "Шорлог" гэдэг үгийн тухай』, УБ, 1998.

Г.Д.Санжеев, 『По этапам развития бурят-монгольского героическогоэпоса』, М-Л, 1936.

_____, 『Эпос северных бурят』, М-Л, 1936[a].

_____, 『Народное творчество бурят монголов』, 1936[b].

_____, 『Монгольская повесть о хане Харангуй』, М-Л, 1937(ТИВАН.Т.XXII).

_____, 『Илиада калмыцкого народа』, 1941.

_____, 『Кызыльская рукопись монгольской эпической повести "Хан харангуй"
Тюрко-Монгольское языкознание и фольклористика』, Москва, 1960.

Г.Жамьян, 『Сүнстэй нөхцсөн хүн』, УБ, 1995.

Г.И.Михайлов, 『К вопросу об эволюции мрнгольского героического эпоса』, Москва, 1960.

_____, 『"Сокровенное сказание" и "Алтан товч"』, Улан-Удэ, 1962.

_____, 『О времени возникновения былин монгольских народов』, Элиста, 1962[a].

_____, 『Луу и лус в произведениях героического эпоса монгольских народов』, 63(1963).

_____, 『Мифы в героическом эпосе монгольских народов』, 83(1964).

_____, 『Об эволюции героического эпоса мрнгольских народов』, УБ, 1967.

_____, 『Литературное наследство монголов』, Москва, 1969.

_____, 『Джангариада и Гесериада』, 1969[a].

_____, 『Древняя поэзия и средневековая литература Монголии』, Москва, 1969[a].

_____, 『Литературное наследие монгольских народов』, Москва, 1970.

_____, 『Проблемы фольклора монгольских народов』, Элиста, 1971.

_____, 『Калмыцкий "Джангар" и мифы』, 1976.

_____, 『Предисловие. Джангар』, 1978.

_____, 『Два цикла "Джангар" (опыт сравнительного изучения)』, 1980.

_____, 『Древняя поэзияЭлиста』, 1981.

Г.И.Рамстедт, 『О монгольских былинах』, Иркутск, 1902.

_____, 『Джангар』, СПб, 1911.

Г.Ловор, 『Хүн болгон унших л ном』, УБ, 2002.

Г.Н.Потанин, 『Очерки северо-Западной Монголии』, СПб, Вып.2.1881; Вып.4.1883.

_____, 『Тангустко-Тибетская окраинка Китая и центральная Монголия』, СПб, 1883.

Г.Нандинбилэг, 『Монгол баатарлаг туульс дахь сайхны тухай үзэл』, УБ, 2001.

Г.Пүрэвбат, 『Чандарлах нь бурхны өмнө сайн эд болгон өргөж байна гэсэн үг』, 2003, №094, 095.

Г.Ринченсамбуу, 『Монгол ардын баатарлаг туульс』, УБ, 1960.

_____, 『Хоёр барил, хоёр авьяас』, 1965, №359.

_____, 『Монгол туулийг үелэх асуудалд』, УБ, 1994.

_____, 『Монгол туульсын авхай дагинасын дүрийн гоо сайхан』, УБ, 1998.

Г.Сүхбаатар, 『Сяньби нарын угсаа гарал, соёл аж ахуйн нийгмийн байгуулал, нэн эртнээс МЭ IY зуун』, УБ, 1971.

_____, 『Сяньби』, УБ, 1971.

_____, 『Монголчуудын эртний өвөг』, УБ, 1980.

_____, 『Монгол Нирун улс』, УБ, 1992.

Г.Э.Лессинг, 『Гамбургская драматургия』, М-Л, 1936.

Г.Эрдэнэ-Очир, 『Эх хэл ардын сурган хүмүүжүүлэх зүйн их өв』, УБ, 1979.5.

Ганжууржав нар эмхтгэв, 『Гурван настай гунан улаан баатар』, Өвөр монгол, 1976.

Д.Г.Дамдинов, 『Улигеры ононских хамниган』, Новосибирск, 1982.

Д.Гонгор, 『Халх монголчуудын ураг төрлийг тогтолцоо』, УБ, 1976.

Д.Д.Гомбоин, 『Образы зооантропоморфных враглв в эхирит-булагатских улигерах』, 1982.

Д.Ёндон, 『М.Парчины авъасын нэг тал』, УБ, 1988.

_____, 『М.Парчины урын санг тодруулах асуудалд』, УБ, 1997.

Д.Майдар Л.Дарьсүрэн, 『Гэр』, УБ, 1976.

Д.Мансан, 『Монгол бөө мөргөл』, Өвөр монгол, 1990.

Д.С.Дугаров, 『Бурятские версии "Джангара"』, 1978.

Д.Туяа, 『Жангар дахь мангасын сүнс орших орон байрын тухай』, Үрэмч, 1997, №1.

Д.Усов, 『Джангара』, Астрахань, 1922, 2-3.

Д.Цэнд, 『Алдарт туульч Парчинтай холбогдсон мэдээ』, УБ, 1997.

Д.Цэрэнсодном, 『Шилэн галзуу баатар хүү』, УБ, 1959, №3.

_____, 『Хуурын татлага туультай холбогдох нь』, УБ, 1977(1976).

_____, 『Монгол ардын үлгэр』, УБ, 1982.

_____, 『Хан харангуй туулийн нэрийн гарал үүслийн асуудалд』, УБ, 1984, №2.

_____, 『Монгол домог туулийн гарал үүслийн асуудалд』, УБ, 1987(1984).

_____, 『Монгол туулийн судлалын асуудалд』, УБ, 1987.

_____, 『Монгол уран зохиол (XIII-XX зууны эх)』, УБ, 1987.

_____, 『Монгол туульсын зохиол дахь домог үлгэрийн ойлголт』, УБ, 1988.

_____, 『Монгол ардын домог үлгэр』, УБ, 1991.

_____, 『Алдарт туульч Парчин, А.Бурдуков хоёр』, УБ, 1997.

_____, 『Туульсын уран бүтээлд холбогдох шинэ олдвор』, УБ, 1997.

_____, 『Монголын нууц товчоо』, УБ, 2000.

Е.М.Мелетинский, 『Происхождение героического эпоса』, Москва, 1962.

Ж.Бат-ирээдүй Ч.Арьяасүрэн, 『Монгол ёс заншлын их тайлбар толь』, УБ, 1999.

Ж.Надмид, 『Монгол ардын үлгэр』, УБ, 1957.

Ж.Ринчендорж, 『Барга ардын баатарлагийн туулийн үүсэл』, Бээжин, 1980.

_____, 『Наран хааны тууж』, Бээжин, 1981.

_____, 『Жангар хийгээд Мангасын нийтлэг шинжийн тухай』, УБ, 1988.

_____, 『Жангарын буй болсон үндэстний соёлын эх сурвалж』, УБ, 1991, №2.

Ж.Саруулбуян, 『Өвөр монголчуудын утга соёл дахь морь дүрсэлгээ』, УБ, 2002.

Ж.Цолоо У.Загдсүрэн, 『Баруун монголын баатарлаг туульс』, УБ, 1966.

Ж.Цолоо, 『Урианхайн туульчид』, 1972.

_____, 『Жангарын туулийн шинэ судалгаа』, 1978, №2.

_____, 『Монгол ардын баатарлаг тууль』, УБ, 1982.

_____, 『Хилэнгийн тал』, УБ, 1979, 1982.

_____, 『Арван гурван хүлгийн дуун』, УБ, 1997.

Ж.Цэвээн, 『Монголын баатарлаг туульсын тухай тэмдэглэл』, УБ, 1966.

И.В.Пухов, 『Якутский героический эпос олонхо』, Москва, 1962.

К.В.Вяткина, 『Монголы МНР вып』, Москва, 1960.

К.М.Герасимова, 『Композиционные построения в ламаитской иконографии』, Улан-Үдэ, 1968.

Л.Баатарчулуун, 『Монгол тууль дахь ур ухааны тусгал』, УБ, 1998.

Л.Лёринц, 『"Хурин Алтай" и "Еренсэй"』, Москва, 1974.

Л.Н.Тимофеев, 『Основы теории литературы』, Москва, 1976.

Л.С.Бурчинова, 『Истоки джангароведения в России』, Москва, 1982.

Л.Түдэв, 『Утга зохиолын хөгжлийн асуудлууд』, УБ, 1971.

_____, 『Монголын уран зохиолын үндэсний болоод нийтлэг шинж』, УБ, 1975.

_____, 『Аман хууль』, УБ, 2000.

Л.Хүрэлбаатар, 『Монгол тууль дахь буддын аяс』, УБ, 1998.

Л.Я.Штернберг, 『Семья и род』, Ленинград, 1983.

Лувсан-Иш, 『Blo bzang ye sheslchos skyong dregs pa lcam srin gi mngon rtogs dkkand bahags dsgul dang bcas』.

Лувсандагва, 『Blo bzang grags pelgsang ba'l bdag po na rdo rje'l bstod bskul dang bcas』.

Лха.Туяабаатар, 『Алтайн урианхайн баатарлагийн туульс, түүний эх сурвалж, өвөрмөц шинж』, Өлгий, 1995.

Лха.Туяабаатар, 『Үнэн ганц л байдаг』, Ховд, 2000.

М.А.Каплин, 『Основные жанры нанайского фольклора』, Москва, 1958.

М.Базаррагчаа, 『Монгол үгийн гарлыг мөшгөх нь』, УБ, 1992.234

М.В.Гамезо·И.А.Домащенко, Монгол хэлнээ орчуулсан О.Мягмар·Ч.Санжмятав, 『Сэтгэл судлалын атлас』Москва, росвещение Ховд, 1986,1990.

М.Горький, 『О литературе』, Москва, 1955.

М.И.Тулоханов, 『Профессор Г.Д.Санжеев как фольклорист』, 1978.

М.Н.Забанов, 『Бытовые черты в эпических произведениях эхирит-булагатов』, Верхнеудинск, 1929.

М.Н.Хангалов, 『Собрание сочинений』, Улан-Удэ, 1958-1960.

М.Өлзий, 『Монгол, Төвд "Гэсэр"-ийн харьцаа』, Бээжин, 1991.

М.П.Хомонов, 『Бурятский героический эпос "Гэсэр"』, Улан-Удэ, 1976.

_____, 『О взаимосвязи улигеров "Гэсэр" н "Еренсей" Исследования по бурятской Филолгии』, Улан-Удэ, 1978.

_____, 『Буриад Гэсэрийн тууж』, Өвөр монгол, 1989.

М.Цэдэндорж, 『Монгол ардын баатарлаг туульсын тухай』, УБ, 1975.

Мандах, 『Ардын аман зохиолын онол』, Өвөр монголын монгол бичиг хэвлэх үйлдвэр, 1992.

Марк-Доминик Эвен, 『Профессор Роберт амайны Тууль судлалын арга зүйн үзэл』, УБ, 1998.

Марко Поло, 『Орчлонгийн элдэв сонин』, УБ, 1997.

Михайлов Джамбинова, 『История кальмыцкой литературы Элиста』, 1981.

Н.Б.Сангаджиева, 『Джангарчи』, Элиста, 1967.

_____, 『Сказитель Мукебюн Басангов и его "Джангар"』, Москва, 1971.

_____, 『Эпический репертуар джангарчи М.Басангова』, Элиста, 1976.

Н.Н.Поппе, 『О некоторых новых главах "Гесер Хана"』, 1927.

_____, 『Аларский говор』, Ленинград, 1931(МКИ.Вып.13).

_____, 『Описание монгольских шаманских рукописей Ин-Та востоковедения』, Зап.ИВАН, 1932 №2.

_____, 『Произведения народной словесности халха-монголов.Северо_халхаское наречие』,

Ленинград, 1932.

_____, 『Язык и колхозная поэзия бурят-Монголов Селенгикского аймака』, Ленинград, 1934[a].

_____, 『Бурят-Монгольский фольклорный и диалектологический сборник』, М-Л, 1936 (ТИВАН.Т.21).

_____, 『Халха-Монгольский героический эпос』, М-Л, 1937(ТИВАН.Т.26).

_____, 『Об отношении бурят-монгольского Гесера к монгольской книжной версии』, 1941.

Н.О.Шаракшинова (сост.), 『Героический эпос о Гесере』, Иркутск, 1969.

Н.О.Шаракшинова, 『К вопросу о пережитках матриархата в героическом эпосе бурят. Филология и история монгольских народов』, Москва, 1958.

_____, 『Унгинский сказатель И.А.хангалов.-"Труды Иркутского гос. Университета"』, Т.62, Иркутск, 1969[a].

_____, 『Космогонические представления в эпосе монгольских народов』, Сибири и дального востока, 1978.

_____, 『Из истории записи, публикации и изучение монгольских версий "Джангара"』, 1982.

_____, 『Героический эпос бурят』, Иркутск, 1986.

Н.Ц.Биткеев, 『Типические места песен эпического репертуара и исполнителей "школы" джангарчи Ээлян Овла (к проблеме эпической традиции).-Типологические и художественные особенности "Джангара"』, 1978.

_____, 『Поэтическое искусство джангарчи (Эпический репертуар Ээлян Овла. Певец и традиция)』, Элиста, 1982.

О.Жагар, 『Жангарын туулийн судлал』, Өвөр монгол, 1993.

О.Намнандорж, 『Хилин галзуу баатар』, УБ, 1960.

О.Пүрэв, 『Монголын бөөгийн шашин』, УБ, 1999.

О.Сүхбаатар, 『Монгол хэлний харь үгийн толь』, УБ, 1997.

П.Поуха, 『Халимагийн тууль Жангарын тухай』, УБ, 1962.

П.Хорлоо, 『Монгол туульсын судалгааны зарим асуудал』, УБ, 1968(1967).

_____, 『Халх ардын тууль ба түүний онцлог』, УБ, 1969.

_____, 『Монгол ардын баатарлаг туульсын уламжлал ба онцлог』, УБ, 1985, №2.

_____, 『Ард түмэн аман зохиол』, УБ, 1987.

_____, 『Монгол туульс дахь "Vajrapani" бурхны дүрийн учир』, УБ, 1988.

_____, 『Гэсэр туулийн нэг эхтэй, хоёр урсгалтайн асуудалд』, УБ, 1991, №1.

_____, 『Жангар туульсын гарлын асуудалд』, УБ, 1991, №2.

_____, 『Парчин туульч ба Бум эрдэнэ』, УБ, 1997.

_____, 『Монгол аман зохиол дахь гоо сайхны сэтгэлгээ』, УБ, 2001.

П.Ядамсүрэн, 『Дарьгангын хуримын зан үйлээс』, УБ, 1968.

Плано Карпини, 『Монголчуудын түүх』, УБ, 1988.

Р.Нарантуяа, 『Монголын нууц товчоонд "Хүргэдээ талбих" ёсаншил тэмдэглэсэн тухай』, УБ, 1974.

_____, 『Аргил цагаан өвгөн』, УБ, 1985.

_____, 『Эрийн сайн Хан харангуй』, УБ, 1986.

_____, 『Урианхай туульс』, УБ, 1987.

_____, 『Монгол туулийн бүртгэл』, УБ, 1988.

_____, 『Халх ардын тууль』, УБ, 1991.

_____, 『Монголын туулийн хөгжилд М.Парчингийн оруулсан хувь нэмэр』, УБ, 1997.

_____, 『Туурвил зүйн онол судалгааны асуудалд』, УБ, 1998.

_____, 『Монголын туулийн аман ба бичмэл хубилбарын шүтэлцээ』, УБ, 1999.

Р.С.Липец, 『Образы батыра и его коня в тюрко-монгольском эпосе』, Москва, 1974.

_____, 『Литературный энциклопедический словарь』, Москва, 1987.

Р.Уэллек Уоррен, 『Уран зохиолын онол』, УБ, 1998.

Р.Чүлтэмсүрэн, 『Парчин туульчын уран чадвар』, УБ, 1998.

Рашид-ад-дин, 『Спорник летописей』, М-Л, 1952.

_____, 『Судрын чуулган』, УБ, 1994.

Ринчендорж эмтхгэв, 『Шилэн галзуу баатар хүү』, Хар мөрөн, 1978.

Рона-таш, 『Последам кочевников』, Москва, 1964.

С.А.Козин, 『Гесериада, сказание о милостивом Гесер мерген-хане искоренителе десяти зол о десяти странах света』, М-Л, 1935.

_____, 『Джангарида, Героическая поэма Калмыцков』, М-Л, 1940.

_____, 『Сокравенное сказание монгольская хроника1240г. Юань чао биши』, М-Л, 1941.

_____, 『Эпос монгольских народов. Литературно художественный альминах "Байкал"』, М-Л. Улан-Үдэ, 1948. 1949. Кн.1.

С.Байгалсайхан, 『Баян цагаан өвгөн туулийн гар бичмэл』, УБ, 1998.

_____, 『Уран дүрийн онолын лекцүүд』, УБ, 1998.

С.Бат-эрдэнэ, 『Буган хөшөө түүний хэлбэр』, УБ, 1997.

С.Дулам, 『Монгол домог зүйн дүр』, УБ, 1989.

_____, 『Монголчуудын эртний шүлгийн хэлбэр』, УБ, 1998.

_____, 『Тооны бэлгэдэл』, УБ, 1999.

_____, 『Өнгөний бэлгэдэл зүй. Зүг чигийн бэлгэдэл зүй』, УБ, 2000.

_____, 『Дүрсийн бэлгэдэл. Дохио зангааны бэлгэдэл зүй』, УБ, 2001.

_____, 『Цагийн бэлгэдэл зүй. Зүүд совингийн бэлгэдэл зүй』, УБ, 2001.

С.Лувсанбалдан У.Загдсүрэн Д.Цэдэв Ж.Цолоо, 『Халх ардын тууль』, УБ, 1967.

С.Лувсанбалдан, 『Монголын уран зохиолын гол баатар』, УБ, 1965.

_____, 『Туульч шинжээч хоёр』, УБ, 2000.

С.П.Балдаев, 『Буряат арадай аман зохеолой туубэри』, Улан-Удэ, 1960.

_____, 『Избранное』, Улан-Үдэ, 1961.

_____, 『Бурятские свадебные обряды』, Улан-Үдэ, 1975.

С.С.Суразаков, 『Алтайский героический эпос』, Москва, 1985.

С.Т.Толстов, 『Пережитики тотемизма и дуальные организации у Туркмен』, Москва, 1935.

С.Ш.Чагдуров, 『Происхождение Гесериады』, Новосибирск, 1980.

С.Ю.Неклюдов Б.Л.Рифтин, 『Мифо-эпический каталог как жанрвосточномонгольского фольклора』, Москва, 1979.

С.Ю.Неклюдов, 『Черты общности и своеобразия в центральноазиатском эпосе』, 1972, №3.

_____, 『К вопросыу об описании "эмоциолнальной рейкции" былинного персонажа』, Тарту, 1973.

_____, 『Исторические взаимосвязи тюрко-монгольских традиций и проблема восточных влияний в европейском эпосе』, Москва, 1974.

_____, 『"Героическое детство" в эпосах Востока и ЗападаМосква』, 1974[a].

_____, 『Богатырская сказка. Тематический диапазон и сюжетная структура』, Москва, 1975.

_____ Б.Л.Рифтин, 『Новые материалы по монгольскому фольклору』, 1976, №2.

_____, 『О функционально-сематической природе знака в повествовательном фольклоре』, Москва, 1977.

_____, 『Сказание о Гесере в восточномонгольской эпической традиции』, 1977[a].

_____, 『О стилистической организации монгольской "Гесериады"』, Москва, 1978.

_____, 『Заметки о мифологической и фольклорно-эпической символике у монгольских народов : символика золота』, 1980.

_____, 『Небесный охотник в мифах и эпосе тюрко-монгольских народов』, Москва, 1980[a].

_____, 『Мифология тюркских и монгольских народов』, Москва Наука, 1981.

_____, 『Новые материалы по монгольскому эпосу и проблема Развития народных повествовальных традиций』, 1981, №4.

С.Ю.Неклюдов Ж.Тумурцерен, 『Монгольские сказания о Гесере Москва』, 1982.

Сост. А.Ш.Кичиков, 『Джангар』, Москва, 1978.

Сүхбадрах, 『Монгол үндэсний язгуур үүсэл』, Өвөр монгол, 1988.

Т.А.Бурдуков Ойрадын нэрт туульч Парчин., 『Монгол ардын баатарлаг туульсын учир』, УБ, 1966.

Т.Бадам, Буянхишиг нар эмхтгэв, 『Жангар』, Үрэмч, Хөх хот, 1980, 1982.

Т.Балсан, 『Баруун монголын Парчин туульч』, 1962 , №2.

Т.Баясгалан, 『Жангар тууль дахь тоног авах ёсны ул мөр』, УБ, 2000.

_____, 『Жангар туулийг судалсан тойм』, УБ, 2001.

_____, 『Эрийн сайн Хан Харангуй』, УБ, 2002.

Т.Г.Борджанова, 『О поэтике ойратского героического эпоса (сравнение, гипербола, элементы фантастики.)』, 1976.

_____, 『О жанровой специфике монголо-ойратского героического эпоса』, 1978.

_____, 『Проблемы поэтики монголо-ойратского героического эпоса』, Москва, 1979.

_____, 『Две записи ойратской эпопеи "Бум эрдэнэ"』, 1981.

_____, 『Вопросу изучения ойратской эпической традиции』, 1982.

Т.Дүгэрсүрэн, 『Жангар』, УБ, 1963.

Т.Жамц, 『Тууль Жангарын учир』, Шинжаан, 1997.

Т.Мандала, 『Үл үзэгдэгч ихрүүд буюу сүнсний физик шинжийн тухай』, 1998.3.11, №50(344).

Т.Өргөн, 『Алтан шүүрт хаан』, Үндэсний хэвлэлийн хороо, 1984.

Т.Санжмятав, 『Монгол хадны зураг』, УБ, 1995.

У.З.Эрдниев, 『Калмыки (Историко-этнографические очерки) листа』, Москва, 1970.

У.Загдарсүрэн, 『Прославленый сказатель-певец Мандиханы Парчин "Современная Монголия"』, УБ, 1966, №1.

_____, 『Регионы распространения эпического произведения "Джангар" типологические и художественные особенности "Джангар"』, 1978.

У.Загдсүрэн, 『Туульч М.Парчины амьдрал уран бүтээлийн тухай』, УБ, 1966.

_____, 『Туульч Увхийн Бат』, УБ, 1967.

_____, 『Монголын туулийг сурвалжлан тэмдэглэж байсан нь』, УБ, 1968.

_____, 『Монгол ардын үлгэр』, УБ, 1969.

_____, 『Эрийн сайн хан харангуй』, УБ, 1970.

_____, 『Аман зохиол судлал』, УБ, 1972.

_____, 『Тууль хайлах ёс журам』, УБ, 1975, №6.

_____, 『Жангарын туульс』, УБ, 1967 (1968).

_____, 『Жангарын туульс』, УБ, 1976.

_____, 『Туульч М.Парчины уран бүтээлийн онцлог』, УБ, 1977 (1976).

_____, 『Туульчдын уран чадвар』, УБ, 1977 (1976).

_____, 『Жангарын туулийн тархац』, УБ, 1977.

_____, 『Аянан алдарт аялган Хонгор. (БНМАУ-аас сурвалжлан бичсэн Жангарын туульс)』, УБ, 1978 (1977).

_____, 『Алдарт туульч М.Парчины тухай шинэ мэдээ』, УБ, 1997.

Ф.Энгельс, 『Гэр бүл, хувийн өмч, төрийн үүсэл』, УБ, 1971.

Х.Г.Короглы, 『Взаимоосвязи эпоса народов средный Азии, Ирана и Азербайджана』, Москва, 1983.

Х.Дарамбазар, 『Ариун ёс』, УБ, 1992.

Х.Лувсанбалдан, 『Тод үсгийн Хан харангуйн тухай』, УБ, 1977 (1976).

_____, 『Тод үсгийн Хан харангуйн тухай』, УБ, 1980 (1979).

_____, 『Тод үсгийн Хан харангуй』, УБ, 1985 (1982).

_____, 『Монгол туулийн ажиглалт тэмдэглэл』, УБ, 1987 (1984).

_____, 『Бурхан хаан аавтай, Бурам сайн ээжтэй эрийн сайн Бум эрдэнийн есөн бүлэг оршив』, УБ, 1997.

_____, 『Парчины тууль дахь морины магтаал, түүний уг сурвалж』, УБ, 1997.

Х.Нямбуу, 『Монгол ардын ерөөл магтаал』, УБ, 1983.

_____, 『Туульсын баатруудын хувцас』, УБ, 1987.

_____, 『Олноо өргөгдсөн богд хаант монгол улсын төрийн ёс ёслол』, УБ, 1997.

_____, 『Монгол хувцасны түүх』, УБ, 2002.

Х.Пэрлээ, 『Жангарын нутаг хаана вэ?』, УБ, 1975, №2.

Х.Сампилдэндэв, 『Монголчуудын баруун талыг дээдлэх уламжлал』, УБ, 1975.

_____, 『Монгол ардын зан үйлийн аман зохиол』, УБ, 1987.

_____, 『Алдарт туульч Парчин ба түүний уран бүтээлийн судалгаа』, УБ, 1997.

_____, 『Туульч Парчины тухай эрдэмтдийн захидалд дурдсан нь』, УБ, 1997.

_____, 『Эзэн богд Чингис хааны домог оршвой』, УБ, 1992.

_____, 『Өрх гэрийн монгол ёсон』, УБ, 1999.

_____, 『Монгол амын зохиолын товчоон』, УБ, 2002.

Хэвлэлд бэлтгэсэн Р.Отгонбаатар, 『Жангар』, УБ, 1998.

Хэл зохиолын хүрээлэн, 『Аман зохиолын хөмрөг』.

Ц.А. Дугар-Нимаев, 『О фольклоре тарийских бурят』, Улан-Үдэ, 1962.

Ц.Дамдинсүрэн Д.Цэнд, 『Монголын уран зохиолын тойм. XIII-XYIII зууны үе』, УБ, 1976.

Ц.Дамдинсүрэн, 『Гэсэрийн туужийн гурван шинж』, Өвөр Монголын ардын хэвлэлийн хороо, 1957.

_____, 『Исторические корни Гэсэриады』, Издателъств о академии наук ссср. Москва. 1957.

_____, 『Ардын үлгэрч, хуурч, ерөөлч нар』, УБ, 1957.

_____, 『Монгол ардын уран зохиолын дээж зуун билэг оршивой』, УБ, 1959.

_____, 『Шинэ цагийн монголын туульчид』, Вейсбаден, 1980.

_____, 『Гэсэр』, УБ, 1987 (1986).

Ц.Ж.Жамцарано А.Д.Руднев, 『Образцы Монгольской народной литературы Вып.1.』, СПб, 1908.

Ц.Ж.Жамцарано, 『Коллекция』, 1904, №11.

_____, 『Материалы путешествия Ц.Жамцарано по Восточной и Южной Монголии』, 1909-1910.

_____, 『Произведения народной словесности бурят』, СПб, 1913.вып.2Пг 1914.вып.3.Пг.

_____, 『Заметки о монгольском героическом эпосэ』, Пб, 1918.

_____, 『Произведения народной словесности бурят』, Ленинград, 1930-1931.

_____, 『Монгольские летописи XYII века』, М- Л, 1936.

_____, 『Эхирит-булгатские эпопеи "Пятнадцатилетний Айдурай Мерген и его сестра агу Гохон", "Аламжи мерген хубун и сестрица Агуй Гохон Духэй"』, УБ, 1959(SF.T.1.Fэсc.2).

_____, 『Конспект улигеров』.

Ц.Жамсрано, 『Монголын баатарлаг туульсын тухай тэмдэглэл』, УБ, 1996.

_____, 『Бухy хара хубуун』, 1972.

Ц.Өлзийхутаг, 『Монгол ардын тууль』, УБ, 1982, 1989.

Ц.Өнөрбаян, 『Монголын алдарт туульч Мандиханы Парчин』, УБ, 1997.

_____, 『Туульч Парчингийн амьдрал, ур чадварыг хүмүүсийн дуртгал, захидлаас тодруулах нь』, УБ, 1997.

Ц.Хасбаатар, 『Уран зохиолын учир』, УБ, 1976.

Цэрэн - Очир, 『2003 оноос цааш хумхын эринд орно』, 1997.11.2, №44.

Ч.Далай, 『Монгол бөө мөргөлийн товч түүх』, УБ, 1959.

Ч.Жүгдэр, 『Монголд феодализм тогтох үеийн нийгэм улс төр, гүн ухааны сэтгэлгээ』, УБ, 1987.

Ч.Эрдэнэ, 『Их гурвалжин』, УБ, 1997.

Ш.Агваандондов, 『Алтан галуу хүү. Шилэн галзуу баатар』, Хар морин мужийн ардын хэвлэлийн хороо, 1980.

_____, 『Хүний сүнс ба бут чөтгөр』, Улаанбаатар сонин, 1994.1.19. №13(472).

Ш.Бира, 『БНМАУ-ын түүх』, УБ, 1965.

_____, 『БНМАУ-ын угсаатны зүйн атлас』, УБ, 1979.

_____, 『БНМАУ-ын угсаатны зүй』, УБ, 1987.

_____, 『Монголын тэнгэрийн үзэл ба эдүгэгийн дэлхийчлэлийн үзэл』, УБ, 2003, №1.

Ш.Гаадамба, 『Зүйр цэцэн үгийн зүйлчлэн ангилах асуудалд』, УБ, 1969.

_____, 『Монгол ардын баатарлаг тууль』, УБ, 1988.

Ш.Гаадамба Д.Цэрэнсодном, 『Монгол ардын аман зохиолын дээж бичиг』, УБ, 1966, 1978, 1980.

Ш.Гаадамба Х. Сампилдэндэв, 『Монгол ардын аман зохиол』, УБ, 1988.

Ш.Гаадамба, 『Утга зохиолын онолын үндэс』, УБ, 1989.

_____, 『Монголын нууц товчоо судлалын зарим асуудал』, УБ, 1990.

Ш.Лувсанвандан, 『Орчин цагийн монгол хэлний бүтэц. (Монгол хэлний үг нөхцөл хоёр)』, УБ, 1998.

Я.Цэвэл, 『Монгол хэлний товч тайлбар толь』, УБ, 1966.

那木吉拉, 『阿尔泰神话研究回眸』, 民族出版社, 2011.

却日勒扎布, 「书面《格斯尔》的故事情节与结构类型」, 『民族文学研究』, 1996年01期.

_____, 「关于《格斯尔》中出现的"蒙古"一词」, 『内蒙古大学学报(人文·社会科学版)』, 1997年02期.

葛根高娃乌云巴图, 「论蒙古族英雄史诗〈江格尔〉的文化内涵」, 『内蒙古社会科学』, 1996年01期.

姜云, 「韩国风流思想的历史嬗变与价值研究」, 『延边大学博士论文』, 2010.

格日勒扎布, 「论蒙古《格斯尔》的"天"-腾格里」, 『内蒙古社会科学(人文版)』, 1996年01期.

_____, 『《琶杰格斯尔传》简论』.

高博, 「蒙古族《格斯尔》与藏族《格萨尔》的关系」, 『青海民族研究』, 2000年03期.

____, 「浅议蒙古族《格斯尔》与藏族《格萨尔》的关系」, 『西藏艺术研究』, 2000年03期.

谷德明, 「朝鲜族檀君神話」, 『民族文化』, 北京, 1986.

科尔沁, 「浅谈蒙古族祝词」, 『内蒙古师大学报』, 1997年05期.

郭培筠, 「马背民族的英雄史诗」, 『内蒙古师大学报』, 1998年05期.

九月, 「蒙古英雄史诗考验婚研究[D]」, 中国社会科学院研究生院, 2001.

____, 「蒙古英雄史诗与游牧经济[J]」, 『西北第二民族学院学报』, 2002年02期.

____, 「试论英雄驯服野生动物母题与考验女婿习俗之关系[J]」, 『中央民族大学学报』, 2003年03期.

其木道吉, 「縱談 蒙古 格斯尔」, 『格斯尔论集』, 内蒙古人民出版社, 2003.

_____, 『纵谈蒙古《格斯尔》』.

金淑华, 「俄国对史诗《格斯尔传》的研究」, 『蒙古学信息』, 1996年03期.

金东勋, 「揭开朝鲜神话迷宫的金钥匙-简评《朝鲜神话研究》」, 『延边大学学报(社会科学版)』, 2000年03期.

金海, 「论蒙古族英雄史诗的变异[J]」, 『内蒙古社会科学』, 1995年06期.

____, 「蒙古族模拟史诗论析[J]」, 『前沿』, 1997年04期.

____, 「论蒙古族变异史诗的特征」, 『内蒙古社会科学』, 1997年05期.

____, 「蒙古族变异史诗思想内容论析[J]」, 『内蒙古大学学报』, 1998年04期.

那木吉拉, 「蒙古神话和英雄史诗中的印度日蚀月蚀深化影响[J]」, 『民族文学研究』, 2001年02期.

娜仁图雅, 『青海蒙古族《格斯尔》的独特性』, 西北民族大学硕士论文, 2005.

努恩吉雅, 「《格斯尔》中变驴故事的来源」, 『民族文学研究』, 2008年04期.

唐吉思, 「蒙古英雄史诗与古代草原文明[M]」, 『北京 : 民族出版社』, 2001.

陶克套苏和, 「蒙古族英雄史诗中的哲学思想」, 『内蒙古社会科学』, 1997年06期.

道日娜, 「《江格尔》说唱艺人周乃演唱的《格斯尔》比较研究」, 内蒙古大学硕士论文, 2010.

李善娥, 「英雄史诗《格斯尔汗》在现代的接受状况－以网络游戏《可汗》事例为中心」, 『民族文学研究』,
        2008年04期.

李献芳, 「元好问在东平的活动及对文化的贡献」, 『齐鲁学刊』, 2002年05期.

____, 「民族文化背景下的《续夷坚志》」, 『内蒙古大学学报』, 2003年04期.

李连荣, 「中国《格萨尔》史诗学的形成与发展 (1959－1996)[D]」, 中国社会科学院研究生院, 2000.

林红, 「元遗民诗人的群体文化特征」, 『社会科学战线』, 2004年04期.

苗威, 「檀君神話的文化解析」, 『東疆學刊』 23-3, 2006.

武·呼格吉勒图, 「关于《卫拉特格斯尔传》中的 tordo 一词」, 『民族语文』, 1997年04期.

繆正西, 「檀君神話研究－以神話形成過程及傳說演變爲中心」, 『韓國學報 13』, 中華民國韓國研究學會, 1995.

傅中丁, 巴·布林贝赫, 「史诗诗学的研究方法[J]」, 『民族文学研究』, 2000年01期.

斯钦巴图, 「蒙古英雄史诗抢马母题的产生与发展[J]」, 『民族文学研究』, 1996年03期.

____, 图瓦《克孜尔》与蒙古《格斯尔》的比较研究」, 『内蒙古民族大学学报』, 2005年04期.

____, 「从文本保护到史诗文化整体开发与保护－巴林右旗《格斯尔》文化之乡建设过程分析」,
        『内蒙古师范大学学报(哲学社会科学版)』, 2011年01期.

徐健順, 「朝鮮早期史書辨析」, 『東疆學刊』 2006-2, 2006.

徐斌, 「格萨尔史诗图像及其文化研究[D]」, 中国社会科学院研究生院, 2003.

宋生贵, 『民族文化社会科学 (汉文版)』, 2004年04期.

秀梅, 「试论卫拉特《格斯尔》中马的形象」, 『塔里木大学学报』, 2005年03期.

若松宽, 「《格斯尔》与希腊神话」, 『民族文学研究』, 1994年02期.

____, 「《格斯尔》与希腊神话」, 『内蒙古社会科学(汉文版)』, 1994年03期.

王金霞, 「韩国《檀君神話》文化解析」, 『牡丹江师范学院学报(哲学社会科学版)』, 2012年01期.

王志国, 「檀君神话和弘益人间思想」, 『吉林华桥外国语学院学报』, 2005年01期.

王庆云, 「也谈檀君神话与"熊图腾崇拜"」, 『湘潮(下半月)』, 2010年09期.

宇汝松, 「试论檀君神话与道教的基本文化精神」, 『中国道教』, 2004年02期.

苑利, 「韓民族熊虎圖騰文化來源考」, 『烏魯木齊職業大學學報』, 2003-3.

____, 「朝鮮族熊虎同穴神話源出北方羌族考－兼論中國彝語支民族熊虎圖騰崇拜的北來問題」, 『民族文學研究』,
        2003-4.

魏银荣, 『格斯尔传说故事与蒙古族传统信仰崇拜』, 内蒙古大学硕士论文, 2010.

尹虎彬,「在古代经典与口头传统之间－20世纪史诗学述评[J]」,『民族文学研究』, 2002年03期.

李晶,「滿通古斯民族和朝鮮民族熊神話傳說之比較」,『延邊大學學報』, 社會科學版, 2004-2.

李洪甫,「關於'檀君朝鮮'的幾個問題」,『中韓人文科學研究』, 中韓人文科學研究會, 1996-1.

仁钦道尔吉,「蒙古英雄史诗源流[M]」,『呼和浩特：内蒙古大学出版社』, 2001.

_____,「《格斯尔》文本的一项重大发现－被埋没的天才艺人金巴扎木苏」,『民族文学研究』, 2002年01期.

_____,「新发现的蒙古《格斯尔》」,『西北民族大学学报(哲学社会科学版)』, 2006年04期.

任文京,「唐代北方尚武风气对世人从戎及创作的影响」,『内蒙古大学学报』, 2003年04期.

張碧波,「對古朝鮮文化的幾點思考」,『北方論叢 147』, 黑龍江省, 1998.

張璉瑰,「檀君與政治」,『中共中央黨校學報 3期』, 1997.

赤吉思,「论蒙古族传统道德观念与蒙古族文学的关系」,『内蒙古社会科学』, 1995年01期.

田同旭,「论元好问对元曲的开创之功」,『山西大学学报』, 1999年02期.

朝戈金,「口传史诗诗学[M]」,『南宁：广西人民出版社』, 2000.

曹中屏,「古朝鮮開國神話考」,『韓國學論文集』, 北京大學 韓國學研究中心, 2000.

宗岩,「朝鮮的箕子陵與檀君陵」,『中國東北邊疆研究』, 中國社會科學出版社, 2003.

周爱明,「《格萨尔》口头诗学[D]」, 中国社会科学院研究生院, 2003.

乌力吉,「《格斯尔汗传》原型试探」.

_____,「蒙文《格斯尔》中的婚姻家庭略考」,『民族文学研究』, 1997年01期.

乌力吉图,「格斯尔汗传奇 日译本出版」,『蒙古学信息』, 1994年01期.

乌力吉巴雅尔,「追踪蒙古文文献中的"格斯尔"」,『中央民族大学学报(哲学社会科学版)』, 2007年06期.

乌仁其木格,「论科尔沁史诗[J]」,『民族文学研究』, 1988.

乌日古木勒,「哈萨克英雄史诗《阿勒帕梅斯》与蒙古英雄史诗的比较研究[J]」,『中央民族大学学报』,
        2004年02期.

_____,「蒙古史诗英雄死而复生母题与萨满入巫仪式[J]」,『民族文学研究』, 2005年01期.

乌日嘎,「巴林《格斯尔》传说探究」, 内蒙古大学硕士论文, 2011.

陳明崇,「檀君神話在韓國文化社會中之地位」,『現代學苑 10-10』, 1973.

陳蒲清,「古朝鮮族源神話與古代朝中文化關係」,『求索』, 1996-3.

扎拉嘎,「《格斯尔》与《格萨尔》－关于三个文本的比较研究」,『民族文学研究』, 2003年02期.

_____,「北方少数民族对中国文学的贡献」,『社会科学战线』, 2003年03期.

扎西达杰,「蒙族《格斯尔》音乐研究」,『音乐艺术－上海音乐学院学报』, 1995年03期.

初景波,『理性与现代边缘的神祇：以内蒙古巴林右旗为主要个案的"民间宗教与当代社会研究"』,
        中央民族大学博论文, 2010.

秋喜,「《圣主格斯尔可汗》文本及意义」,『内蒙古民族大学学报(社会科学版)』, 2007年06期.

____,「金巴扎木苏《圣主格斯尔可汗》的韵式特征」,『民族文学研究』, 2008年02期.

____,「论《圣主格斯尔可汗》的人物程式」,『民族文学研究』, 2009年04期.

____,「论《琶杰格斯尔传》之马匹的程式」,『内蒙古民族大学学报(社会科学版)』, 2010年02期.

卢兴基,「元好问研究的新成果」,『山西大学学报』, 2000年03期.

吴文善,「论古代朝鲜神话中的卵生母题与鸟和太阳崇拜」,『延边大学学报(社会科学版)』, 2007年06期.

_____,「檀君神话新解」,『内蒙古民族大学学报(社会科学版)』, 2008年02期.

托娅 彩娜,「内蒙古当代诗歌发展纪程」,『齐齐哈尔大学学报』, 2005年01期.

巴·丹布尔加甫,「卫拉特史诗、英雄故事中女性生殖器崇拜观念[J]」,『民族文学研究』, 1999年04期.

巴·布林贝赫,「蒙古英雄史诗的诗学[M]」,『呼和浩特:内蒙古教育出版社』, 1997.

巴·苏和,「蒙文《格斯尔》与蒙古人的文学传统」,『黑龙江民族丛刊』, 1999年01期.

_____, 20世纪中国蒙古《格斯尔》研究概述,『西南民族学院学报(哲学社会科学版), 2002年04期.

_____,「蒙古人的格斯尔崇拜」,『黑龙江民族丛刊』, 2006年05期.

琶杰生平及国内外研究概况.

巴雅尔图,「《格斯尔》与蒙古族文学」,『民族文学研究』, 1996年04期.

海日瀚,「新时期蒙古语诗歌中的现代派」,『内蒙古大学学报』, 2004年01期.

胡建次,「辽金元在唐诗上的贡献」,『齐齐哈尔大学学报』, 2005年01期.

呼斯勒,「蒙文北京版《格斯尔传》中的佛教文学题材」,『民族文学研究』, 1996年01期.

_____,「藏族《格萨尔》与蒙古族《格斯尔》宗教内涵之比较,『内蒙古社会科学(汉文版)』, 1998年01期.

巩春亭,「从"檀君神话"看韩国先民的淳朴思想」,『学理论』, 2010年27期.

张立荣,「元好问《唐诗鼓吹》的选诗特色」,『山西大学学报』, 2005年04期.

张思齐,「宋金元的诗性学说与元好问的新乐府理念」,『山西大学学报』, 2005年05期.

张晶,「元代后期少数民族诗人在元诗史中的地位」,『内蒙古社会科学』, 1997年06期.

张哲俊,「檀君神话中的艾草及其形成的时间」,『民族文学研究』, 2011年04期 .

_____,「韩国檀君神话中的三个天符印」,『西北民族大学学报(哲学社会科学版)』, 2011年06期.

杨朴,「中华民族八千年熊图腾崇拜原型模式的重构 - 论《熊图腾》的学术贡献兼驳"黄帝族是檀君神话熊女族后
          裔"说」, 2008年04期.

毕桪, 论阿尔泰比较神话学.

满都呼,「论《格斯尔传》的神话色彩」,『内蒙古民族师院学报(汉文版*哲学社会科学版)』, 1997年04期.

_____, 阿尔泰语系诸民族熊图腾神话传说的文化内涵.

玛·乌尼乌兰,「蒙古文《格斯尔传》的产生地点, 时间及记录出版者探」,『民族文学研究』, 1997年01期.

结籽,『阿珠·莫日根的形象与相关母题之文化解读, 内蒙古大学硕士论文, 2007.

萨仁格日勒,「蒙古史诗生成论[M]」, 北京:中央民族大学出版社, 2001.

许辉勋,「试谈朝鲜神话的形成与演化」,『延边大学学报(社会科学版)』, 1999年01期.

_____,「试论朝鲜神话所表现的原初宇宙观」,『延边大学学报(社会科学版)』, 2002年04期.

谭红梅,「《檀君神话》中的图腾崇拜」,『科学大众』, 2007年02期.

赵延花,「马冀 论焦延寿咏昭君诗的价值」,『内蒙古大学学报』, 2005年04期.

赵永纯,「论蒙古族民间故事的产生与发展」,『内蒙古社会科学』, 1998年02期.

赵永铣,「蒙古族箴言、训谕诗的产生与特征」,『内蒙古社会科学』, 1994年03期.

赵志军,「当代中国元小说的自觉意识」,『社会科学』, 2002年10期.

赵杨,「韩国和朝鲜神话研究之比较」,『东疆学刊』, 2005年03期.

邓建 论金,「元二代柳永词的传播与接受」,『渤海大学学报』, 2006年01期.

郑成宏,「檀君神话成事实－韩国修改历史教科书」,『世界知识』, 2007年11期.

陈弘法,『《格斯尔传：过去和现在》内容评介』,『蒙古学信息』, 1995年04期.

陈岗龙,「鄂尔多斯史诗和喀尔喀、巴尔虎史诗的共性[J]」,『民族文学研究』, 1999年02期.

_____,『蟒古思故事论[M]』, 北京：北京师范大学出版社, 2003.

_____,『《格斯尔》科学版本的标志性成果』,『民族文学研究』, 2003年04期.

_____,「内格斯尔而外关公－关公信仰在蒙古地区」,『民族艺术』, 2011年02期.

齐木道吉,「蒙古格斯尔研究」,『内蒙古大学学报(社会科学版)』, 1995年02期.

齐木道尔吉,「关于蒙文《格斯尔》研究中的几个问题」,『内蒙古社会科学(汉文版)』, 1994年01期.

龙梅,「艺人罗布桑和他的演唱文本"霍尔·格斯尔传"浅析」,『内蒙古民族大学学报(社会科学版)』, 2008年04期.

___,「流传在巴林右旗的蒙古《格斯尔》」,『实践(思想理论版)』, 2008年10期.

[苏] 涅克留托夫 [蒙] 土穆尔策伦,「南部蒙古与东部蒙古的英雄史诗」,『蒙古学资料与情报』, 1985年03、04期.

[苏] 涅克留托夫 [蒙] 土穆尔策伦,「东蒙古流传的几篇蒙古英雄史诗」, 苏联东方文献总编辑部.

加藤九祚,「シングースの神話と朝鮮の檀君神話」,『北東亞細亞民族學史の研究』, 恒文社, 1986.

加藤由子,「檀君神話に見る」, 1998.

角道正佳,「土族のゲセル」,『大阪外國語大學論集 18』, 大阪外國語大學, 1997.

君島久子 訳,『ケサル大王物語』, 筑摩書房, 1994.

堀田幸由,「北朝鮮におげる'始祖檀君'教化の政治的背景」,『東亞世亞地域研究 12』, 2005.

金香淑,「韓日比較神話研究の方法をめぐって」,『日本文化學報 23』, 韓國日本文化學會, 2004.

大林太郎,「朝鮮の檀君神話とシングースの熊祖神話」,『教養學科紀要 7』, 東京大學, 1975.

藤井麻湖,『伝承の喪失と構造分析の行方―モンゴル英雄叙事詩の隠された主人公』, 日本エディタースクール出版部, 2001.

_____,『モンゴル英雄叙事詩の構造研究』, 風響社, 2003.

桑野榮治,「檀君祭祀儀の分析」,『年報朝鮮學 1』, 九州大學朝鮮學研究所, 1990.

_____,「李朝初期の祀典を通してみた檀君祭祀」,『朝鮮學報 185』, 朝鮮學會, 1990.

沈善瑛,「檀君の包攝－韓國宗教に對する日帝の學問的牽制－」,『宗教研究 80-4』, 日本宗教學會, 2007.

阿曾村邦昭,「講義録蒙古の對外緊張に對する大陸周邊諸國の對應と檀君神話」,『麗澤大學論叢』13, 2002.

野崎充彦,「檀君の位相－固有と外來の相克－」,『朝鮮史研究會論文集 35』, 朝鮮史研究會, 1997.

_____,「檀君神話と朝鮮の民族文化」,『文字 3』, 京都精華大學 文字文明研究所, 2004.

若松寬 訳,『ゲセル・ハーン物語―モンゴル英雄叙事詩』,『東洋文庫 566』, 平凡社, 1993.

全成坤,「崔南善における檀君神話の發見と親日派の再解釋―植民地朝鮮における'同化政策'をめぐって(特集 戰死者のゆくえ)」,『大阪大學日本學報 21』, 大阪大學大學院文學研究科日本學研究室, 2002.

_____, 「日帝下文化ナショナリズムの創出と崔南善」, 大阪大學大學院博士學位論文, 2004.

田中克彦, 「ゲセル物語のモンゴル語書写版諸版の相互関係について」, 『一橋論叢 50(1)』, 1963.

_____, 「ブリヤート口承ゲセル物語にあらわれた二つの文化層」, 『民族学研究 29(3)』, 1964.

田阪正則, 「天孫降臨神話と韓國檀君神話の比較」, 경희대학교 대학원, 1994.

齊藤忠, 「角抵塚の角抵(相撲)・木・熊・虎とのおる畵面について」, 壁畵古墳の系譜 第3章, 『日本考古學研究 2』, 學生社, 1989.

佐佐充昭, 「檀君ナショナリズムの形成－1894-1910を中心に－」, 『宗教研究 73-4』, 宗教研究會, 2000.

_____, 「檀君ナショナリズムの形成－韓末愛國啓蒙運動期を中心に－」, 『朝鮮學報 174』, 朝鮮學會, 2000.

_____, 「韓末における檀君教の・重光・と檀君ナショナリズム」, 『朝鮮學報 180』, 朝鮮學會, 2001.

_____, 「植民地期における朝鮮儒教會の活動」, 『朝鮮學報 188』, 朝鮮學會, 2003.

平井進, 「韓國江華島の檀君と牛頭天王－韓國と倭の神祇の研究(一)」, 『古代文化を考る 41』, 2002.

Alexander Fedotoff, 『MOTIF OF MIRACULOUS BIRTH IN MONGOLIAN AND KOREAN MYTHS AND EPIC』, International Journal of Central Asian Studies, Volume 1, 1996.

Bawden. L. R, 『Remarks on Some Contemporary performances of Epics in The MPR』, 1979.

_____, 『Eight North mongolian Epis Poems』, Wiesbaden, 1982.

Curtin J. A Journey in Southern Siberia. The Mongols, their Religion and their Myths, Boston, 1909.

de Rachewiltz, Igor・Volker Rybatzki. Introduction to Altaic Philology : Turkic, Mongolian, Manchu. Handbook of Oriental Studies (Handbuch der Orientalistik), Section Eight : Central Asia, Volume 20 .Leiden : BRILL, 2010, pp. 144, 203, 214, 216-224, 233, 239, 246.

Hamayon R, 『Tricks and Turns of Legitimate Perpetution or Taking the Buryat Uliger Literally, as 'Model'』, 1981.

_____, 『Tricks and Turns of Legitimate Perpetution (II.)』, 1982.

Hyung Il Pai, 『Constructing "Korean" Origins; A Critical Review of Archaeology, Historiography, and Racial Myth in Korean』.

Kara・György, translated by John R. Krueger. 2005. Books of the Mongolian Nomads : More than Eight Centuries of Writing Mongolian. Bloomington : Research Institute for Inner Asian Studies, Indiana University, pp. 76, 114, 126-127, 196.

Liu Mau-tsai. Die Chinesischen Nachrichten zur Geschichte der Ost-Turken, Buchl-II, Wiesbaden, 1958.

Lörincz L. Über die mongolische Epen-Reihe der Asiatischen Forschungen // Bulletin of the Csoma de Körös Symposium. № 1-2. Budapest. Lörincz, 1978.

Malinowski B., Myth in primitive psychology, London, 1926.

Thompson, S, 『The Types of the Folktale』, Helsinki, 1964.

『Абаева JLJL Культ гор и буддизм в Бурятии』, (Эволюция верований икультов селенгинских бурят). М., 1992. - 142 с.

『Абай Гэсэр-хубун』, Эхирит-булагатский вариант. Подг. текста, пер. ипримеч. М.П.Хомонова. (в 2-х ч.) 4.1. Улан-Удэ, 1961, 4.2. - Улан-Удэ, 1964., 230 с.

『Абай Гэсэр Богдо хаан : Буряадай морин ульгэр』, БНЦ СО РАН - Улан- Удэ, 1995 (на бурятском языке), 517 с.

『Абай Гэсэр Могучий : бурятский героический эпос』, М. : Издат. фирма Восточная литература РАН, 1995, 526 с.

『Абай Гэсэр хубуун. Буряад арадай ульгэр』, Улан-Удэ, 1969.

『Гэсэриада духовное наследие народов Центральной Азии』, Улан-Удэ,1995.

『Гэсэриада : прошлое и настоящее』, Улан-Удэ, 1991.

『Гэсэриада : фольклор в современной культуре』, Улан-Удэ, 1995.

『Материалисты Древней Греции』, М : Госполитиздат, 1955.

『Материалы IV международной конференции по шаманизму』, Париж-Шантилли, 1997.

『Мелетинский Е.М. Поэтика мифа』, М : Наука, 1976. - 407 с.

『О характере бурятского эпоса "Гэсэр"』, Материалы из выступлений участников сессии, Улан-Удэ, 1953. - 198 с.

『Сабитова Таджихан. Конфликт в узбекских народных дастанах』, Автореф. дисс.на соиск. уч.ст. к. филол. н., Баку, 1981.

『Сафаров Эхтирам Али оглы』, Конфликт и характер в драматургии Н.Везирова. Автореф. дисс.на соиск. уч.ст. к. филол. н., Баку, 1983.

『Советский энциклопедический словарь』, Москва, 1988.

『Стеблин-Каменский М.И. Миф』, Л : Наука, 1976.

Curtin J. A , 『Journey in Southern Siberia. The Mongols, their Religion and their Myths』, Boston, 1909.

de Rachewiltz, Igor · Volker Rybatzki, 『Introduction to Altaic Philology : Turkic, Mongolian, Manchu. Handbook of Oriental Studies (Handbuch der Orientalistik)』, Section Eight : Central Asia, Volume 20 .Leiden : BRILL, 2010, - 144, 203, 214, 216-224, 233, 239, 246 с.

Kara · György, translated by John R. Krueger, 『Books of the Mongolian Nomads : More than Eight Centuries of Writing Mongolian. Bloomington: Research Institute for Inner Asian Studies』, Indiana University, 2005, - 76, 114, 126-127, 196 с.

Liu Mau-tsai , 『Die Chinesischen Nachrichten zur Geschichte der Ost-Turken』, Buchl-II, Wiesbaden, 1958.

Lörincz L., 『Über die mongolische Epen-Reihe der Asiatischen Forschungen』, 『Bulletin of the Csoma de Körös Symposium』, № 1-2. Budapest. Lörincz, 1978.

Malinowski B., 『Myth in primitive psychology』, London, 1926.

А.И.Уланова, 『Абай Гэсэр. Вступ.стат., подг. текста, перев. и комм, к нему』, Улан -Удэ, 1960. - 314 с.

Амайон Р., 『Веффа М. Цвета в монгольском языке』, 『Третий международный конгресс монголоведов』, Улан-Батор, 1977. - С. 16-20.

Анисимов А.Ф., 『Этапы развития первобытной религии』, M.-JL: Наука,1967. 194 с.

Бадмацыренова Д.Б., 『Принцип золотого сечения в эпосе "Гэсэр"』, Дисс.на соиск. уч.ст. к. филол. н., Улан-Удэ, 2001.

Базаров Б.В. 『Судьба "Гэсэра"』, журнал "Байкал" № 5, 1989, С.70-78.

Балдаев С.П., 『Некоторое вопросы бурятского фольклора』, 『Избранное』1, Улан-Удэ, 1961.-363 с.
_____, 『Родословные предания и легенды бурят』, Улан-Удэ, 1970.

Бардаханова С.С., 『Система жанров бурятского фольклора』, Новосибирск: Наука, 1992. -238 с.

Баяртуев Б.Д., 『Предыстория литературы бурят-монголов』, Улан-Удэ, 2001.- 137 с.

Блаватская Т.В., 『Греческое общество второго тысячелетия до нашей эрыи его культура』, M : Наука, 1976.

Бурчина Д.А., 『Гэсэриада западных бурят, Новосибирск: Наука』, 1990. - 446 с.
_____, 『Календарно-обрядовые истоки формирования сюжетногоядра бурятской Гэсэриады』, 『Проблемы истории и культуры кочевых цивилизаций Центральной Азии. Мат-лы междунар. науч. конф. Языки. Фольклор. Литература.』, Том III, Улан-Удэ, 2000. - С. 182-188.

Владимирцов Б.Я., 『Монголо-ойратский героический эпос』, Петербург-Москва, 1923.

Вундт В.О., 『О развитии этических воззрений』, Москва, 1886.

Галданова Г.Р., 『Доламаистские верования бурят』, Новосибирск, 1987.115 с.
_____, 『Эволюция представлений о тэнгри』, 『Средневековая культура Центральной Азии: письменные источники』, Улан-Удэ, 1995. - С.106-109.

Гацак В.М., 『Поэтика эпического историзма во времени』, 『Типология и взаимосвязи фольклора народов СССР. Поэтика и стилистика』, Москва, 1980.

Герасимова К.М., 『Обряды защиты жизни в буддизме Центральной Азии』, Улан-Удэ, 1999. - 138 с.
_____, 『Священные деревья: контаминация разновременныхобрядовых традиций』, 『Культура Цетральной Азии: письменные источники』, Улан-Удэ, 2000. 156 с.

Гомбоин Д.Д., 『Образы зооантропоморфных врагов в эхирит-булагатских улигерах』, 『Поэтика жанров бурятского фольклора』, Улан-Удэ, 1982.
_____, 『Сюжетообразующие мотивы в эхирит-булагатских улигерах о сватовстве』, 『Эволюция эпических жанров бурятского фольклора』, Улан-Удэ : БФ СО РАН СССР,

1985. - С.89-101.

_____, 『Эхирит-булагатские улигеры』, Улан-Удэ, 1990. - 112 с.

Горбунова Е.Н., 『Идеи, конфликты, характеры』, Москва, 1960. - 418 с.

Грязнов М.П., 『Древнейшие памятники героического эпоса народов Южной Сибири』, 『Археологический сборник Вып.3., Эпоха бронзы и раннего железа Сибири и Средней Азии』, JL, 1961.

Гунгаров В.Ш., 『Современное бытование бурятских легенд и преданий』, Дисс. на соиск. уч. ст. к.ф.н., Улан-Удэ, 1993.

Гуревич А .Я., 『Категория средневековой культуры』, Москва, 1972.

Дамбаева А.Н., 『Конфликт как главное специфическое средство раскрытия идейного содержания эпоса』, 『Мир Центральной Азии』, Языки. Фольклор. Литература. Том IV. Часть II, Улан-Удэ, 2002. -С.34-38.

_____, 『Первопричинный конфликт в Гэсэриаде』, 『Проблемы фольклористики, литературоведения и языкознания』, Иркутск, 2002. -С.35-38.

_____, 『Виды эпического конфликта и способы их разрешения』, 『Материалы научно-практической конференции "Исполнительская традиция: современное состояние и перспективы развития"』, Улан-Удэ, 2003.

_____, 『Древние верования бурят и буддизм』, 『Культура Сибири сопредельных территорий в прошлом и настоящем』, Томск, 2003.

Дамдинсурэн Ц., 『Исторические корни Гэсэриады』, Москва, 1957. - 239 с.

Дашибалов Б.Б., 『Археологические памятники курыкан и хори』, Улан-Удэ, 1995. - 191 с.46. Древние тюрки, Москва, 1967.

Дугаров Д.С., 『Исторические корни белого шаманства на материале обрядового фольклора бурят』, М· Наука, 1991. - 297 с.

_____, 『Эволюция образа Гал Дулма хана (на материале окинскихлегенд о Гэсэре)』, 『Гэсэриада духовное наследие народов Центральной Азии』, (Материалы и тезисы международной научной конференции), Улан-Удэ, 1995. - С. 138-140.

Дылыкова Р.С., 『Мифологическая основа эпоса "Гэсэр"』, Дисс. на соиск. уч.ст. к. филол. Н, Улан-Удэ, 2000.

Жамбалова С.Г., 『Профанный и сакральный мифы ольхонских бурят』, Новосибирск, 2000.

Жамцарано Ц.Ж., 『Конспект улигеров』, Архив востоковедов Санкт-Петербургского отделения Института востоковедения РАН, ф. 62, л. 140.

Жирмунский В.М., 『Тюркский героический эпос』, Л., 1974. - 727 с.

Жуковская Н.JI., 『К вопросу о типологических явлениях в шаманстве и буддизме』,

Жуковская Н.Л., 『Ламаизм и ранние формы религии』, М : Наука, 1977. 199 с.

_____, 『Бурятская мифология』, 『Мифы народов мира : Энциклопедия』, 2 изд. - М : Рос. Энциклопедия, 1994. - Т.1. - С. 196198.

Жусупов К.П., 『Проблема конфликта и героя в казахской советской прозе』, Автореф. дисс. на соиск. уч.ст. к. филол. н., Алма-Ата, 1969.

Иванов Ю.Н., 『Частотное пространство』, Москва, 1998.

Козин С.А., 『Общая характеристика свода монгольского эпоса о Гэсэре』, 『Известия АН СССР』, T.V. Вып.3, 1946.

_____, 『Эпос монгольских народов』, М.-Л., 1948. 246 с.

Кравцов Н.И., 『Фольклор как искусство слова』, Москва, 1975. - 170 с.

Кравченко А.И., 『Общая социология』, Москва, 2001. - 317 с.

Кузьмина Е.Н., 『О древнейших основах женских образов улигеров』, Улан-Удэ, 1978. 16 с.

_____, 『Женские образы в героическом эпосе бурятского народа』, Новосибирск, 1980. - 160 с.

Кун Н.А., 『Легенды и мифы Древней Греции』, М: Госполитиздат, 1955.

Леви-Брюль Л., 『Первобытное мышление』, Москва, 1930.

Лотман Ю.М., 『Структура художественного текста』, Москва, 1970.

Лувсан-Иш, 『Монголын модон барын хэвлэл』, Хуудас 29. УННС-ийн төвд фонд.

Лувсандагва, 『MongolbiH модон барын хэвлэл』, Хуудас 18+1. БНМАУ-ын УННС-ийн төвд фонд.

Маслова Н.В., 『Ноосферное образование』, Москва, 1999.

Михайлов Т.М., 『Опыт классификации шаманского фольклора бурят』, Москва, 1968. Юс.

_____, 『Анимистические представления бурят』, 『Природа и человек в религиозных представлениях народов Сибири и Севера』, Л : Наука. Ленингр. отделение, 1976. С.292-319.

Н.О.Шаракшиновой (Перевод), 『Героический эпос бурят』, Иркутск, 1968.

Намжилова М.Н., 『Хоринские улигеры』, Улан-Удэ, 1997. - 120 с.

Неклюдов С.Ю., 『Тумурцырен Ж. Монгольские сказания о Гэсэре : новые записи』, М : Наука, 1982. - 373 с.

_____, 『Героический эпос монгольских народов』, Москва, 1984.309 с.

Нерсесянц В.С., 『Политические учения Древней Греции』, М : Наука, 1979.

Пинуева Е.О., 『Источники монгольской версии Гэсэриады』, В кн. Третий международный конгресс монголоведов, Улан-Батор, 1977. -С.130-135.

_____, 『Взаимоотношение бурятской и монгольской версий Гэсэриады』, Востоковедные исследования в Бурятии, Новосибирск, 1981. - С149-158.

Померанцева Э.В., 『Типологические исследования по фольклору』, Москва, 1975.

Поппе Н.Н., 『Халха-монгольский героический эпос』, М.-Л., 1937. 130 с.

_____, 『Об отношении бурят-монгольского Гэсэра к монгольской книжной версии』, Записки ИЯЛИ. Вып. 5-6, Улан-Удэ, 1941.

Пропп В.Я., 『Русский героический эпос』, Москва, 1958. - 603 с.

_____, 『Поэтика』, СПб., 1996. - 372 с.

Путилов В.Н., 『Эпическое сказительство : Типология и этническая специфика』, Москва, 1997. - 295 с.

Раднаев В.Э., 『У истоков монгольской литературной критики Народы Азии и Африки』, Москва, 1976. - С. 177-182.

Рузавин Г.И., 『Методология научного познания』, Москва, 1999.

С.Липкина (Перевод), 『Гэсэр. Бурятский героический эпос』, Москва, 1972.

С.Ш.Чагдурова, 『Абай Гэсэр. Перевод, вступ. ст. и послесл』, Улан-Удэ : Изд-во Бурятского госуниверситета, 2000, 256 с.

Санжеев Г.Д., 『Эпос северных бурят』, Аламжи Мэргэн. Бурятский эпос.1., М.-Л., 1936.

Санжеева Л.Ц., 『Ономастика эпоса "Гэсэр"』, Дисс.на соиск. уч.ст. к. филол. н., Улан-Удэ, 2000.

Сильвестров В.В., 『Философское обоснование теории и истории культуры』, Москва, 1990.

Соколов Ю.М., 『Русский фольклор』, Москва, 1973.

Тимофеев Л.И., 『Основы теории литературы』, Москва, 1976.

Топоров В.Н. Гора, 『Мифы народов мира : Энциклопедия. 2-е изд. -М : Рос, Энциклопедия』, 1994. - Т.1.

Топоров В.Н. Древо мировое, 『Мифы народов мира : Энциклопедия.2.е изд. М : Рос, Энциклопедия』, 1994. - Т.1.

Топоров В.Н. Океан мировой , 『Мифы народов мира : Энциклопедия. -2-е изд. М : Рос, Энциклопедия』, 1994. - Т.2.

Тулохонов М.И., 『Бурятский фольклор и современность』, 『Современность и традиционная культура народов Бурятии』, Улан-Удэ : БФ СО АН СССР, 1985. - С.60-75.

_____, 『Героический эпос бурят : Вопросы поэтики и стиля』, Дисс. в форме научного доклада. д.ф.н., Улан-Удэ, 1993.

_____, 『Бурятский эпос "Гэсэр"』, 『Абай Гэсэр Могучий』, Москва, 1995. - С. 446-477.

_____, 『Варианты бурятского эпоса "Гэсэр"』, 『Абай Гэсэр Могучий』, Москва, 1995. - С. 477-504.

_____, 『Основные итоги изучения улигеров』, 『Гэсэриада - духовное наследие народов Центральной Азии』, (Материалы и тезисы международной научной конференции), Улан-Удэ, 1995. - С.36-44.

Уланов А.И., 『К характеристике героического эпоса бурят』, Улан-Удэ, 1957.- 171 с.

_____, 『Бурятский героический эпос』, Улан-Удэ : Бурятское кн.изд-во, 1963. - 220 с.

_____, 『Древний фольклор бурят』, Улан-Удэ : Бурятское кн. изд-во, 1974.- 176 с.

_____, 『К вопросу о возникновении эпоса "Гэсэр"』, 『Гэсэриада : прошлое и настоящее』, Улан-Удэ, Бур.отд. ВФК, 1991. - С.57-64.

_____, 『Исторические корни Гэсэриады』, 『Гэсэриада духовное наследие народов Центральной Азии』, (Материалы и тезисы международной научной конференции), Улан-Удэ, 1995. - С.44-45.

_____, 『Устное творчество в культуре бурят』, 『Гэсэриада : Фольклор в современной культуре』, Улан-Удэ, 1995. - С.4-14.

Уланов Э.А., 『Эпос "Гэсэр" как древнейшая эпическая картина мира』, 『Вестник Бурятского университета』, Сер.6 : Филология. Вып.3, Улан-Удэ : Изд-во БГУ, 1999 - С. 10-16.

Хайссиг В., 『Felsgeburt (Petrogenese) und Bergkult』, Fragen der mongolischen Heldendichtung. 1982.

Хангалов М.И., 『Собрание сочинений』, Т.1, Улан-Удэ, 1958. 550 с.

_____, 『Собрание сочинений』, Т.2, Улан-Удэ, 1959. 442 с.

_____, 『Собрание сочинений』, Т.3, Улан-Удэ, 1960. 421 с.

Хомонов М.П., 『Бурятский героический эпос "Гэсэр" : Эхирит-булагатский вариант』, Улан-Удэ, 1976. - 186 с.

_____, 『Монгольская Гэсэриада』, Улан-Удэ, 1989. - 128 с.

_____, Варианты эпоса "Гэсэр", 『Гэсэриада : Фольклор в современной культуре』, Улан-Удэ, 1995. - С.85-97.

_____, 『Гэсэриада эпос мирового значения』, 『Гэсэриада - духовное наследие народов Центральной Азии』, (Материалы и тезисы международной научной конференции), Улан-Удэ, 1995. - С. 14-18.

Храпченко М.Б., 『Типологическое изучение литературы и его принципы』, 『Проблемы типологии русского реализма』, Москва, 1969.

Хундаева Е.О., 『Монгольское книжное сказание о "Гэсэре"』, Москва, 1980.

_____, 「"Гэсэриада" в Монголии и Бурятии」, 『Литературные связи Монголии』, Москва, 1981. - С. 123-129.

_____, 「К вопросу о возникновении эпических традиций Гэсэриады」, 『Гэсэриада : прошлое и настоящее』, Улан-Удэ, 1991.

_____, 「Монгольские списки Гэсэриады」, 『Средневековая культура Центральной Азии : письменные источники』, Улан-Удэ, БНЦ СО РАН, 1995 - С.62-76.

_____, 「Монгольский эпос о Гэсэре : его связи и поэтика」, 『Гэсэриада : Фольклор в современной культуре』, Улан-Удэ, 1995. -С.73-85.

_____, 「Эпическое сказание восточных народов」, 「Гэсэриада - духовное наследие народов Центральной Азии」, (Материалы и тезисы международной научной конференции), Улан-Удэ, 1995. - С.24-27.

_____, 「Шаманская и политеистическая сущность духовной первоосновы героического эпоса монгольских народов」, 「Центрально Азиатский шаманизм : философские, исторические, религиозные аспекты」, (Материалы международного научного симпозиума), Улан-Удэ, 1996.

_____, 「Шаманские элементы в эпосе монгольских народов」, 「Материалы IV международной конференции по шаманизму」, Париж-Шантилли, 1997.

_____, 「Бурятский героический эпос "Гэсэр"」, Дисс. на соиск. уч.ст. д.филол.н, Улан-Удэ, 1999.

_____, 「Бурятский эпос о Гэсэре : связи и поэтика」, Улан-Удэ, 1999.- 166 с.

_____, 「Бурятский эпос о Гэсэре : символы и традиции」, Улан-Удэ, 1999.-96 с.

_____, 「Бурятские традиции в эпосе "Гэсэр"」, 「Немцы и Сибирь」, Улан-Удэ, 1999. - С. 39-43.

_____, 「Символика монгольских чисел」, 「Проблемы истории и культуры кочевых цивилизаций Центральной Азии」, Мат-лы междунар. науч. конф. Языки. Фольклор. Литература. Том III, Улан-Удэ, 2000. - С.300-305.

_____, 「Шаманское верование в повседневной жизни бурят」.

Хурэлбатор Л., 「Буддийские мотивы в тибетском и монгольском версиях эпоса "Гэсэр"」, 「Гэсэриада : Фольклор в современной культуре」, Улан-Удэ, 1995. - С. 113-120 .

Ц.Дамдинсурэн, 「Гэсэр. Сонгомол эхийг боловсруулж удиртгал」, 「Mongyol arad-un aman jokiyal-un ciyulyan」, t.xiii, Улаанбаатар, 1986.

Цыбенова Б.Б., 「Общности и различия бурятского эпоса "Гэсэр" и калмыцкого эпоса "Джангар"」, Дисс на соиск. уч.ст. к.филол.н., Улан-Удэ, 2000.

Чагдуров С.Ш., 「Стихосложение бурятской Гэсэриады」, Улан-Удэ, 1984.

_____, 「Стихосложение Гэсэриады」, Улан-Удэ, 1984. - 124 с.

_____, 「Гэсэриаде 1000 лет」, 「Гэсэриада : прошлое и настоящее」, Улан-Удэ, 1991. С.73-89.

_____, 「Поэтика Гэсэриады」, Иркутск, 1993.

_____, 「Древнейшие истоки Гэсэриады」, 「Гэсэриада : Фольклор в современной культуре」, Улан-Удэ, 1995. - С. 25-45.

_____, 「Исторические основы противопоставления Неба-Отца и Матери-Земли в эпосе "Гэсэр"」, 「Вестник Бурятского университета」, Сер.6 : Филология. Вып.3, Улан-Удэ : Изд-во БГУ, 1999 - С. 3-10.

_____, 『Прародина монголов』, Улан-Удэ : Изд-во БГУ, 1999.

Шагдаров Л.Д., 「О языке эпоса "Гэсэр"」, 『Гэсэриада духовное наследие народов Центральной Азии』, (Материалы и тезисы международной научной конференции), Улан-Удэ, 1995. - С.33-36.

Шаракшинова Н.О., 『Бурятский фольклор』, Иркутск, 1959. - 226 с.

_____, 『Героический эпос бурят』, Иркутск, 1968. - 160 с.

_____, 『Героический эпос о Гэсэре』, 『Уч. пособие для студентов фил.фак-та』, Иркутск, 1969. - 348 с.

_____, 『Героико-эпическая поэзия бурят』, Иркутск : Изд-во ИГУ, 1987.-304 с.

_____, 「О героико-эпическом сказании бурят」, 『Гэсэриада : прошлое и настоящее』, Улан-Удэ : Бур. отд. ВФК, 1991. - С.64-73.

Шерхунаев Н.А., 「Эстетические воззрения бурят в улигерах」, 『Эстетические особенности фольклора』, Улан-Удэ : БФ СО АН СССР, 1969.-С.113-125.

Шинкевич Славой, 「Динамика монгольской системы родства」, 『Третий международный конгресс монголоведов』, Улан-Батор, 1978. - С.277-282.

◆ 게세르 관련 홈페이지

몽골 게세르 홈페이지 http://www.asuult.net/ihtuuh/geser/
부리아트 게세르 홈페이지 http://www.buryatmongol.com/
중국티베트망 홈페이지 게세르왕전 관련 홈페이지 http://www.tibetinfor.com.cn/zt/gesaer/gs.htm

◆ 몽골 게세르 관련 연구 링크

몽장게세르의 관계 http://www.tibetinfor.com.cn/zt/zt2002002529112825.htm
국외게세르연구목록(-1969년) http://www.tibetinfor.com.cn/zt/zt2002002529112956.htm
몽골문 게세르의 몇 가지 문제에 대하여 http://www.tibetinfor.com.cn/zt/zt2002002619110433.htm
장족과 몽골족 〈게세르왕전〉의 관계와 '동원분류' 문제점 http://www.tibetinfor.com.cn/zt/zt2002002529114008.htm.

가

아

ㅍ

ㅎ

단군신화와 게세르칸

초판1쇄 발행 2020년 3월 30일

지은이 이선아
펴낸이 홍종화

편집·디자인 오경희·조정화·오성현·신나래
　　　　　　　김윤희·박선주·조윤주·최지혜
관리 박정대·최현수

펴낸곳 민속원
창업 홍기원
출판등록 제1990-000045호
주소 서울 마포구 토정로25길 41(대흥동 337-25)
전화 02) 804-3320, 805-3320, 806-3320(代)
팩스 02) 802-3346
이메일 minsok1@chollian.net, minsokwon@naver.com
홈페이지 www.minsokwon.com

ISBN 978-89-285-1374-1
S E T 978-89-285-0359-9　94380

책 값은 뒤표지에 있습니다.
잘못된 책은 바꾸어 드립니다.